DMZ의 역사

DMZ의 역사

한반도 정전체제와 비무장지대

한모니까 지음

2023년 11월 27일 초판 1쇄 발행
2025년 1월 20일 초판 2쇄 발행

펴낸이 한철희 | **펴낸곳** 돌베개 | **등록** 1979년 8월 25일 제406-2003-000018호
주소 (10881) 경기도 파주시 회동길 77-20 (문발동)
전화 (031) 955-5020 | **팩스** (031) 955-5050
홈페이지 www.dolbegae.co.kr | **전자우편** book@dolbegae.co.kr
블로그 blog.naver.com/imdol79 | **인스타그램** @dolbegae79 | **페이스북** /dolbegae

편집 유예림
표지디자인 피포엘 | **본문디자인** 이은정·이연경
마케팅 심찬식·고운성·김영수·한광재 | **제작·관리** 윤국중·이수민·한누리
인쇄·제본 한영문화사

ISBN 979-11-92836-50-8 (93910)

책값은 뒤표지에 있습니다.

※ AI 학습 및 활용을 금지합니다.

DMZ의 역사

돌베개

한모니까 지음

한반도 정전체제와 비무장지대

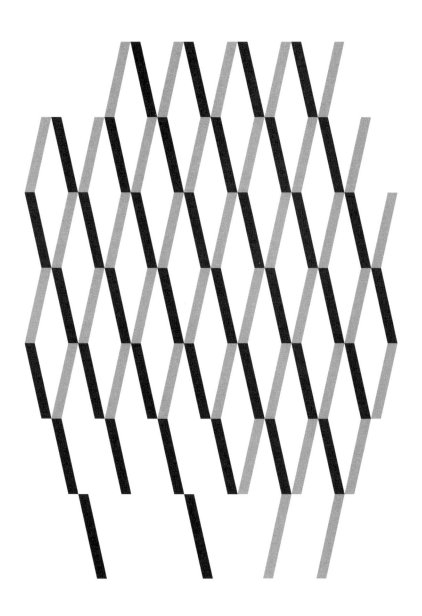

책머리에

1970~1980년대에는 새해가 되면 으레 신문과 TV에서 비무장지대 (DMZ) 소식이 전해졌다. 하얗게 쌓인 눈을 배경으로 조를 이룬 군인이 철책 주변을 순찰하는 모습이었다. 북한의 기습남침에 대비하여 '철통 같은 방비 태세'를 갖추었다며, 철책과 군인의 모습을 클로즈업했다. 영하 20도의 추운 날씨쯤은 전혀 문제가 되지 않는다는 설명도 덧붙여졌다. 나이를 한 살 더 먹을 때마다 DMZ를 접한 셈이다. 더구나 '땅굴' 발견 소식은 놀라움을 더했다. 땅굴을 통해 남침을 준비한다는 것도 놀라웠고, 좁은 땅굴의 남쪽 출구를 막으면 무용지물 아닌가 하는 생각에 웃음도 났다. 어렸던 당시에는 '무서운' DMZ에는 갈 생각조차 하지 못했지만, DMZ는 낯선 곳이 아니었다.

역사가의 시선으로 DMZ를 보기 시작하자, 철책이 가장 먼저 눈에 들어왔다. 철책은 언제 왜 만들어졌을까? DMZ는 이미 세계적으로 알려진 한반도의 랜드마크와 다름없었지만, 우리는 DMZ를 얼마나 알고 있을까 하는 의문이 들었다. DMZ를 찬찬히 살피기 시작하니 DMZ가 낯설게 생각되었다. DMZ는 누가 처음 아이디어를 떠올렸고, 어떻게 만들어졌는지, '비무장'지대는 어떻게 '무장'지대가 되었는지, 왜 냉전의 상징인지, 무엇이 DMZ를 군사적 긴장감으로부터 한 치도 벗어나지 못하게 하면서도 평화를 갈구하는 곳으로 만들었는지 궁금했다. 이러한 질문에 대한 답을 찾아갈수록, DMZ의 역사를 살필수록, 지구적인 사건들이 시공간을 넘어 남북한의 경계 DMZ에서 복잡하게 얽혀서 드러났다.

이 책은 남북 접경지역의 역사와 현재, 미래를 고민하는 나의 두 번째 책이다. 처음에는 38선이라는 남북의 첫 경계선이 낳은 지역을 살펴보았다. '38선 이북 수복지구'의 체제 전환 연구로 박사학위를 받았고(2009), 이를 수정하여 『한국전쟁과 수복지구』(2017)를 냈다. 수복지구는 10년도 안 되는 짧은 기간에 일제식민지배에서 해방 이후 북한체제로, 전쟁의 와중에 유엔군정을 경험하고, 최종적으로는 대한민국 영토로 편입되었다. 수복지구와 반대로 남한에서 북한체제로 편입된 '신해방지구'의 변화를 살피기도 했다. 양쪽의 체제 전환이 지역 주민들의 삶에 어떤 의미가 있었는지 비교해보았다. 두 지역은 남한 또는 북한, 어느 한쪽으로 '편입'됨으로써 서로 다른 길을 걷게 되었다. 두 가지 길은 마치 전쟁에서 승리한 쪽의 체제로 한반도가 통합될 경우, 이곳에서 어떤 미래가 펼쳐질지를 보여주는 듯했다.

남북 접경지역에서 한반도의 다른 미래를 상상할 수는 없을까? 이 책은 남북의 두 번째 경계선/지역인 DMZ를 역사적 관점에서 상상해보려는 시도이다. 수복지구·신해방지구 사례가 해방과 38선 획정이라는 분단의 기원과 관련된 문제였다면, DMZ는 분단의 구조화와 관련된 문제이다. DMZ는 1953년 7월 27일 체결된 정전협정이 실제로 적용되거나 위반되는 공간이고, DMZ를 둘러싼 행위자들의 인식과 정책이 펼쳐지고 서로 충돌하는 공간이다. 즉, 정전 이후 70년 동안 정전협정과 유엔사 등 정전체제와 관련된 문제들이 가장 직접적으로 펼쳐지고 드러나는 곳이다. 그래서 DMZ라는 무대를 중심으로 이를 종합적으로 살펴보면서 1953년 정전 이후 분단이 어떻게 구조화되어 오늘에 이르렀는가를 되돌아보고, 이로부터 어떻게 벗어날 수 있는지 생각해보려는 것이다.

DMZ는 남북한 어느 한쪽으로 치우치지 않았으나, 그렇다고 중립지대는 아니다. 이 점이 이 공간을 특별하게 만든다. DMZ는 적대행위 재발 방지를 위한 철저한 거리두기 공간으로 기능해왔다. 그런데 DMZ라는 경계에는 소통할 수 있는 '중립'지대가 없다. DMZ 안의 판문점 공동경비구역(JSA)과 DMZ 옆으로 이어지는 한강 하구가 애초에는 중립지대로 기획되었지만, 막힌 지 오래되었다. 군사분계선(MDL) 통과와 DMZ 출입에 대한 엄격한 제한은 적대행위의 재발을 막기도 하지만, 한반도의 미래마저도 막힌 것처럼 느끼게 한다. 비무장지대는 평화지대로, 한반도 정전체제는 평화체제로 한 걸음도 내딛기 어려워 보인다.

그러나 DMZ는 제도적으로나 지리적으로 고정된 불변의 공간이 아니다. DMZ는 역사의 산물이다. 처음 상상된 DMZ의 모습은 분명 오늘날과 다르다. DMZ는 시대적 배경과 맥락을 지닌 채 만들어지고 변화해왔다. 제도적으로든 지리적으로든 탄생하기까지의 과정이 있었으며, 그후에도 계속 변화했다. 이는 미래에도 변화할 수 있음을 의미한다. DMZ가 앞으로 어떤 길을 보여줄지 알 수 없지만, DMZ를 둘러싼 남한과 북한, 유엔사가 어떠한 인식과 정책, 의지를 갖고 있느냐에 따라 미래는 달라진다.

이 책에서는 DMZ의 과거를 풍부히 그려내고자 했다. 이를 통해 현재를 점검하고, 미래를 상상하고자 했다. 한반도의 평화로운 미래를 위해 누가 무엇을 어떻게 해야 하는지에 대한 '길'을 역사 속에서 찾아보고자 했다. 물론 DMZ의 역사를 따라간다고 해서 해답의 대로(大路)가 펼쳐지는 것은 아니다. 오히려 어디로 이어질지 모르는 작은 여러 갈림길 앞에 서기 쉽다. DMZ의 역사를 탐구하는 이유는 바로 이 갈림길이 변화의 가능성을 보여준다고 믿어서이다. 과거로부터 해결의 실마리를 찾고, 과거에서 자유로워지기를 희망해서이다.

고마운 분들이 많다. 서울대 통일평화연구원은 내가 남북 접경지역을 맘껏 연구할 수 있는 토대이다. 통일평화연구원에 재직하면서 학문의 융합을 생각하고 역사란 무엇인가를 새삼스럽게 고민할 수 있었다.

남북 접경지역의 역사를 다루는 일의 고유한 의미와 현재적 중요성을 공감하고 지원을 아끼지 않으신 전·현직 원장님께 감사하다. 그리고 연구와 일상을 함께하며 배려해주신 통일평화연구원의 모든 선생님께 이 자리를 빌려 깊은 감사의 마음을 전한다.

자료들을 이용할 수 있게 도와주신 분들께도 감사하다. 국사편찬위원회와 국가기록원은 중요한 자료들을 국내외에서 수집하고 체계적으로 데이터베이스화해서 제공하는 중추 기관들이다. 특히 국사편찬위원회의 박진희, 이현진, 김대호, 박광명 선생님께 자료 이용에 관해 많은 도움을 받았다. 스미스소니언 아카이브의 자료를 기꺼이 공유해주신 서울대 기초교육원 신지은 박사께도 감사 인사를 전한다.

이 책을 쓰는 과정에서 많은 분께 귀중한 조언을 듣고 격려를 받았다. DMZ가 지닌 역사적 의미를 주목하고 현장에 대한 감각을 익힐 수 있었던 것은 안병욱 선생님 덕분이다. 정용욱 선생님은 책의 출간을 독려해주셨을 뿐 아니라, 나의 연구를 깊은 신뢰로 응원해주셨다. 정병준 선생님은 항상 진심 어린 조언과 격려를 아끼지 않는 고마운 선배이다. 홍석률 선생님은 그동안 발표한 논문들에 대해 늘 시야를 확장할 수 있도록 조언해주셨다. 박동찬 선생님은 내가 특수한 군사용어에 막힐 때마다 흔쾌히 도와주셨다. 북·중의 군사계급에 대해 도와준 친구 김선호 박사도 고맙다. DMZ의 군사 생태에 관한 한국냉전학회 발표에서 토론해주신 현재환 교수께도 감사 인사를 전한다. 늘 따뜻한 냉철함으로 이루어지는 한독비교사포럼의 세미나는 '관계사'란 무엇이고 어떻게 접근할 것인가를 배우는 시간이다. 초고를 작성한 후 무언가 모를 갈증이 느껴졌을 때 김성철 선생님과 김성보 선생님께서 큰 가르침을 주셨다. 초고를 읽고 연구사적 의미와 더불어 나아갈 방향을 짚어주셨다. 두 분 선생님의 조언과 격려를 힘으로 이 책을 마지막까지 보완할 수 있었다.

내가 『한국전쟁과 수복지구』에 이어서 이 책을 낼 수 있던 데는 '강만길연구지원금'은 두 번째 저서 집필을 지원하는 데 있다고 강조하신 고 강만길 선생님과 조광 선생님의 독려가 큰 힘이 되었다. 두 분 선생님의 깊은 뜻에 진심으로 감사드린다.

나의 DMZ 연구가 그야말로 책으로 정돈되어 세상과 소통할 수 있게 된 것은 돌베개 덕분이다. 한철희 대표님은 'DMZ의 역사'가 지니는 학문적·사회적 의의를 공감해주셨고, 원고에 대한 논평과 더불어 여러 배려를 해주셨다. 유예림 편집자는 혼란스럽던 글을 가지런히 다듬고, 마지막까지 세심하게 살피며 정성스럽게 이 책을 만들어주었다.

가족은 나와 함께 DMZ 연구를 했다고 해도 과언이 아니다. 남편 김경래는 DMZ와 유엔사(UNC) 관련 기사와 소식들을 나보다도 먼저 발견하고 전해주었다. 조선시대사 연구자임에도, 그는 나의 DMZ 얘기를 늘 진지하게 듣고 토론해주었다. 초등학교 2학년인 딸 지인이는 엄마가 연구하는 비무장지대와 유엔사에 관해 관심이 많다. 왜 남북이 통일되지 않느냐며 묻곤 한다. 가슴 벅찬 힘을 주는 가족에게 사랑과 고마움을 전한다.

이 책은 개인적으로도 남다른 의미가 있다. 2018년 서울대 통일평화연구원에 자리를 잡은 이후 오늘까지 DMZ의 역사를 살피는 데 전력했다. DMZ의 역사를 학문적으로, 사회적으로 의미 있게 드러내고 싶었다. 그것이 역사가로서 할 수 있는 일이자, 책무라고 생각했다. 남북 접경지역을 주제로 삼은 지 약 20년이 되었고, DMZ의 역사를 정리하는 데 집중한 지는 5년 여가 되었다. 이 책은 그 작업을 일단락하는 결과물이다. 막상 책을 마무리하려고 하니 아쉽다. 향후 연구의 발판으로 삼으려 한다.

2023년 11월
한모니까

차 례

제1장
한국전쟁, 그리고 비무장지대의 탄생

제3장
1970년대 비무장지대의 화해와 체제 경쟁

1 비무장지대 평화지대화 구상의 형성

서장

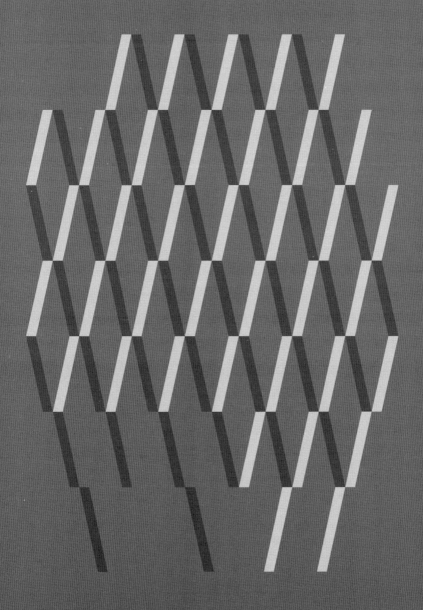

─ 한국전쟁의 유산: 정전협정, 비무장지대, 유엔군사령부

한국전쟁은 정전협정(Armistice Agreement)이라는 국제법적 규범(문서·제도), 비무장지대(Demilitarized Zone, DMZ)라는 완충 구역(공간), 유엔군사령부(United Nations Command, UNC, '유엔사')라는 정전 관리의 핵심 주체(행위자)를 남겼다. 정전협정문에는 정전의 조건이자 유지를 위한 구역 획정과 기구 구성, 책임 사항 등이 명시되어 있다.[1] 적대 행위 재발을 막기 위한 완충지대로서 군사분계선과 비무장지대 설치를 명시했고, 유엔군사령관과 북·중사령관 및 양측 사령부가 참여하는 군

---

[1] 정전협정문의 국문 표기는 〈조선 인민군 최고 사령관 및 중국 인민 지원군 사령원을 일방으로 하고 련합국군 총 사령관을 다른 일방으로 하는 조선 군사 정전에 관한 협정〉, 영문 표기는 〈AGREEMENT BETWEEN THE COMMANDER-IN-CHIEF, UNITED NATIONS COMMAND, ON THE ONE HAND, AND THE SUPREME COMMANDER OF THE KOREAN PEOPLE'S ARMY AND THE COMMANDER OF THE CHINESE PEOPLE'S VOLUNTEERS, ON THE OTHER HAND, CONCERNING A MILITARY ARMISTICE IN KOREA〉, 중국어 표기는 〈朝鮮人民軍最高司令官及中國人民志願軍司令員一方與聯合國軍總司令另一方關於朝鮮軍事停戰的協定〉이다. 정전협정은 제1권 서언, 제1조 군사분계선과 비무장지대, 제2조 정화 및 정전의 구체적 조치, 제3조 전쟁포로에 관한 조치, 제4조 쌍방 관계정부들에의 건의, 제5조 부칙, 제2권 지도 등으로 구성되어 있다. 이 중에서 비무장지대와 관련한 사항은 제1조와 제2조, 제2권에서 다루어지고 있다. 이 외에 서언과 부칙도 군사분계선과 비무장지대 관련 규정에 영향을 미친다. 서언은 정전협정이 "최후적인 평화적 해결이 달성될 때까지" "정전을 확립할 목적"이라는 점과 정전협정에 기재된 "조건과 규정들의 의도는 순전히 군사적 성질에 속하는 것"이라고 그 의도를 밝히고 있고, 제5조 부칙은 정전협정 각 조항의 효력 발생 시점 및 기한을 제시하고 있으므로, 이는 비무장지대 관련 규정에도 적용된다.

사정전위원회가 군사분계선 통과와 비무장지대 출입 및 민사행정에 관한 책임을 지도록 했다.

정전협정, 비무장지대, 유엔군사령부는 한반도 정전체제 존속의 핵심 요소이다. 정전체제는 정전협정을 바탕으로 지난 수십 년간 유지되어 온 체제(Regime)로, 정전에 관한 일체의 규범과 제도, 경계(境界) 유지, 정전 관리 기구 등의 운영 체계를 포함한다. 그런데, 이 모든 요소들은 매우 불안정하고 예측 불가능하게 유지되고 있으면서도 다른 한편으로는 아주 강고하게 작동하고 있다. 특히 정전협정은 몇 개의 조항을 제외하고 대부분이 사문화되었지만, 정전협정에 명시된 비무장지대와 유엔사는 역으로 정전협정을 규정해오고 있다. 특히 유엔사는 양측이 공동으로 참여하는 군사정전위원회(Military Armistice Commission, MAC, 군정위)가 무효가 되었음에도[2] 비무장지대 관할과 정전 이행 책임을 명분으로 존재해왔다.

한반도는 정전협정 체결 이후 70년간 전쟁에 이르지는 않지만 불안정한 적대관계가 굳어져서, 이로부터 단 한 걸음도 내딛기 어려운 상태이다. 오래전부터 정전체제에서 벗어나 제도적, 실질적, 영구적으로 평화가 보장되는 상태로 전환되어야 한다는 과제가 제기되어온 것도 이러한 이유 때문이다. 그런데, 정전체제에서 벗어나 평화가 보장되는 상태로 전환하는 것은 절박한 문제인 동시에 난제이기도 하다.

---

2   1990년 2월 한·미 국방장관회담 합의에 따라 1991년 3월 25일 한국군 장성이 처음으로 군사정전위원회 수석대표를 맡았다. 이에 대한 항의로 북한은 1991년 2월 13일 459차 군정위 본회의를 마지막으로 군정위에 불참했다. 1994년 5월 24일 서한을 통해 1994년 4월 28일 군정위에서 북한 인원을 소환했음을 통보했으며, 같은 해 12월 15일에는 중국군 대표단이 철수했음을 공식 통보했다. 북한은 군정위를 대신하는 조선인민군 판문점대표부를 설치하고, 유엔사 군정위 비서장과 소통하는 창구로 활용하고 있다. 한편, 중립국감독위원회의 체코슬로바키아 대표단(1993. 4. 10)과 폴란드 대표단(1995. 2. 28)도 철수했다.

정전체제의 변화를 도모한다면 정전협정과 비무장지대, 유엔군사령부 모두의 변화가 필수적으로 이루어져야 한다. 정전체제의 변화 가능성은 비무장지대, 또 이를 둘러싼 정전협정과 유엔사의 역사로부터 찾을 수 있다. 이 셋은 모두 처음 모습 그대로인 것 같지만, 모두 끊임없이 변화해왔다. 정전협정문 자체가 변화할 수는 없지만, 협정문에 담긴 주요 조항은 무효가 되었다. 비무장지대도 이름만 비무장지대일 뿐 무장지대가 되었다. 유엔사의 임무도 '한반도 정전의 이행'이라는 면에서 일관된 듯하지만, '미묘하게' 그러나 '크게' 변화해왔다. 그렇다면 제도와 공간, 행위자의 역사적 변화를 추적하고 실상을 파악하는 작업은 분명히 대안적 논의를 현실화하는 데 중요한 참조가 될 것이다.

이 책은 비무장지대의 역사를 중심으로 정전협정과 유엔사를 비롯한 행위자들의 변화를 추적하는 연구이다. 남북한이 접하고 있는 비무장지대는 한반도 정전체제의 구조와 모순이 가장 정확하게 나타나는 공간이기 때문이다. 정전협정의 제반 규정과 이를 이행하는 주체들의 인식과 정책, 복합적인 관계가 직접 반영되는 공간이 바로 비무장지대이다. 비무장지대의 변화는 정전협정의 탄생과 적용, 비무장지대를 관리하고 정전협정을 이행하는 주체의 인식 및 정책 등과 직접 관련되어 있다. 그리고 이는 시대적 상황이나 정세를 배경으로 할 뿐 아니라, 해당 시대를 특정하게 보여주기도 한다. 그래서 이 책에서는 비무장지대라는 공간의 탄생 배경과 과정, 경관의 변화와 의미, 이와 관련한 제 규정의 형성과 균열, 비무장지대와 정전협정을 둘러싼 다양한 행위자들의 인식과 정책의 변화 등을 살피려 한다.

우선, 비무장지대에 직접 영향을 미치는 정전협정과 후속 합의들에 대해서도 그 역사적 맥락을 중요하게 다룬다. 비무장지대에 관한 제도들이 형성되고 변화해온 맥락은 '비무장지대'에 담긴 의미와 그 모습의 변화와 직결되기 때문이다. 특히 정전협정은 그 자체로서의 중요성 때문에 이미 그 내용과 의의, 한계 등이 잘 밝혀졌지만,[3] 비무장지대와 관련해서는 관련 조문의 형성과 이행의 문제가 더 다각적으로 다루어질 필요가 있다. 정전협정문의 비무장지대 조항이 만들어지기까지의 과정과 협정문이 만들어진 이후에 관련 규정들이 어떻게 이어지고 균열을 일으키는지 살펴야 한다. 구체적으로는 정전회담이 있기 전부터 회담장에서 비무장지대 설치 논의가 이루어지기까지, 정전협정문에 해당 조항이 만들어지고 관련 지도가 들어가기까지, 정전[4] 이후 군사정전위원회의 후속 합의에 이르기까지, 협정문이 작동하는 혹은 사문화되는 과정 등이다. 이는 남북 경계가 '비무장지대'로 설정된 배경과 이유의 문제이고, 비무장지대가 무장화와 군사충돌의 장이 되고, 체제 선전 및 경쟁의 장이 된 원인과 과정의 문제이다.

비무장지대를 둘러싼 행위자들의 인식과 정책, 상호관계의 문제도 중요하다. 비무장지대와 관련한 각종 규정을 만들고, 해석하고, 이행하는 주체들의 의지가 정책에 반영된다는 면에서 더욱더 그렇다. 특히 정전체제의 기본 성격을 군사질서의 확립이라고 보면, 한·미동맹 및 유엔

---

3   제성호, 1997, 「한국휴전협정의 이행실태」, 김영작 외, 『한국전쟁과 휴전체제』, 집문당; 최철영, 2003, 「변화하는 남북관계와 정전협정의 대안」, 『역사비평』 63호; 제성호, 2004, 「정전협정체제에 관한 연구」, 『전략연구』 제11권 1호; 최철영, 2010, 「전후법(jus post bellum)으로서 정전협정의 역할과 한계」, 『민주법학』 43호; 이 외에도 많은 연구가 있다.

4   일반적으로 'truce', 'Suspension of arms'로 번역되는 정전(停戰)은 정치적 목적이 없고, 교전국 군대 간의 합의에 따른 단기간의 부분적 및 일시적인 전투행위의 중지를 의미한다. 'armistice'로 번역되는 휴전(休戰)은 전쟁 전체에 영향을 미치는 정치적 목적을 갖는 것을 의미하며, 비준 절차가 진행되기도 하고 비준 없이 효력이 발생하기도 한다. 이외에 국제기관이 무력충돌사태를 처리하기 위해 전투의 중지를 요청 또는 명령하는 경우에 'cease-fire', 정화(停火)라고 한다[배재식, 1975, 「한국휴전의 법적 제문제」, 『서울대학교 법학』, 38~40쪽]. 한국(Korea)의 경우에는 관련국의 비준 없이 armistice(정전협정 영문 표현)·정전(정전협정 국문 표현)되었다. 이 책에서는 정전협정(Armistice Agreement) 한글본의 용례를 따라 주로 '정전회담'과 '정전협정'이라고 표현하고, 맥락에 따라 '휴전'과 '정화'를 병행하여 사용하겠다.

22

사 문제, 한국[5]의 위상 문제가 중요한 화두가 된다.[6] 나아가 정전체제가 한반도 군사안보 차원만의 문제가 아니라, 남북한과 관련 주요국들의 관계가 다층적으로 쌓인 정치 구조의 문제라는 점에서,[7] 훨씬 다층적이고 복합적인 관계에 대한 접근이 필요하다.

이러한 관점에서 이 책은 비무장지대를 둘러싼 다층적인 행위자들의 인식과 정책, 복잡한 역학관계를 중요하게 본다. 앞으로 상세히 살피겠지만, 비무장지대와 관련하여 가장 먼저 등장하는 행위자는 흥미롭게도 미국이나 중국이 아닌, 영국이다. 처음으로 한반도 비무장지대를 제안한 영국의 제안 배경과 내용이 궁금하다.

또한, 여러 행위자 중에서 가장 관심이 가는 주체는 유엔군사령부이다. 현재 유엔사는 비무장지대에 관해서는 절대적인 권한을 행사하고 있다. 그러면서도 스스로 한국의 주권을 침해한 바가 없다고 강변한다. '정치적 권한'이 없고 '군사적 권한'만이 있으며 그것을 행사할 뿐이라는 것이다. 하지만 유엔사는 비무장지대를 '작전지역'으로 규정하고 있기 때문에,[8] 유엔사가 행사하는 군사적 권한은 비군사적 변화 가능성을

---

[5] 이 글에서 대한민국은 남한, 조선민주주의인민공화국은 북한으로 칭하고, 맥락에 따라 한미 관계를 논할 때 한국은 남한을 의미한다. 한반도 전체를 가리킬 때는 한국(Korea)으로 표현하겠다.

[6] 백진현, 2000, 「정전체제의 평화체제 전환문제」, 『서울대학교 법학』 41-2; 서주석, 2001, 「한반도 정전체제와 유엔군사령부」, 『통일시론』 9호; 김선표, 2005, 「한반도 평화체제 구축과 유엔사 문제에 대한 소고」, 『서울국제법연구』 제12권 2호; 정태욱, 2007, 「주한 '유엔군사령부'(UNC)의 법적 성격」, 『민주법학』 제34권; 이상철, 2012, 『한반도 정전체제』, KIDA PRESS; 노동영, 2017, 「한국문제에서 유엔사의 지위와 역할」, 『국방연구』 제60권 4호; 이기범, 2019, 「유엔군사령부의 법적 지위와 존속 및 해체 문제에 관한 소고」, 『서울국제법연구』 제26권 2호.

[7] 박명림, 2006, 「한반도 정전체제: 등장, 구조, 특성, 변환」, 『한국과 국제정치』 52호; 홍석률, 2012, 『분단의 히스테리』, 창비; 전재성, 2023, 「한반도 정전체제와 북핵체제를 넘어: 불완전 주권성의 전개와 극복」, 『한국과 국제정치』 120호; 이종원, 2023, 「냉전의 변용과 정전체제의 지속: 통일과 공존의 갈등 구조」, 『한국과 국제정치』 120호.

[8] 한모니까, 2020(a), 「'유엔사 규정'(UNC Reg.)과 유엔군사령부의 비무장지대

원천적으로 제약하는 결정적 요소로 작동할 수밖에 없다.

그러나 비무장지대의 유지나 변화가 유엔사의 의지와 정책만으로 이루어지는 것은 아니다. 유엔사의 상대측인 북·중도 중요한 행위자의 한 축이다.[9] 정전협정은 군사분계선을 기준으로 책임 소재를 구분했지만, 비무장지대 전체로 보면 어느 일방에 책임을 부여하지 않았다. 또한, 양측은 '군사정전위원회'라는 정전 관리 기구에서 대등하게 만나는 '상대'였고, 상호 간에 논의하고 합의를 이루거나, 갈등하고 충돌했다. 비무장지대가 군사분계선에서 남방한계선에 이르는 구간이 전부가 아니라, 군사분계선에서 북방한계선에 이르는 구간도 포함하고 있다는 점까지 생각하면, 북측 비무장지대를 관리하고 유엔사와 상대하는 북·중 측을 시야에 넣고 접근하는 것이 필요하다.[10]

이런 가운데 한국의 존재와 역할, 의미는 어디서 찾을 수 있을까. 정전협정 체결 당시 남한은 비무장지대와 관련한 의사 결정에서 주체가 되지 못했다. 남한은 정전협정의 서명 주체도 아니고,[11] 비무장지대 유지 관리의 주체로도 명시되지 않았기 때문에 유엔사의 해석 및 권한에 의존해야 했다. 그럼에도 남한은 정전체제의 당사자로서, 평화협정 체결과 비무장지대의 평화지대화를 위한 실질적인 주체여야 한다는 점에서, 남한의 존재와 역할에 관한 탐구가 필요하다.

(DMZ) 관리」, 『사회와 역사』 125.

9   정전회담이나 군사정전위원회에서 북한(군)과 중국(인민지원군)을 동시에 일컬을 때는 북·중 또는 공산군 측 등으로 간략히 칭하겠다.

10   다만, 비무장지대와 관련하여 중국인민지원군의 위상은 남측의 유엔사와 동일하지 않다. 이 책에서 자세히 살피겠지만, 중국은 비무장지대 탄생에서 결정적인 역할을 했지만, 정전 이후 군정위에서의 특별한 역할은 잘 드러나지 않는다. 중국군은 1958년 북한에서 철군했고, 북측 비무장지대는 북한이 독자적으로 책임지면서 유엔사와 상대하고 있다.

11   정전협정 서명자는 '연합국군 총사령관'과 '조선 인민군 최고 사령관 및 중국 인민지원군 사령원'이다.

— 선행 연구에 대한 검토

비무장지대는 내외국인을 가리지 않고 대중적인 관심을 많이 받는 곳이다. 경기연구원의 조사에 의하면, 정책 일반에 대한 국민의 인지도에 비해 비무장지대 정책에 대한 국민의 인지도가 더 높은 것으로 나타난다.[12] 또한, 남북한 방문 경험이 있는 외국인이 비무장지대 접경지역을 방문하는 비율도 매우 높다. 외국인 응답자의 55.3%가 이곳을 방문했다고 하는데, 이중 독일인의 방문율은 75.8%, 중국인의 경우도 50.4%에 달했다.[13]

비무장지대 관련 연구도 양적으로 상당히 많은 편이다. 한 조사에 따르면, 1953년 정전 이후 2017년까지 출판된 한국학술지인용색인(KCI) 논문, 석·박사학위 논문, 정부 및 연구기관 보고서, 기타 정기간행물 등을 검색한 결과 비무장지대와 그 인접 지역을 주제로 한 연구가 총 919건에 달했다.[14] 2018년 이후의 연구들이 포함되지 않은 것을 생각

12 　경기연구원은 한국인과 외국인(중국인과 독일인)을 대상으로 비무장지대에 대한 인식을 조사하였다. 그중 한국인의 비무장지대 관련 정책에 대한 인지에서 특히 '평화공원조성 계획'이 52.1%로 가장 높게 나타났으며, '감시초소 시범철거'와 '평화의길 조성'도 50% 이상으로 나타났다. 이정훈·구자룡·조진현, 2019, 「한국인과 외국인이 본 DMZ의 이미지와 가치」, 경기연구원, 『이슈&진단』 No. 385, 14쪽.

13 　위의 자료, 15~16쪽.

14 　박은진·여인애, 2018, 「한반도 비무장지대 일원 정책과 연구의 변화 및 시사점」, 『환경정책』 Vol. 26, No. 2. 다만, 이 논문의 분석 대상이 된 논저와 보고서는 비무장지대만이 아니라 남측 접경지역까지 다룬 것들이다. 참고로, 남북 접경지역에는 첫째, 정전협정이 규정한 '비무장지대'와 '한강 하구', '서해5도'가 있다. 둘째, 한국(ROK) 정부의 법적 규정을 받는 지역으로 (1) 군사시설보호법에 따른 민간인통제선 이북 지역과 그곳의 민북마을이 있으며, (2) 접경지역지원특별법에 따른 '비무장지대에 인접한 접경 시군'과 '민간인통제선에 인접한 접경 시군'이 있다. 셋째로, 역사적으로 남북 분단 경계선이 전쟁 이전 38선에서 전후 비무장지대로 바뀌면서 탄생한 38선과 비무장지대 사이 지역 ― '수복지구'와 '신해방지구' ― 도 있다. 이들 지역은 모두 남북 접경지역이라는 공통된 특징을 갖지만, 법적으로나 역사적으로 다른 맥락을 가지고 있다. 남북 접경지역의 다양한 맥락에 따른 구성은 김재한, 2002, 「접경교류의 개념과 의미」, 정규서 외, 『DMZ III』, 소화, 17~29쪽; 손기웅, 2011, 『DMZ 총람: 개요, 정치·군사적 현황』, 통일연구원; 한모니까, 2020(b), 「1950년대~1960년

하면, 2023년 현재는 이보다 훨씬 많을 것이다. 분야도 정치·군사·법·지리·환경·문화유산 등 다양하며, 답사기와 사진집도 많다.

이 중에서도 가장 활발하게 조사·연구가 진행된 분야는 자연환경 분야인데, 1974년 문화공보국 문화재관리국의 『비무장지대인접지역종합학술조사보고서』가 나온 이래로, 비무장지대와 인근 민간인통제선(Civilian Control Line, CCL) 이북 지역의 자연현황에 관한 문화재청과 환경부 등의 조사보고서가 꾸준히 축적되어왔다. 이는 비무장지대의 생태적 가치와 보존의 중요성을 확산시키는 데도 중요한 역할을 했다. 다른 한편으로, 최근에는 과학사의 측면에서 비무장지대 생태 연구의 시작을 되돌아보거나, 냉전기 예기치 않은 자연의 회복이라는 '역설'에 주목하는 연구가 진행되었다.[15]

다음으로 비무장지대의 정책적 활용에 관한 연구도 활발하였다. 비무장지대를 평화적으로 이용하기 위한 방안을 제안하는 조사보고서와 연구들이다.[16] 제안의 내용도 생태적 가치에 주목하고 보존하자는 주장,

대 민간인통제선(CCL)의 변화와 '민북(民北)마을'의 형성」, 『북한연구학회보』 24-1, 62~64쪽 참조.

15   문만용, 2019, 「비무장지대 생태조사의 의의와 전망」, 『대동문화연구』 106; Eleana Kim, 2020, "Cold War's Nature: The Korean Demilitarized Zone and Mid-Century American Science", Center for East Asian Studies, Stanford University (2020. 4. 28, online); Jaehwan Hyun, 2020, "Ecologizing the Korean Demilitarized Zone: Fields, Animals, and Science during the Cold War," *MPIWG Feature Story* 68; Jaehwan Hyun, 2021, "Brokering science, blaming culture: The US-South Korea ecological survey in the Demilitarized Zone, 1963-8," *History of Science* 59; Lisa Brady, 2021, "From War Zone to Biosphere Reserve: The Korean DMZ as a Scientific Landscape," *Notes and Records* 75.

16   안종환 외, 1995, 『비무장지대의 평화공원조성에 관한 시론』, 대한국토·도시계획학회; 제성호, 1977, 『한반도 비무장지대론―DMZ(비무장지대)를 평화지대로』, 서울프레스; 김인영·김재한 편, 1999, 『DMZ―발전적 이용과 해체』, 소화; 김홍배·김영봉, 2006, 「비무장지대의 평화적 이용을 위한 남북한 협력사업의 추진」, 『국토연구』 51; 손기웅 외, 2009, 『접경지역의 평화지대 조성을 통한 남북교류 활성화 방안』 I·II, 통일연구원; 김영봉, 2010, 「녹색평화의 시각에서 본 DMZ의 활용」, 『통일과 평

세계적인 평화공원 또는 세계유산으로 만들자는 주장, 남북 간의 사회경제·역사문화·환경 협력 및 교류의 공간으로 만들자는 주장, 군사적 신뢰 구축을 위한 실질적인 비무장 조치가 필요하다는 주장, 관련 법제의 정비 및 제정이 필요하다는 주장 등 무수하다.

이외에 비무장지대를 규정하는 법적인 측면이나 비무장지대의 지리적 공간 범위, 비무장지대에서의 군사충돌 등과 관련한 연구도 진행되었다. 특히 비무장지대를 규율하는 법체계와 유엔사의 이른바 관할권(jurisdiction) 문제는 정전체제와도 직결된다는 점에서 중요한 주제이다. 특히 정전협정이 규정한 비무장지대 출입 및 군사분계선 통과에 관한 책임 소재의 문제를 둘러싸고, 유엔사의 허가권 행사가 정당한 것인지, 유엔사가 한국 정부의 주권을 침해하고 있다고 해석할 것인지가 쟁점이다.[17]

또한, 비무장지대의 면적에 관한 흥미로운 연구도 제출되었다.[18] 특히 2013년 국립수목원과 녹색연합이 공동으로 조사한 결과, 정전협정 규정과 달리, 남방한계선과 북방한계선이 군사분계선 쪽으로 이동하여 비무장지대가 실제로는 매우 축소되어 있음이 밝혀졌다.[19] 그러

화』 제2집 1호를 비롯하여 많은 연구가 있다.

17   이효원, 2014, 「DMZ 세계평화공원 조성을 위한 법적 기초」, 『서울대학교 법학』 170; 김태헌, 2019, 「유엔사의 DMZ와 MDL 통과 허가권에 대한 법적 검토」, 『통일과 법률』 39; 제성호, 「유엔사의 'DMZ 법질서' 존중해야」, 『한겨레』 2020. 2. 3; 정태욱, 2022, 「비무장지대 출입과 군사분계선 통과를 위한 주한유엔군사령부(유엔사)의 허가권에 대한 해석론」, 『법학연구』 제25집 3호; 한모니까, 2020(a), 앞의 논문.

18   김창환은 DMZ 면적이 약 903.8km²라고 보았고, 정규석 등은 1953년 992km²에서 2013년 570km²로 43% 감소했다고 주장했다[김창환, 2007, 「DMZ의 공간적 범위에 관한 연구」, 『한국지역지리학회』 제13집 4호; 정규석·신현탁·김상준·안종빈·윤정원·권영한·허태임, 2015, 「DMZ의 축소된 공간 범위에 대한 연구」, 『한국지역지리학회지』, 제21집 2호].

19   『연합뉴스』 2013. 7. 24; 정규석·신현탁·김상준·안종빈·윤정원·권영한·허태임, 위의 논문.

나, 이는 흔히 남방한계선상에 위치해 있다고 알려진 일반전초(General Outpost, GOP) 철책의 3분의 2가량이 비무장지대 안쪽에 있어서 남방한계선의 위치에 혼선이 초래된 것이다.[20] 비무장지대의 공간적 범위는 어디까지나 정전협정 제2권 지도에 나타난 그대로이다. 비무장지대 면적 축소 문제는 비무장지대 무장화의 한 양상을 반영하는 것으로 보아야 한다.

군사충돌과 무장화에 대해서도 일부 다루어졌는데, 대체로 남측 비무장지대 무장화의 원인을 북한의 도발에 대한 대응으로 본다는 공통점이 있다.[21] 유엔사 군정위 전사편찬관 및 수석대표 특별고문을 지낸 경험을 바탕으로 비무장지대의 각종 사건들을 가장 흥미롭게 밝힌 이문항과 남북한 군사갈등 문제를 살핀 조성훈도 예외가 아니다. 이들은 북측이 1963~1965년에 군사분계선 북쪽에 있는 북측 초소들을 광범위하게 연결시키는 요새화된 진지를 구축하고는 이를 식목(植木)으로 위장했고,[22] 남한의 진지 구축은 북한의 진지 구축과 1968년 1·21사태 이후 경계 강화를 위해 시작되었다고[23] 주장한다. 그러한 면이 전혀 없는 것은 아니나, 이러한 주장은 비무장지대 무장화의 원인과 결과를 단순화하고, 나아가 비무장지대를 둘러싼 시대적 상황과 국제적 역학관계 등을 간과하게 할 위험이 있다.

이렇듯, 비무장지대에 관해 주목할 만한 많은 연구가 이루어져왔음

20   「유엔사 규정 551-4: 군사작전 ─한국 정전 협정 준수─」(2018. 7. 27), 3-1-c.
21   이문항. 2001, 『JSA-판문점(1953~1994)』, 소화; 조성훈, 2011, 『군사분계선과 남북한 갈등』, 국방부 군사편찬연구소; Heather M. Haley, 2017, "Defoliating Fence and Foxhole: An Unconventional Response to an Irregular Threat Along the Korean DMZ, 1967-1969," *Federal History* 9; 김용현 엮음, 2018, 『남북한 군사충돌로 본 분단 70년사』, 선인.
22   이문항, 위의 책, 107쪽.
23   조성훈, 앞의 책, 228쪽.

에도, 비무장지대 연구는 사안별 현황 분석이 주를 이룬다고 할 수 있다. '현재'에 이르기까지의 '역사'적 맥락에 대해서는 아직 다루어진 바가 없다고 해도 과언이 아니다.[24] 그러나 비무장지대는 전쟁의 결과로 갑자기 생기거나 정전협정 제1조의 규정으로 인해 생겨서 그대로 있는 것이 아니다. 설치에 대한 첫 구상부터 시작해서, 논쟁과 합의를 거쳐 조문으로 명문화되고, 이후에도 끊임없는 변화를 거쳐서 현재에 이르고 있다. 즉 시대적 배경과 행위자들의 역학관계와 정책적 판단에 의해 적극적으로 만들어진(building) 것이다. 비무장지대의 탄생과 변화는 훨씬 복합적이고 다층적인 원인을 갖고 있었으며, 다양한 양상으로 진행되었고, 결과도 복합적이었다. 남북 대결의 차원만이 아니라, 한반도 안팎에서 냉전과 열전이 이어지고 서로 얽힌 문제였다. 그렇기에 시공간과 분야를 넓혀서 종합적이고 다각적으로 다루어질 필요가 있다.

첫째, 어떻게 4km 폭의 완충지대로서의 비무장지대가 탄생하게 되었을까? 비무장지대는 언제 무엇을 계기로 구상되었으며, 처음 아이디어를 낸 것은 누구일까? 이에 대해서는 한국전쟁기 영국의 종전 모색에 관한 김계동의 연구가 유일하게 참고된다. 김계동은 영국 공문서를 활용하여 영국이 한반도의 평화적 종전을 모색하는 과정에서 중립지대안, 완충지대안을 제안하였음을 지적하였다.[25] 하지만, 그의 연구는 한국전쟁이 빨리 끝날 수 없었던 이유와 영국과 미국의 갈등을 규명하는 데 초

---

24 흥미롭게도 거의 모든 보고서와 논저, 안내서의 도입부에서 비무장지대의 역사가 반드시 소개되지만, 비무장지대가 한국전쟁의 결과 탄생했다는 점과 정전협정 제1조에서 규정되고 있음이 언급되는 것이 대부분이다. 다른 한편으로 비무장지대 내에 있는 역사문화유산이 비무장지대의 역사로 분류되어 다루어질 때도 있지만, 이는 엄밀히 말하면, 비무장지대가 설치되기 이전부터 존재했던 것이므로, 이 책에서 말하는 비무장지대의 역사와는 다르다.

25 김계동, 1995, 「한국전쟁 초기 인·영의 평화적 종전 모색」, 『군사』 30; 김계동, 2000, 「한국전쟁 기간 영·미간의 갈등-유화론과 강경론의 대립」, 한국전쟁연구회 편, 『탈냉전시대 한국전쟁의 재조명』, 백산서당.

점을 둔 것으로, 비무장지대 구상이 관련국들에 어떻게 공유, 확산되었으며, 귀결되었는가에 대한 것은 그의 관심 주제가 아니었다. 영국의 비무장지대 설치 구상에 대해 조금 더 면밀히 분석하고, 그와 더불어 이에 대한 관련국들의 인식 및 대응, 그리고 첫 발상과 논의는 이후 정전회담과 정전협정에 어떠한 영향을 미쳤는지, 나아가 당시 구상한 비무장지대의 위상은 오늘날 비무장지대와 어떻게 맞닿아 있는지 규명할 필요가 있다.

둘째, 비무장지대의 무장화는 언제 어떻게 진행되었으며, 무장화가 가져온 영향은 무엇일까? '비무장'지대라는 이름과 다르게 비무장지대가 중무장되어 있다는 인식은 이미 널리 공유되어왔으며, "DMZ가 아니라 최무장지대(Most-Militarized Zone, MMZ)"라고 표현될 정도로[26] 비판의 목소리도 높았다. 그러나 비무장지대 무장화는 그 내용이 무엇이고, 언제, 어떻게, 무엇을 이유로 진행되었으며, 그 형태와 특성의 원형이 일차적으로 갖춰진 시기가 언제인가 등에 대해서는 자세히 알려진 바가 없다. 또한, 철책과 '땅굴' 등은 어느 한순간 일시적으로 생길 수 있는 차원의 것이 아니다. '방어체계'라는 기본 개념하에 지속적으로 만들어진 것이다. 필자는 미국 공문서를 활용하여 1960년대 남북의 군사충돌과 베트남전쟁의 배경 속에서 남측 비무장지대의 대침투체계가 구축되었음을 살핀 바 있지만,[27] 앞으로의 연구에서는 비무장지대 무장화를 가능하게 한 제도적 측면이 무엇이었나를 따지고, 북측 지역의 무장화까지 포함하여 무장화의 전개와 양상을 밝히는 한편, 한국전쟁에서 베트남전쟁까지 이어지는 열전이 비무장지대에 미친 영향 등에 대한 규

26　박명림, 앞의 논문, 18쪽.
27　한모니까, 2019, 「1960년대 비무장지대(DMZ)의 무장화 과정과 배경」, 『사학연구』 135.

명이 필요하다.

비무장지대 생태에 관한 인식과 접근도 더 종합적으로 이루어질 필요가 있다. 최근에 과학사의 측면에서 흥미로운 연구가 나오고 있고, 전쟁의 상흔으로 가득한 곳에서 회복된 '경이로운' 자연생태의 '역설'에 대해서는 거의 모든 연구에서 전제처럼 언급하고 있지만 그러한 역설이 어떻게 가능했는지에 대해서는 규명이 필요하다. 1966~1968년에 이루어진 한미 공동 '한국의 생태 연구'(Ecology Survey in Korea)의 경우도, 비무장지대 인식의 전환을 가져온 첫 연구라는 상찬 대(對) 지식 중개인들의 갈등이 빚어낸 실패라는[28] 대립적인 시각에서 보기만은 어려운 면이 있다. 앞으로 이 책에서 살펴보겠지만, 한미 공동 생태 연구단의 핵심 멤버로 스미스소니언의 생태학자 타이슨(Edwin L. Tyson)이 참여했는데, 그는 군사와 질병, 동물학이 결합된 설치류 연구를 수행했다. 구체적으로는 한국전쟁 때부터 유엔군 내에서 발병한 '한국형 유행성출혈열'(KHF)의 풍토화에 관한 연구였다. 비무장지대의 무장화라는 큰 흐름 속에서 비무장지대의 자연생태가 어떻게 형성되고 다루어졌는지 종합적으로 살펴볼 필요가 있다.

셋째, 비무장지대를 둘러싼 다양한 가치의 경합과 다층성에 대한 역사적 규명도 필요하다. 비무장지대는 워낙 다양한 모습을 지니고 있어서, 관심사에 따라서 어떤 하나의 가치를 강조하기 쉽다. 하지만, 비무장지대의 역사를 살펴보면, 어떤 하나의 가치가 독보적으로 우세하지 않음을 알 수 있다. 안보의 측면에서 보면, 비무장지대는 남북 간에 군사적 긴장이 지속되는 공간이면서도 다른 한편으로는 끊임없이 긴장 해소를 지향하는 공간이다. 즉, 비무장지대는 남북한의 군사안보와 교류, 화해, 생태 등의 다양한 가치가 '경합'하는 공간이다.

---

28   문만용, 2019, 앞의 논문; Jaehwan Hyun, 2021, 앞의 논문.

이러한 다양한 가치의 경합이 다층적으로 서로 얽혀서 드러난 시기가 1970년대 초였다. 이 시기는 미·중 데탕트와 남북 간의 첫 접촉이 있던 때로, 정전체제의 변형이 이루어진 시기로 평가되는 때다. 이에 관한 연구는 상당히 진전되었지만,[29] 그것이 비무장지대에 어떠한 영향을 주었으며, 어떻게 귀결되었는지는 아직 밝혀진 바가 없다. 1970년대 초반에 비무장지대를 둘러싸고 일어난 논의와 변화가 이후 비무장지대 평화지대화의 기본 구상이 되고, 남북 간의 체제 경쟁과 선전의 틀이 되었는지 살펴볼 필요가 있다. 이는 이 책이 1970년대 초반까지의 역사를 다루는 이유이기도 하다.

마지막으로, 자료 활용 및 분석의 측면에서도 진전될 필요가 있다. 지금까지는 1차 사료가 활용된 경우는 많지 않으며, 활용되었다 하더라도 특정 분야의 일부 자료들에 국한되었기 때문이다. 비무장지대를 둘러싼 다양한 행위자들을 고려할 때 관련 문서들도 다양하게 수집, 분석되어야 한다. 외교문서의 경우도 더욱 다각적으로 교차 분석할 필요가 있다. 미국과 영국, 한국의 외교문서는 물론이고 동유럽 국가들의 외교문서도 북한의 비무장지대 인식 및 정책을 파악하는 데 도움이 된다. 비무장지대와 관련한 정전회담 회의록과 군사정전위원회 회의록 분석도 필수적이다. 또 비무장지대의 군사화·개발·선전과 관련해서는 미 국무부와 주한미군, 한국 정부와 국방부 등의 자료 분석도 핵심적이다. 비무장지대와 관련한 핵심 자료에 대한 교차 분석은 곧 비무장지대 연구에 깊이를 더하게 될 것이다.

---

29   홍석률, 2001(b), 「1970년대 전반 동북아 데탕트와 한국 통일문제: 미중 간의 한국 문제에 대한 비밀협상을 중심으로」, 『역사와 현실』 42; 홍석률, 2004, 「1970년대 전반 북미관계: 남북대화, 미중관계 개선과의 관련 하에서」, 『국제정치논총』 제44권 2호; 신욱희, 2005, 「기회에서 교착상태로: 데탕트 시기 한미관계와 한반도의 국제정치」, 『한국외교사논총』 제26집 2호; 김지형, 2008, 『데탕트와 남북관계』, 선인; 이외에도 많은 연구가 있다.

이 책은 역사적 접근을 통한 분석 및 서술 방법을 택하여 썼다. 다양하고 핵심적인 1차 자료들을 통해 비무장지대의 변화를 추적하고자 하였다. 특히 여러 나라의 사료들을 새롭게 발굴하여 교차 분석하였다. 한국 정부와 국방부 문서, 주요 일간지는 물론이고, 미국, 영국, 프랑스 등의 외교문서, 정전회담 회의록, 군사정전위원회 회의록, 미국 대통령 기록 및 유엔군사령부 문서, 북한, 중국, 구소련의 문서, 동독과 헝가리 문서 등을 종합적으로 활용하여 교차 분석했다. 지도와 사진 자료도 풍부하게 활용하였다. 이는 한반도 비무장지대의 탄생부터 변화, 성격, 그리고 현재의 모습까지 전체적인 맥락과 세부적인 측면들을 드러낼 수 있는 가장 적절하고 유용한 방법이다.

비무장지대 관련 다국적 사료를 발굴하고 교차 분석하는 데는 몇 가지 의미가 있다. 한 가지 의미는 그동안 비무장지대와 관련한 여러 나라의 핵심적이고 방대한 자료들을 종합적으로 살핀 연구는 없었다는 점에서 찾을 수 있다. 남한과 서방국 측, 북한과 공산국 측, 양측이 공동으로 생산한 문서 등 여러 측면을 포괄적으로 살피는 것은 분명히 비무장지대 연구 방법을 개척한다는 의미가 있다. 둘째로는, 비무장지대의 다층적인 성격을 드러내는 데 유용하다는 점에서 의미가 있다. 다양한 사료의 활용은 자연스럽게 비무장지대가 한반도 내부와 국제적인 층위의 문제들이 서로 연쇄되고 복잡하게 얽힌 다층적인 공간임을 드러낼 것이다.

주 내용별로 핵심 자료를 간략히 소개하면 다음과 같다. 비무장지대에 관한 첫 구상부터 구상의 확산과 귀결을 살펴보는 데는 관련국들의 외교문서를 활용할 것이다. 특히 1950년 11~12월의 미국 국무부 문서, 영국 외무부 문서, 프랑스 외무부 문서 등을 활용함으로써, 미국과 유엔 서방국 간에 공유되었던 비무장지대 구상 및 논의를 살펴보고자 한다.

미 국무부 문서는 이 책에서 가장 기본적으로 활용한 자료이지만,[30] 관련국들의 외교문서와 비교 검토할 때 사실관계와 맥락을 더 잘 파악할 수 있다. 앞으로 자세히 살펴보겠지만, 비무장지대를 처음 제안한 것은 영국이었다. 영국 외무부 문서에는 영국의 재외 공관은 물론 유엔의 서방국들 사이에서 영국이 비무장지대 구상과 정보를 적극적으로 공유하고 활발히 의견을 나눈 정황이 잘 드러나 있다.[31] 이 문서들을 살펴보면 영국의 제안에 대해 프랑스는 견해를 같이했고, 미국은 처음에는 반대했다가 수용하게 되었음을 알 수 있다. 따라서 비무장지대안의 첫 제안자인 영국의 외교문서를 우선적으로 검토하고 미국과 프랑스 외교문서와 비교함으로써, 영국의 비무장지대 제안을 미국과 서방국이 각기 어떻게 인식하였으며 영국의 제안이 어떻게 확산되었는지를 다루려고 한다.[32]

미국과 북·중 간에 정전의 조건으로 합의된 비무장지대 설치는 정전회담에서 논의가 이어졌고 정전협정으로 조문화되었다. 이에 정전회담에서 논의되었던 비무장지대 구상의 맥락을 파악하기 위해 정전회담

---

30   1950년 11~12월의 미국 동향을 파악하는 데는 미국 국무부(United States Department of State)가 간행한 *Foreign Relations of the United States* (이하 모두 *FRUS*) 1950, Korea, Volume VII을 기본적으로 활용했다. 이 외에 이 책이 다루는 시기나 주제에 따라 *FRUS*, 1950, WESTERN EUROPE, Volume III; *FRUS*, 1952-1954, Volume XV: Korea, Part 2; *FRUS*, 1964-68, Volume XXIX, Part 1, Korea; *FRUS*, 1969-1976, Volume XIX, Part 1, Korea, 1969-1972 등과 미간행 미 국무부 자료(RG 59)들을 활용했다.

31   여기서는 국사편찬위원회가 영국국립문서보관소에서 수집한 영국 외무부(Foreign Office) 문서 중에서 영국 외무부 정치국의 일반문서(FO 371)와 영국 외무부 한국 관련 비밀문서(FO 483) 등을 활용하였다.

32   이 책에서 활용한 프랑스 외무부 문서는 한국전쟁 당시 미국·영국·유엔 등에 주재한 프랑스 관리들이 본국으로 보낸 문서들로서, 이지순·박규현·김영 등이 번역하여 간행한 자료집에 수록되어 있다. 이지순·박규현·김영 옮김, 2021, 『한국전쟁 관련 프랑스외무부 자료』 I, III, 선인.(이하 『한국전쟁 관련 프랑스외무부 자료』 I, III으로 약함.)

회의록을 검토할 것이다.[33] 정전회담은 본회담과 참모장교회의로 나뉘어 진행되었는데, 비무장지대 관련 논의도 이 두 회의에서 모두 이루어졌다. 그리고 이 책에서 살펴보겠지만, 본회의만이 아니라, 제2의제 분과위원회와 참모장교회의에서 비무장지대 설정에 관한 세부 논의가 진행되었다. 본회의에서 대강의 원칙을 논의하고 합의를 하는 방식이라면, 분과위원회와 참모장교회의에서는 본회의가 해결을 미룬 사안들을 구체적으로 논의하거나 사안을 합의하여 다시 본회의에 상정했다. 따라서 본회의록은 물론 제2의제·제3의제 분과위원회와 참모장교회의록을 검토함으로써, 비무장지대에 관한 첫 구상이 어떻게 구체화되고 조문화되는지 파악하려 한다.

이 책의 연구에서 새롭게 발굴하고 활용한 것은 군사정전위원회 관련 자료이다. 군정위는 정전협정 이행을 통해 비무장지대와 한반도의 정전을 관리하는 기구였다. 특히 정전 직후, 군정위는 비무장지대의 비무장을 회복하고, 물리적 경계선을 만들고, 군사분계선 위반을 조사했으며, 이와 더불어 추가 합의를 통해 새로운 규정을 만드는 일도 했다. 또한, 1960년대 비무장지대에서 충돌이 가장 격심했을 때 이를 조사하고 처리하는 역할도 했다. 극심한 충돌의 시기에 구축된 철책도 각 군정위나 사령관의 기획 및 승인 없이는 불가능했다. 1971년 유엔군 군정위

---

33   이 책은 국사편찬위원회에서 발간한 『남북한관계사료집』(1~10권. 이하 『정전회담 회의록』으로 약함)을 활용했다. 특히 비무장지대와 관련한 정전회담 본회담 회의록이 수록된 1~2권, 제2의제와 제3의제 관련 분과위원회와 참모장교의록이 수록된 3권, 4권, 6권, 8권 등을 활용했다. 이 자료는 정전회담 당시 유엔사가 작성한 것으로, 미 국립공문서관이 소장하고 있는 국제군사기구 문서군(RG 333: Records of International Military Agencies)에 속해 있는 'United Nations Command, Korean Armistice Negotiations, 1951-1953'이라는 제목의 문서들이다. 이 책에서는 정전회담 회의록 원문을 일차적으로 검토했고, 부분적으로 전쟁기념관에서 번역하여 간행(2022)한 『6·25전쟁 정전회담회의록』(1권 개성 본회담, 2권 판문점 본회담)을 참고하였다.

수석대표 로저스(Felix M. Rogers)가 비무장지대의 비무장화를 제안한 것도 군정위에서였다. 그뿐 아니라, 군정위에는 유엔사 측과 북·중 측이 대등하게 참여했기 때문에, 군정위 자료는 양측 모두의 인식과 정책, 대응을 살필 수 있는 자료이다.

따라서 군정위 자료를 분석, 활용하는 것은 매우 중요하다. 이 책은 이를 전면적으로 활용한 첫 연구서로서,[34] 앞으로 나올 내용에서는 군정위 본회의 회의록과 비서장회의 회의록, 공동감시소조 보고서 등을 집중적으로 검토할 것이다. 이렇게 군정위 관련 회의록과 보고서를 전면적으로 분석함으로써 비무장지대 경관의 형성과 그 의미, 군정위의 정전 관리와 그 한계를 파악하려 한다.

비무장지대는 남북의 군사 대치가 이루어지는 공간만이 아니다. 유

---

[34]　군정위 관련 자료는 활용은 물론 현황 파악조차 쉽지 않다. 양적으로 방대하고 여러 문서군에 흩어져 있으며, 산하 기구 회의록 및 활동 보고서도 본회의, 비서장회의, 참모장교회의, 공동감시소조(Joint Observer Team, JOT) 활동 보고서 등으로 나뉘어 있기 때문이다. 이 책에서 활용한 군정위 관련 자료는 대부분 국사편찬위원회가 미 국립공문서관에서 수집한 것으로, 대략적으로 소개하면 다음과 같다. 우선, 군사정전위원회 본회의 의사록을 가장 기본적으로 활용했는데, 이 자료는 미 국무부 문서군의 한국 정전 기구 문서에 포함되어 있다[RG 59: General Records of the Department of State, 1763－2002, Records of Korean Armistice Agencies, 1953－1974 (Entry A1 5420)]. 둘째, 태평양 방면 미 육군 문서(RG 550: Records of the U.S. Army, Pacific, 1945-1984) 중에서 유엔군사령부가 생산한 한국 정전협정 관련 문서[Korean War Armistice (Entry UD WW 169)]를 활용했다. 여기에는 북·중 측과 유엔사 측이 정전협정 이행을 논의하고 합의한 기록이 포함되어 있다. 그리고 태평양 방면 미 육군본부 군사사실이 생산한 비무장지대와 유엔사 관련 자료(Records of HQ, US Army, Pacific, Military History Office, Classified Organizational History Files)도 활용하였다. 셋째, 극동군사령부·연합군최고사령관·유엔군사령부 문서군에 포함된 한국 정전 이행 관련 문서들로서, 군정위 참모장교회의록과 공동감시소조 활동, 군정위 본부 구역 관련 자료 등을 활용했다[RG 554: Records of General Headquarters, Far East Command, Supreme Commander Allied Powers, and United Nations Command, 1945－1960, Korean Armistice Implementation Records, 1951－1980 (Entries 14, 14B, 14D, 14E, 14F), General Records, 1951－1957 (Entry 14F)].

엔사 규정에 따른 '작전지역'이며, 남과 북, 자유주의와 사회주의 간 체제 대립과 선전의 전시장이다. 자연생태의 회복을 통해 인간과 자연의 관계를 탐구하게 하는 공간이다. 끊임없이 '평화지대화'를 지향하고 꿈꾸지만, 한 걸음도 나아가기 어려운 공간이다. 비무장지대는 냉전의 온갖 양상과 비평화가 응축된 곳이다.

이런 측면에서 기정동과 대성동 개발의 역사를 살피는 일은 비무장지대에서 벌어진 체제 경쟁의 실상과 의미를 파악하는 데 있어서 중요하다. 이를 위해 남북한의 정책 문서와 언론 보도, 유엔군사령부 및 미국 국제협조처, 주한 미 경제협조처 등의 개발과 선전 관련 문서들을 발굴하여 활용할 것이다.[35] 비무장지대 생태의 군사적 성격을 파악하기 위해서는 1960년대 비무장지대 인접 지역 생태를 조사했던 스미스소니언 협회 문서를 활용하고,[36] 유엔군사령부와 미 8군사령부의 비무장지대 동식물 연구 보고서와 미 국무부 자료, 한국군 자료, 참여 연구자들의 연구논문 등을 발굴하여 종합적으로 분석하려 한다. 또한, 군사정전위원회와 중립국감독위원회 자료, 한국(ROK) 외무부와 국방부, 국토통일원 자료들을 활용하여 비무장지대의 평화적 이용 구상이 어떻게 처음 형성되었는지 살펴보겠다.

---

35   대성동 개발 문서는 미국 국제협조처(International Cooperation Administration, ICA)와 주한 미 경제협조처(United States Operations Mission to Korea, USOM/Korea) 관련 자료군에서 확인된다. RG 469: Records of U.S. Foreign Assistance Agencies, 1942–1963, Unclassified Subject Files, ca. 1955–11/03/1961 (Entry P 319), Box 14, Box 20; RG 286: Records of the Agency for International Development, 1948–2003, Central Subject Files (Entry P 583). 이외에도 비무장지대 심리전 관련 자료로 태평양 방면 미 육군문서에 포함된 제7심리작전단 문서[RG 550: Records of the U.S. Army, Pacific, 1945–1984, Communist Propaganda (Entry UDWN 62)]와 한국 국방부 심리전단 자료 등을 활용했다.

36   Smithsonian Institution Archives(https://siarchives.si.edu), 이하 SIA.

― 구성과 내용

제1장에서는 비무장지대의 탄생 과정을 살펴본다. 시기적으로는 1950년 10월 유엔군의 38선 북진 이후 1950년대 후반까지이다. 비무장지대에 관한 첫 발상과 발상의 확산, 정전회담에서의 논의와 정전협정문 조항 등을 살피고, 정전 이후에 이 제도들이 어떻게 이행되고 제도에 어떤 균열이 있었는지 등을 알아본다.

첫째, 비무장지대에 관한 첫 구상이 어떻게 나왔고, 관련국들에는 어떻게 공유, 확산되었으며, 귀결되었는지를 다룬다. 우선, 1950년 11월~12월, 영국의 비무장지대 제안 배경으로, 두 차례의 세계대전 전후 영국이 관여한 비무장지대 사례를 간략히 살피려 한다. 한국전쟁 이전의 세계적인 국경 갈등이나 전후 처리 과정에서 생긴 비무장지대들이 한반도 비무장지대라는 아이디어로 이어진 중요한 요인이었기 때문이다. 그리고 영국의 비무장지대 설치안을 조금 더 면밀히 분석하고, 이에 대한 관련국들의 인식 및 대응은 어떠했는지 볼 것이다. 이어서 이때의 논의가 한반도 비무장지대 설치에 대한 인식이 공유되는 과정이 되었다는 점과 더불어 어떻게 정전회담으로 이어졌는지 살피려 한다. 이는 정전체제의 핵심 공간인 비무장지대의 출발점을 탐구하는 것이며, 나아가 남북 분단과 세계 냉전의 완충지대로 작동하는 비무장지대의 성격을 구체적으로 규명하는 데도 의미가 있다. 또한 당시 구상한 비무장지대의 위상은 오늘날 비무장지대와 어떻게 맞닿아 있는지에 대한 참조점을 제공할 수 있을 것이다.

둘째, 정전회담에서 논의된 비무장지대 설치의 맥락을 살핀다. 이미 많은 연구들을 통해 정전회담의 주 쟁점 중 하나였던 군사분계선 협상을 통해 군사분계선이 38선이 아닌 접촉선으로 설정되었음은 밝혀졌지만,[37] 정전회담에서 이루어졌던 비무장지대 설정 과정과 그 의미에 대해서는 다루어진 바가 없다. 구체적으로 비무장지대 설치에 대한 유엔군 측과 공산군 측의 인식과 접근의 차이, 양측의 합의로 비무장지대가 4km 너비의 구역으로 지도화되는 과정, 비무장의 회복과 유지를 위한 관리 기구와 세부 조치들이 협정문화하는 과정 등도 살필 것이다. 예를 들면, '비무장의 회복', 출입 가능 인력으로서의 민사행정 경찰(민정 경찰), 관리·조사 기구로서의 군사정전위원회와 공동감시소조 등이 논의되고 규정되는 과정이다.

셋째, 1950년대 중후반, 군사정전위원회의 후속 합의들을 살핌으로써, 비무장지대가 물리적으로 형성되는 과정을 다루려 한다. 비무장지대를 규정하는 일차적인 규범은 기본적으로 정전협정이지만, 정전협정은 정전을 위한 조건들을 합의하는 데 우선 초점을 두었다. 정전 이후 유엔군 측과 공산군 측은 군정위를 통해 정전협정 이행에 필요한 구체적인 사항을 논의하고 합의했다. 군정위에서 논의하고 합의된 위험물 제거, 경계선 표식물 설치, 민정 경찰의 군사화, 위반사건을 조사할 공동감시소조 관련 규정 등 세부 규정의 제정과 이행이 곧 비무장지대가 물리적으로 형성되는 첫 단계였다. 그런데 이 후속 합의들은 비무장지대의 '비무장화'를 위한 이행 과정이면서도 정작 '무장화'의 여지를 남기는 제도적 합의였다. 정전협정의 이행이자 균열이라 할 수 있었다.

제2장에서는 1960년대 비무장지대 무장화의 핵심 내용과 과정, 사건, 그로 인한 경관(景觀)의 변화 등을 살핀다. 가시화된 철책과 경계초소(Guard Post, GP), 불모지(不毛地), 비가시화된 땅굴 등을 비무장지대의 핵심적인 '냉전 경관'으로 주목하고, 경관의 형성 과정을 분석할

37　정전회담의 의제 중 하나로서 군사분계선 설정 문제가 다루어졌다. 공산군 측은 처음에는 38선을 군사분계선으로 삼아야 한다고 주장한 반면, 유엔군 측은 접촉선(전선)을 기준으로 해야 한다고 주장했다. 결국, 공산군 측이 접촉선안을 수용함으로써, 군사분계선이 합의되었다. 전쟁기념사업회, 1992, 『한국전쟁사 제5권 중공군 개입과 새로운 전쟁』, 행림출판, 216~224쪽; 김보영, 2016, 『전쟁과 휴전: 휴전회담 기록으로 읽는 한국전쟁』, 한양대학교출판부, 97~129쪽.

것이다. '경이로운' 생태의 모습도 '군사 생태'(military ecology)의 측면에서 살핀다. 그리하여 무장화와 군사충돌 등의 사건, 그리고 이어진 경관의 변화가 남북관계의 차원이 아니라, 베트남전쟁, 한·미 관계, 북·중·소 관계의 변화, 군사와 과학의 결합 등과 관련되어 있음을 규명할 것이다.

첫째, 비무장지대 무장화의 양상과 과정, 무장화와 군사충돌(사건)과의 관계를 살피고자 한다. 먼저, 북한의 요새화가 먼저 진행되었음을 밝히고, 그 원인과 추진 양상을 다룰 것이다. 특히 1950년대 말 남측의 원자무기 도입에 대한 대응으로서 북한의 땅굴 건설을 비롯한 '전 국토의 요새화'가 이루어졌다는 점을 밝히고, 땅굴 구축과 기술의 흐름이 한국전쟁의 경험 및 북·중 관계, 북베트남에 대한 북한의 지원과 관련되어 있음을 규명할 것이다. 1965~1966년을 기점으로 한 북한의 방위 전략과 북·중·소 관계의 변화, 이로 인한 군사충돌 등도 살필 것이다. 다른 한편으로, 남측의 무장화와 베트남전, 이로 인한 군사충돌 등도 다루려 한다. 무엇보다 1965년부터 남한의 베트남전 파병과 비무장지대의 대침투체계 구축을 모색하던 미국이 1966년 남한의 베트남 파병 합의와 1967년 오울렛 초소 사건 등을 계기로 철책 구축과 고엽제 실험 등을 실시했음을 밝히려 한다.

둘째, 1960년대 후반 비무장지대 생태 연구의 목적과 양상을 다루고자 한다. 우선 비무장지대 생태 연구의 시초라고 할 수 있는 연구들의 양상을 살핀다. 여기에서는 1966~1968년 한·미 공동 '한국의 생태 연구', 조류와 설치류 연구, 초목 통제 실험과 시행 등으로 구분하여 볼 것이다. 또한 환경에 대한 세계적인 관심, 미국의 과학(생태)과 군사 연구에 대한 정책, 스미스소니언 연구소와 국방부, 국무부, 주한미군, 유엔군사령부 등의 관여 및 협조, 한국 과학인력 양성 프로그램과 자연보존운동, 한국전쟁 때부터 유엔군 내에서 발병했던 유행성출혈열 문제, 대침투체계 및 군사작전으로서의 불모지화, 한국 생태 연구의 방향성 등의 문제를 종합적으로 살필 것이다. 이를 통해 '생태계의 보고'라 알려진 비무장지대의 자연환경이 단순히 '경이로운 자연의 회복' 차원만이 아니라, 비무장지대에서 이루어진 끊임없는 군사작전의 결과임을 이해하게 될 것이다. 이를 '군사 생태'라 명명하고자 한다.

제3장에서는 비무장지대에서의 화해와 체제 경쟁을 다룬다. 시기적으로는 정전 이후부터 1970년대 초까지이다. 북한, 유엔사, 남한, 중립국감독위원회 등이 처음으로 제안한 비무장지대의 평화적 이용 방안들, 이곳에서 이루어진 '자유' 대 '평화'의 경쟁과 그 실상 등을 알아본다.

첫째, 비무장지대의 평화지대화에 관한 최초의 고민들을 다룬다. 1950년대 북한의 평화교류 제안과 1970년대 초 유엔사와 북한, 한국 정부의 비무장지대 평화 이용에 관한 제안의 배경과 내용, 의미 등을 살필 것이다. 특히 1950년대 중후반 북한의 제안과 1970년대 초 남한의 비무장지대 구상에는 동서독 관계의 변화가 긍정적인 영향을 끼쳤음을 지적한다. 이는 1960년대 비무장지대의 무장화와 베트남전쟁의 관계에 비출 때도 특징적인 면이 있다.

당시의 제안들은 '평화공세'의 차원을 벗어나기 어려운 면이 있었지만, 비무장지대와 남북관계, 정전체제와 관련한 중요한 쟁점들을 내포하고 있었다. 그뿐 아니라, 1971~1973년 남북미의 연구와 제안은 '남북접촉'이 현실화하는 가운데 실질적인 고민의 차원에서 이루어진 것으로서, 이때 처음으로 비무장지대의 역할과 성격 변화에 대한 새로운 시각이 제시되고 논의되었다. 당시의 비무장지대 평화 이용에 관한 구상과 제안은 반세기가 지난 지금도 유효하다는 면에서 의미가 크지만, 그만큼 실질적인 변화가 어려움을 반증하는 것이기도 하다. 이러한 점들을 되짚어보면, 비무장지대의 화해와 평화를 이야기할수록 비무장지대가 '냉전에 갇혀' 있음을 인식하게 된다.

둘째, 소위 '자유의 마을'과 '평화의 마을'로 명명되고 역할을 부여받은 대성동과 기정동 개발과 체제 경쟁의 실상을 살핀다. 두 마을이 비무장지대 마을로서 탄생하게 된 연유와 위치 지정의 배경, 관련 규정, 두 마을에서 벌어진 개발의 역사적 실상과 체제 선전의 기본 서사 형성 과정 등을 파악하고자 한다. 기정동 개발이 북한의 전후 복구라는 내적 필요에 의해 시작되었다가 체제 선전에 활용되었으며, 대성동 개발은 '평화의 마을'(기정동) 따라잡기를 목적으로 '자유의 마을'로 명명되었다가 1970년대 초 남한 전역에서 전개된 '시범농촌 새마을'의 일환이 된 과정을 알아본다. 두 마을의 모습은 '자유'와 '평화'의 경쟁이라 할 수 있었지만, 그곳들은 '자유롭지도 평화롭지도' 않았다. 이는 남북의 체제 경쟁 과정과 양상을 구체적으로 파악하고 이해하는 데 많은 시사점을 줄 것이다.

제1장

한국전쟁, 그리고 비무장지대의 탄생

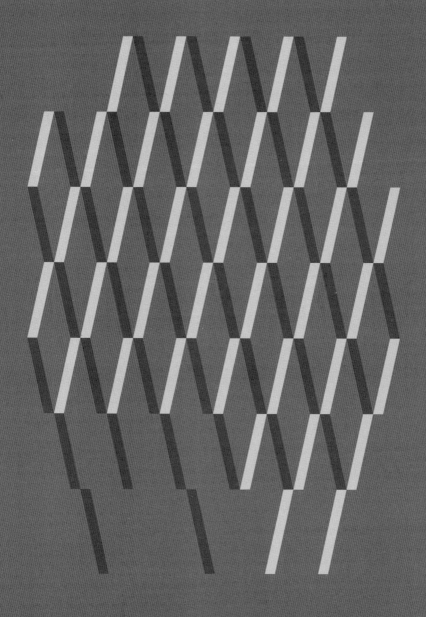

비무장지대라는 아이디어
: 확전 방지와 정전 모색

1) 영국의 비무장지대 제안과 제안의 확산

─ 1950년 11월, 중국의 참전과 영국의 비무장지대 구상

제2차 세계대전 이후 세계는 미·소를 중심으로 한 냉전에 휘말렸다. 제2차 세계대전 때 맺어진 미·소동맹은 와해되었다. 이 두 초강대국은 전후 질서에 합의하지 못하고 대립했다. 1946년 말부터 1947년 초에 초강대국의 군비 경쟁이 시작되었고, 1947년 트루먼(Harry S. Truman)과 안드레이 즈다노프(Andrei Zhdanov)는 서로에게 '전쟁 선포'와 다름없는 연설을 했다. 3월 12일 트루먼은 미국이 공산주의 세력에게 권력이 넘어갈 위험에 처한 그 어떤 나라도 지원할 용의가 있음을 밝혔고, 9월 즈다노프는 화해 불가능한 두 정치적 진영 사이의 투쟁을 요구했다. 1948년 소련은 서방 세력에게 베를린에서 퇴각하라고 강요했고, 미국은 이에 맞서 핵폭탄 동원을 시사했다. 1949년 소련도 핵무장을 갖춤으로써, 세계 핵전쟁의 비화 가능성이 생겼다.[1] 1950년, 한반도에서 냉전시대 최초의 열전(熱戰)이 발발했다.

한반도의 분단과 냉전도 세계 냉전의 한복판에 있었다. 한반도는 1945년 8월 15일 일제의 항복으로 민족의 해방을 맞았다. 그와 동시에 2차 세계대전의 주요 전승국인 미군과 소련군에 의해 38선을 경계로 분할 점령되었다. 한반도는 일제 식민잔재의 청산이라는 탈식민이 진행되기도 전에 미군과 소련군에 의해 분할 점령되면서 재차 탈식민 문제에 직면했다. 이렇듯, 한반도의 해방과 분단은 이중의 탈식민 문제와 냉전이 중첩된 채로 시작되었다.

38선은 지리적으로 한반도를 가르고 민족을 분단하는 선이자, 자본주의와 사회주의 진영이 대립하는 경계선이었다. 38선을 가운데 두고 남북한은 두 진영으로 나뉘어 대립했고, 강대국에 편승한 내부 정치세력 간 갈등은 물론 또 이를 극복하려는 세력들 간에서 대립이 치열하게 벌어졌다. 1948년에는 미국과 소련에 편승하고 이들 강대국으로부터 지원을 받은 두 개의 적대적인 정부가 세워졌다. 1948~1950년, 내전에 준하는 군사충돌들이 벌어졌고, 내전과 국제전이 혼재된 참극이 벌어질 것이라는 우려와 예견이 나오고 있었다. 결국, 개전에 대한 북·중·소의 합의와 선공으로 1950년 6월 25일 한국전쟁 전면전이 발발했다.[2]

전면전이 시작되자, 전쟁은 빠르고 노골적으로 국제전 양상으로 전개되었다. 유엔군과 중국군이 참전한 것은 물론이고, 서유럽과 동유럽의 국가들이 여러 형태로 남북한을 각각 지원했다. 유럽은 한국전쟁에 매우 민감했다. 동독과 서독은 내전의 공포에 휩싸였고 세계 블록화에 가담하면서도 자신들이 '제2의 한국'이 되어서는 안 된다는, 즉 '독일판 한국'을 막아야 한다는 공감대를 형성했다.[3] 헝가리와 폴란드는 한국전

1   베른트 슈퇴버, 최승완 옮김, 2008, 『냉전이란 무엇인가: 극단의 시대 1945~1991』, 역사비평사, 18~19쪽.
2   정병준, 2006, 『한국전쟁: 38선 충돌과 전쟁의 형성』, 돌베개.
3   마카엘 렘케, 2010, 「일어나지 않은 전쟁—지나간 전쟁경험과 분단독일에서의 한국

쟁 발발에 미국의 책임이 있다며 광범하게 선전하는 등 미·소 냉전 이데올로기를 본격화하고, 한국전쟁을 친미적 인사들에 대한 탄압의 계기로 삼았으며, 대북 지원을 위해 자국민을 동원했다.[4]

한편으로 영국은 한국전쟁 정전의 방안으로서 완충지대 설치를 구상하고 처음 제안했다는 면에서 특별히 주목할 대상이다. 그런데, 영국이 구상한 완충지대의 구체적인 모습과 목적은 무엇이었고, 한반도 비무장지대 설치와 어떻게 관련이 있을까. 영국이 완충지대로서 비무장지대를 제안한 시기와 계기, 이유는 무엇이었으며, 그 구상에 대한 관련국들의 인식은 어떠했을까. 나아가 정전회담장에서 마주한 유엔군과 북·중이 생각한 비무장지대의 모습은 어떻게 같고 달랐으며, 어떻게 해서 정전협정 조문이라는 합의에 이르렀을까.

한반도 비무장지대는 그에 관한 첫 아이디어부터 시작하여, 그 구상이 관련국들에 공유되고 실제로 이견이 합의되어 협정의 조문과 지도로 만들어지고, 이후 물리적으로 표시되고 확정되는 과정을 통해 탄생했다. 나아가, 비무장지대는 남북 분단의 지리적 공간으로서만이 아니라, 정전체제를 구성하는 핵심 요소가 되었다. 즉, 오늘날의 비무장지대는 처음부터 하나의 구상이나 조문으로 시작한 것이 아니라, 그 위치, 관리(기구 및 방식), 성격, 필요성 등에 관한 다양한 구상들로부터 시작하여 수많은 변화를 거쳐 현재에 이르고 있다. 이러한 면에서, 비무장지대라는 아이디어를 살피는 작업은 매우 중요하다.

이제 비무장지대라는 아이디어의 시작과 확산을 한국전쟁의 전개와 정전 모색 과정 속에서 살펴보자. 이 절은 비무장지대의 시작에 관한 이

전쟁」, 역사문제연구소·포츠담현대사연구센터, 『한국전쟁에 대한 11가지 시선』, 역사비평사.

4   아르파드 폰 크리모·얀 C. 베렌즈, 2010, 「'평화투쟁'과 전쟁공포 ─ 폴란드와 헝가리에 미친 한국전쟁의 영향」, 위의 책.

야기이다.

1950년 10월 1일, 유엔군과 국군은 38선을 넘어 북진했다. 유엔군은 6월 25일 개전 이후 북한의 점령하에 놓였던 남한 지역을 수복하고, 북한 전역에 대한 점령을 눈앞에 두고 있었다. 미국은 군사적 승리를 통한 정전을 기대하고 있었다. 유엔군과 미국, 유엔의 서방국이 북한에 대한 점령통치와 이후 한반도 통일 방안을 논의할 정도로 전황은 유엔군에 유리하게 전개되는 듯했다. 그러나, 유엔군에 유리한 것으로 보이던 전세는 다시 역전되었다. 유엔군의 38선 이북 진군을 반대하고 경고했던 중국이 즉각 참전했다. 중국군의 참전은 한국전쟁이 한반도를 넘어 확장될 가능성을 암시했다. 영국을 중심으로 한 유엔의 서방국은 확전을 우려했다.

'한반도 비무장지대'라는 아이디어가 처음 나온 것은 바로 이때였다. 정전회담 때 군사분계선 협상 과정에서 처음 제시된 것이 아니었다. 미국이 군사적 승리를 기대하고 있던 때, 그러나 중국이 개입하면서 전황의 전개를 예측하기 어려워졌을 때였다. 비무장지대에 관한 첫 제안은 군사적 승리를 장담하던 유엔군이나 미국 측 혹은 전세의 역전을 필요로 하던 북한이나 공산 진영이 아니라, 확전을 우려하던 영국에서 나왔다.

영국은 11월 4일 중국이 참전을 공식화한 후, 확전을 막을 방안을 궁리하기 시작했다. 영국 참모위원회와 내각은 한국(Korea) 상황, 중국의 개입, 확전 가능성, 완충지대 설치 등을 논의했다. 먼저, 11월 7일 참모위원회에서 육군참모총장 슬림(William Slim)이 중국이 완충지대 설치를 목적으로 참전했으며, 중국군이 유엔군보다 우세하여 유엔군의 승리를 장담할 수 없기 때문에 적당한 방어선과 협상이 필요하다고 제안했다. 이 의견은 11월 13일, 참모위원회 회의로 이어졌는데, 슬림은 유엔군이 도달한 '현재의 전선'에서 진격을 중지하고 40도선 정도부터 중국 국경까지의 지역을 완충지대로 남겨두어야 하며, 이 지역에 공산군이 재침략을 위해 집결할 경우 공중폭격으로 이를 분쇄해야 한다고 보았다. 영국 내각도 이러한 인식에 동의했다. 영국 내각은 한국(Korea)의 유럽에서의 전략적 가치를 낮게 평가하고 있었기에, 완충지대안이 미국과 중국의 강경 정책을 중재할 수 있는 기회라고 판단했다. 특히 완충지대안이 전략적 가치가 별로 없는 지역에 값비싼 대가를 치르는 군사 개입을 조기 종결할 수 있는 기회를 주는 유일한 방법이라 보았다.[5]

정말 중국이 한반도 완충지대 설치를 목적으로 참전했는지는 알 수 없었다. 중국의 참전 목적에 대해서는 중국의 '항미원조' 표방부터 미국 정부와 군부의 해석을 비롯하여 학계의 여러 주장이 있었다.[6] 다만, 1952년 나온 『비사 한국전쟁』(The Hidden History of the Korean War, 1950~1951)에서 스톤(I. F. Stone)이 압록강 수풍댐과 동북 공업시설 보호를 위해 완충지대를 두려는 목적하에 중국이 참전했다고 주장했던 것을 보면,[7] 당시 서방에서는 영국의 정세 판단과 비슷한 인식이 있었던 걸로 보인다. 하지만, 스톤의 인식 역시 이미 영국의 생각과 완충지대안이 확산된 결과로도 해석될 수 있을 것이다.

이제 더욱 궁금한 것은 이것이다. 영국은 어떻게 한반도에 완충지대를 둘 생각을 할 수 있었을까. 영국 완충지대안의 구체적인 내용과 궁극적인 구상은 무엇이었을까. 이 안은 관련국들에게 어떻게 공유·확산되

---

5   김계동, 2000, 「한국전쟁 기간 영·미간의 갈등-유화론과 강경론의 대립」, 한국전쟁연구회 편, 『탈냉전시대 한국전쟁의 재조명』, 백산서당, 182~183쪽.

6   주지안롱, 서각수 옮김, 2005, 『모택동은 왜 한국전쟁에 개입했을까』, 역사넷; 「중국의 한국전쟁 개입원인」(박두복), 「위기처리 시각에서 본 항미원조 출병결정」(章百家), 「중국인민지원군의 한국전쟁 참전 결정과정」(이완범), 「중국의 한국전쟁 참전 결정에 대한 평가」(沈志華), 「중국의 한국전 출병 시말」(楊奎松), 박두복 편저, 2001, 『한국전쟁과 중국』, 백산서당; 이외에도 많은 연구가 있다.

7   I. F. 스토운, 백외경 옮김, 1988, 『비사 한국전쟁』, 신학문사, 103~143쪽.

었을까. 영국의 생각처럼 중국이 완충지대를 원했다면, 중국은 영국의 안을 즉각 수용했을까, 미국은 어떻게 생각했을까. 1950년 11월에 나온 영국의 아이디어는 정전회담의 비무장지대 논의로 어떻게 이어졌을까.

─ 제1, 2차 세계대전 전후의 비무장지대와 영국

당시 한반도 북부 어딘가에 완충지대를 설치한다는 구상은 한국에서는 떠올리기 쉽지 않은 것이었다. 1945년 8월 15일 해방과 동시에 38선으로 나뉜 결과가 분단 정부 수립을 거쳐 결국 전면전의 개시로 이어졌기 때문이다. 적대행위의 즉각적인 종결을 원할 수는 있었지만, 그것이 한반도의 일정 지역이 분리되는 형태로 귀결된다는 것은 상상하기 어려운 일이었다.

하지만, 영국을 포함하여 유럽에서는 완충지대, 중립지대, 비무장지대 등의 개념이 낯선 것이 아니었다. 1907년 영국은 러시아와의 협정에서 페르시아만을 세 개 지역으로 나누고, 한 지역은 러시아가, 다른 한 지역은 영국이 차지하며, 그 가운데 지역은 중립지대로 설정한 적이 있었다. 제1차 세계대전에서 승리한 영국·프랑스 등의 연합국은 베르사유조약(1919)을 통해 독일의 라인란트 전역을 비무장지대로 설정했고, 1925년 로카르노 소약을 통해 라인란트의 영구 비무장화를 규정했다. 1923년 튀르키예와 연합군(영국, 프랑스, 이탈리아, 일본, 그리스, 루마니아, 유고슬라비아) 등이 맺은 로잔느 조약을 통해서도 튀르키예 영토 내에 비무장지대가 설치된 바가 있었다.

이 조약들은 국제 열강 사이에 벌어진 영토 분쟁의 산물이었다. 끊이지 않는 영토 분쟁을 방지하고 국제적 우호관계를 회복하거나 유지하려는 시도가 생겼는데, 이를 위한 최고의 방법으로 군축(軍縮)이 논의되었다. 비무장지대 설치도 군축의 한 방법으로 주목되었다. 1919~1920년 파리 평화회의에 참석하여 유럽의 경계선을 그리는 데 참여한 적이 있던 영국 군인이자 군사사가(軍事史家)인 콘월(J. H. Marshall-Cornwall)은 국경에서의 충돌을 막기 위해 국경 지역의 비무장화를 강조했다. 그는 획정된 국경은 하나의 선이 아니라 3개의 선이어야 하며, 이때 정치적 경계선을 정하고, 그에 평행하는 중립지대를 설정하는 복선을 만들어야 한다고 했다. 그리고 이 지역에는 국경 충돌이나 적대행위의 발발을 방지하기 위해 무기와 군대를 제한하거나 금지시키는 원칙이 필요하다고 보았다. 그는 이러한 비무장지대를 "지구(地區)적 군축"(regional disarmament)이라고 표현했다. 그는 비무장지대의 유지, 즉 국경의 안정과 안보(security)를 위해서는 국경을 사이로 한 이웃 국가 간에 상호주의 원칙이 준수되는 것이 가장 중요하다고도 강조했다.[8]

콘월의 비무장지대 개념은 한반도 비무장지대와 상통하는 면이 많았다. 물론 국가 간 국경 분쟁을 종결하고 막기 위한 정치적 경계선이냐, 군사령관들 사이에 그어진 임시적인 군사분계선이냐의 차이는 있었지만, 하나의 경계선을 두고, 그에 평행하는 복선을 만들어서 그 사이 지역을 중립지대 혹은 완충지대로 둔다는 개념은 정확히 맞닿아 있었다.

국경지대의 비무장화는 제2차 세계대전 이후 연합국이 패전국들을 상대로 체결한 파리 평화조약(1947)에서도 다루어졌다. 이탈리아-프랑스 국경, 이탈리아-유고슬라비아 국경, 불가리아-그리스 국경을 비무장화하도록 한 것이 대표적이다. 다만 이때의 비무장지대는 패전국의 영토 처분과 관련되어 설치된 것이었다는 면에서 한반도 비무장지대와는 차이가 있다.

한국전쟁이 발발하기 직전 해인 1949년에도 비무장지대 설치가 조건으로 포함된 정전협정이 체결된 적이 있었다. 바로 유엔과 국제적십

---

8   J. H. Marshall-Cornwall, 1935, *Geographic Disarmament: A study of Regional Demilitarization*, Oxford University Press.

자위원회 등이 관여하여 조인된 이스라엘-팔레스타인 정전협정이었다. 이 협정에는 군사분계선 설정 및 안전지대, 무인지대(no-man's land), 비무장지대 등이 명기되었다. 그런데, 1948년 이스라엘 독립 국가 선포 직전까지 팔레스타인을 위임통치하고 있었던 것이 바로 영국이다.[9]

이렇듯, 제1차 세계대전 이전부터 한국전쟁 발발 직전까지 비무장지대는 정전협정 혹은 평화조약 체결과 함께 곳곳에 설정되고 있었다. 전쟁이나 분쟁의 역사적 원인이나 비무장지대의 형태 및 관리 방안, 설치 이후 존속 여부 등은 차이가 있었지만, 비무장지대는 국경 갈등을 종결하고 이를 유지하는 방편으로 다루어지고 있었다.

그리고 이때 영국은 연합국 또는 유엔 등 국제기구의 일원으로서 직간접적으로 관여하면서 결정적인 역할을 하고 있었다. 영국이 한국전쟁이 벌어지고 또 중국이 참전하여 확전의 가능성이 보였을 때 북한의 어느 지역 또는 한국(Korea)과 중국 국경에 비무장된 완충지대를 설치하는 아이디어를 떠올릴 수 있던 것은, 영국에게는 너무도 익숙한 방식이었다. 이로써, 당시 한국인에게는 생각조차 하기 어려울 정도로 생소했던 비무장지대가 영국을 시작으로 미국과 유럽의 열강들 사이에서 한반도 어딘가에 그려지기 시작했다.

영국은 완충시대안을 유엔 주제 각국 대표단에게 확산시켜갔다. 유엔의 '동료 대표들'은 이를 공유했고, 벨라운데(Victor Andres Belaunde) 페루 대표단 의장이 미국의 의사를 타진했다. 벨라운데는

---

9   팔레스타인은 영국의 위임통치하에 있었는데(1920~1948), 점차 아랍인들과 유대인들 사이에 종교적·사회경제적 긴장이 심각해졌다. 영국은 1947년 유엔에 팔레스타인 문제를 의뢰하고, 1948년 위임통치를 종료했다. 그와 동시에 이스라엘 독립 국가 수립이 선포되었으며, 이후 이스라엘과 인접국들 간에 전쟁이 벌어졌다. 1949년 유엔과 국제적십자위원회 등의 중재로 정전협정이 조인되었으나, 심각한 분쟁은 끊이지 않고 있다. E.M. 번즈·R. 러너·S. 미첨, 손세호 옮김, 1997, 『서양 문명의 역사』 IV, 소나무, 1126~1230쪽.

유엔 주재 미국 대표단과의 면담에서 소련 및 만주와 접한 한국의 국경 둘레에 10mil(마일) 폭의 완충지대를 구축할 것을 제안했다. 이 완충지대는 비무장 지역이 되어야 하고, 유엔 안전보장이사회의 특별위원회(special Security Council commission)가 관리해야 하며, 이 특별위원회에는 중국 대표를 비롯해 인도처럼 중국에 우호적인 유엔 내 강국이 포함되어야 한다고 말했다. 동료 대표들 사이에서도 제3차 세계대전이 임박했다는 우려가 증가하고 있어서 완충지대 구축이 필요하다는 설명도 덧붙였다. 이에 대해 유엔 주재 미국 대사 오스틴(Warren R. Austin)은 "유화적이거나 양보하는 것으로 보일 수 있는 조치들"이라고 하면서, 이는 오히려 소련이 침략 행위를 확대하도록 고무시키는 결과를 초래할 것이며, 미국 내에서 중국에 대한 적대감 및 중국 불인정 여론이 증가할 것이라는 이유로 반대했다.[10]

영국 외무부는 이처럼 유엔에서 확전에 대한 우려와 완충지대안을 확산시키는 한편, 이를 구체화하여 미국에 제시했다. 11월 13일 주미 영국 대사관은 "새로운 접근"이라고 명명한 비무장지대 구축에 관한 전문(電文)을 미 국무부에 보냈다. 이 전문에는 영국이 생각한 비무장지대의 지역적 범위와 역할, 관리 방안 등이 담겨 있었다.

  2. 우리가 생각하는 바는 문제에 대한 새로운 접근 방식으로, 이는 다음과 같은 개괄적인 방침을 토대로 하는 안전보장이사회의 결의안 형태로 구체화될 수 있다.
  이 결의안은
    (a) 이전의 결의안들을 상기시키면서 다음과 같은 점을 선언

---

10   "Memorandum of Conversation, by Mr. Edward P. Maffitt of the United States Mission at the United Nations" (1950. 11. 11), *FRUS*, 1950, Korea, Volume VII, pp. 1130-1132.

할 것이다. 즉 북한 무장군이 대부분 파괴되고 북한 당국의 위협이 소멸됨에 따라 군사 작전은 사실상 종료된 것으로 간주될 수 있으며, 이제 정치적 및 경제적인 복구라는 긴급한 과제를 진행하는 데 조금도 지체할 필요가 없다는 점을 선언할 것이다.

(b) (결의안은) 모든 외국 군대와 전투원들이 철수하게 되는 비무장지대(demilitarised area)의 구축을 제안할 것이다. 이 비무장지대는 〔대략 동쪽의 흥남에서 서쪽의 정주에 이르는〕 유엔 라인(United Nations line)으로부터 기존의 만주-시베리아-한국 국경까지 확대될 것이다.

(c) (결의안은) 이 비무장지대는 한국 전체가 통일되기 전까지 일시적으로만 설정되는 것이라고 선언할 것이다.

(d) (결의안은) 관련된 유엔 결의안에서 이미 선언되었던 유엔의 목표들을 재확인할 것이고, 중국 중앙인민정부에게 그들의 이익을 침해하려는 의도는 없다는 점을 재차 보증해 줄 것이다.

3. 또한 이 결의안은 비무장지대와 관련해 적절한 유엔 기구(United Nations body)가 책임을 맡을 것을 규정하고 그러한 책임들을 정의해야 할 것이다. 추가로 그 결의안은 이 유엔 기구가 중국 중앙인민정부와 적절한 제휴를 해야 한다고 규정할 것이다.

4. 특별히 어려운 문제 중 하나는 이렇게 제안된 비무장지대 내에서 북한 정부와 북한군 잔여 병력에 대한 처리 문제일 것이다. 최선의 해결책은 북한 무장군이 자신들의 무기를 내려놓고 유엔의 지도에 따라 비무장지대를 관리하는 적절한 사실상의 임시 관리청(de facto temporary administration)이 수립되는 것이지

만, 인정하건대 이 해법은 달성하기 어려울 것이다.[11] (밑줄은 저
자가 강조한 것)

주미 영국 대사관은 확전의 위험을 방지하기 위해 미국이 한국 문제
관련 해법을 찾아야 한다고 했다. 영국 외무부가 생각한 구체적인 해법
의 내용은 이러했다. 첫째, 유엔의 결의안 방식을 택한다. 둘째, 모든 외
국 군대와 전투원이 철수하는 비무장지대를 구축한다. 비무장 지역 범
위는 정주~흥남 라인부터 한만(韓滿) 국경에 이른다. 이 비무장지대는
한국 전체가 통일되기 전까지 일시적으로 설정된다. 셋째, 비무장지대
는 유엔 기구가 책임을 맡으며, 중국과 적절한 제휴를 한다. 넷째, 잔류
한 북한 정부와 군이 유엔 기구 산하에 임시 관리청의 형태로 참여한다.
이는 북한 정부와 군의 위협이 소멸되어 사실상 군사 작전이 종료된 상
태를 전제로 하는 것이었다. 즉, 영국은 유엔군이 점령한 북한 지역의
북쪽 일부에 비무장지대를 임시로 구축해서 유엔 기구가 관리하고, 이
를 중국과 합의해야 한다고 보았다. 잔류한 북한 정부와 군이 참여하는
임시 관리청을 두는 방안이 최선의 해결책이지만, 이는 실현 불가능하
다고 생각했다.

영국은 이와 같은 내용이 유엔 안전보장이사회의 결의안 형태로 구
체화되어 발표된다면, 정치적·군사적 관점에서 이점들이 있다고 보았
다. 정치적으로는 유엔이 만주를 공격할 의사가 없다는 점을 중국에 알
릴 수 있고, 군사적으로는 중국이 이미 배치한 상당한 규모의 군대가 철
수될 것이기에, 그 시점까지 인정된 전선 위에서 군사 작전이 마무리될

---

11   "From Foreign Office to Washington" (1950. 11. 13), FK 1022/85, FO 371/
       84113; "The British Embassy to the Department of State: Message From Mr.
       Bevin to Sir Oliver Franks Dated 13th November, 1950" (1950. 11. 13), *FRUS*,
       1950, Korea, Volume VII, pp. 1138-1140.

것으로 예측했다. 아울러 유엔군에게도 현재의 전선을 넘어 더 이상 진군해서는 안 된다고 강조했다. 영국 외무부 장관은 이 제안의 실현이 한국전쟁에 대한 중국의 개입을 막고, 유엔이 만주를 공격할 의사가 없음을 중국에 납득시킬 수 있는 수단이 될 것으로 기대했다.[12]

영국 외무부는 유엔 및 각국 주재 영국 대사들과도 정보를 공유했다. 영국 외무부 장관 베빈(Ernest Bevin)이 도쿄, 베이징, 싱가포르, 뉴델리, 모스크바, 파리 주재 영국 대사들과 의견을 나누었으나, 영국 본국에 있던 베빈과 유엔·미국 주재 대사들의 인식은 달랐다. 그들은 미국의 완충지대안 수용 가능성을 낮게 보았다.

특히 유엔 주재 영국 대사 글래드윈 젭(Gladwyn Jebb)은 북한 비무장지대 구상의 실현이 **협상**의 결과여야 하고, 일방적인 선언의 결과가 아니어야 한다고 지적했다. 나아가 애치슨(Dean Acheson) 미 국무부 장관이 영국이 구상한 비무장지대를 수락하기 어려울 것이라고 보았다. 유엔군이 곧 공격을 재개할 것인데, 그것이 성공한다면 압록강 남쪽의 대부분을 차지하게 될 것이고, 그렇게 되었을 때 영국이 제안한 비무장지대(정주~홍남 라인에서 한국 국경)로 인해 중서부에서 일방적인 양보를 한 것으로 보일 것이라는 점에서였다. 워싱턴 주재 영국 대사 올리버 프랭크스(Oliver Franks)도 베빈에게 젭의 의견에 동의하는 전문을 보냈다.[13]

젭이 예상했던 것처럼 미국은 영국의 비무장지대안을 수락하지 않았다. 가장 분명하고 강하게 반대를 표명한 것은 맥아더(Douglas MacArthur) 유엔군 총사령관이었다. 그는 비무장지대를 "중국 도발에

---

12   앞의 자료.
13   "From Washington to Foreign Office"(1950. 11. 14.), FK 1023/99, FO 371/
      84113.

대한 북한 일부 지역 포기"이자, "최근 자유세계의 가장 큰 패배"라고 표현했고, 미국 관리들도 맥아더의 견해에 동조했다.[14]

— 월경추격권 제어와 비무장지대안 확산

영국의 비무장지대 구상은 중국의 참전에서 시작되었지만, 논의를 긴급하게 확산시킨 계기는 미국의 월경추격권(越境追擊權, hot pursuit) 검토였다. 맥아더는 1950년 11월 7일 미국 비행사들이 도피하는 적기를 만주까지 추격할 수 있도록 허용하라고 요구하는 보고서를 제출했다. 미국은 전쟁 초기 미국의 개입은 한반도에 국한한다는 점을 분명히 했고, 미 합동참모본부도 맥아더에게 북한 군대를 격멸하려는 목표를 재고하라고 알렸지만, 맥아더는 이를 강력히 반대했다.[15] 미국은 확전 방지라는 원칙은 유지하면서도, 맥아더의 월경추격권을 긍정적으로 검토하기 시작했다. 만주에 대한 공격 제한이 유엔군에 심각한 장애로 작용하고 있다고 분석하고, 미 공군이 국경을 넘어 적대적인 항공기를 추격해야 한다는 쪽으로 선회한 것이다.[16]

1950년 11월 12~15일 미 국무부는 전문과 면담, 전화 등을 통해 영국, 프랑스, 캐나다 등에 월경추격권에 대한 의사를 타진했다. 각국 주재 미국 대사는 프랑스와 영국, 캐나다 외무부 등에 외국 영토에서의 추적권을 허가하는 긴급월경추격권이라는 국제법 이론이 있다고 강조하고, 미국 정부가 이 권리를 사용하게 될 수도 있다고 알렸다.[17] 즉, 유엔군이 만주 국경선을 넘어가서 적 항공기를 긴급 추격(hot pursuit ene-

---

14   윌리엄 스툭, 김형인 외 옮김, 2001, 『한국전쟁의 국제사』, 푸른역사, 227~228쪽.
15   윌리엄 스툭, 위의 책, 226~227쪽.
16   "U.K. High Commissioner in Canada, Inward Telegram to Commonwealth Relations Office" (1950. 11. 15), FK 1023/115, FO 371/84115.
17   파리 프랑스 외무부 사무국, 「한국문제에 대한 미 정부의 태도」(1950. 11. 14), 『한국전쟁 관련 프랑스외무부 자료』I, 516쪽.

my aircraft across Manchurian border)할 수도 있음을 통보한 것이다.

영국 등은 미국이 월경추격권을 검토하고 관련국들에 의사를 타진한 상황을 매우 우려했다. 영국은 확전의 위험성이 중국군의 개입보다는 만주를 공격하려는 유엔군에 있는 것으로 분석했다. 왜냐하면, 영국은 중국이 유엔군의 만주 공격을 두려워할 뿐 아니라 완충지대를 설정하는 데 관심이 있다고 보았기 때문에, 오히려 중국군과 전면전을 벌이게 될 유엔군의 만주 공격을 차단해야 한다고 판단한 것이다.

미국은 전면전이 아니라 만주 상공에서 공산군 비행기를 추격하는 데 그칠 것이라고 했지만, 영국과 프랑스 등은 이를 믿지 않았다. 영국과 프랑스는 미국의 월경 추격 구상을 매우 위험하다고 보았다. 만주의 공중전에서 미군 비행기도 파괴될 것이며, 그렇게 되면 미 사령부가 "국경 너머의 조난당한 전우를 구하고 싶은 유혹에 빠질 것"이라고 예상했다.[18] 미군의 결심과 폭격에 대한 자신감을 볼 때 공군기지의 폭격 같은 만주 공격 가능성이 있다고 본 것이다.[19]

영국 외무장관 베빈과 주영 프랑스 대사는 "한국 상황이 잠재적으로 큰 위험 중 하나"이며 "우리(프랑스와 영국)의 정책 목표가 적대감 확대를 막기 위한 것이어야 한다"라고 전적으로 동의했다.[20] 따라서 파리와 런던이 동시에 워싱턴을 향해 조심스럽지만 강경한 표현으로 신중한 메시지를 전해야 한다고 보았다.[21] 베빈은 미국의 월경추격권 검토로

---

18   런던 마시글리 주영 프랑스 대사, 「항공 전투」(1950. 11. 16), 『한국전쟁 관련 프랑스외무부 자료』 I, 521쪽.

19   워싱턴 뮈르탱 주미 프랑스 대사관 무관, 「한국의 군 상황」(1950. 11. 16), 위의 책, 528쪽.

20   "Conversation Between the Secretary of State and the French Ambassador: Violations of the Manchurian Border by United Nations Aircraft in Korea" (1950. 11. 15), FK 1023/120G, FO 371/84115.

21   런던 마시글리 주영 프랑스 대사, 「항공 전투」(1950. 11. 16), 『한국전쟁 관련 프랑스외무부 자료』 I, 521쪽.

야기될 확전 우려와 완충지대안을 관련국들에게 확산시켰고, 프랑스도 미국에 반대 의사를 표명했다.

베빈은 워싱턴 주재 영국 대사 프랭크스에게 자신의 완충지대안을 미국 국무부 장관 애치슨이 어떻게 생각하는지 서둘러 확인할 필요가 있다고 강조하고, 비무장지대 설정 가능성에 대해 애치슨에게 말하라고 지시했다. 만약 미국이 유엔군 항공기로 만주 국경선을 넘는 것을 추진한다면, 이는 영국과 미국의 노선에 차이가 발생한다는 의미였다. 그는 그 '위험'을 우려하고 이를 방지해야 한다고 생각했다.[22] 베빈에게는 미국의 월경추격권 행사도, 영국과 미국 간에 발생할 수 있는 노선 차이도 모두 우려의 대상이었다.

영국은 뉴욕을 방문하고 있던 캐나다 외무부 장관 피어슨(Lester B. Pearson)에게도 긴급 전보를 보냈고, 베이징과의 접촉 및 비무장지대 논의, 과도기적 조치, 적대행위의 중단 등을 제안했다.[23] 캐나다 외무부 차관 히니(Arnold Heeney)는 처음에 캐나다 주재 미 대사 우드워드(Stanley Woodward)에게 유엔군의 긴급 추격 행위의 정당성을 인정할 것이라고 했지만,[24] 곧 캐나다 외무부는 입장을 바꾸었다. 1950년 11월 15일 히니는 피어슨 외무부 장관과 관련 논의를 하고, 만주 영공에서의 전투가 불가피한 것인지, 확전의 위험성은 없는지 등을 우려했고, "캐

---

22   "From Foreign Office to Washington" (1950. 11. 15), FK 1023/99, FO 371/84113; "Conversation Between the Secretary of State and and the French Ambassador: Violations of the Manchurian Border by United Nations Aircraft in Korea" (1950. 11. 15), FK 1023/120G, FO 371/84115.

23   "U.K. High Commissioner in Canada, Inward Telegram to Commonwealth Relations Office" (1950. 11. 15), FK1023/115, FO 371/84115; "From Foreign Office to Paris: Addressed to Foreign Office telegram No. 1763 of 16th November" (1950. 11. 16), FK1023/121, FO 371/84115.

24   "The Ambassador in Canada (Woodward) to the Secretary of State" (1950. 11. 14), FRUS, 1950, Korea, Volume VII, pp. 1155-1156.

나다 정부는 유엔이 구체적인 승인을 하지 않는 한 한국 국경선 외부에서는 어떠한 군사 활동도 발생해서는 안 된다는 점이 가장 중요하다고 판단"한다고 우드워드 대사에게 전했다.[25]

영국은 일관성 있게 중국의 개입 및 미국의 만주 공격과 확전을 반대하고, 비무장지대안을 강력히 주장했다. 11월 17일 베빈은 비무장지대안에 미국 측이 동의해줄 것을 희망한다는 내용의 전문을 공식적으로 미 국무부에 보냈다. 또한 비무장지대안 관련 유엔의 토론 과정에서 주유엔 영국 대사 젭은 영국이 비무장지대 제안에 대해 설명할 기회가 있어야 한다고 주장했다. 그리고 "제안된 그 지역에서 유엔군 및 그 외 외국 군대가 종국적으로 철수함으로써 확실히 그 지역을 비무장화시키는 것이 필수적"이라는 견해를 피력했다.[26]

베빈으로부터 영국의 우려와 구상을 들었던 프랑스 외무부 장관 슈만(Robert Schuman)도[27] 확전의 가능성을 심각하게 보았다. 슈만은 유엔 항공기가 만주 국경을 가로지르는 공격에 대한 제안에 매우 심각한 위험(very serious dangers)이 있다고 생각했다.[28] 그리고 이를 막기 위한 수단으로서 완충지대(buffer zone) 설치 구상을 지지했다. 1950년 11월 17일에는 주미 프랑스 대사관이 만주 국경을 넘는 추격권 관련한 미 국무부의 전문에 대해 프랑스 정부와 '협의'가 아닌 '통지'만 하려는 것이라고 항의하면서 반대 입장을 보였다. 나아가 북한에 비무장지대를

25   "The Ambassador in Canada (Woodward) to the Secretary of State" (1950. 11. 15), *FRUS*, 1950, Korea, Volume VII. pp. 1159-1160.

26   "The British Embassy to the Department of State: Message From Mr. Bevin to Sir Oliver Franks Dated 17th November, 1950: Chinese intervention" (1950. 11. 17), *FRUS*, 1950, Korea, Volume VII, pp. 1172-1173.

27   "From Foreign Office to Paris: Addressed to Paris telegram No. 1213 of 15th November" (1950. 11. 15), FK1023/120G, FO 371/84115.

28   "R. H. S." (1950. 11. 15), FK 1023/85, FO 371/84113.

설치하는 안전보장이사회 결의안(Security Council resolution)을 제안한 베빈의 의견을 프랑스 정부가 강력하게 지지한다고 전했다.[29]

프랑스는 이후에도 다각도로 미국의 만주 공격을 반대하고 비무장지대 설정을 주장했다. 맥아더가 받아들이기 어렵겠지만 마오쩌둥(毛澤東) 주석이 "체면을 살릴" 수 있도록 하는 타결에 이르러야 하며, 압록강 남쪽 또는 강의 양쪽으로 한중 공동 통치에 따르는 일종의 완충지대를 형성하자는 영국의 제안은 채택하여 추진할 만한 해결안이라고 보았다.[30] 11월 23일 유엔 총회에서 프랑스 대표 브루스트라(Vincent Broustra)는 레이너(G. Hayden Raynor) 미국 대표에게, 프랑스 정부가 맥아더의 계획을 상당히 염려하고 있다고 하면서 맥아더가 어떤 식으로든 국경을 침범해서는 안 된다는 점을 강조했다.[31] 일본 주재 프랑스 대사 드장(Maurice Dejean)도 정치고문 시볼드(William J. Sebald)에게 1950년 11월 23일 다음과 같은 의견을 밝혔다. "프랑스를 대표해서 매우 강경하게 북한 국경선의 비무장지대 설정을 끈질기게 요구했다. 스위스와 스웨덴 공사들은 다소 약한 확신을 갖고 프랑스 대사의 견해와 유사한 견해를 표명하였다."[32]

영국은 중국의 의사도 확인하고자 했다. 베빈은 베이징 주재 영국 대사 직무대행 허치슨(John Colville Hutchison)에게 어떤 식으로든 저

---

29 워싱턴 보내 주미 프랑스대사, 「비무장지대」(1950. 11. 17), 『한국전쟁 관련 프랑스 외무부 자료』 I, 533쪽: "Memorandum of Conversation, by the Deputy Director of the Office of Northeast Asian Affairs (Johnson)" (1950. 11. 16), *FRUS*, 1950. Korea, Volume VII, pp. 1161-1162.

30 도쿄 드장 주일 프랑스대사, 「댐과 전력 통제에 대해」(1950. 11. 18), 『한국전쟁 관련 프랑스외무부 자료』 I, 537~538쪽.

31 "Memorandum of Conversation, by Mr. G. May den Raynor, Adviser to the United States Delegation to the United Nations General Assembly" (1950. 11. 24), *FRUS*, 1950, Korea, Volume VII, p. 1219.

32 위의 자료.

우언라이(周恩來) 총리를 만나서 은근히 비무장지대에 대한 견해를 알아보도록 했다. 비무장지대에 대한 영국의 제안과 아이디어를 중국 정부에 전달하지는 않더라도, 미래의 중국 국경에 관한 대화 중에 기회가 생긴다면, "그에게 개인적으로 문의하는 것처럼" "중공 측이 북한에 비무장 지역을 수립하는 방안에 대해 어떤 식으로든 고려를 해본 적이 있는지, 그리고 만약 고려해본 적이 있다면 그와 관련한 제안이 허치슨을 통해 본인에게 전달되기를 바라는지 여부를 질의하도록" 했다.[33]

베빈은 인도에도 중국의 견해를 파악하기를 요청했다. 그는 인도 총리 네루(Jawaharlal Nehru)에게 허치슨이 중국 정부에 접촉할 것임을 알렸다. 그리고 베이징 주재 인도 대사에게도 이와 동시에 중국에 접촉하기를 제안했다.[34] 그리고 영국 외무부는 이러한 움직임을 애치슨에게도 공유했는데, 베빈이 영국의 이러한 견해와 움직임을 미 국무부와 공유하면, 미국 정부도 영국 제안에 동의할 것이라고 생각했기 때문이다.[35]

베빈은 이처럼 네루와 허치슨을 통해서 중국에 비무장지대안을 전했다. 11월 22일 허치슨은 저우언라이를 만나지는 못했지만, 대신 중국 외교부 부부장과 면담했다. 허치슨은 유엔군이 중국 국경선을 존중하며 평화적 해결을 열망한다고 강조했고, 나아가 개인적 견해라는 전제로, 북한에 비무장지대를 수립하는 것에 대해 타진했다.[36] 중국 외교부 부부

---

33   "From Foreign Office to Washington" (1950. 11. 17), FK 1023/109, FO 371/84114.

34   위의 자료.

35   위의 자료; "The British Embassy to the Department of State: Message From Mr. Bevin to Sir Oliver Franks Dated 17th November, 1950" (1950. 11. 17), *FRUS*, 1950, Korea, Volume VII, pp. 1173-1175.

36   "The Chargé in the United Kingdom (Holmes) to the Secretary of State" (1950. 11. 24), *FRUS*, 1950, Korea, Volume VII, pp. 1224-1225.

장은 이에 대해 명확히 의견을 밝히지는 않았지만, 이때 영국의 비무장지대안을 들을 수 있었다.

— 미국, "비무장지대는 자유 진영의 패배"

중국의 개입을 민감하게 인식한 것은 미국도 마찬가지였다. 중국의 개입 의도를 완충지대 설치에서 찾은 것도 영국과 비슷했다. 미국은 중국이 중국과 유엔군 사이에 완충지대 구축을 원한다고 추정했다. 미 대통령에게 보고된 1950년 11월 8일자 중앙정보국(Central Intelligence Agency, CIA) 비망록은 "중국 공산주의자들이 소련의 지시를 받아서 전력을 기울여 한국에 전면적으로 개입할 개연성을 배제할 수는 없다. 그러나 현재 중국 공산주의자들의 주된 동기는 압록강 이남에 제한된 '완충지대'(cordon sanitaire)를 구축하는 것으로 추정된다."라고 기록했다.[37] 1950년 11월 15일 러스크(Dean Rusk) 국무부 차관보도 중국이 "자신들과 유엔군 사이에 완충지대(buffer zone)를 북한에 설립하려고 시도하고 있을 것"이라고 했다.[38]

하지만, 전세 전망에 대해서는 영·미 간에 인식 차이가 있었다. 영국은 연합군이 중국을 이길 수 없다는 쪽이었지만, 미국은 군사적 우월을 자신하고 있었다. 미국은 중국 개입에 대한 대응도 영국과 달랐고, 비무장지대 설치의 필요성도 덜 느꼈다.

우선, 중국 개입에 대한 미국의 공식적인 대응은 만주 공격 계획이 없음을 중국에 알리고, 이에 대한 중국의 우려를 불식시키는 것이었다.

---

37   "Memorandum by the Ambassador at Large (Jessup) to the Secretary of State" (1950. 11. 20), *FRUS*, 1950, Korea, Volume VII, pp. 1193-1196.

38   "Editorial Note", *FRUS*, 1950, Korea, Volume VII, p. 1158; "Memorandum of Conversation, by the Deputy Director of the Office of Northeast Asian Affairs (Johnson)" (1950. 11. 16), *FRUS*, 1950, Korea, Volume VII, pp. 1161-1162.

미 국무부는 맥아더를 비롯한 미국 지휘관, 한국의 이승만 대통령과 관료들이 중국에 대해 도발적인 발언을 하지 않아야 한다고 강조했다.[39] 그리고 베이징이 개입을 철회한다면 미국이 공격할 의도가 없다는 의사를 중국과 소련에 전달해야 한다고 보았다.[40] 11월 15일 애치슨 국무부 장관은 대외정책에 관한 전국 회의(National Conference on Foreign Policy)에 앞서 국무부에서 연설했는데, 이 연설을 통해 만주 및 압록강의 한쪽 일부에 대해 미국이 공격할 의도가 없음을 밝히고자 했다.[41] 트루먼 대통령도 11월 16일 기자회견에서 성명을 발표했다. 유엔 안전보장이사회에 상정된 6개국 결의안 초안을 지지하며, 미국과 유엔이 북한-중국 국경을 건너 전투를 수행하려는 의도가 전혀 없다는 내용이었다.[42]

미국은 대중국 공격 계획이 없음을 대외적으로 알리는 한편, 영국이 제안한 비무장지대안을 검토했다. 1950년 11월 15일 미 국무부는 유엔에서 완충지대 논의가 있었음을 인정했고, 미국이 비무장지대안을 검토할 것이라고 밝혔다.[43] 미 국무부 정책기획국의 정책기획참모 데임즈(John P. Dames)가 이를 분석했다. 그는 군사적인 측면에서 미국의 위상과 확전의 가능성을 진단하고, 대안을 제시했다. 그의 진단은 이렇다. 첫째, 미국이 한국을 단념하고 즉시 철수하는 방안은 미국의 위신과 영향력에 처참한 영향을 미칠 것이고, 둘째, 그렇다고 병력 증대를 통해

---

39   "Memorandum by the Deputy Assistant Secretary of State for Far Eastern Affairs (Merchant) to the Assistant Secretary of State for Far Eastern Affairs (Rusk)" (1950. 11. 16), *FRUS*, 1950, Korea, Volume VII, pp. 1164-1165.

40   위의 자료.

41   "Editorial Note", *FRUS*, 1950, Korea, Volume VII, p. 1158.

42   "Editorial Note", *FRUS*, 1950, Korea, Volume VII, p. 1161.

43   "Editorial Note" *FRUS*, 1950, Korea, Volume VII, p. 1158; "Memorandum of Conversation, by the Deputy Director of the Office of Northeast Asian Affairs (Johnson)" (1950. 11. 16), *FRUS*, 1950, Korea, Volume VII, pp. 1161-1162.

북한 주변부 지역으로 중국인을 축출하는 방안을 채택하면, 전쟁의 종료 시점을 예측할 수 없는 상태로 전개될 것이며, 셋째, 남만주 지역을 겨냥하여 작전을 수행하는 방안은 세계대전으로 이어질 위험이 있다.[44] 이어서 그는 넷째로, '한국 북부 주변부 지역의 비무장화'와 힘의 교착 상태에 대한 상호 수용이 필요하다고 제안했다. 제안의 자세한 내용은 다음과 같다.

> (1) 총력을 기울인 유엔 군사 작전이 마무리되었음을 발표하는 유엔 결의안을 발의한다. 이 유엔 결의안은 다음과 같은 사항을 요구한다.
> (a) 한국의 북부 주변부 지역의 비무장화,
> (b) 그러한 비무장 지역으로부터 모든 외국군 병력 철수,
> (c) 북한 전역에 걸쳐 선거를 실시하고 정상적인 민간 행정부가 수립될 때까지 유엔위원회(UN Commission)가 행정을 담당,
> (d) 한국으로부터 유엔 다국적 군대(UN foreign forces)의 단계적인 철수.
> (2) 즉시 모든 유엔군은 한반도 목 부분의 방어 지점(a defensive position at the neck of the Korean peninsula)으로 철수를 시작한다.
> (3) 비무장 지역 상공에서는 공군 작전을 중단한다. 그러나 그 외지역에서는 필요하다고 여겨지는 모든 군사 작전을 계속한다.
> (4) 북한의 일부 지역이 크렘린의 실질적인 지배하에 남아 대한민

44　"Memorandum by Mr. John P. Dames of the Policy Planning Staff" (1950. 11. 17), *FRUS*, 1950, Korea, Volume VII, pp. 1178-1182.

국에 지속적인 위협이 될 가능성을 우리의 계획 과정에서 용인
한다.

(5) 한국군을 1년 이내에 한반도의 목(neck of the peninsula)에서
중국이나 소련의 대규모 공격 이외에는 어떠한 공격도 버틸 수
있는 상태로 증강시킨다.[45]

데임즈는 위와 같이 북한 북부 지역에 대한 비무장지대 설치, 북한
지역에 대한 유엔위원회(UN Commission)의 임시 관리, 한반도에서 유
엔군의 단계적 철수와 방어 가능한 진지로의 유엔군 철수, 한국군의 강
화 등의 방침을 제안했다. 그는 그 결과 힘의 교착 상태를 이루게 될 것
이며, 이는 유엔을 통해 합의안에 명시적으로 나타나거나 현상에 대한
묵시적인 상호 수용을 통해 암묵적으로 나타날 것이라고 보았다.[46]

그러나 데임즈의 제안은 채택되지 않았다. 뒤에서 살펴보겠지만, 당
시 미국은 정치적으로보다는 군사적인 접근을 통해 중국을 북한 주변부
지역으로 축출하는 방안을 채택했다. 1950년 11월 중순 시점에 미국은
비무장지대 설치안을 검토하기는 했지만, 이를 추진할 생각은 없었다.
이때까지만 해도 미국과 유엔 서방국(영국과 프랑스) 간에는 비무장지
대 설치에 대한 인식 차이가 존재하고 있었다.

미국은 유엔 내 여론과 각국의 지지 여부, 영국의 구체적인 구상 및
의도를 파악하고자 했고, 영국의 제안이 공식화되는 상황을 제어하려
고 했다. 애치슨은 유엔 주재 미국 대표단에게 영국 제안의 이면에 담
긴 생각들을 파악할 것을 다음과 같이 지시했다. "모든 중립적인 지대
(neutral strip)가 중공 측 국경 지역에도 동등하게 적용될 것인지, 누가

---

45   앞의 자료.
46   위의 자료.

중립 지대를 관리할 것인지, 중공이 수용할 가능성이 있다는 근거는 무엇인지, 이 중립 지대가 북한 정권의 잔당이 계속 존속할 기지를 제공할 것인지 등에 관한 구체적인 사항들이 포함되어야 한다."[47]

미국의 지배적인 분위기는, 영국의 비무장지대안을 포함한 한국 문제에 대한 '새로운 접근'(fresh approach)에 부정적이었다. 이 중 가장 대표적인 인물이 맥아더였다. 맥아더는 11월 9일 합참에 보낸 전문에서 영국이 "북한의 한 지역을 중공에 떼어줌으로써 중공을 달래려" 한다면서, 이를 1938년 영국, 프랑스, 이탈리아가 독일에 취했던 합의를 통한 양보(뮌헨 협정)에 비유했다. 그리고 "중공의 침략 행위에 굴복하여 북한 지역의 일부라도 넘겨준다면, 이는 최근 자유세계가 당하는 최대의 패배가 될 것"이라고 주장했다.[48]

소련 주재 미국 대사 커크(Alan G. Kirk)도 영국 계획에 대해 비판적인 견해를 애치슨에게 보냈다. 커크는 영국의 전황 인식과 영국이 상황을 주도하는 데 대해 불만을 표출했다. 베빈이 한국에서 유엔이 목표를 달성하지 못할 것이라는 인식을 하고 있고, 영국이 자체적으로 소련과 중국에 비무장지대안을 제안하고 있는데, 이는 미국과 영국 간의 견해 차이를 암시하게 되며 결국 "조선의 인민"(people of Korea)을 통해 "극동 지역에서 전투를 지속하려는" 소련의 손에 놀아날 것으로 판단된다는 것이었다. 또한, 중국은 이미 미국이 중국을 침공할 의사가 없다는 것을 알고 있는데, 여기에 더해서 국경선을 존중한다는 미국의 의도가 지나치게 강조되면, 중국이 "응분의 처벌을 받지 않을" 것이라 안도하면서 계속 행동하게 될 것이라고 주장했다.[49]

---

47 "The Secretary of State to the United States Mission at the United Nations" (1950. 11. 16), *FRUS*, 1950, Korea, Volume VII, pp. 1166-1167.

48 "The Commander in Chief, Far East (MacArthur) to the Joint Chiefs of Staff" (1950. 11. 9), *FRUS*, 1950, Korea, Volume VII, pp. 1107-1110.

사실 미국이 비무장지대안을 검토한 이유는 자체적으로 비무장지대가 필요하다고 생각해서가 아니라 유엔의 확전 우려와 비무장지대안에 대한 지지 분위기 때문이었다. 주유엔 무임소(無任所) 대사 제섭(Philip C. Jessup)은 정치적인 관점에서는 완충지대의 필요성을 어느 정도 인정했다. 제섭은 유엔으로부터 미국에 대한 최대한의 지지를 끌어내기 위해 정치적인 조치들의 수정이 필요할 수 있으며, 그 대안적 조치 중 하나로 비무장지대를 언급했다.[50] 콜린스(Joseph Collins) 미 육군참모총장도 맥아더에게 유엔의 우려와 유엔 내 비무장지대안에 대한 분위기를 전했다.

> 유엔의 다른 회원국들은 귀하의 군대가 한국과 만주-소련 사이의 국경 전역에 걸쳐 강경하게 진격한 결과 중공군과 대규모 충돌이 발생하여 전면전으로 이어질 가능성에 대한 우려가 커지고 있다고 표명하고 있다. 이렇게 되면 우리 미국이 유엔 내 지지를 상실하고 고립되는 결과를 초래할 수 있을 뿐만 아니라 군사적인 면에서도 위험성이 증가할 수 있다. 유엔 내에는 만주를 대상으로 하는 군사작전에 대해 중국이 가지고 있는 공포와 이에 상응하는 블라디보스토크에 대한 소련 쪽의 민감한 반응을 감소시키기 위해서 귀하의 군대와 국경선 사이에 비무장지대(demilitarized zone)를 설치하려는 의향이 어느 정도 존재하고 있다.[51]

49   "The Ambassador in the Soviet Union (Kirk) to the Secretary of State" (1950. 11. 19), *FRUS*, 1950, Korea, Volume VII, pp. 1191-1192.

50   "Memorandum by the Ambassador at Large (Jessup) to the Secretary of State" (1950. 11. 20), *FRUS*, 1950, Korea, Volume VII, pp. 1193-1196.

51   "The Chief of Staff, United States Army (Collins), to the Commander in Chief, United Nations Command (MacArthur)" (1950. 11. 24), *FRUS*, 1950, Korea, Volume VII, pp. 1222-1224.

미국은 중국이 완충지대 구축을 목표로 하고 있다고 판단했고, 유엔의 지지 확보를 위해서도 완충지대에 대한 고려가 필요하다고 보았지만, 이후의 대응은 영국과 달랐다. 영국이 완충지대 설치를 중국과의 협의를 통해 확전을 막고 종전으로 이어지는 차원에서 구상했다면, 미국은 완충지대 설정 논의가 중국이나 소련에 잘못된 신호를 준다고 보고 반대했다. 중국의 의도에 대한 판단은 미국과 영국이 비슷했지만, 대응 방안은 전혀 달라졌던 것이다.

그뿐 아니라, 미국은 총공세라고 할 수 있을 정도의 군사 작전을 계획하고 있었다. 11월 16일 맥아더는 주한 미 대사 무초(John J. Muccio)와의 대화에서, 자신이 압록강을 가로지르는 교량들의 한국 쪽 부분을 타격할 권한을 부여받았으며, 공군이 그 활동에 집중하게 되면 만주 국경선과 유엔군이 주둔하는 위치 사이의 지역이 사막처럼 초토화될 것이라고 했다. 그리고 맥아더는 이와 같은 전면 공격이 11월 24일 개시될 것이라고 합동참모본부에 통지했다.[52] 당시 미국은 군사적 승리에 대한 맥아더의 자신감과 추진을 바탕으로 군사적 접근 방안에 기울어 있었다. 후에 미국이 비무장지대안을 재검토하게 된 것은 군사적 승리가 아닌 후퇴의 시점에서였다.

정리하자면, 미국과 유엔의 서방국 사이에서 처음 논의되었던 한반도 비무장지대는 '정치적인 해법'으로서 제기된 것이었다. 중국의 한국전쟁 개입 의도를 고려하고, 한반도 밖으로의 확전을 방지하는 방안이었다. 정전 이후 지금까지 한반도 비무장지대는 '군사 작전 지대'로 인식되고 규정되었지만, 사실 비무장지대 구상은 한국전쟁을 정치적으로 해결하려는 차원에서 이루어졌던 것이다.

---

52   "Memorandum of Conversation, by the Ambassador in Korea (Muccio)" (1950. 11. 17), *FRUS*, 1950, Korea, Volume VII, pp. 1175-1176.

― 완충지대를 반대하는 한국 정부

유엔의 서방국 쪽에서 비무장지대 설치 논의가 한창 진행되고 있을 때, 이러한 '소문'은 한국 정부에도 전해졌다. 소식을 접한 한국 정부는 어떠한 태도를 보였을까. 한국 정부는 즉각적으로 외무장관과 주미 대사를 통해 완충지대 설치에 대한 한국의 우려와 반대 의사를 표명했다. 외무부 장관 임병직은 유엔 주재 미국 대표단에게 한국 정부가 완충지대 설정 소문에 대해 매우 걱정하고 있음을 알렸다. 그리고 압록강을 따라서 북한에 완충지대(buffer area)를 설정하는 문제에 대해 어떠한 결정이든 내리기 전에 한국과 협의할 것을 요구했다.[53]

11월 20일 주미 대사 장면도 뉴욕에서 국무부 극동 담당 차관보 러스크와 동북아시아와 한국 문제 담당관 에몬스(Arthur B. Emmons) 등과 면담하고 중국의 개입 및 완충지대에 대한 의견을 밝혔다. 장면은 한·중 국경의 소위 완충국(buffer state) 혹은 완충지대(buffer zone)에 대한 생각이 어디에서 유래한 것인지 물었다. 러스크는 완충국이나 완충지대 개념은 영국에서, 적어도 언론에서 처음 언급된 것으로 보이며, 의심할 여지없이 중공을 개입하게 만든 다양한 요인을 분석하는 과정에서 아마도 완충지대에 대한 목표가 그러한 동기가 될 수도 있다고 판단되어서 이후 논의의 주제가 되었을 것이라고 답변했다.[54]

장면은 한국(ROK) 정부의 영토를 희생하면서 완충지대안을 수용할 의사가 없으며, 중국 측이 침략자이므로 희생되는 것이 한국의 이익이 되어서는 안 된다고 덧붙였다. 장면은 유엔이 공산주의자들에 대해 타

53   "The United States Representative at the United Nations (Austin) to the Secretary of State" (1950. 11. 16), *FRUS*, 1950, Korea, Volume VII, p. 1166.

54   "Memorandum of Conversation, by the Acting Officer in Charge of Korean Affairs (Emmons)" (1950. 11. 20), *FRUS*, 1950, Korea, Volume VII, pp. 1198– 1201.

협하지 않는 태도를 취해야 하며, 그들에게 양보하겠다는 생각은 절대 하지 말고 한국 땅에서 그들을 몰아내야 한다고 재차 강조했다.[55]

장면은 자리를 뜨면서 한국 정부는 한중 국경 지대를 따라 완충지대 가 구축될 개연성에 대해 우려하고 있다고 되풀이해서 말했다. 또한 한 국 정부가 한결같이 반대하고 있는 완충지대 구축이라는 구상을 미국 국무부가 지지하지 않기를 바란다고 밝혔다. 에몬스는 본인이 아는 한 국무부는 완충지대 구축이라는 방침과 관련하여서는 어떠한 약속도 하 지 않았다고 답변했다. 다만 에몬스는, 국무부는 당연히 한국에서 유엔 이 활동한 결과 발생한 수많은 복잡한 문제들의 모든 측면을 고려해야 만 한다는 점을 덧붙였다.[56]

장면이 이렇게 거듭해서 한국의 우려를 전한 데는 이유가 있었다. 불과 한 달여 전인 1950년 10월 이후, 유엔군의 북한 지역 점령통치가 한국 정부가 지속적으로 요구했던 바와는 달리 전개되었기 때문이었다. 1950년 8월 중하순 한국(Korea)의 장래 문제가 논의되었는데, 이때 북 한 지역 신탁통치와 대한민국 통치권 불인정 등의 문제가 외신에 오르 내렸다. 이후 한국 정부는 이에 관한 입장을 여러 차례 미국에 전달했 다.[57] 9월 8일 장면은 미 국무부 러스크 차관보를 방문해서 "한반도 전 역에서 다시 선거를 실시하는 것과 관련하여" "한국 정부의 권한이 북

---

55 앞의 자료.

56 위의 자료.

57 "Memorandum of Conversation, by the Officer in Charge of Korean Affairs (Emmons)" (1950. 9. 8), *FRUS*, 1950, Korea, Volume VII, pp. 709-711; "Memorandum of Conversation, by Mr. John M. Allison of the United States Delegation to the United Nations General Assembly" (1950. 9. 18), *FRUS*, 1950, Korea, Volume VII, pp. 735-736; "The Korean Ambassador (Chang) to the Secretary of State" (1950. 9. 21), *FRUS*, 1950, Korea, Volume VII, pp. 748-750; "Memorandum of Conversation, by Mr. John C. Ross of the United States Delegation to the United Nations General Assembly" (1950. 9. 28), *FRUS*, 1950, Korea, Volume VII, pp. 812-813.

1   비무장지대라는 아이디어: 확전 방지와 정전 모색

71

한까지 확장되어야 하고" 대한민국 "국회의 완전성"이 손상되어서는 안 된다고 주장했다.[58] 9월 26일에는 외무부 장관 임병직이 유엔 주재 미국 대사 오스틴에게 서한을 보내서, "우리 정부는 침략자들과의 협상이나 타협을 통해 한국에서의 싸움을 해결하려는 어떠한 제안도 반대할 것"이며, "대한민국의 관할권이 38선 이남과 이북 모두에 걸쳐 완전하고 즉각적으로 확대되는 것이 중요하다"라고 한국 정부의 입장을 전했다.[59] 9월 28일에도 장면은 유엔 주재 미국 대표단 로스(John C. Ross)에게 "선거는 유엔위원단이 들어가는 것이 금지되었던[60] 지역에서 실시되어야 하며, 그럼으로써 전국 선거를 완료하고, 그렇게 하여 대한민국의 전체 관할권이 해당 지역으로 확대됨으로써, 통일되고 독립적이며 민주적인 정부를 구성한다."라는 내용이 유엔 결의안에 포함되어야 한다고 주장했다.[61] 이때와 비슷한 상황이 1950년 11월에 재연되고 있었다. 장면이 1950년 11월 들은 '소문'에 대해 미국에 반대 의사를 표명하고 있었으니 말이다.

이는 한국 정부의 영토에 대한 인식 및 북진통일론과 관련이 있었다. 한국 정부는 헌법 제3조에서 "대한민국의 영토는 한반도와 그 부속도서로 한다"고 명시하고 있었고, 1948년 12월 유엔의 대한민국 정부 승인을 '유일합법정부론'으로 해석하면서, 북한 지역에 대한 통치권을 주장하고 있었기 때문이다. 또한, '북진통일론'을 펴면서 북한 지역을

---

58   "Memorandum of Conversation, by the Officer in Charge of Korean Affairs (Emmons)" (1950. 9. 8), *FRUS*, 1950, Korea, Volume Ⅶ, pp. 709-711.

59   "The United States Representative at the United Nations (Austin) to the Secretary of State" (1950. 9. 27), *FRUS*, 1950, Korea, Volume Ⅶ, pp. 786-789.

60   1948년 유엔 감독하의 선거가 남한에서만 실시되었던 것을 말한다.

61   "Memorandum of Conversation, by Mr. John C. Ross of the United States Delegation to the United Nations General Assembly" (1950. 9. 28), *FRUS*, 1950, Korea, Volume Ⅶ, pp. 812-813.

군사적으로 점령하여 통일할 것을 주장했고, 점령만 하면 곧 한국 정부 하로 통일이 이루어질 것으로 보고 있었다.

하지만, 막상 1950년 10월 이후 유엔군이 북한 지역을 점령했을 때, 유엔은 이승만 정부의 예상과 달리 북한 지역에 대한 한국 정부의 통치권을 인정하지 않았다. 영국·프랑스 등의 유엔 내 서방국은 이승만 정부의 주장과 달리 1948년 5·10선거와 유엔 결의안(1948. 12. 12)을 근거로 대한민국 정부의 권한은 북한 지역에 확대할 수 없다고 보고 있었다.[62] 그뿐만 아니라, 유엔군이 북한 지역을 점령해도 남북한 총선거를 통해 통일정부가 수립되어야 한다는 입장이었다. 미국도 북한 지역에 대한 한국 정부의 통치권을 인정하지 않았고, 대신 유엔군사령관의 관할 아래 군정이 실시되어야 한다는 입장이었다. 나아가 북한 지역 총선거 후 남북한 통일정부 수립이라는 단계를 구상하고 있었다. 1950년 10월 12일 유엔 소총회 결의안도[63] 한국 정부의 예상을 벗어나 있었다. 남

---

62   당시 유엔의 서방국은 대한민국 정부의 수립이 〈한국독립문제에 대한 결의안〉(유엔, 1947. 11. 14)의 완전한 이행이 아니었다고 인식했다. 1947년의 결의안은 한반도 전역의 총선거 실시, 국회 구성, 중앙정부 수립 등의 절차 등을 명시하고 있었다. 이에 따라 유엔 감시하의 5·10선거가 실시됨으로써 대한민국 정부는 수립되었지만, 이는 38선 이남 지역에서만 치러진 선거였다. 따라서 이 결의안은 대한민국 정부가 '통일정부'로서 '중앙정부'가 아니라는 점을 보여주는 근거가 되었다. 유엔은 이를 정확히 인지하고 있었기 때문에, 대한민국 정부 승인에 관한 유엔의 결의(1948. 12. 12. 제195호)는 "…1947년 11월 14일자 결의에 규정된 제 목적이 완전히 수행되지 않았고 특히 한국(Korea) 통일이 아직 성취되지 않았다는 사실에 유의"한다고 명시했다. "The Resolution on the Withdrawal of the Occupying powers"(195 III. 1948. 12. 12), 정일형 편, 1954, 『韓國問題유엔決議文集』, 국제연합한국협회 출판부, 9~10쪽; 한모니까, 2013, 「1948년 대한민국 정부 수립과 주한미군의 정권 이양 과정 및 의미」, 『동방학지』 164호, 294~295쪽.

63   1950년 10월 12일 유엔 한국관계 소총회는 유엔군 점령 지역의 임시행정조치에 관해 "(3) 대한민국 정부는 국제연합한국임시위원단(United Nations Temporary Commission on Korea)이 감시 및 협의할 수 있었던 한국 지역에 효과적 지배권을 가진 합법 정부로서 국제연합에 의하여 승인되었고 또한 그 결과 한반도의 기타 지역에서 합법적이며 효과적인 지배권을 가졌다고 국제연합이 승인한 정부는 없음을 상기하고, (4) 전쟁 상태의 발발 당시 대한민국 정부의 효과적 통치에 속하는 것

한 지역에는 대한민국 정부가 유엔이 승인한 합법 정부이지만, 북한 지역에는 유엔이 승인한 정부가 없으므로, 통합군사령부가 북한 지역에 대한 임시 행정조치를 담당한다는 것이 결의안의 핵심이었다. 이후 북한 점령 지역에는 유엔군사령부의 주도로 북한 현지인을 등용한 군정(軍政, Military Government)이 실시되었다.[64]

이런 상황에서, 한국 정부는 군정에 우회적으로 관여할 수밖에 없었다. 이승만 대통령은 10월 30일 평양을 방문했고, 군경을 파견하여 미군과 북한 현지인으로 구성된 군정에 관여했다. 이승만 정부는 국제적으로 북한 지역에 대한 한국 정부의 통치권은 제약되었지만, 한국 정부의 영토 인식이 변하지 않았으며, 북한 전역에 대한 점령 이후 한국의 영토 아래로 통일이 이루어져야 한다는 입장을 견지하고 있었다. 비무장지대 설치 반대와 한국의 희생이라는 인식은 이의 연장선에 있었다.

이승만 정부에게는 한반도 북부 어딘가에 비무장지대가 설치된다는 것은 '침략자들에 대한 한국 정부의 영토 주권 양보이자 희생'이 되는 셈이었다. 이승만 정부는 역사적이고 자연적인 경계선의 확정을 원했다. 비무장지대가 설치된다고 해도 한반도 북부 지역 어딘가를 포함하여, 한반도가 아니라, 압록강과 두만강을 따라 형성된 중국 측 국경에 비무장지대가 설치되어야 한다는 입장이었다. 유엔이나 미국에서 논의된 비무장지대는 "한국의 자연적 경계를 없애버리고, 그것을 남쪽으로

으로 국제연합에 의하여 승인을 받지 못하였으며 현재 국제연합군(United Nations forces)이 점령하고 있는 한국 지역의 모든 정부와 민간 행정 책임은 국제연합한국통일부흥위원단(UNCURK)이 이 지역의 행정을 고려하게 될 때까지는 통합군사령부(Unified Command)가 임시로 담당하도록 권고하며"라고 결의했다.

64 라종일, 2000, 「북한통치의 반성-1950년 가을」, 『탈냉전시대 한국전쟁의 재조명』, 백산서당; 한모니까, 2010, 「한국전쟁기 미국의 북한 점령정책과 통치권 문제-평양과 양양 지역의 행정조직 구성 비교」, 『역사와 현실』 78; 양영조, 2012, 「남한과 유엔의 북한지역 점령정책 구상과 통치—타협과 현실의 괴리」, 『한국근현대사연구』 62.

이동시킨다"는 면에서 용납할 수 없다고 보았다.[65] 이승만 정부는 이러한 관점을 정전협정 체결 직후 비무장지대가 물리적으로 설치되고 있던 시점에도 유지하고 있었다.

— 군사적 접근을 고수하는 미국

한편 영국과 프랑스는 비무장지대 설치에 대한 한국 정부의 의사에 대해서는 전혀 고려하지 않고 있었다. 비무장지대 설치안에 대한 한국 정부의 인식과 정책의 타당성 및 실현 가능성을 떠나서, 한국인의 의사는 유엔 서방국의 안중에 없었다. 그들은 단지 '완충지대를 원할 것'이라 추측되는 중국군의 개입 의도와 세계전쟁(global war)으로의 확전 차단 등에 집중했다.

영국과 프랑스는 미국의 수용 가능성에 대해서도 상당히 기대했던 것으로 보인다. 프랑스 외교문서에는 애치슨 국무부 장관과 러스크 차관보로부터 "상당히 호의적인" 반응을 받았다고 기록되어 있다.[66] 영국 외무장관 베빈도 애치슨이 자신의 제안에 호의적이라고 생각하고, 유엔 주재 영국 대표 젭에게 유엔 안전보장이사회에서 비무장지대안 공개를 추진하도록 했다.[67]

---

65 이승만 정부는 이러한 견해를 미국에 납득시키고자 했지만, 미국은 중국과 소련을 의식했고, 역사적이고 자연적인 경계선은 방어하기 너무 어렵다고 판단하고 있었다. 덜레스(John Foster Dulles) 국무장관과 로버트슨(Walter S. Robertson) 국무부 극동 담당 차관보는 이승만 정부의 주장에 따라 경계선이 설정된다면 미국의 공군과 기타 병력이 공산주의자 영토 바로 옆에 위치해야 하고, 그렇게 되면 공산주의자들에게 극도의 도발 요인이 될 것이라고 보았다. "Memorandum of Conversation, by the Assistant Secretary of State for Far Eastern Affairs (Robertson)" (1953. 10. 2), *FRUS*, 1952~1954, Volume XV: Korea (Part 2).

66 워싱턴 보네 주미 프랑스 대사, 「비무장지대」(1950. 11. 17), 『한국전쟁 관련 프랑스 외무부 자료』 I, 533~534쪽.

67 "Memorandum of Conversation, by the Deputy Assistant Secretary of State for Far Eastern Affairs (Merchant)" (1950. 11. 21), *FRUS*, 1950, Korea, Volume VII,

(b) 그 지역에 대한 관리 책임은 유엔한국위원회(United Nations Commission for Korea, UNCK)에 위임하도록 하고, 그들이 적합하다고 생각하는 임시적인 사실상의(temporary de facto) 행정부를 수립하고, 필요한 곳에서 중국 중앙인민정부(Central People's Government of China)의 대표들과 협의할 것을 제안한다.

(c) 유엔과 그에 소속된 중국군 참관인의 지원을 받는 유엔한국위원회는 그 지역의 효과적인 비무장화(demilitarization)를 보장하고 법과 질서를 유지하기 위해 가급적이면 한국인들 사이에서 소규모 경찰력을 모집하는 것을 제안한다. 나로서는 다른 국가들이 제공하는 소수의 경험 풍부한 경찰 관리의 감독을 받게 될 이 인력에 일부 북한인(some North Koreans)이 포함되는 것을 수용할 준비가 되어 있다.[68]

그런데, 이때 영국 외무부가 공개하려고 했던 비무장지대안의 특징을 보면, 정전협정이 규정하고 현재 우리가 알고 있는 비무장지대의 모습과는 상당히 다르다. 이것은 민간인의 출입이 전면 금지된 비무장지대라기보다는 '비무장된 북한 지역에 대한 행정 관리'라고 할 수 있었다. 베빈은 유엔한국위원회가 비무장지대 관리 책임을 맡아, 임시적인 사실상의 행정부를 수립하며, 유엔과 중국군 참관인의 지원을 받는 유엔한국위원회가 비무장화를 보장하고 유지하기 위해 북한인이 포함된 한국인의 경찰력을 활용하게 하자고 생각했다. 이처럼 영국의 비무장지대 구상은 양측의 군사령관이 책임지고 출입을 엄격히 제한한, 정전협

pp. 1210-1212.

68   위의 자료.

정이 규정한 비무장지대와는 비무장지대의 위치와 관리 기구, 민간인의 출입이나 거주 방식 등이 논의의 전개에 따라 완전히 달라질 수 있었던 것이다.

비무장지대안 공개를 추진하려던 영국과 프랑스의 기대와 달리, 미국은 비무장지대 제안에 대해 부정적이었고, 검토만을 계속했다. 보네 (Henri Bonnet) 주미 프랑스 대사는 1950년 11월 20일까지도 "영국의 비무장지대 설치 제안에 관해 미국 정부는 아직 결정을 내리지 않은 것으로 드러났다."라고 본국에 보고했다.[69] 미국은 영국이 내세운 선이 너무 '남쪽으로' 치우쳤다고 생각했고, 중국 공산당에게 주는 비무장지대 면적이 너무 넓다고 보았다. 중국군의 철수 및 북한군의 무장 해제 등에 대해서도 의문을 가졌다. 과거 국제기구 내 소련과의 협력 경험으로 보았을 때 비무장지대를 관리하는 기구의 운영에 대해서도 낙관적으로 여기지 않았다.[70]

1950년 11월 21일, 미 국방부에서는 국무부 장관, 국방부 장관, 합동참모본부 등이 비무장지대안을 포함하는 정치적 해법과 맥아더의 군사작전을 핵심으로 하는 군사적 해법 등을 검토했다. 먼저 국무부 장관 애치슨은 맥아더의 공격이 계속되어야 하고, 영국의 제안을 저지시켰다고 하면서도, 중국의 개입을 종식시킬 수 있는 방법을 모색해야 한다고 강조하며 그에 대해서는 유엔 내에서 합의하는 것이 바람직하다고 했다. 군사적·정치적 방안을 병행하는 고려라고 할 수 있었다. 국방부 장관 마셜(George C. Marshall)은 맥아더의 군사작전이 성공할 것이라는 전제에 근거한 정치적 행위를 고려해야 하고, 정치적 행위의 시기

69   워싱턴 보네 주미 프랑스대사, 「비무장지대 설치에 관해」(1950. 11. 20), 『한국전쟁 관련 프랑스외무부 자료』 I, 543~544쪽.

70   위의 자료.

도 맥아더의 작전 성공 이후로 잡아야 한다고 했다. 로베트(Robert A. Lovett) 국방부 차관은 비무장지대에 대한 협상보다는 맥아더가 성공적으로 압록강까지 공세를 밀어붙인 이후 철군하는 작전이 낫다고 보았다.[71] 이처럼 미국 측의 논의에서는 정치적 고려를 언급하기는 했으나, 모두 맥아더의 군사작전의 지속과 성공을 우선하고 있었다.

맥아더의 군사작전 성공을 전제로, 어디를 전선으로 할 것인가가 논의되었다. 브래들리(Omar Bradley, 미 육군 장군), 콜린스(미 육군참모총장), 반덴버그(Hoyt Vandenberg, 미 공군 장군) 등은 압록강에서 전선을 유지하는 것은 실익이 없으며 강 배후의 고지(high ground)가 낫다고 동의했다. 콜린스는 강 배후로 10mil에서 25mil 떨어진 곳의 고지를 따라 이어지는 전선을 지목했다. 이에 따르면 압록강과 고지 사이의 공간을 비워두게 되는 것이었다. 그러자 제섭은 참모총장들이 언급한 강과 고지 사이의 빈 공간과 애초에 언급된 비무장지대 사이에 실제로 어떤 차이가 존재하는지 질문했다.[72] 제섭의 질문은 적확했다. 이들의 논의 속에는 군사작전의 지속, 정치적 행위의 고려, 비무장지대 아닌 비무장지대의 설치 등이 뒤섞여 있었다. 전세에 유리하고 관리 가능한 전선을 유지하기 위해서는 자연스럽게 압록강과 그 남쪽 어딘가 사이에 빈 공간이 생기고 그곳이 곧 비무장지대가 될 수밖에 없게 되는 것이었다.

비무장지대 및 군사작전에 대한 비전은 혼란스러웠지만, 1950년 11월 중순 시점에 미국이 내린 결론은 군사적 접근 방법이었다. 미국은 맥아더의 군사작전이 성공하는 데 기대를 걸었다. 그리고 미 국무부는 영국이 유엔에서 비무장지대를 제안하지 못하도록 저지했다.

71   "Memorandum of Conversation, by the Ambassador at Large (Jessup)" (1950. 11. 21), *FRUS*, 1950, Korea, Volume VII, pp. 1204-1208.

72   위의 자료.

애치슨은 영국 주재 미 대사관에 미국이 한반도 비무장지대에 동의하지 않으며, 미국과 영국 사이에 합의가 있을 때까지 비무장지대 설치 제안을 발표해서는 안 된다고 영국 외무부에 전달하도록 했다. 애치슨은 맥아더가 공세를 강화하려는 차에 이런 제안을 하면 군사적 혼란을 가져올 것이며, 중국의 입장을 정확히 파악하지 못한 상태에서 중국에 잘못된 신호를 주거나 어떤 약속을 하게 될 수 있고, 이것이 군사적 문제와 위험을 야기할 것이라고 덧붙였다.[73] 1950년 11월 22일에는 유엔 주재 미국 대표 오스틴도 영국 대표 젭에게 영국이 미국과 사전 협의 없이 유엔 안전보장이사회에서 한국 비무장지대 관련 제안을 하지 않도록 촉구했다.[74] 이러한 미국 국무부의 방침은 유엔과 미국 주재 영국 대사 프랭크스를 통해 영국 외무부에 전달되었다. 프랭크스는 외무부 장관 베빈에게 젭이 유엔에서 하게 될 성명을 연기하도록 지시할 것을 제안했다.[75]

이러한 미국의 요구에 대해 베빈은 외교와 정치적 행동이 주도적인 역할을 해야 하며 맥아더가 상황을 통제하는 쪽으로는 흘러가지 않아야 한다고 보았다. 베빈은 유엔군이 만주에 발을 들여놓는다면 소련과 중국이 합세하게 될 것이라고 우려했다. 따라서 만주가 아닌 북한에 비무장지대를 설정하면 중국의 민감성을 완화하게 될 것이라고 판단했다. 그리고 이곳에 유엔위원회 산하의 지방 행정기구(local administration)와 지역 경찰(local police force)을 설치하고, 여기에 지역민을 활용하

73   "The Secretary of State to the Embassy in the United Kingdom" (1950. 11. 21), *FRUS*, 1950, Korea, Volume VII, pp. 1212-1213.

74   "The United States Representative at the United Nations (Austin) to the Secretary of State" (1950. 11. 23), *FRUS*, 1950, Korea, Volume VII, pp. 1215-1216.

75   "The British Secretary of State for Foreign Affairs (Bevin) to the British Ambassador (Franks)" (1950. 11. 23), *FRUS*, 1950, Korea, Volume VII, pp. 1217-1218.

는 방안을 생각했다.[76] 베빈의 생각은 이러했다. "전반적으로 본인은 여전히 비무장화된 지역에 대한 내 제안이 분쟁을 지체 없이 종결시킬 수 있는 최선의 기회를 제공한다고 확실히 생각하고 있으며, 관련된 명백한 난관이 있음에도 불구하고, 지금 당장 공개되지는 않더라도 최대한 열의를 가지고 이 제안을 추진해야 한다고 확고하게 생각했다."[77]

베빈은 자신의 구상에 확신을 갖고 있었지만, 그 제안의 공개는 유보하도록 했다. 베빈은 젭에게 명확한 시기를 지시하기 전에는 이 제안을 공개해서는 안 된다고 했다. 이렇게 해서 비무장지대 관련 영국의 제안은 미국과 협의하기 전까지는 공개되지 않게 되었다.[78]

이후 애치슨은 베빈에게 비무장지대안을 제출하는 것에 대해 우려했던 이유를 추가 설명하는 전문을 보냈다. 아래 인용문에는 당시 영국의 비무장지대 제안 및 전황에 대한 미국의 인식이 잘 드러나 있다.

> 1. 귀하의 제안은 북한에 매우 주목할 만한 비무장지대(demili-tarized zone in NK)를 구축하는 것을 고려하고 있습니다. 귀하는 11월 13일 메시지에서 대략 흥남(Hungnam)에서 서쪽으로 정주(Chongju)까지 이어지는 지역을 포함하는 방안을 제시했습니다. 맥아더 장군의 군내는 직군을 몰리치고 귀하가 제안하고 있는 서쪽의 비무장 지역에서 적군을 몰아내려고 노력하여 이미

76   "Mr. Bevin to Sir O. Franks (Washington): Conversation Between the Secretary of State and the United States Charge D'affaires: Demilitarised Area in North Korea" (1950. 11. 22), FK 1023/167G, FO 483/4 18517, Further Correspondence respecting Korea: part 4, January to December 1950.

77   "The British Secretary of State for Foreign Affairs (Bevin) to the British Ambassador (Franks)" (1950. 11. 23), FRUS, 1950, Korea, Volume VII, pp. 1217-1218.

78   위의 자료.

많은 지점이 이 라인의 북쪽에 위치하는 상황입니다. 그런데 귀하의 제안대로라면 서쪽 군대는 이 진지를 떠나야 할 것입니다. 동쪽으로는 맥아더 장군 병력의 상당 부분이 해안과 내륙을 따라 이미 상당히 이 라인 북쪽에 있습니다. 그러므로 가까운 시기에 언제든 유엔에서 그러한 제안을 하게 되면 이미 유엔의 보호를 받고 있는 동쪽의 상당한 지역과 인구를 포기해야 합니다. 또한 군사적으로는 서쪽 지역을 확보하는 일이 상당히 중요한데, 맥아더 장군의 군대가 역경과 의심할 여지없는 심각한 손실 속에서 지금도 최선의 노력을 다하고 있는 진지를 포기해야 한다는 것을 의미합니다. 내가 판단할 때, 그와 같은 군사작전 수행 관련 제안이 군대의 사기나 한국인들의 사기, 그리고 수많은 부대를 파견했던 미국 내의 여론에 미치는 영향은 처참할 것입니다. 이런 여건에서 전쟁을 치르거나 한국인들의 지지를 유지하는 일이 가능하다고 생각하지 않습니다.

2. 더욱이 현 시점에서는 그와 같은 제안이 채택된다고 하더라도 그 제안이 주장하는 이점이 있다고 생각하지 않습니다. 비무장지대라는 개념(The idea of a demilitarized zone)은 그곳에서 서로 맞서는 양측 군대를 철수하고, 양측 군대 사이에 완충지대를 끼워 넣는 것입니다. 13일자 귀하의 메시지 내용만으로는 귀하의 제안에 따라 북한 군대를 비무장화된 지역에서 제거할 수 있는지 심각한 의심이 듭니다. 지속적이고 조직적인 북한 저항에 대한 확신이 없는 한, 중국이 설사 북한에서 철수한다 해도 귀하가 제기한 제안에 따라 다시 북한으로 돌아오는 사태를 어떻게 막을 수 있을지, 중국이 북한으로 돌아오지 않는다고 어떻게 실제로 보장할 수 있을지 모르겠습니다. 만일 우리 군대가 그 지역에서 철수하고 적군이 그 지역을 계속 점령한다면, 그 제안

에 따라 우리가 할 수 있는 일은 국경을 상당히 남쪽으로 이전하고 이득 없이 작전을 방해하는 것이 전부일 것입니다.

3. 제가 판단할 때 현 시점에서 그와 같은 제안의 성격이 중국 공산당 대표단(Commie Del)과 중공 정부에 미치는 효과는 안타까울 지경일 것 같습니다. 중공 대표단은 이와 같은 제안을 훨씬 유리한 무언가를 얻어내는 협상의 출발점으로, 그리고 우리 측의 가장 큰 약점을 가리키는 것으로 받아들일 것이라 생각합니다. 만일 현 시점에서 이런 방식으로 귀하가 제시한 제안을 추진한다면, 협상을 통해 상황을 극복할 수 있다는 전망이 나오기보다는 우리가 손해를 입을 것으로 생각합니다.

4. 이러한 상황에서는 유엔과 군사력에 도움을 준 국가들이 맥아더 장군의 작전을 전폭적으로 지원하는 방침이 가장 중요하다고 생각합니다. 맥아더 장군의 작전 결과는 현재 우리에게 불명확한 많은 문제, 즉 중공군의 병력과 효율성, 중공군을 지원하고 강화하려는 공산당 당국의 의도와 능력 등을 명확하게 드러낼 것입니다. 이러한 문제가 더 명확해진다면, 지금은 우리가 최종적으로 선택하기를 원하지 않는 수많은 대안이 나올 것입니다. 현재의 군사적 요건을 출발점으로 삼음으로써 우리는 유리한 입장에서 나온 제안들, 좀 더 영구적인 토대에서 전쟁을 종식시키고 유엔이 소기의 성과를 거두는 데 도움이 되는 제안들로 정치적 상황을 안정시킬 수 있을 것입니다.[79] (밑줄은 저자가 강조한 것)

미국은 중공군의 개입 규모를 줄이기 위해 강력한 공격을 밀어붙이

79   "The Secretary of State to the Embassy in the United Kingdom" (1950. 11. 24), *FRUS*, 1950, Korea, Volume VII, pp. 1228-1229.

기로 결정했다. 국무부 차관보 러스크는 공격이 주말부터 개시될 것이라고 주미 프랑스 대사 보네에게 알렸다. 보네는 이에 반대했지만, 러스크는 열세가 아니라 실력 행사를 할 수 있는 상황에서 협상을 해야 유리하다고 말했다. 그리고 군사적으로 볼 때 비무장지대 설치는 결국 미국 전투기가 법적으로 비행 불가능한 경계를 더 남쪽으로 옮기게 될 것이고 거기서부터 공산주의자들이 유엔군에 대항하여 끊임없이 다시 반격하는 등의 심각한 부작용이 예상된다고 말했다. 러스크는 설령 군사적으로 유엔군이 승리한다고 해도, 압록강에 비무장지대를 설치하게 되면, 압록강의 국경은 약 700km에 걸쳐 펼쳐져 있으므로, 잠재적인 전투 상태가 계속될 수 있고 그렇다면 국경지대의 보초를 위해 대규모 병력이 요구될 것이라고 보았다. 그리고 미국 정부는 이미 영국 정부에 영국의 제안 자체를 현재의 형태로는 받아들일 수 없는 것으로 간주한다고 통보한 상태였다.[80] 처음에 영국과 프랑스의 제안에 관심을 보였던 미 국무부는 결국 국방부의 의견에 동조하게 되었고, 미국 대리대사는 11월 25일에 베빈 영국 외무장관을 만나 비무장지대 제안의 공식적 제출을 포기해달라고 요청했다.[81]

베빈은 자신의 구상을 확신했고, 그것이 실현되기를 바랐지만, 견해를 고수하기 어려운 상황이 되었다. 베빈은 미국과의 협의를 중시했고, 양국 간에 이견이 발생하지 않기를 원했으며, 중국과 유엔 사이를 중재하고자 했다. 그런데, 전세는 영국의 바람과는 달리 전개되고 있었다. 영국 정부의 바람은 유엔이 중국의 안보에 대해 적대적인 의도를 품고 있지 않으며, 위협을 가하지 않을 것이라며 중국을 안심시키는 것이

---

80   보네 주미 프랑스대사, 「중국 사단의 개입과 한국의 군 상황」(1950. 11. 23), 『한국 전쟁 관련 프랑스외무부 자료』 I, 551~552쪽.

81   크루이(Étienne de Crouy-Chanel) 주영 프랑스 외교관, 「비무장지대」(1950. 11. 29), 『한국전쟁 관련 프랑스외무부 자료』 I, 573~574쪽.

었으나, 중국 언론은 미국 전투기가 중국 영토를 자주 침범하여 폭격을 가했다고 주장했다. 영국 외무부는 중국 언론의 말이 사실이라면 비무장지대 제안이 중단되어야 한다고 판단했다.[82] 또한, 영국 정부는 유엔의 다양한 기관에 중국 인민정부의 대표성을 보장하려고 했지만, 중국의 전쟁 개입은 전면적이었고, 중국의 지원을 받은 북한의 반격도 재개될 참이었다. 영국 정부는 그들의 노력이 성공하지 못했다는 것을 인정할 수밖에 없었다.[83]

2) 1950년 12월, 미국의 휴전 모색과 비무장지대 설치 구상

― 트루먼의 핵 사용 언급과 비무장지대 설치 논의의 재개

비무장지대 설치 논의는 미국의 제어로 일단 잦아드는 듯했지만, 곧 재부상했다. 그 계기는 급격한 전황의 변화였다. 11월 중국군의 신속하고 격렬한 개입은 유엔군의 진격을 저지했다. 12월에 접어들자 중국군은 철수하는 미 8군의 뒤를 따라 38선까지 내려왔다.

11월 28일 미국은 국가안전보장회의(NSC)를 열고 불리해진 한국 상황에 대해 논의했다. 이때 미국은 만주에 대한 공격이 가져올 영향과 소련의 개입을 매우 진지하게 그리고 다급하게 인식하고 있었다. NSC는 "맥아더 장군은 새로운 상황을 맞이했다."라고 했지만, 이는 미국이 새로운 상황을 맞이했음을 고백한 것과 다르지 않았다. 또한 NSC는 "유

---

82   "From Peking to Foreign Office" (1950. 11. 20), FK1023/136, FO 371/84116.

83   "The British Embassy to the Department of State: Amended Version of Message To Be Delivered by His Majesty's Chargé d'Affaires, Peking, to Chou En-lai, or to Him Through the Highest Available Official" (1950. 11. 22), *FRUS*, 1950, Korea, Volume VII, pp. 1213-1215.

엔과 미국의 관점에서 한반도 동북 지역을 점령할 필요가 없다"는 점을 확인했다. 그리고 한국전쟁에 대한 개입을 종결시키고 싶으며, "우리는 한국에서 중국을 이길 수는 없다."라는 발언까지 나왔다. 설령 만주에서의 공군 작전이 성공한다 해도 정세를 낙관할 수 없다고 본 것이다. 소련이 동맹인 중국을 지원하기 위해 참전하게 될 것이고, 그렇게 되면 미국이 더 깊이 개입하게 될 것으로 예측되기도 했다. 이런 측면에서 보면 미국이 유지할 수 있는 방어선을 찾고 그 방어선을 지켜야 하며, 북한에 어떤 지대(zone)를 구축하는 문제도 고려할 수 있다는 언급까지 나왔다.[84]

이제 미국은 1950년 11월에 영국이 전황을 평가했던 것과 같이 인식하게 되었다. 중국의 많은 병력 투입에 대항해서 이길 수 없다고 생각했으며, 월경추격권에 의한 전쟁 확대 가능성(소련의 참가와 미국의 더 깊은 개입)을 우려했다. 그 대안으로 적당한 방어선을 찾고 지키는 것이 동맹국(영국, 프랑스 등)의 견해를 충족시키고 중국에 올바른 정치적 신호를 주는 것이라고 판단했다. 즉, 군사적 승리가 불투명해진 상황이 되자 '어떤 지대' 구축의 필요성을 인식한 것이다.

그런데 비무장지대 설치 논의가 본격화된 더욱 직접적인 계기는 미국 트루먼 대통령의 핵무기 사용 검토 발언이었다. 유엔군의 전면적 후퇴라는 군사적 위기 상황에서, 1950년 11월 30일 트루먼은 기자회견에

---

84 트루먼 대통령, 애치슨 국무부 장관, 부통령, 매튜스(Francis P. Matthews) 해군부 장관, 마셜 장군, 러스크 국무부 극동 담당 차관보, 브래들리 장군, 니츠(Paul H. Nitze) 국무부 정책기획실 실장, 페이스(Frank Pace) 육군부 장관, 핀레터(Thomas K. Finletter) 공군부 장관, 반덴버그 장군, 레이(James S. Lay) 국가안전보장회의 사무국장, 스나이더(John W. Snyder) 재무장관, 해리먼(Averell Harriman) 대통령 특별보좌관, 시밍턴(Stuart Symington) 국가안보자원이사회 의장, 로베트 국방부 차관, 셔먼(Forrest P. Sherman) 제독, 스미스(Bedell Smith) 장군 등이 참석했다. "Memorandum of Conversation, by the Ambassador at Large (Jessup)" (1950. 11. 28), *FRUS*, 1950, Korea, Volume VII, pp. 1242-1249.

서 "핵은 무기의 하나"라고 하면서, 핵무기 사용을 적극 검토하고 있다고 밝혔다. 핵무기는, 사용이라는 그 자체만으로도 매우 위험했지만, 제3차 세계대전으로의 확전 가능성을 더욱 높인다는 점에서도 매우 우려할 만한 상황이었다. 앞서 살펴보았듯이, 유엔의 서방국들은 중국의 한국전 개입 자체보다도 중국 개입이 확전으로 이어질 가능성, 나아가 유엔 공군의 만주 공격이 낳을 확전을 우려했고, 이를 방지하기 위해 북한 지역의 비무장지대 설정을 지지했었기 때문이다.

트루먼 대통령의 핵폭탄 사용 언급 직후 영국, 프랑스, 캐나다, 인도 등은 문제의식을 공유하며 신속하고도 명백히 핵 사용과 확전 반대를 표명했다. 중국과의 협상과 비무장지대안은 재부상했다. 캐나다 외무장관 피어슨은 인도 총리 네루에게 확전 방지에 대한 공개적 호소를 제안했고, 네루는 애틀리(Clement Attlee) 영국 총리를 만나 자신의 인식을 공유했다.[85] 영국 외무장관 베빈으로부터 비무장지대 구상을 전달받았던 네루는 이 구상에 호의적이었다.[86]

네루는 확전을 피하기 위한 해결책을 신속하게 찾아야 한다는 뜻을 미국에 전하면서 비무장지대에 대해 강조했다. 12월 3일 네루는 유엔 주재 인도 대표 라우(Benegal Rau)를 통해 유엔 주재 미국 대표 그로스(Ernest Gross)에게 메시지를 전했다. 트루먼의 핵폭탄 사용 언급에 대한 깊은 우려를 표명하고, 반드시 중국이 포함된 열강 대표 회의가 개최되어야 하며, 최대한 빨리 정화(cease-fire)를 위한 조치를 하고 비무장지대를 획정해야 한다는 내용이었다. 그리고 "만일 정화를 이루고 비무장지대 획정에 성공한다면, 한국 문제의 해결과 이후 타이완(Formosa)

---

85   윌리엄 스툭, 앞의 책, 276~277쪽.

86   뉴욕 쇼벨 주 유엔 프랑스대사, 「중립지대」 (1950. 11. 22), 『한국전쟁 관련 프랑스 외무부 자료』 I, 546~547쪽.

문제에 대한 협상도 가능할 것"이라고 확신했다. 네루는 카이로 선언에 따른 타이완 문제와 미국의 중국 불승인(non-recognition) 정책의 해결을 중시하는 입장이었다.[87] 네루는 베이징 주재 인도 대사 파니카르(Sardar Panikkar)에게도 저우언라이에게 같은 내용을 제안하라고 지시했다. 휴전을 전제로 하고, 협상의 첫 단계로 38선 근방에 비무장지대를 설정한 뒤, 우선 한국의 장래 문제, 그다음 타이완 문제와 중국의 유엔 가입 문제 등을 논의하자는 것이었다.[88]

네루에게 확전 방지에 대한 공개적인 호소를 제안했던 캐나다 정부도 확전 방지와 전쟁의 신속한 종식에 대한 견해를 담은 '캐나다 정부의 한국 상황에 관한 비망록'(Canadian Government's Memorandum on Korea, 1950. 12. 2)을 미 국무부 유럽 담당 퍼킨스(George Perkins Jr.) 차관보를 통해 미국 정부에 전달했다. 캐나다 정부는 한반도 상황을 "소련 진영과 민주 진영 사이의 군사적 균형"의 문제로 보았다. 확전될 경우 가장 이득을 보는 것은 소련이라는 점도 명확히 했다. 때문에 전쟁은 중국과의 협상을 통해 해결되어야 하고, 이를 위해서는 유엔이 중국을 침략자로 규정해서는 안 된다고 했다. 캐나다 정부는 군사적 상황의 안정과 정화(cease-fire), 비무장지대 창출이라는 상황을 염두에 두고, 타이완이나 유엔에서의 중국 문제 등을 포함하여 고려할 때, 중국과 협상을 통한 타협점(modus vivendi)을 찾을 수 있다고 했다.[89]

프랑스와 영국도 한결같이 핵무기 사용과 확전 반대 의사를 표명했

---

[87] "Memorandum of a Telephone Conversation, by the Assistant Secretary of State for United Nations Affairs (Hickerson)" (1950. 12. 3), *FRUS*, 1950, Korea, Volume VII, pp. 1334-1335.

[88] 윌리엄 스툭, 앞의 책, 277쪽.

[89] "The Counsellor of the Canadian Embassy (Ignatieff) to the Assistant Secretary of State for European Affairs (Perkins)" (1950. 12. 3), *FRUS*, 1950, Korea, Volume VII, pp. 1339-1340.

다. 영국 애틀리 총리는 아예 12월 4일부터 8일까지 워싱턴을 방문해서 트루먼과 회담했다. 그는 트루먼에게 확전 반대 의사를 표명했고, 트루먼은 영국 정부와 긴밀한 협의를 하겠다고 하면서 핵폭탄 사용 검토로부터 물러섰다. 결국 12월 8일 미국과 영국 정상은 성명을 통해 협상을 통하여 적대행위를 종식시킬 준비가 되어 있고, 평화적인 방식으로 한국에서 유엔의 목적을 달성하며, 자유롭고 독립적인 한국(a free and independent Korea)을 기반으로 한국 문제(Korean problem)의 해법을 찾기 위하여 모든 노력을 기울여야 한다고 밝혔다.[90]

― 영국·인도의 비무장지대 제안과 중국의 거부

유엔 주재 각국 대표들은 이제 본격적으로 비무장지대와 관련해서 의견을 나누었다. 인도는 중국에 정전과 비무장지대 등에 관한 인도의 구상을 제안했다. 1950년 12월 1일과 3일, 유엔 인도 대표 라우는 중국 대표 우슈취안(Wu Xiuquan, 伍修權)과 차오관화(Chiao Guanhua, 喬冠華)와 정전 및 비무장지대, 타이완 문제 등에 관해 대화를 나눴다.[91] 라우는 우슈취안에게 비무장지대 설정을 포함한 즉각적인 정전이 협상되어야 한다고 제안했는데, 우슈취안은 이와 관련한 제안서를 요청했다. 그 제안서에는 즉시 정선과, 특정히지는 않았지만 만주 국경 남쪽 어딘가를 비무장지대로 설정하는 내용이 담겨 있었다. 우슈취안은 이를 베이징으로 전송할 것이라 했다. 이때 라우는 비무장지대는 의심할 여지없이 중공군의 압록강 너머 철수와 유엔군의 확정되지 않은 전선으로의 철수를

---

90   "Final Communiqué Agreed To by President Truman and Prime Minister Attlee" (1950. 12. 8), *FRUS*, 1950, Western Europe, Volume III, pp. 1783-1787.

91   12월 4일 라우는 중국과의 대화 내용을 미국과 영국의 유엔 대표단 오스틴, 영거(Kenneth Younger), 젭, 그로스 등에게 설명했고, 이는 애치슨에게도 전달되었다. "The United States Representative at the United Nations (Austin) to the Secretary of State" (1950. 12. 4), *FRUS*, 1950, Korea, Volume VII, pp. 1354-1358.

88   1장 한국전쟁, 그리고 비무장지대의 탄생

의미하는 것이라고 생각했고, 비무장지대에 남아 있을 북한군은 무장을 해제할 것이므로 그 지역은 '중립화'되는 것이라고 보았다.[92]

라우는 우슈취안과의 대화에서 가장 중요하고 본질적인 것은 적대 행위를 멈추는 것임을 분명히 했다고 말했지만,[93] 공산군 측에 유리하게 전개되고 있던 당시 전황을 고려할 때 중국이 제안을 받아들일 가능성은 크지 않았다. 중국은 소련의 의사를 타진했고, 1950년 12월 7일 스탈린(Joseph Stalin)은 저우언라이에게 정전보다 전쟁을 계속하라는 전문을 보냈다. 북한도 역전한 전세가 계속되기를 원했다. 12월 3일 김일성은 중국에서 마오쩌둥과 저우언라이, 가오강(Gao Gang, 高崗) 등과 만나 유엔군을 계속 압박해서 한반도에서 몰아낼 것을 주장했다.[94] 12월 7일 평양과 8일 남포를 되찾고 북한 전역에 대한 탈환을 목전에 둔 김일성은 12월 9일 유엔군을 완전히 격멸하라는 호소문을 발표했다.[95] 이렇듯, 공산군 측은 정전을 거부할 태세를 갖추고 있었지만, 인도와 서방국 측은 중국의 의사를 계속 타진하고자 했다.

12월 8일 인도 정부는 베이징 주재 파니카르 대사에게 중국과 접촉하라고 지시했고, 이에 따라 12월 11일 파니카르와 저우언라이가 1시간 동안 회담했다.[96] 인도와 중공 간의 이 회담은 초미의 관심사였고, 유엔, 영국, 미국 간에 공유되었다.

파니카르는 "정화(Cease fire), 비무장지대 획정, 중국이 동등하게 참여하는 한국 문제(Korean problem) 해결 및 타이완 문제(Formosa

92   앞의 자료.
93   위의 자료.
94   김보영, 2016, 『전쟁과 휴전: 휴전회담 기록으로 읽는 한국전쟁』, 한양대학교출판부, 35쪽.
95   과학·백과사전출판사, 1981, 『조선전사』 26권, 212쪽.
96   "The Ambassador in India (Henderson) to the Secretary of State" (1950. 12. 13), *FRUS*, 1950, Korea, Volume VII, pp. 1538-1540.

problem) 해결을 위한 회담 개최"를 조건으로 중국이 적대행위를 종식할 수 있는지 저우언라이에게 확인하고자 했다. 다만, 인도 정부의 입장은, 비무장지대 설정과 관련하여 공산군은 38선 이남으로 이동해서는 안 되고 유엔군은 38선 이북 지역에서 철수해야 한다는 것이었고, 타이완 문제도 카이로 선언과 포츠담 선언에 기초해야 한다는 입장이었다.[97]

이 회담에서 저우언라이는 중국인들이 한국 문제 및 "전반적인 극동"(Far East in general) 문제를 평화적으로 해결하고 싶어 하지만, 한국의 미래가 달린 회담을 개최하기 전 미국이 먼저 타이완과 관련된 후속 회담은 카이로 선언 및 포츠담 선언에 근거할 것이고, 타이완 문제의 해결을 위해 타이완과 본토 사이에 있는 미국 함대를 철수할 것이라는 내용으로 사전 발표를 해야 한다고 주장했다. 그는 미국 측에는 타이완이 중요한 지역일 수 있지만 중국 측에는 필수적인 지역이라고 지적했다. 또한 한국 문제 해결은 전반적인 극동 문제와 연결될 것이란 점을 분명히 밝혔다.[98]

인도와 유엔의 서방국들이 중국의 생각을 알고 싶어 했듯이, 저우언라이는 반대로 인도의 제안을 미국이 수용할 것인지 확인하고자 했다. 그는 파니카르가 중공 측에 전달한 인도 정부의 제안을 미국이 수용할 것이라고 확신하는지에 대해 의문을 제기하였다.[99] 중국은 당장의 한국 문제보다 타이완 문제에 관심을 갖고 있었고, 한국 정전 후 타이완에서 제7함대가 철수할 것인지에 대한 미국의 확인을 원했다.[100] 인도 정부는

97   앞의 자료.

98   "The United States Representative at the United Nations (Austin) to the Secretary of State" (1950. 12. 14), *FRUS*, 1950, Korea, Volume VII, pp. 1538-1540.

99   "The Ambassador in India (Henderson) to the Secretary of State" (1950. 12. 13), *FRUS*, 1950, Korea, Volume VII. p. 1543.

100   "The United States Representative at the United Nations (Austin) to the Secretary of State" (1950. 12. 14), *FRUS*, 1950, Korea, Volume VII, pp. 1538-1540.

저우언라이의 질문처럼 자신의 제안을 미국이 호의적으로 검토하기를, 그리고 이를 저우언라이에게 알리기를 원했다. 미국은 타이완 문제를 협상 의제에 포함할 수는 있지만, 그것이 한국 정전과 연결되어 다루어지는 것은 원하지 않았다. 협상 의제는 "한국 문제를 최우선으로 다루어야 한다"는 입장이었다.[101]

─ 미국의 정전 모색과 비무장지대 구상

중국의 거부 의사 표명과는 상관없이, 1950년 12월 중순, 미국은 정전 및 비무장지대와 관련한 미국의 방침을 마련하고 있었다. 유엔에서도 인도를 비롯한 아시아 13개국이 유엔 총회에 한국 정전 관련 결의안을 제출하려고 준비하고 있었다. 미국은 이들과 긴밀하게 논의하면서, 결의안의 내용과 방식 등을 협의했고, 미국의 입장을 정리해갔다. 합참은 비무장지대의 구체안을 만들고, 국무부는 유엔이 수용 가능한 정전의 기본 조건을 유엔과 인도에 공유했다.

　　유엔에서 한국 정전 결의가 처리되기 전에, 미국은 자국의 입장을 서둘러 마련했다. 1950년 12월 11일 미 국가안전보장회의는 합동참모본부에 정전협정의 약정, 조건, 협의 사항 등에 대한 입장을 긴급하게 지시했다. 그리고 합참이 마련한 비망록은 마셜 국방부 장관과 애치슨 국무부 장관에게 전달되었다. 비망록에는 "정전협정이 한국에 한정될

101　　"The Secretary of State to the United States Mission at the United Nations" (1950. 12. 13), *FRUS*, 1950, Korea, Volume VII, pp. 1550-1553.
　　그리고 12월 15일 애치슨은 인도 주재 미 대사관을 통해 인도 정부에 정전과 관련한 미국의 방침을 통지했다. 첫째, 정화(cease-fire)를 위한 군사협정(Mil arrangements), 둘째, 38선을 남방한계선으로 하는 비무장지대(demilitarized zone) 설치, 셋째, 향후 한반도 문제 해결을 결정하기 위한 후속 협상 등이었다["The Secretary of State to the Embassy in India" (1950. 12. 15), *FRUS*, 1950, Korea, Volume VII, pp. 1538-1540].

것, 한반도를 가로지르는 비무장지대를 설치할 것, 유엔 총회가 지명한 정전위원회가 한국 전역에 대한 자유롭고 무제한적인 접근 권한을 가질 것, 정전 합의는 한국 문제의 항구적 해결이 이루어질 때까지 유효할 것" 등이 중요하다는 내용이 담겼다. 그리고 정전 합의에는 다음의 세부 사항이 필수적이라고 밝혔다.

a. 비무장지대는 대체로 38도선을 따라 남방한계선을 가진 대략 20mil 폭의 지대가 될 것이다.

b. 다음의 정전 합의가 적용된다.

(1) 어디에 주둔하든 한국 내 모든 적대적인 지상군 부대들에게 적용될 것이다. 또한 이들 부대들은 비무장지대와 그 전방 지역을 존중해야 할 것이다.

(2) 모든 적대적인 해군 부대들은 적 지상군이 점유하고 있는 육지 지역에 인접해 있는 해역을 해안으로부터 3mil까지 존중해야 한다. 해상운송, 보급, 철수, 감시 및 인도적 목적을 위해 정전위원회(Cease-Fire Commission)가 지정한 해군 부대는 해당 부대가 이러한 임무를 수행하는 동안 전항의 규정에서 예외가 될 수 있다. 그리고

(3) 모든 적대적인 공군들은 비무장지대와 그 전방 지역의 영공을 존중해야 할 것이다. 항공수송, 보급, 철수, 감시 및 인도적 목적을 위해 정전위원회가 지정한 공군 부대는 해당 부대가 이러한 임무를 수행하는 동안 전항의 규정에서 예외가 될 수 있다.

c. 정전위원회가 임명한 군사감시단(Military observers)은, 위원회가 활용할 수 있고 적절하다고 판단하는 유엔 무장 경비대 (United Nations Armed Guards)와 함께 한국 전역 어디든 자유

롭게 이동할 수 있어야 할 것이다.

d. 포로 교환은 한국 문제가 최종 해결될 때까지 1 대 1의 원칙으로 교환될 것이다.

e. 이미 비무장지대를 넘어서 주둔해 있는 군대 조직은 뒤로 이동하거나 주력 부대의 지역으로 빠져나가야 한다. 비무장지대 북과 남 양쪽에 있는 게릴라는 비무장지대를 통한 철수와 안전한 통과가 허용될 것이다.

f. 협정의 그 어떤 부분에서도 현장의 지휘관들이 그들 부대의 안전을 위해 보급품 및 시설을 제공하는 것을 금지하지는 않는다. 다만 비무장지대 내에서 이러한 목적을 위한 보안군(security forces)이 허용되지는 않을 것이다.

g. 정전위원회는 비무장지대에서 경찰 기능을 포함한 민정(civil government) 책임을 맡게 될 것이다.

h. 난민들은 어느 방향으로도 비무장지대 내로 들어가거나 가로질러 이주하는 것이 허용되지 않을 것이다.[102] (밑줄은 저자가 강조한 것)

위의 자료에 의하면, 1950년 12월 12일 시점, 미 합참은 38선을 따라 남방한계선을 갖는 폭 20mil(약 32km)의 비무장지대를 구상하고 있었다. 1951년 6월 말 정전회담에 임하는 리지웨이(Matthew B. Ridgway) 사령관에게 내려진 훈령에서도 폭 20mil의 비무장지대가 언급되었다.[103] 당시만 하더라도 미국은 정전 유지를 위해서는 공산군 측

102   "The Secretary of Defense (Marshall) to the Secretary of State"(1950. 12. 12), *FRUS*, 1950, Korea, Volume VII. pp. 1528-1531.

103   1951년 6월 30일 리지웨이는 공산주의자와 정전 협상을 할 때 필요한 미국의 일반적인 정책과 목표에 관한 통보를 받았다. 육군본부, 1968, 『유엔군 전사: 휴전천막과

과의 거리가 20mil은 필요하다고 보았다.[104] 급하게 마련되었지만, 미국의 한국 비무장지대 설치 구상은 처음 영국이 제안했을 때보다 조금씩 분명해지고 있었다.

1950년 12월 12일 유엔 총회 제1위원회(First Committee)에 인도가 주도하고 아시아·아랍·아프리카 국가가 참여한 13개국 결의안 초안(13-power resolution)이 제출되었다. '정전 3인 위원회' 설치를 권고한 이 제안은 12월 14일 오전 유엔 총회에서 결의안 384(V)로 채택되었다. 12월 14일 오후에 개최된 제325차 유엔 총회에서 의장인 이란(Iran)의 엔테잠(Nasrollah Entezam)은 캐나다의 피어슨 및 인도의 라우와 함께 3명으로 구성된 위원회(three-member committee)를 구성하여 한국에서 만족스러운 정전이 이루어질 수 있는 기반을 조사할 것이라고 발표했다.[105]

12월 15일 애치슨 미 국무부 장관은, 엔테잠 정전위원회가 기본 원칙으로 활용하고 유엔이 수용할 수 있는 개괄적인 정전 조건을 유엔 미 대표단에게 보냈다. 유엔 미 대표단은 엔테잠 위원회와 회담을 하고 다음의 정전 조건을 전달했다.

> 미국 정부는 한국에서 유엔군 통합사령부(UC)로서, 그리고 한국에서 유엔을 대표하여 참전한 군대 중 대다수의 군대를 제공한 정부로서 유엔이 수용할 수 있는 필수불가결한 정전의 요소는 다음과 같다고 판단하는 바이다.
>
> (2) 전체적으로 38선을 따라 남쪽 한계선을 갖는 폭 20마일의 비무

싸우는 전선』 제2집, 21쪽.

[104] 처음 20mil 폭이었던 비무장지대 구상은 휴전회담이 전개되면서, 그 폭이 4km로 축소되어 확정에 이르렀다.

[105] "Editorial Note", *FRUS*, 1950, Korea, Volume VII, p. 1542.

장지대(demilitarized area)가 한반도 전역을 가로질러 설치되어야 한다.

(3) 모든 지상군은 현 위치를 유지하거나 후방으로 철수해야 한다. 비무장지대 안에 있거나 비무장지대 밖의 군대는 게릴라를 포함하여 모두 비무장지대 후방으로 물러나야 한다. 서로 대치 중인 공군은 비무장지대 및 비무장지대 너머에 있는 상대 지역을 존중해야 한다. 서로 대치 중인 해군은 상대방 군대가 점령한 육상 지역에 인접한 수역을 해안에서 3마일까지 존중해야 한다.

(6) 정전협정(cease-fire arrangements)에는 비무장지대 내의 군대와 민간 정부 및 경찰력의 안전, 그리고 피난민의 이동 및 정전으로 인해 발생하는 기타 구체적인 문제의 처리를 보장할 적절한 규정이 포함되어야 한다.

(7) 정전에 대한 감독은 유엔위원회(UN commission)가 수행할 것이며, 유엔위원회의 위원과 지정된 감시단(observers)은 한반도 전역에 자유롭고 제한 없이 접근할 수 있어야 하고, 정전 조건이 전적으로 준수되도록 보증해야 할 것이다. 모든 정부 및 당국은 정전위원회가 본연의 임무를 수행하는 데 협조해야 한다.

(8) 정전은 유엔의 적절한 조치로 확정되어야 할 것이고, 유엔이 승인하는 추가적인 조치로 대체되기 전까지 계속 효력을 유지할 것이다.[106] (밑줄은 저자가 강조한 것)

엔테잠 위원회에 전달된 미국의 입장은 첫째, 20mil 폭의 비무장지대는 38선 이북에 설치되어야 하며, 둘째 비무장지대에서는 모든 지

---

106   "The Secretary of State to the United States Mission at the United Nations" (1950. 12. 15), *FRUS*, 1950, Korea, Volume VII, pp. 1549-1550.

상군이 철수하고, 공군과 해군은 이를 존중해야 하며, 셋째, 정전협정에 비무장지대 행정(administration)과 관련한 규정이 포함되어야 한다는 것이었다. 미 국무부는 전술적으로 이것이 미국이 제시한 조건이라는 사실을 중국이 알지 못하게 하고자 했다. 따라서 엔테잠 위원회가 이 문제를 위원회의 자체적인 견해에 따라 제시하는 것처럼 처리하는 것이 바람직하다고 보았다.[107]

그런데 이때까지는 비무장지대 행정에 대한 구체적인 방안은 아직 마련되지 않은 상태였다. 엔테잠 위원회는 비무장지대 행정에 관해 미국이 고려하고 있는 바를 물었지만, 그로스 유엔 주재 미국 대표와 군사고문 크리튼버거(Willis D. Crittenberger) 장군은 "비무장지대에서의 민간 통치와 경찰력에 관한 적절한 규정이 정전협정에 들어가야 한다는 것 외에는 이 문제에 대해 우리가 예단해놓은 바가 없다"라고 답변했다. 미국은 "2차 세계대전에서 민사(civil affairs) 문제를 다루었던 경험"만을 바탕으로 사고하고 있었다.[108] 즉, 이 시점까지만 해도 미국은 비무장지대 행정에 관한 구체적인 안이 없었으며, 군사점령의 관점에서 막연하게 생각하고 있었던 것이다.

미국이 제시한 비무장지대 설치 원칙에 대해서는 영국도 동의했지만, 이들 사이에는 비무장지대 및 정전 관리에 대한 견해의 차이가 존재했다. 그로스 미국 대표는 영국 대표에게 미국의 정전(cease-fire)에 관한 입장으로 '정전 감독 기구, 비무장지대 협정, 비무장지대 후방으로의 군대 철수 협정' 등을 설명했다. 이에 대해 영국 측은 비무장지대 원칙에는 동의하지만, 유엔 감시단(UN observers)이 비무장지대를 순찰해

---

107   "The Secretary of State to the United States Mission at the United Nations" (1950. 12. 15), *FRUS*, 1950, Korea, Volume VII, p. 1554.

108   "The United States Representative at the United Nations (Austin) to the Secretary of State" (1950. 12. 15), *FRUS*, 1950, Korea, Volume VII, pp. 1554-1556.

야 한다는 견해를 보였다. 또한, 감독위원회(supervisory commission)에는 통합사령부(Unified Command), 중국, 북한, 남한 대표가 참여해야 한다고 했다.[109] 즉 비무장지대 관리 주체와 구성에 대한 문제에서 미국과 영국은 이견을 보였다.

미국과 영국의 이견은 정전위원회의 활동 범위 문제를 둘러싸고도 나타났다. 영국 외무부는 중국 측에서 정전위원회(cease-fire commission)가 아무런 제한 없이 한반도 전 지역에 접근할 수 있어야 한다는 원칙에 반대할 것이라고 지적했다. 따라서 베빈은 미국이 현 단계에서는 이 원칙을 강조하지 않아야 한다고 했다. 그리고 대신에 "정전위원회는 정전을 감독하기 위해서 조직될 것이고, 이와 같은 목적을 달성하기 위해 필요하다고 간주되는 권한을 보유해야 한다."라는 표현을 제시했다. 이에 대해 그로스는 정전위원회가 한반도 전 지역에 접근할 수 있도록 허용하는 원칙이 필수적이라고 지적했다. "중국 공산주의자들이 압록강 너머로 병력을 증강시키는 일을 허용하지 않는 것이 유엔군의 안보에 필수적이기 때문"이라는 것이 이유였다. 이에 대해 젭 영국 대사는 정전위원회가 38선 이북 110~150mil 지역까지 접근할 수 있지만 압록강까지는 접근하지 못하도록 한다는 타협안을 제시하였다.[110]

영국과 미국이 논의한 정전위원회의 접근 가능 지역에 대한 문제는 실제 정전회담이 열렸을 때 재차 논의될 수밖에 없었다. 다음 절에서 살펴보겠지만, 유엔군은 그로스가 주장했듯이 정전위원회가 한반도 전역을 감독해야 한다고 주장했고, 북·중 측은 이를 받아들이지 않았다. 영국의 예상이 맞았다. 결국, 정전위원회는 정전회담을 거치면서 '군사정

---

109   "The United States Representative at the United Nations (Austin) to the Secretary of State" (1950. 12. 16), *FRUS*, 1950, Korea, Volume VII, pp. 1559-1560.
110   위의 자료.

전위원회'(United Nations Command Military Armistice Commission, UNCMAC, '군정위')로 명명되었는데, 그 활동 범위는 비무장지대로 국한되었고, 대신 중립국감독위원회(Neutral Nations Supervisory Commission, NNSC, '중감위')가 남북의 군사력 증강 여부를 감독하는 역할을 부여받게 된다.

한편, 중국은 정전 협의 등을 거절했다. 영국도 인도와 더불어 중국에게 정전을 고려할 것을 권했지만, 1950년 12월 15일 우슈취안 장군은 유엔을 방문한 영국 대표단 영거(Kenneth Younger)에게 어떤 제안도 고려하지 않을 것이라고 상당히 직설적으로 밝혔다. 그리고 외국 군대는 모두 한반도에서 철수해야 하고, 미국은 타이완에서 제7함대를 철수해야 하며, 중국 정부는 유엔에서 의석을 차지할 권한이 있다고 말했다. 또한 중국은 유엔 총회 결의안에 따라 구성한 '정전 3인 위원회'(엔테잠 위원회)와 정전과 관련한 논의를 할 생각이 없다고 밝히고 베이징으로 떠났다.[111]

상술했듯이 미국은 영국, 인도 등과 함께 중국과 정치적으로 정전 문제를 협상하려고 했으나, 그 시도는 실패했다. 군사적으로 전황이 유리하던 중국은 정전 제안을 받아들이지 않았다. 이때의 정전 시도는 실패했으나, 비무장지대 설정을 통해 정전이 이루어질 수 있다는 점에 대해서는 미국, 기타 서방국, 중국 사이에 인식이 공유되었다. 이때 논의한 38선 기준의 비무장지대, 정전 감독 기구의 설치 등은 이후 정전회담의 토대가 되었다. 특히, 정전회담에서 북·중 측이 처음에 군사분계선으로 38선을 주장했던 것은 미국이 구상하고 인도 등을 통해 먼저 제안되었던 내용대로였다. 또한 회담에서 미국이 구상하고 제안한 군정위의 한반도 감독에 대한 중국의 반대는 영국이 예측했던 대로 전개되었다.

---

111   앞의 자료.

정전회담과 비무장지대 설치·관리

1) 정전의 조건: 비무장지대 설치

— 의제 채택과 동상이몽의 비무장지대

정전회담 본회담은 1951년 7월 10일 시작되었다.[112] 1950년 12월 전황에서 유리한 위치에 있던 북·중 측이 서방의 비무장지대 제안과 정전 협상을 거절했던 때로부터 6개월이 지났다. 1950년 11월 중순 전황을 낙관했던 미국이 정치적 협상을 통한 비무장지대 설정과 정전을 거절했다가, 전면 후퇴의 상황에서 비무장지대를 제안했던 과거가 떠오르는 순

---

112 1951년 7월 10일 본회의를 시작으로, 7월 25일 비무장지대 설치를 위한 군사분계선 문제(항목 2), 정전 조건 이행을 위한 감독 기관의 구성과 권한, 기능을 포함한 정전 실현을 위한 구체적인 준비(유엔군 제시 항목 3, 북·중군 제시 항목 4), 포로에 관한 준비사항(유엔군 제시 항목 4, 북·중군 제시 항목 5) 등이 의제로 선정되었다. 회의의 의제 채택을 위한 협상(총 10회) 이후, 비무장지대 설치 및 군사분계선 문제(총 17회), 정전 관리 기구(총 8회), 포로 송환(79회), 관계 제국 정부에 대한 건의 사항 협상(8회), 기타(37회) 협상이 개최되었다. 육군본부, 앞의 책, 32쪽; 김보영, 앞의 책, 82쪽.

간이었다. 북한 전역을 탈환한 북·중 측은 1951년 1월 서울을 탈환했지만, 더는 남진하지 못했다. 오히려 유엔군이 서울을 수복했고, 전선은 38선 인근에서 교착되었다. 정전회담은 어느 일방이 군사적 해결을 자신하던 상황에서는 이루어지지 못했고, 이처럼 양측 모두 군사적인 수단으로는 획기적인 전황의 변화가 불가능하다고 판단했을 때 시작되었다.

유엔사 측과 북·중 측이 회담장에서 마주했다. 수석대표는 각각 조이(C. Turner Joy)와 남일(南日)이었다. 그들은 의제를 제시했고, 비무장지대 설치는 양측의 안에 모두 포함되어 있었다.

유엔사 측의 조이가 먼저 의제를 꺼냈다. 조이는 9개 의제를 제시했는데, 크게 보면 정전회담의 의제 채택 문제부터 정전의 방법, 정전 이후 관리·조사 기구의 권한과 기능, 포로 관련 등이었다.[113] 조이는 "한반도 문제에 국한한 순수한 군사적인 문제로 토의가 제한될 것"(③)과 "휴전 조건에 쌍방이 동의하고 군사정전위원회 기능이 발휘되기 이전까지는 쌍방이 동의한 중립 지역 외에는 적대행위가 계속될 것"(④)을 전제로, 정전의 조건과 방법, 관리 방안 등을 제시했다. 조이는 "한국(Korea)을 횡단하는 군사 비무장지대에 관한 합의"(⑤)와 전 한반도에 대한 군사정전위원회 및 군사감시단 설치에 관한 합의(⑥, ⑦, ⑧) 등을 논의하자고 제시했다.

반면, 남일의 첫 제안은 간단했다.

113　① 회의 의제의 채택, ② 국제적십자위원회 대표들의 포로수용소 방문을 위한 장소와 그들의 권한, ③ 한반도 관련 문제에 관한 순수한 군사적인 문제 토의 제한, ④ 한국(Korea)에서 적대행위와 군사적 무력행위 금지를 보장할 조건하에 적대행위 및 무력행위의 중지, ⑤ 한국을 횡단하는 군사 비무장지대에 대한 합의, ⑥ 군사정전위원회의 구성과 권한, 기능, ⑦ 군사정전위원회 아래서 움직이는 군사감시단(Military observer teams)에 의한 한국 내 조사원칙에 대한 합의, ⑧ 이 군사감시단의 구성과 기능, ⑨ 전쟁포로에 관한 준비사항. "Meetings on the Armistice Proposal in Korea"(1951. 7. 10), 『정전회담 회의록』 1권, 3~24쪽.

첫째, 상호 합의에 의하여 쌍방이 동시에 일체 군사행동을 정지하라는 명령을 내린다. 쌍방의 군사행동 정지가 생명 재산의 손실을 감소시킬 뿐만 아니라 조선 경내에 있어서의 전쟁을 없애는 첫 단계가 될 것이다.

둘째, <u>38선을 군사분계선으로 확정</u>하고 쌍방 무장부대가 동시에 38선에서 10km 철퇴하고 일정 시일 내에 쌍방이 철수한 지구를 비무장지대로 하고 여기의 민정(the civilian administration)을 1950년 6월 25일 이전의 상태로 원상 복구함과 동시에 즉각 포로교환 토의에 들어간다.

셋째, 가능한 한 단시일 내에 일체 외국 군대를 철수한다.[114] (밑줄은 저자가 강조한 것)

남일은 적대행위의 즉각 중지 명령, 38선을 기준으로 한 총 20km 폭의 비무장지대 설정과 민정 복구, 외국군 철수 등을 제시했다. 유엔군이 '정전의 조건'을 중시하며 적대행위 지속을 제안했던 것과 달리, 공산군 측은 시점이나 조건을 밝히지는 않았지만, 정지 명령하에 정전이 가능하다고 제시했다. 양측이 합의하여 군사행동 정지 명령을 내려서 일차적으로 정전을 이루고, 비무장지대 설치와 포로 교환을 통해 정전을 확고히 하며, 외국 군대 철수를 통해 정전을 유지하자고 한 것이다. 이는 정전의 조건과 유지를 단순하고 명백하게 제시한 것이었다.

흥미로운 대목은 양측 모두 비무장지대 설치를 의제로 제시한 부분이다. 비무장지대 설치 여부 자체에 대해서는 이견의 정황이 전혀 보이

114　차이청원(柴成文)·자오용톈(趙勇田), 윤영무 옮김, 1991, 『중국인이 본 한국전쟁: 판문점 담판』, 한백사, 158~159쪽; "Meetings on the Armistice Proposal in Korea" (1951. 7. 10), 『정전회담 회의록』 1권, 3~24쪽.

지 않는다. '군사 문제'의 범주적 해석과 외국군 철군 문제 등을 의제로 선정하는 과정에서 치열한 논쟁이 있었던 점, 38선을 군사분계선으로 하는 안에 대한 유엔군 측의 강한 반발,[115] 북·중 측의 첫 제안에 감시기구 설치 문제가 포함되지 않았던 점 등을 고려하면, 이는 매우 예외적이었다.

이는 이미 1950년 11, 12월에 유엔 서방국 중심으로 논의되고 중국에 전달되었던 '비무장지대 설치를 통한 정전'이라는 사안을 북·중 측도 공유하고 있었음을 의미한다. 다만, 북한과 중국은 비무장지대가 어디에 설치될 것인가를 중요하게 생각하고 있었다. 1950년 겨울, 영국이 제안했던 북한 지역 또는 한반도와 중국 사이의 비무장지대는 허용할 수 없다고 보고 있었다. 1951년 6월 13일 마오쩌둥은 가오강과 김일성에게 휴전협상에 대한 중국의 전략을 알리면서, "북한의 영토에만 비무장지대가 설치되는 것은 절대 허용할 수 없다"고 강조했다.[116] 6월 14일 가오강과 김일성도 스탈린에게 마오쩌둥의 전략에 동의를 표명하는 서신을 보냈다.[117] 이렇듯, 비무장지대에 대해서는 모두 동의하고 있었고, 특히, 중국은 비무장지대를 만드는 문제는 쌍방에 거리는 있으나 그리 크게 의견 차이가 있는 것은 아니라고 보았다.[118] 앞에서 살펴보았듯이, 1950년 12월 미국은 이를 중요한 방침으로 설정하고 있었고, 중국도 이를 수용하고 정전회담에 임했던 것이다.

115   "Meetings on the Armistice Proposal in Korea"(1951. 7. 10), 『정전회담 회의록』 1권, 3~24쪽.

116   「1951년 6월 13일, 모택동이 가오강과 김일성에게 보내는 서신」, 한국역사연구회 한국전쟁특별연구반, 『소련 외무성 문서-한국전쟁 관련 만수로프 제공 문서』, 56~ 57쪽.

117   「1951년 6월 14일, 가오강과 김일성이 스탈린에게 보내는 서신」, 한국역사연구회 한국전쟁특별연구반, 『소련 외무성 문서-한국전쟁 관련 만수로프 제공 문서』, 57쪽.

118   차이청원·자오용톈, 앞의 책, 153쪽.

하지만, 비무장지대의 기준과 폭에 대한 양측의 접근 방식에는 미묘하지만 큰 차이가 있었다. 비무장지대의 위치와 최종적인 모습이 완전히 달라지는 문제였기 때문이다. 조이는 별도의 기준이나 폭에 대해 언급하지 않았지만, 남일은 38선을 군사분계선으로 제시하면서 비무장지대를 언급했다. 뿐만 아니라 38선을 기준으로 펼쳐진 비무장지대에 개전 이전의 민정을 복구하는 것까지 제시했다. 남일이 제시한 비무장지대안은 유엔군의 안보다 더 구체적이었다. 북·중이 처음 생각한 비무장지대는 군대가 철수한 후 주둔하지 않는 곳으로, 전쟁 이전처럼 민간인의 생활과 행정이 이루어지는 지역이었다. 이는 우리가 앞서 살펴보았던, 1950년 11월 영국이 유엔 안전보장이사회에서 공개 제안하려고 했던 비무장지대안과 유사했다. 남일은 조이가 제시했던 "한국을 횡단하는 군사 비무장지대에 대한 합의" 항목이 더 명확히 제시되어야 한다고 지적하면서, 이를 포함하여 유엔군 측 제안을 고려한 후 의제를 5개로 세분화했다.[119]

북·중은 비무장지대의 기준인 분계선을 강조하는 입장이었고,[120] 유엔사는 분계선은 어디에 비무장지대가 위치하든 그 중간에 설정될 것으로 인식하고 있었다. 이렇듯, 첫 본회담에서 나온 양측의 제안은 비무장지대의 기준과 위치에 대한 양측의 인식 차이를 반영하고 있었다. 군사분계선과 비무장지대 협상의 쟁점은 바로 여기서 출발하고 있었다. 북·중은 군사분계선에 관심이 있었고, 유엔사는 북한 지역 어딘가에 설정될 비무장지대와 그 남쪽 경계선에 관심이 있었다.

---

119   남일이 정리한 5개 항목은 ① 아젠다의 채택, ② 한국에서의 적대행위 중지를 위한 기본적인 조건으로서, 양측 사이에 군사분계선으로서의 38선의 설립과 비무장지대의 설치, ③ 한반도로부터의 모든 외국군 철수, ④ 한국 내 정화와 정전(cease-fire and armistice)의 실현을 위한 구체적인 처리, ⑤ 포로 문제 등이다. "Meetings on the Armistice Proposal in Korea"(1951. 7. 10), 『정전회담 회의록』 1권, 3~24쪽.

120   차이청원·자오용톈, 앞의 책, 160쪽.

— '38선' 대 '38선 이북의 20마일 폭'의 비무장지대

양측은 군사분계선과 비무장지대 설정을 제2의제로 분류하여 협상을 진행했다. 제2의제의 목표는 한국(Korea)의 적대행위 중지를 위한 기본 조건으로서 비무장지대를 설정할 수 있도록 양측 사이의 군사분계선을 확정하는 것이었다. 즉, 군사분계선과 비무장지대를 설정하는 것은, 적대행위의 중지와 재발 방지를 위해 양측이 그 선과 지대를 기준으로 병력을 분리시키는 차원의 문제로 접근되었다.

7월 26일 제2의제 협상 첫날, 남일은 38선을 군사분계선으로 획정하고, 이를 기준으로 10km씩 물러나 그 지역을 비무장지대로 설정하자고 제안했다.[121]

> 38선을 군사분계선으로 채택하는 것은 역사적 사실에 부합한다. 38선은 세계적으로 알려져 있다.
> 전쟁은 한쪽이 38선을 침범하면서 시작되었고, 중단될 수 없었던 이유는 교전당사국 한쪽 역시 38선을 침범했기 때문이다.
> 현재의 전선을 군사분계선으로 채택할 수 없다. 안정적인 전선은 없기 때문이다. 뿐만 아니라 38선을 군사분계선으로 채택하면 양측이 단념하게 되는 영토는 거의 같은 비율이 될 것이다.[122]

그러나 다음 날 회담에서 조이는 육상에서의 모든 군사작전을 중지하고 20mil(약 32km) 폭의 비무장지대를 설정하자고 하면서, 거기에는

---

121 "Tenth Session, Conference at Kaesong" (1951. 7. 26), 『정전회담 회의록』 1권, 152~161쪽. 『유엔군 전사: 휴전천막과 싸우는 전선』 32쪽(육군본부, 1968)에는 남일이 2km씩 후퇴하자고 제안한 것으로 되어 있으나 이는 잘못 기술된 것이다.

122 워싱턴 보네 주미 프랑스대사, 「군사분계선과 비무장지대 설치 협상에 관한 보고」 (1951. 7. 27), 『한국전쟁 관련 프랑스외무부 자료』 III, 322~323쪽.

38선이 아니라 현재의 전선과 군사 역량이 반영되어야 한다고 주장했다. 그는 개전 이래 13개월 동안 4번이나 공산군과 유엔군이 38선을 월경했다는 것을 지적하고, 비무장지대 설치는 현 시점의 전황에 대한 실제적인 군사적 검토에 입각해 이루어져야 한다고 강조했다. 현 시점의 실제적인 군사적 검토란 유엔군의 지상군, 우월한 해군과 공군이라는 3개 군의 총체적인 힘과 능력을 반영해, 이에 대한 보상을 요구하는 것이었다.[123]

유엔사 측은 이러한 인식을 토대로 당시 전선의 위치보다 30∼50km 북쪽에 분계선이 표시된 지도를 제시했다.〔도 1-1〕 이 지도에는 유엔군이 당시 점령하고 있던 진지보다 상당히 북으로 올라간 지점에 20mil 폭의 비무장지대가 그려져 있었다. 훗날(1966년) 미 육군 군사감실이 지적했듯이, 유엔사의 이 첫 제안은 당시 유엔사가 획득하려던 지역보다 훨씬 더 많은 지역을 포함하고 있었다.[124] 조이는 당시의 전투 상황을 반영하자고 주장했지만, 유엔군이 제시한 군사분계선은 사실 그보다 훨씬 북쪽에 있는 북한 지역을 관통하고 있었던 것이다.

미국은 38선이나 접촉선 문제가 아니라, 비무장지대의 남쪽 경계가 어디인지에 더 초점을 두고 있었다. 7월 27일 조이가 제안한 선은 북쪽으로는 해주, 평강, 장전항, 사포리, 함안, 장평까지, 남쪽으로는 장단, 배천, 개성, 산양, 철원, 김화, 문등리, 초도리를 잇는 것이었다.[125] 분계선의 경우에는 비무장지대의 남방한계선과 북방한계선이 정해지면 그 중간쯤에 위치하게 되는 것으로 생각했다. 미국은 비무장지대의 폭 정

---

123   앞의 자료; "Eleventh Session, Conference at Kaesong" (1951. 7. 27), 『정전회담 회의록』 1권, 162∼174쪽.

124   육군본부, 앞의 책, 34쪽.

125   「개성회담에서 서로 다른 휴전선을 제안함」 (1951. 8. 6), 『한국전쟁 관련 프랑스외무부 자료』 III, 345쪽.

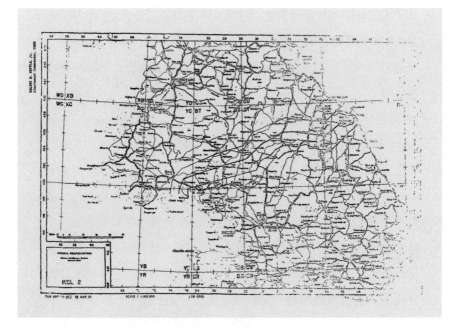

[도 1-1]   1951년 7월 27일 정전회담에서 유엔사 측이 제시한 비무장지대 지도

출처: "Eleventh Session, Conference at Kaesong" (1951. 7. 27), 『정전회담 회의록』 1권, 173쪽.

도는 타협할 수 있지만, 남방한계선은 '어쨌든 이 구상과 거의 같아야 한다'라고 보고 있었다.[126]

또한, 미국은 캔자스 라인이 38선 인근에서는 방어 활용성이 가장 높은 지점이라고 보고 있었다. 캔자스 라인은 서에서 동으로, '임진강 하구-38선 북쪽 10km 지점까지 이어지는 임진강 줄기-화천-화천 저수지 남쪽 경계-동해안 양양 방면 도로'에 이른다.[127] 미국의 판단에 이곳은 임진강 굽이가 제공하는 확실한 방어, 전략적인 삼각지대의 중립화, 동부 지방의 몇몇 천연 장애지대의 활용이라는 세 가지 면에서 뛰어난 군사적 장점을 갖고 있었다.[128] 유엔군은 4월 22일 공산군 측 공세가 있기 하루 전, 이 지점에 도달한 적이 있었다.[129]

미국의 이러한 구상은 이미 1950년 겨울부터 마련되고 있었다. 미국은 상술했듯이 1950년 12월 20mil(약 32km) 폭의 비무장지대 남쪽 경계를 대강 38선으로 정하고 비무장지대 안에 포함할 지역(시군) 리스트를 만들어두고 있었다. 다만, 1951년 6~7월 여기에 약간의 수정이 가해졌다. 정전회담의 개시가 임박했던 1951년 6월, 변화된 전세를 반영하여 비무장지대의 남쪽 경계가 적어도 당시 유엔군 전선을 따라야 한다고 보았던 것이다. 당시 유엔군은 정도의 차이는 있어도 38선을 넘

---

126   워싱턴 보내 주미 프랑스대사, 「군사분계선과 비무장지대 설치 협상에 관한 보고」 (1951. 7. 27), 『한국전쟁 관련 프랑스외무부 자료』 Ⅲ, 323~333쪽. '철의 삼각지대' 는 철원·김화를 저변으로 하고, 평강을 정점으로 한 군사 요충지를 말하는데, 이를 차지하는 쪽이 철원평야와 평강평원을 확보하게 되는 중요한 지역이었다. 때문에, 양측은 서로 철의 삼각지대를 차지하거나 최소한 상대가 차지하지 못하도록 비무장지대 안에 포함되게 하려 했다. 이를 위해 정전회담장에서는 비무장지대 설정에 관한 설전(舌戰)이 벌어졌고, 전선에서는 백마고지 전투나 저격능선 전투와 같은 치열한 전투가 벌어졌다.

127   「캔자스라인」에 관하여」 (1951. 8. 4), 『한국전쟁 관련 프랑스외무부 자료』 Ⅲ, 338쪽.

128   도쿄 드장 주일 프랑스대사, 「유엔군이 구상하는 새로운 전선」 (1951. 7. 1), 『한국전쟁 관련 프랑스외무부 자료』 Ⅲ, 198~199쪽.

129   「캔자스라인」에 관하여」 (1951. 8. 4), 『한국전쟁 관련 프랑스외무부 자료』 Ⅲ, 338쪽.

어 북쪽에 위치하고 있었을 뿐만 아니라, 한반도 북쪽으로 더 전진하게 될 수도 있었다.[130]

북·중은 즉각 반발했다. 38선 이북의 어느 지점들로부터 시작하는 20mil 폭의 비무장지대를 설치한다는 조건은 공산군 측에는 매우 불리했고, 수용 가능성이 거의 없었다. 공산군 측은 미국이 38선 이북에 분계선을 획정하고자 하며, 이는 미국이 북한 영토 12분의 1을 떼어가는 식으로 획정된 분계선을 요구하는 것이라며 비난했다. 북한의 조선중앙통신은 소련 일간지 『프라우다』(Pravda)에 미국이 북한의 가장 중요한 구역들을 침범하려 한다는 성명을 발표했다.[131]

소련의 타스(TASS) 통신이나 폴란드 언론 등도 유엔사 측의 제안을 비난하며 38선 이북에 분계선을 획정하려는 미국의 의도를 다음과 같이 분석, 보도했다. 첫째, 미국이 영토 병합의 목표를 추구하고 있을 뿐 아니라, '중국 및 소련 국경을 공격하기 용이한' 전략적 요충지들을 확보하게 된다. 둘째, 중요한 경제 자원을 보유한 영토를 차지하기 위함이다. 중국 외 지역에 존재하는 텅스텐광(tungsten鑛) 중 90%가 38선 이북 미국 점령지에 위치한다.[132]

한편, 비록 유엔사 측은 공산군 측의 38선 제안을 단호하게 거절했지만, 미국은 이미 다음과 같이 여러 차례 38선을 언급한 바 있었다. 6월 23일 유엔 소련 대표 말리크(Yakov Malik)가 38선에서의 군대 철

---

130   뉴욕 라코스트 주유엔 프랑스대표대리, 「추가 파병 호소문에 대한 미국의 입장」 (1951. 6. 23), 『한국전쟁 관련 프랑스외무부 자료』 III, 116쪽.

131   모스크바 샤테뇨 주소련 프랑스대사, 「개성회담에 대한 북한 언론의 반응」 (1951. 7. 30), 『한국전쟁 관련 프랑스외무부 자료』 III, 329~330쪽.

132   모스크바 샤테뇨 주소련 프랑스대사, 「회담 중단에 대한 언론 반응」 (1951. 8. 9), 『한국전쟁 관련 프랑스외무부 자료』 III, 350쪽; 바르샤바 라울 뒤발 주폴란드 프랑스대사관원, 「휴전협상에 관한 폴란드 언론 보도」 (1951. 8. 10), 『한국전쟁 관련 프랑스외무부 자료』 III, 358~359쪽.

수 및 정전을 제안했을 때 애치슨은 그 제안에 동의한다고 공식적으로 발표했다.[133] 1950년 12월 베이징 주재 인도 대사 파니카르가 저우언 라이에게 비무장지대 설치와 정전에 대해 제안했을 때도 38선을 기준 으로 한 군대의 철수가 주요 내용으로 포함되어 있었다.[134] 1950년 12 월 트루먼과 애틀리 영국 총리의 정상회담에 앞서 미 국무부와 합동참 모본부, 국방부가 만들었던 '한국'(Korea) 문서에서도 "38선 정전 원칙 에 대한 협의"(Arrangements for a cease-fire on the basis of the 38th Parallel)를 언급한 바 있었다.[135] 또한 1950년 12월 유엔의 '아시아국 한국 평화안 초안'(Delga 409, Re Asian draft Korean peace plan)에 서도 38선을 언급했기 때문에 유엔 회원국들 대부분이 38선을 정전선 (cease-fire line)으로 생각할 가능성이 컸다.[136]

양측의 주장이 첨예하게 맞섰지만, 군사분계선 협상의 향방은 어 느 정도 예측이 되고 있었다. 일본 주재 프랑스 대사 드장은 양측이 협 상 지속이 필요하다고 인식했다는 점에 주목했다. 공산군 측이 38선 회 복을 요구하는 반면 유엔군은 군사적으로 방어가 가능하고 당시 유엔군 방어선과 거의 일치하는 분계선을 고수하겠다는 단호한 입장을 취함으 로써 회담이 재차 중단될 수도 있지만, "결국엔 캔자스 라인이나 그와 매우 인접한 지점에서 협상이 타결될 것"이라고 예측했다. 그는 양측

---

133   "Britain, France and Other Allies Asked to Aid in Defining Situation ACHESON IS STILL WARY But He Sees Military Goals Met if Enemy Withdraws Behind 38th Parallel" (1951. 6. 27), *The New York Times*. (윌리엄 스툭, 앞의 책, 414쪽에서 재 인용.)

134   "The Ambassador in India (Henderson) to the Secretary of State" (1950. 12. 13), *FRUS*, 1950, Korea, Volume VII, pp. 1538-1540.

135   "The Chairman of the Joint Chiefs of Staff (Bradley) to the Secretary of Defense (Marshall)" (1950. 12. 4), *FRUS*, 1950, Korea, Volume VII, pp. 1347-1349.

136   "The United States Representative at the United Nations (Austin) to the Secretary of State" (1950. 12. 10), *FRUS*, 1950, Korea, Volume VII, pp. 1503-1505.

모두 이점을 알고 있고, 회담은 심각한 결렬 위험을 내포한 협상이라기 보다는 각본에 따라 전개되는 양상이라고 보았다.[137] 그는 유엔군도 "적절한 시점에 한발 물러서며 캔자스 라인을 채택하게 될 것"이라고 예상했다.[138]

― 군사분계선 논쟁의 이면: 개성 확보

군사분계선 협상은 본회담에서 결론을 내지 못하고 제2의제 분과위원회로 넘어갔다. 답보 상태에 빠진 군사분계선 협상을 진전시키기 위한 분과위원회는 1951년 8월 17일부터 11월 27일까지 총 31회 진행되었다. 이 기간의 분과위원회는 결국 '접촉선'(전선)을 기준으로 한 군사분계선을 확정하며 합의를 이루었지만, 새로운 쟁점에 대한 논쟁을 치러야 했다. 표면적인 것은 '어느 시점'의 접촉선을 기준으로 할 것이냐였지만, 그것은 실제로 개성을 어느 측이 확보할 것인지의 문제와 연결되어 있었다.

제2의제 분과위원회에서 8월 19일 북·중은 유엔사 측에서 보상 개념을 포기한다면 지상의 전선을 기준으로 하는 조정안을 제시할 것임을 시사했다. 유엔군 측 리지웨이 사령관도 접촉선을 중심으로 4mil 폭의 비무장지대를 설치하여 해결 짓는다는 계획을 승인받았다.[139] 10월 26일 분과위원회에서 공산군 측은 38선이라는 위도를 기준으로 한 경계선으로의 단순 철수 요구를 포기했고, 유엔군 측은 공군과 해군의 우월성이 고려되어야 한다는 보상안을 포기했다.[140]

137 도쿄 드장 주일 프랑스대사, 「개성회담의 추이와 예측」 (1951. 8. 2), 『한국전쟁 관련 프랑스외무부 자료』 III, 335~336쪽.

138 도쿄 드장 주일 프랑스대사, 「분계선 확정에 대한 유엔군 전략」 (1951. 8. 7), 『한국전쟁 관련 프랑스외무부 자료』 III, 348~349쪽.

139 육군본부, 앞의 책, 37쪽

140 그런데 이날 공산군 측은 유엔군이 38선 쪽으로 약 25km 후퇴할 것을 제안했었다.

전선을 기준으로 한 군사분계선과 그로부터 남북으로 각 2km씩 철수해 설정되는 비무장지대에 대한 안에는 양측의 의견이 일치되어갔다. 양측은 처음엔 비무장지대 폭이 20mil(약 32km, 유엔군) 또는 20km(공산군)는 되어야 한다고 보았지만, 방어와 관리의 효율을 고려하여 그 폭을 좁혀갔다. 유엔군은 양군 사이의 거리가 소규모 무기들의 사정거리를 초과하지 않는다면, 4km 폭의 비무장지대 정도면 국지적인 소규모 충돌을 충분히 방어할 수 있고 관리도 수월할 수 있다고 판단했다.[141]

4km 폭의 비무장지대를 먼저 제안한 것은 공산군 측이었다. 공산군 대표단 측의 리상조 소장은 10월 31일 13차 분과위원회에서 현재의 전선에서 2km씩 후퇴하고 그 사이의 지대를 비무장지대로 둘 것을 제안했다.[142] 11월 5일 유엔군 측도 '정전협정 체결 시점'의 접촉선과 그로부터 4km씩 물러난 완충지대 설치를 제안했다.[143] 그리고 11월 7일 공산군 측은 현재 접촉선을 군사분계선으로 하고 양측이 각각 2km씩 물러난 비무장지대 설정에 대한 제안서를 제출했다.[144]

이렇게 될 때 최대의 후퇴는 금성 남쪽에서 발생하여 평강, 철원, 김화로 이루어지는 철의 삼각지대 대부분을 유엔군이 포기하게 된다. 공산군 측도 그에 대한 보상으로 거의 같은 면적의 연안반도와 옹진반도를 내놓게 되지만, 유엔군에게 연안반도와 옹진반도는 군사적 가치가 없고 방어가 절대적으로 불가능하다고 판단되는 지역이었다. 도쿄 드장 주일 프랑스대사, 「판문점 휴전회담 상황」(1951. 10. 27), 『한국전쟁 관련 프랑스외무부 자료』 III, 615~616쪽; 도쿄 드장 주일 프랑스대사, 「판문점 휴전회담 상황」(1951. 10. 27), 같은 책, 625~626쪽.

141   윌리엄 스툭, 앞의 책, 447~448쪽.

142   "Thirteenth Session, 7th Meeting at PAN MUN JOM, Sub-Delegation on Agenda Item 2"(1951. 10. 31), 『정전회담 회의록』 3권, 143~152쪽.

143   "Eighteenth Session, 12th Meeting at PAN MUN JOM, Sub-Delegation on Agenda Item 2"(1951. 11. 5), 『정전회담 회의록』 3권, 221~243쪽; 도쿄 드장 주일 프랑스대사, 「판문점 휴전회담과 전방의 상황」(1951. 11. 6), 『한국전쟁 관련 프랑스외무부 자료』 III, 632쪽.

144   도쿄 드장 주일 프랑스대사, 「판문점 휴전회담」(1951. 11. 8), 위의 책, 637~638쪽; 차이청원·자오용톈은 1951년 11월 7일 공산군 측이 현 대치선을 군사분계선으로 하고 쌍방이 2km 후퇴하여 비무장지대로 하자고 제의했다고 기록했지만(차이청

그런데 또다시 미묘하지만 큰 차이가 발생하고 있었다. 바로 '현재의 전선'과 '정전협정 체결 시점의 전선'이다. 휴전선의 기준이 38선이냐 접촉선이냐, 접촉선이라면 1951년 11월 현재냐 정전협정 서명 시점이냐 하는 문제는 개성을 누가 확보하느냐의 문제와 직결되었기 때문이다. 분과위원회에서 유엔군 대표단 하디스(Henry Hodes)가 "한동안 개성 지역이 주요 쟁점이었다는 것이 분명하다"고[145] 언급했을 정도로 양측은 서로 개성을 차지하고자 했고, 이는 군사분계선 회담의 교착 및 전환의 계기가 되었다.

개성 문제는 공산군 측이 38선이 아니라 접촉선을 군사분계선으로 하는 문제를 수용하게 된 결정적인 이유였다. 38선을 고수하면, 개성을 남측에 돌려주거나 최소한 비무장지대 안에 두게 되는 상황이 발생하기 때문이었다. 개성은 그 대부분이 38선 이남에 위치했기 때문에 개전 이전 남한의 통치하에 있었는데, 판문점에서 정전회담이 진행되던 당시에는 북측이 차지하고 있었다. 당시 정전회담 제2의제 분과위원회 회의록은 양측이 얼마나 개성을 차지하고 싶어 했는지, 그리고 왜 북측이 개성을 유엔군 측에 돌려주지 않기 위해 접촉선안을 수용할 수밖에 없었는지를 잘 보여준다.

유엔사 측은 공산군 측에 개성을 강력히 요구했다. 개성을 안정적으로 차지하지 못한다면, 최소한 비무장지대로 만들고자 했다.[146] 유엔사 측은 개성이 군사분계선 이남에 포함되어야 하며, 그 이유로 유엔군이 정전회담 직전 개성에 있었다고 주장했다. "1951년 7월 초 양측 모두의

원·자오용텐, 앞의 책, 203쪽), 위에서 살펴본 바와 같이 비무장지대 폭의 축소 논의는 10월 말부터 진행되었다.

145 "Seventeenth Session, 11th Meeting at PAN MUN JOM, Sub-Delegation on Agenda Item 2" (1951. 11. 4), 『정전회담 회의록』 3권, 210~220쪽.

146 육군본부, 앞의 책, 90쪽

정찰병들이 개성에 있었다. 북측 병력은 개성 북쪽에, 유엔군 측 병력은 개성 남쪽에 있었다. 개성이 회담 장소로 제안되었을 때 유엔군 측 병력이 후퇴했다"라는 주장이었다.[147]

그런데, 유엔군 측의 이 주장은 그들 자신이 군사분계선의 기준으로 주장했던 '접촉선'과 모순되는 지점이 있었다. 당시 접촉선은 개성 남쪽에 형성되어 있었기 때문이다. 따라서 공산군 측은 "개성이 어떤 면에서 접촉선과 관련이 있는지"를 따져 물었고, 유엔군 측은 이에 답해야 했다. 유엔군 측 버크(Arleigh Burke)는 개성이 특수한 지역이라며, "두 가지 중요한 요소가 있는데, 하나는 안보로 인한 특수한 경우라는 점이며, 다른 하나는 유엔군 측이 다른 지역에서 병력을 철수한다는 점"이라고 답했다.[148] 이때의 '안보'란 서울 방어를 위해 개성을 점유해야 한다는 의미였다. 다른 지역에서의 병력 철수란 고성과 금성, 기타 해안 도서 지역에서의 철수를 의미했는데, 유엔군은 이에 대한 보상으로 북측의 개성 철수를 요구했던 것이다.[149]

유엔사 측의 위와 같은 주장은 개성 확보를 위해 '접촉선'안을 수용한 북측에 받아들여질 리 없었다. 공산군 측 리상조와 셰팡(謝方)은 그러한 논리라면, 38선안으로 돌아가야 한다고 응수했다.[150] 이들은 유엔군 측이 고성과 금성에서 철수하는 대신 북측의 고미송리~관석동에서

147   "Thirteenth Session, 7th Meeting at PAN MUN JOM, Sub-Delegation on Agenda Item 2"(1951. 10. 31), 『정전회담 회의록』 3권, 143~152쪽.

148   "Fourteenth Session, 8th Meeting at PAN MUN JOM, Sub-Delegation on Agenda Item 2"(1951. 11. 1), 『정전회담 회의록』 3권, 153~169쪽.

149   "Fifteenth Session, 9th Meeting at PAN MUN JOM, Sub-Delegation on Agenda Item 2"(1951. 11. 2), 『정전회담 회의록』 3권, 170~191쪽.

150   "Fourteenth Session, 8th Meeting at PAN MUN JOM, Sub-Delegation on Agenda Item 2"(1951. 11. 1), 『정전회담 회의록』 3권, 153~169쪽; "Fifteenth Session, 9th Meeting at PAN MUN JOM, Sub-Delegation on Agenda Item 2"(1951. 11. 2), 『정전회담 회의록』 3권, 170~191쪽.

철수하라고 제안하기도 했다.[151]

북·중은 개성을 포기하지 않았다. 공산군 측은 10월 31일 분과위원회부터 해온 그들의 제안이 "합의를 신속히 이루기 위한 새로운 제안"이자 "교착 상태를 타개하고 조속한 합의를 도출하기 위한 제안"이었다고 주장했지만,[152] 핵심은 개성이었다. 11월 3일 리상조는 "개성을 비무장지대에 포함할 필요가 없다. 개성을 중립화하거나 당신들에게 넘겨주는 제안은 어떤 것도 받아들일 수 없다."고 강조했다.[153] "현재의 접촉선에 합리적인 조정을 가한 것을 기준으로 비무장지대를 설정하는 것이 원칙이다. 우리는 접촉선에(서) 벗어난 조정을 하지 않을 것이다. 당신들은 개성 지역을 요구했다. 개성을 중립화하는 것은 불합리하며, 당신들이 통제하려는 것은 더욱 그렇다."[154] 북·중은 이처럼 철저하게 군사적 접촉선을 분계선으로 강조했다.

공산군 측이 38선이 아닌 접촉선안을 수용함으로써, 군사분계선의 위치에 대한 원칙은 세워졌지만, 어느 시점의 접촉선을 군사분계선으로 삼을 것이냐가 다음 쟁점이 되었다. 그것이 중요한 이유도 개성이었다. 북·중 측은 '현재의 접촉선'을 원칙으로 한 군사분계선을 주장했다. 현재의 접촉선을 기반으로 군사분계선을 설정하고 양측이 비무장지대를 설정하기 위해 2km씩 철수할 것을 주장한 것이다.[155] 분계선을 현 전투

---

151 "Fifteenth Session, 9th Meeting at PAN MUN JOM, Sub-Delegation on Agenda Item 2" (1951. 11. 2), 『정전회담 회의록』 3권, 170~191쪽.

152 "Thirteenth Session, 7th Meeting at PAN MUN JOM, Sub-Delegation on Agenda Item 2" (1951. 10. 31), 『정전회담 회의록』 3권, 143~152쪽; "Seventeenth Session, 11th Meeting at PAN MUN JOM, Sub-Delegation on Agenda Item 2" (1951. 11. 4), 『정전회담 회의록』 3권, 210~220쪽.

153 "Sixteenth Session, 10th Meeting at PAN MUN JOM, Sub-Delegation on Agenda Item 2" (1951. 11. 3), 『정전회담 회의록』 3권, 192~209쪽.

154 "Seventeenth Session, 11th Meeting at PAN MUN JOM, Sub-Delegation on Agenda Item 2" (1951. 11. 4), 『정전회담 회의록』 3권, 210~220쪽.

155 "Twentieth Session, 14th Meeting at PAN MUN JOM, Sub-Delegation on

선으로 할 때 북한이 가지는 최대 이익은 개성을 계속 확보할 수 있다는 것이었다. 또한 차후에 있을 유엔의 군사적 압박을 불가능하게 만들 수도 있었다. 공산군 측의 계획은 사실상 1951년 11월 시점부터 분계선을 결정하여 유엔의 차후 군사적 압박을 불가능하게 만들고 다른 의제에 대한 해결에 이르도록 하는 것이었다.[156]

반면 유엔사 측은 정전협정 조인 시점의 접촉선을 주장했다. 11월 5일 하디스는 "1. 정전협정 체결 시점의 실제 지상 접촉선에 적절한 조정을 가한 것을 기반으로 군사분계선과 비무장지대 위치를 정한다는 원칙을 수용. 2. 비무장지대의 폭은 4km 정도로 할 것. (중략) 4. 제2의제에 관한 최종적인 합의는 한반도의 정전과 관련된 모든 문제의 합의가 끝나는 시점까지 미루도록 할 것."을 제안했다.[157] 이에 대해 리상조가 "군사적 접촉선을 근거로 한 비무장지대에 개성 지역이 포함된다는 것인지" 재차 묻자, 하디스는 "정전협정 체결 시점에 접촉선의 위치가 어떠할지, … 당연히 그때 접촉선이 어디에 있을지, 그리고 협정이 언제 체결될지 아무도 모른다"고 답했다.[158] 더욱 직접적으로는 "정전협정 체결 시점에 개성 지역이 전선 뒤쪽에 있을지 앞쪽에 있을지 알 수 없다."라고 강조했다.[159] 양쪽의 입장은 이러했다. 유엔군은 개성을 수복하거나 그것이 안 되면 최소한 비무장지대에 개성을 포함하고자 했다. 북·중 측은 현재의 접촉선을 원칙으로 하면 개성을 그대로 확보할 수 있었고, 유엔군 측은 정전협정 조인 시점에는 전선의 변화가 클 것으로 예상

Agenda Item 2" (1951. 11. 7), 『정전회담 회의록』 3권, 257~273쪽.

156   워싱턴 다리당 주미 프랑스 대리대사, 「판문점 휴전회담과 전방의 상황」(1951. 11. 6), 『한국전쟁 관련 프랑스외무부 자료』 III, 650~651쪽.

157   "Eighteenth Session, 12th Meeting at PAN MUN JOM, Sub-Delegation on Agenda Item 2" (1951. 11. 5), 『정전회담 회의록』 3권, 221~243쪽.

158   위의 자료.

159   위의 자료.

하면서 개성의 확보를 기대했다.

결국, 군사분계선을 설정하게 될 접촉선의 시점 문제는 절충되었다. 1951년 11월 17일 유엔군 측은 현재의 접촉선이 잠정적인 군사분계선이 되며, 이로부터 2km 떨어진 두 개의 선이 임시 비무장지대의 남북 경계를 형성하고, 정전협정이 30일 이내에 체결되지 않을 경우 이후에 변경된 접촉선을 토대로 군사분계선을 다시 구성할 것을 제안했다.[160] 11월 21일 리상조는 이에 동의했다.[161] 최종적으로 1951년 11월 27일, 현재 시점의 접촉선을 기준으로 하되, 이 군사분계선의 유효 기한은 30일 이내이며, 이후에는 전선의 변화에 따라 수정하기로 하였다. 공산군 측 기대와 유엔군 측 기대를 절충한 것이었다.

어느 시점의 접촉선을 군사분계선으로 할 것인가는 첨예한 논쟁거리가 되었지만, 실질적인 접촉선을 기준으로 한 비무장지대를 설정한다는 것과 기존 20mil에서 4km로 폭을 축소하는 문제는 큰 논쟁 없이 합의되었다. 양측 모두에게 4km 폭의 비무장지대는 20km나 20mil 폭과 비교하여 여러 장점이 있었다. 상대에 대한 군사적 방어와 비무장지대 관리를 효율적으로 할 수 있고, 수많은 영토를 비무장지대 안에 묵혀두지 않을 수도 있었다.

— 1951년 11월 경계선 가조인과 지도 그리기

'현재의 접촉선을 군사분계선으로 하여 4km 폭의 비무장지대를 설정한다'는 점에 대해서는 합의를 이루었지만, 실제 접촉선이 정확히 어느 곳을 지나는지에 대한 양측의 합의가 필요했다. 이에 논란의 여지

---

160 "Thirtieth Session, 24th Meeting at PAN MUN JOM, Sub-Delegation on Agenda Item 2" (1951. 11. 17), 『정전회담 회의록』 3권, 467~483쪽.
161 "Thirty-Third Session, 27th Meeting at PAN MUN JOM, Sub-Delegation on Agenda Item 2" (1951. 11. 21), 『정전회담 회의록』 3권, 498~510쪽.

가 없도록 지도상에 표시하는 작업이 진행되었다. 1951년 11월 7일 리상조는 제2의제 분과위원회가 1:250,000 축척 지도상에서 군사분계선과 비무장지대 위치를 전반적으로 결정한 후에, 양측 참모장교회의에서 1:50,000 축척 지도를 바탕으로 군사분계선 및 비무장지대의 구체적인 위치를 전담하여 정할 것을 제안했다.[162]

11월 23일 제2의제 분과위원회에서 양측은 임시 군사분계선에 대한 대략적인 동의를 확인했고, 두 개의 동일한 지도를 만들기로 했다. 지도는 1:50,000 축척을 사용하기로 했다.[163] 1951년 11월 23일부터 4일간 접촉선을 결정하기 위한 참모장교회의가 열렸다. 양측의 참모장교들은 전 전선에 걸쳐 접촉선의 정확한 위치를 조사하는 한편, 지도에 군사분계선을 그리는 작업을 진행했다. 유엔사 측에서는 머레이(James Murray, 해병단 대령)·버틀러(A. M. Butler, 육군 중령)·언더우드(H. C. Underwood, 해군대위, 통역)가, 북·중 측에서는 장춘산(북한군 소장)·차이청원(柴成文, 대좌)·설정식(북한군, 통역) 등이 참석했다.[164]

> 장춘산: 접촉선을 정하는 데 있어 세 가지 원칙을 제시한다. 첫째,
> 접촉선은 양측을 분리하는 지형지물에 따라 그려질 것이
> 다. 둘째, 양측이 서로 멀리 떨어져 있고 오직 순찰병들만
> 이 그 지역 내에서 활동할 경우, 경계선과 접촉선은 대략적
> 으로 이들 두 개의 선의 가운데로, 이 선을 따르는 지형지
> 물을 어느 정도 포함하여 정해질 것이다. 셋째, 양측의 두

---

162 "Twentieth Session, 14th Meeting at PAN MUN JOM, Sub-Delegation on Agenda Item 2"(1951. 11. 7),『정전회담 회의록』3권, 257~273쪽.

163 "Thirty-fifty Session, 29th Meeting at PAN MUN JOM, Sub-Delegation on Agenda Item 2"(1951. 11. 23),『정전회담 회의록』3권, 526~532쪽.

164 "Meeting of Staff Officers to Determine Contact Line, Meeting at PAN MUN JOM"(1951. 11. 23),『정전회담 회의록』3권, 533~534쪽.

개의 선이 각각 모든 유리한 위치에 있다면, 이 선은 그 영역의 중간에 그려질 것이다. 양측이 유리한 상황으로 대면하고 있는 영역의 사이에 선을 그릴 것이다. 또한, 양측이 어떠한 상황을 공유할 경우, 그 사이에 선을 그릴 것이다.

머레이: 당신은 첫 번째 원칙에서 "지형지물"이라는 표현을 사용했다. 마을들에 대한 당신들의 의견은 무엇인가? 만약 마을이 "지형지물"이라고 인정되면, 이 원칙으로 접촉선 근처의 모든 마을이 양측 사이에서 동등하게 나뉘게 되는데, 이는 바람직하지 않아 보인다.

차이청원: 지형지물이라고 할 때 강, 도로, 산맥을 의미한다. 현재의 접촉선은 마을을 아주 드물게 관통한다. 한반도의 마을들은 대체로 말해서 큰 군사적 가치가 없다. 그러므로 양측의 전방 부대들은 보통은 마을을 점거하지 않는다. 어느 쪽이 마을을 통제하는지 결정하는 것은 어느 쪽이 이들 마을을 통제하는 언덕들을 통제하는지에 달려 있다. 우리가 지도를 먼저 보면 이러한 문제를 해결할 수 있을지 모른다. 접촉선에 마을이 있다면, 나중에 접촉선을 정할 때 그 문제는 정하도록 하고 지금은 접촉선 위에 두자.

머레이: 좋다. 지금은 이 문제는 놔둘 수 있겠다. 우리는 1:50,000 축척 지도에 우리가 생각하는 접촉선을 그려놓았다. 부분별로 이 두 판본을 비교할 것을 제안한다. 동쪽에서 시작해 서쪽으로 진행하자.

장춘산: 동의한다.

머레이: 당신들의 지도는 1:50,000 축척 지도인가? 그 지도 위에 접촉선을 그려놓았는가? 이것이 우리 버전의 오늘 접촉선이다(지도상의 위치들을 가리킨다).[165]

먼저, 접촉선 원칙이 논의되었다. 장춘산이 원칙을 제시했는데, 지형지물이 위치하는 곳과 양측이 위치한 곳의 가운데 지점이었다. 지형지물은 군사분계선의 중요한 기준이 되었다. 양측은 '지형지물'의 의미와 마을의 포함 여부를 확인했다. 지형지물에는 강, 도로, 산줄기 등이 해당하며, 마을은 포함하지 않는다는 데 동의했다. 마을이 지형지물에 포함되지 않은 것은, 마을이 접촉선으로 인해 나뉘지 않도록 한다는 점(머레이)과, 마을은 군사적 가치가 없으며, 어느 쪽이 마을을 통제하느냐는 마을 근처의 언덕 통제에 달린 것이라는 점(차이청원)이 그 이유였다. 마을보다 마을을 군사적으로 통제할 수 있는 언덕의 점령 여부를 기준으로 삼은 것이다.

다음으로, 양측이 차지한 선의 가운데 지점을 연결하기로 했다. 사실 양측 군대는 고지를 점령한 것이지, 정확히 하나의 선을 사이로 대치한 것이 아니었다. 양측은 일정한 간격을 두고 대치하고 있었기 때문에, 양측이 점령한 고지 사이에 선을 그리기로 한 것이었다. 이렇게 선을 그릴 때는 산, 도로, 강을 고려하여 그리기로 했다.

마지막으로 각자가 준비해온 1:50,000 축척의 지도를 테이블 위에 펼쳤다. 지도에는 각자가 생각하는 접촉선이 그려져 있었다. 양측은 동쪽부터 서쪽으로 불·일치 지점을 확인했다. 1090고지(일명 크리스마스 고지) 등 11개의 불일치 지점이 있었지만,[166] 접촉선의 위치를 파악하는 작업이 진행되었고, 이에 대해 논쟁하는 시간은 길지 않았다.

1951년 11월 26일 참모장교회의에서 접촉선에 관한 합의가 이루어졌다. 11월 27일 분과위원회에서 양측은 각각 두 개의 지도 복사본과

---

165   앞의 자료.

166   "Thirty-Sixth Session, 30th Meeting at PAN MUN JOM, Sub-Delegation on Agenda Item 2" (1951. 11. 25), 『정전회담 회의록』 3권, 535~537쪽; 차이청원·자오용톈, 앞의 책, 205쪽.

함께 합의문을 교환하고, 참모장교들이 정한 접촉선을 군사분계선으로 결정했다.[167]

유엔군사령부 대표단과 조선인민군 및 중국인민지원군 대표단은 제2의제 "한반도 적대행위 중지를 위한 기본 조건으로서 양측 간의 군사 경계선을 고정하고 비무장지대를 형성하는 것"에 대해 다음과 같은 합의에 도달하였다.

1. 양측 간의 실제 접촉선(이는 아래 2항이나 3항을 따라 적절하게 결정한다)이 군사분계선이 될 것이며 정전협정에 명시된 시점에 양측이 이 선에서 2km 후퇴하여 군사 정전 기간 동안 비무장지대를 형성할 것이라는 원칙을 수용한다.

2. 양측 대표단이 이 합의문과 분과위원회에서 상술한 원칙과 (부록의 지도와 설명 문서에 나와 있는) 현재 접촉선에 맞게 결정된 군사 경계선 및 비무장지대의 구체적 위치를 본회의에서 승인한 뒤 30일 내로 정전협정이 체결되면, 군사 경계선과 비무장지대는 양측 간 실제 접촉선에 어떤 변화가 일어나든지 바뀌지 않을 것이다.

3. 정전협정 체결 시점까지 적대행위가 계속될 것이므로, 양측 내 대표단이 이 합의문과 위의 2문단에서 결정된 군사 경계선 및 비무장지대의 구체적 위치를 본회의에서 승인한 뒤로 30일 내로 정전협정이 체결되지 않으면, 분과위원회는 정전협정 체결 직전에 상술한 군사 경계선과 비무장지대를 양측 사이의 실제 접촉선에 일어난 변화에 맞게 수정하여 수정된 군사 경계선이 군사 정전

---

167   "Thirty-Seventh Session, 31st Meeting at PAN MUN JOM, Sub-Delegation on Agenda Item 2" (1951. 11. 27), 『정전회담 회의록』 3권, 538~541쪽.

협정 직전의 양측 간 접촉선과 정확히 일치하도록 하고 이는 군
사 정전이 지속되는 동안 군사 경계선이 될 것이다.[168] (밑줄은 저
자가 강조한 것)

위의 자료는 군사분계선과 비무장지대 관련 잠정 합의문이다. 합의
문에는 현 접촉선을 군사분계선으로 하여 남북이 2km씩 후퇴한 비무장
지대를 설치하되, 이는 30일 이내에 정전협정이 조인될 경우에 한해 유
효하다는 점, 30일 내로 정전협정이 체결되지 않으면 양측 사이의 실제
접촉선 변화에 맞게 경계선을 수정할 것 등이 명시되어 있었다.

아울러, 11월 27일 분과위원회에서는 비무장지대의 북쪽과 남쪽 경
계를 나타내기 위해 두 개의 평행선을 지도에 그리는 작업을 참모장교
들에게 맡겼다. 유엔군 측의 하디스는 "이것을 정확하게 평행하게 그리
는 것은 공학자들에게 맡겨야 한다. 중요한 것은 군사분계선이고, 두 개
의 평행선을 그리는 것은 그저 기계적인 작업"이라고 표현했다. 그리고
지형지물을 묘사하기 어려울 때는 경도와 위도를 사용하기로 했다. 이
후 대표단들이 11시에 만나 합의문을 공식적으로 승인하도록 했다. 이
렇게 제2의제에 대한 분과위원회가 해산되었다.[169]

비무장지대 지도를 그리는 작업은 참모장교의 임무가 되었다. 참모
장교회의에서는 유엔군 측의 머레이와 버틀러·브릭클(C. W. Brickle,
해군대위)·언더우드(통역관), 공산군 측의 장춘산·차이청원·김순관·설
정식(통역관) 등이 작도하고 양측의 불일치 지점을 맞추어갔다. 처음엔
정확하게 접촉선으로부터 2km씩 떨어진 선을 긋기가 쉽지 않았다. 양
측은 불규칙한 선을 따라 일정한 간격으로 평행한 선을 그리는 데는 어

---

168   앞의 자료.
169   위의 자료.

려움이 있음을 알게 되었다.[170] 결국 분계선상의 점들을 중심으로 반경 2km의 원을 그려나가 원주의 끝을 이어서 남북선을 긋는 방식으로 남쪽, 북쪽 경계선을 그렸다.[171]

1951년 11월 28일 오전 10시, 11월 27일에 확정한 접촉선을 바탕으로 비무장지대의 남쪽 경계와 북쪽 경계를 지도에 그리기 위한 참모장 교회의가 열렸다.[172] 유엔사 참모장교들이 접촉선을 기반으로 북방과 남방 경계선을 그린 지도를 머레이가 장춘산에게 주었고, 이 라인이 그의 편에서 받아들여질 수 있는지 확인을 요청했다. 장춘산은 자신들이 아직 이 선을 그리지 않았음을 밝혔다. 공산군 측은 불규칙한 선에 맞춰 평행한 선을 그리는 것이 어려움을 잘 알고 있었고 해결책을 찾고자 했다. 11월 28일 오후 4시 머레이와 버틀러는 장춘산에게 합의된 접촉선에 대한 서면 설명을 전하면서, 위도와 경도가 인쇄된 1:50,000 지도를 함께 주었다.[173]

장춘산은 김순관에게 지도 작도를 지시했다. 김순관은 12월 1일 참모장교회의에서 머레이에게 자신들이 그린 비무장지대 지도와 그에 관한 설명서를 전달하면서, 양측 지도 사이의 일치 여부 확인을 요청했다.[174] 양측은 자신들이 그린 비무장지대 지도를 상대편에 제시했고, 양쪽 지도에서 불일치하는 지점들을 발견했다. 하지만 이들은 이것이 약간의 불일치라고 보았으며, 불일치의 원인도 양측이 사용하는 지도 제

170 "Meeting of Staff Officers to Determine Contact Line" (1951. 12. 1), 『정전회담 회의록』 6권, 3~4쪽.

171 차이청원·자오용톈, 앞의 책, 206쪽.

172 "Meeting of Staff Officers to Determine North and South Boundary of the Demilitarized Zone" (1951. 12. 1), 『정전회담 회의록』 6권, 3~4쪽.

173 "Memo for Record" (1951. 12. 1), 『정전회담 회의록』 6권, 5쪽.

174 "Meeting of Staff Officers to Determine North and South Boundary of the Demilitarized Zone" (1951. 12. 1), 『정전회담 회의록』 6권, 3~4쪽.

작상의 차이에 기인하는 기술적인 문제라고 인식을 같이했다.[175] 이들은 북·중이 제시한 비무장지대의 북쪽 경계를 표시한 지도와 유엔군이 제시한 비무장지대의 남쪽 경계를 표시한 지도를 각각 토대로 하되,[176] 양측 지도의 차이로 인한 불일치를 바로잡기로 했다. 양측은 두 버전의 지도를 대조하고, 경도와 위도로 설명된 것과 지도 사본을 교환하면서 지형 특성에 따라 두 경계를 수정했다.[177] 그리고 남쪽 경계와 북쪽 경계의 위치를 위도와 경도로도 확인했고, 그것이 표시된 설명문을 작성했다.[178]

유엔사 측은 비무장지대에 관한 합의 초안을 제출했고 북·중 측은 이를 검토했다.[179] 공산군 측은 지도를 기반으로 합의하기를 원했고, 유엔군 측은 지도상의 차이로 인해 불일치가 발생할 수밖에 없으므로, 위도와 경도를 기반으로 한 지상 측량이 보완되어야 한다는 입장이었다.[180] 최종적으로는 양측이 사용하는 지도에 차이가 있으며, 이는 지도 제작상의 차이로 인해 발생한다는 점을 인정하고 이와 관련한 내용을 합의문에 명기했다.[181]

---

175   "Meeting of Staff Officers to Determine North and South Boundary of the Demilitarized Zone" (1951. 12. 3) 『정전회담 회의록』 6권, 6~8쪽; "Meeting of Staff Officers to Determine North and South Boundary of the Demilitarized Zone" (1951. 12. 4), 『정전회담 회의록』 6권, 9~10쪽.

176   "Meeting of Staff Officers to Determine North and South Boundary of the Demilitarized Zone" (1951. 12. 6), 『정전회담 회의록』 6권, 11~13쪽.

177   위의 자료.

178   "Meeting of Staff Officers to Determine North and South Boundary of the Demilitarized Zone" (1951. 12. 7), 『정전회담 회의록』 6권, 14~15쪽.

179   위의 자료.

180   "Meeting of Staff Officers to Determine North and South Boundary of the Demilitarized Zone" (1951. 12. 9), 『정전회담 회의록』 6권, 16~19쪽.

181   위의 자료; "Meeting of Staff Officers to Determine North and South Boundary of the Demilitarized Zone" (1951. 12. 10), 『정전회담 회의록』 6권, 20쪽.

[도 1-2] 군사분계선 가조인 (1951. 11. 27)

판문점 정전회담에 참석한 북·중 연락장교 장춘산 소장(왼쪽)과 유엔사 연락장교 제임스 머레이 대령
(오른쪽)이 양측의 합의하에 군사분계선을 지도상에 가조인하고 있다.

출처: RG 111: Records of the Office of the Chief Signal Officer, 1860-1985, Color Photographs of Signal Corps
Activity, 1944-1981 [111-C], NARA.

〈양측 참모장교들이 분과대표단(Sub-Delegation)에 제출한 보고서〉(1951. 12. 10)

1951년 11월 28일 양측 대표단이 비준한 군사분계선에 의거하고 양측 분과위의 지시에 따라, 양측의 참모장교들은 군사분계선 양쪽으로 2km인 비무장지대의 남쪽과 북쪽 경계의 구체적인 위치를 결정했고, 군사분계선과 비무장지대의 남쪽과 북쪽 경계를 현재 양측이 사용하고 있는 1 대 5만 이상의 지도에 완전히 동일한 지형에 따라 그렸으며, 지형의 특징과 위도 및 경도의 관점에서 상기한 선에 위치한 다양한 지점을 설명했다. 양측 참모장교들은 분계선과 비무장지대 경계선에서 각각의 지도를 비교할 때 약간의 차이가 있을 수 있음을 인지하고 있다(첨부 I, II). 그들은 또한 이러한 불일치가 지도 제작상의 차이로 인해 발생한다는 것을 인지한다. 참모장교들은 필요한 경우 이러한 불일치가 지상 조사를 통해 해결될 수 있다는 데 동의한다.

〈양측이 인증하고 주고받은 문서 목록〉
"조선인민군과 중국인민지원군 대표단 참모장교들이 작성하고 유엔군사령부 참모장교들이 동의한 군사분계선과 비무장지대를 나타낸 지도"
"유엔군사령부 대표단 참모장교들이 준비하고 조선인민군과 중국인민지원군 대표단 참모장교들이 동의한 군사분계선과 비무장지대를 나타낸 지도"
"1951년 11월 27일 양측 분과대표단이 합의하고 1951년 11월 28일 양측 대표단이 비준한 군사분계선의 지형 특징과 경도 및 위도에 대한 설명"

"1951년 11월 27일 분과위원회의 지시에 따라 쌍방 참모장교들이 교섭하여 결정한 비무장지대 북방경계의 경도와 위도에 대한 설명"[182]

1951년 11월 27일 군사분계선 가조인에 이어서, 12월 10일 비무장지대에 관한 협정이 가조인되었다. 12월 10일 10시 제임스 머레이와 북한의 장춘산, 김순관 등이 이를 최종 확인했다. 양측은 각각 영어와 한국어로 된 분계선과 비무장지대의 경계에 대한 합의문, 각각이 작성하고 상대가 동의한 지도 총 2부, 위도 및 경도에 대한 설명 등을 보관했다. 양측은 합의문과 지도, 설명문 각각에 서명했다.[183] 군사분계선과 비무장지대에 관한 최초의 실질적인 합의였다.

— **1953년 6~7월 지도 수정**

정전은 군사분계선 가조인 당시 예상했던 것보다 훨씬 더 오래 걸려서야 이루어졌다. 1951년 11월에 합의된 잠정 협정은 '30일 이내 정전협정 체결'이라는 전제를 달고 있었다. 그러나 1952년 7월 26일에서야 정전협정문 작성을 위한 참모장교회의가 열리기 시작했고, 따라서 군사분계선 및 비무장지대 영역도 수정 작업에 들어가야 했다. 1951년 11월 23일 임시 분계선이 확정된 이후에도 계속된 적대행위로 인해 양측의 접촉선에 변화가 일어났고, 이에 대해서는 양측도 문제의식을 공유했다.[184]

---

182   "Meeting of Staff Officers to Determine North and South Boundary of the Demilitarized Zone" (1951. 12. 10), 『정전회담 회의록』 6권, 21쪽.

183   "Meeting of Staff Officers to Determine North and South Boundary of the Demilitarized Zone" (1951. 12. 10), 『정전회담 회의록』 6권, 20쪽.

184   "First Meeting of Staff Officers, to Renegotiate the Military Demarcation Line and the Boundaries of the Demilitarized Zone" (1953. 6. 11), 『정전회담 회의록』 8권,

1953년 6월 9일 북한은 군사분계선 재협상을 제안했다. 1953년 6월 10일 판문점 본회담에서 양측은 1951년 11월 23일의 합의에 따라 군사분계선을 재협상하기로 하고, 이를 위한 참모장교회의를 열기로 했다. 유엔사 측에서는 제임스 머레이, 북·중 측에서는 오홍선, 황첸치(Huang Chen Chi, 중국군)가 참석했는데,[185] 제임스 머레이와 황첸치가 회의를 주도했다. 군사분계선과 비무장지대 경계의 재협상에 관한 참모장교회의는 1953년 6월 11일부터 1953년 7월 22일에 걸쳐 총 10회 진행되었다.[186]

1953년 6월 11일 참모장교회의에서 양측은 군사분계선 수정 방법 면에서 약간의 의견 차이를 보였다. 황첸치는 1951년 11월 23일 임시 분계선이 확정된 이후 계속된 적대행위로 인해 양측의 접촉선에는 많은 변화가 일어났으며, 변화가 일어난 양측의 접촉선을 바꿔야 한다고 주장했다. 아무런 변화가 일어나지 않은 기존의 임시 분계선 부분은 추가 논의할 필요가 없으며 즉시 확정할 수 있다고 했다.[187] 반면, 머레이는 1951년 11월 23일 합의한 임시 분계선을 완전히 폐기하고 새로운 접촉선을 협상하기 위해 0에서 시작할 것을 주장했다. 그리고 현재의 접촉선을 나타내는 지도를 교환하자고 제안했다.[188]

1953년 6월 12일 양측은 지도를 교환했고, 실제 전선 상황의 변화

323~332쪽.

185   "148th Session, 122nd Meeting at Pan Mun Jom, Military Armistice Conference" (1953. 6. 10), 『정전회담 회의록』 2권, 968쪽.

186   "Meeting of Staff Officers, to Renegotiate the Military Demarcation Line and the Boundaries of the Demilitarized Zone" (1953. 6. 11~1953. 7. 22), 『정전회담 회의록』 8권.

187   "First Meeting of Staff Officers, to Renegotiate the Military Demarcation Line and the Boundaries of the Demilitarized Zone" (1953. 6. 11), 『정전회담 회의록』 8권, 324~332쪽.

188   위의 자료.

[도 1-3] 버틀러와 머레이가 군사분계선 확정을 위해 사용할 지도를 가지고 정전회담장에 들어가고 있는 모습

출처: "Col. A. M. Butler, USA, Behind Col. J. C. Murray, USMC, Carries Maps That Will Be Used to Determine Line of Demarcation into Conference Building at Panmunjom, Korea" (1953. 7. 23), Record Group 80, General Photographic File of the Department of Navy, 1943-1958 [80-G], General Photographic File of the Department of Navy, 1943-1958, Part 1, NARA.

에 따른 접촉 지점 수정을 상대편에 제안했다. 한쪽이 변경된 접촉선이나 그것이 반영된 지도를 제시하면, 잠시 휴회하면서 상대방이 이를 확인했고, 재개 이후 동의하는 방식으로 진행되었다.

마지막 지도 수정 작업 중에도 전선 상황은 변하고 있었다. 6월 초순, 북·중 측은 13km에 달하는 전선에 걸쳐 평균 3km나 한국군을 후퇴시켰고, 그 구간에 있던 북한강 동부고지의 진지들을 차례로 점령했다. 저격능선 공격, 화살머리고지(281고지) 구역 등에 대한 공세가 그 예이다.[189] 북·중 측은 이렇게 확보한 고지와 그에 따른 미묘하지만 작은 전선의 변화를 정전협정 지도에 반영하고자 했다. 예를 들어, 6월 16일 참모장교회의에서 북·중 측은 351고지가 6월 15일 13시 25분 이후 완전히 북측에 점령되었다고 주장했다.[190] 351고지는 강원도 고성 월비산 일대의 고지로서, 북한이 최대의 승리라고 주장하는 곳 중의 하나이다.[191] 이곳은 당시 북·중 측이 차지하고 있던 것이 명백했고, 유엔사 측은 이렇게 분명한 사항에 대해서는 인정하고 접촉선의 변화를 합의했다.[192]

하지만, 전선의 변화, 즉 접촉선의 변화 가능성은 군사분계선을 확정하기 어렵게 하는 하나의 요인이었다. 특히 치열한 전투가 벌어지고 있는 지역의 경우, 접촉선을 약간이라도 남쪽이나 북쪽에 그리게 되면 그 선이 실제로 접촉하던 부대의 뒤쪽에 놓이게 되는 상황이 벌어지게

---

189   육군본부, 앞의 책, 328~329쪽.

190   "Sixth Meeting of Staff Officers, to Renegotiate the Military Demarcation Line and the Boundaries of the Demilitarized Zone"(1953. 6. 16), 『정전회담 회의록』 8권, 369쪽.

191   351고지 전투에 대한 북한의 평가와 현지 주민의 전선 동원에 대해서는 다음을 참조하라. 한모니까, 2021, 「DMZ 접경지역과 북한의 전후 복구」, 『통일과 평화』, 127~129쪽, 141~142쪽.

192   "Sixth Meeting of Staff Officers, to Renegotiate the Military Demarcation Line and the Boundaries of the Demilitarized Zone"(1953. 6. 16), 『정전회담 회의록』 8권, 371쪽.

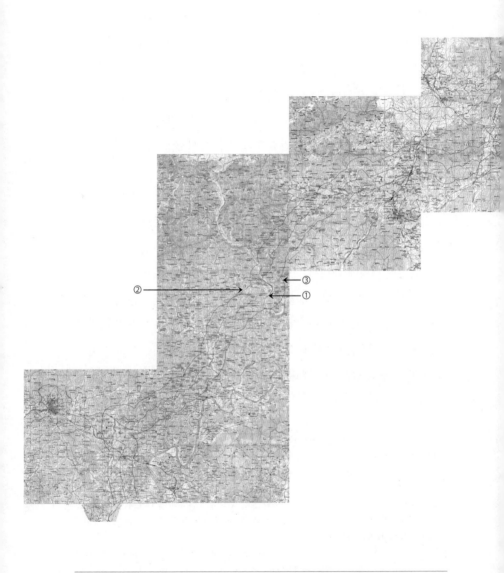

[도 1-4] 정전협정 제2권 중 군사분계선과 비무장지대 지도를 연결한 모습

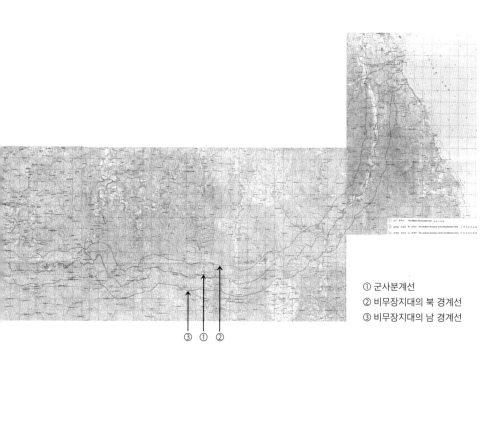

① 군사분계선
② 비무장지대의 북 경계선
③ 비무장지대의 남 경계선

되었다.[193] 양측은 상대방이 점령하고 있던 고지나 지역을 인정하는 것을 두고 '상당한 양보'라고 강조했다.[194]

1953년 6월 16일 양측은 군사분계선에 대해 합의를 이루었다. 그리고 6월 17일 3부의 지도 사본에 서명하는 문제에 대해 논의하고, 결정했다. 양측은 각각 사본 1부씩을 보관하고, 나머지 사본 하나는 일반 인쇄용으로 사용하기 위해 보관하기로 했다.[195]

그러나 그로부터 한 달이 지나는 사이 전투 상황은 지속되었고, 그에 따라 전선도 달라졌다. 특히 금성강 부근의 전투는 치열했다. 금성전투는 정전회담이 막바지에 이를 때까지 치열하게 전개되었던 전투이다. 1953년 6월 10~18일 중국군은 1951년 춘계공세 이후 최대의 공격을 시행했고, 7월 13일 재차 집중 공격했다. 7월 16일 한국군 제2군단은 금성강 방어선을 회복하라는 명령을 받고 금화 동쪽의 금성강을 향해 돌진했고, 19일 국군 2군단이 금화-금성 일대에서 반격을 가하고 있었다.[196]

1953년 7월 19일 열린 정전회담 본회의에서 양측은 군사분계선과 비무장지대를 즉각적으로 수정하기로 했다.[197] 이에 따라 7월 20일 참모장교회의에서 머레이와 황첸치는 경계선 수정 작업에 재착수했다.[198] 양

---

193   앞의 자료, 369쪽.

194   위의 자료, 369~371쪽.

195   "Seventh Meeting of Staff Officers, to Renegotiate the Military Demarcation Line and the Boundaries of the Demilitarized Zone" (1953. 6. 17), 『정전회담 회의록』 8권, 377~379쪽.

196   육군본부, 앞의 책, 334쪽; 온창일·정토웅·김광수·나종남·양원호, 2021, 『신판 한국전쟁사 부도』, 황금알, 176쪽.

197   "158th Session, 132nd Meeting at Pan Mun Jom, Military Armistice Conference, Part II" (1953. 7. 19), 『정전회담 회의록』 2권, 1030쪽.

198   "Eighth Meeting of Staff Officers, to Renegotiate the Military Demarcation Line and the Boundaries of the Demilitarized Zone" (1953. 7. 20), 『정전회담 회의록』 8권, 380~385쪽.

측은 각자가 파악한 접촉선이 '실제를 반영한' 것이라고 주장했다. 그리고 상대편에는 조속히 합의에 이를 것을 촉구하면서, 유리한 지형들을 최대한 확보하고자 했다.

군사분계선 설정에 관한 마지막 참모장교회의가 있었던 7월 22일에는 주로 금성 전투를 중심으로 논쟁이 벌어졌다. 머레이는 금성강 부근을 유엔군 측이 점령하고 있다고 주장했다. 이는 7월 16일~19일 한국군 제2군단의 반격과 금성강 방어선을 일부 확보하고 있었던 상황을 반영한 것이었다. 머레이는 금성강으로 내려가는 전방 경사면에 한국군 군대가 있으며 이곳의 우세한 고지를 차지하고 있다고 주장했다.[199] 하지만, 7월 20일 이후 금성강의 돌출부는 공산군 측이 완전히 장악하고 있었다.[200] 황첸치는 머레이의 주장이 최신 정보도 아니며 실제 상황과 일치하지 않는다고 반박했다.[201] 결국 금성강 이북은 군사분계선보다 북측에 놓이게 되었다.

어렵게 분계선에 대한 타협이 이루어졌다. 양측의 반격과 공격, 회복과 후퇴가 반복되었기 때문에 '어제의 접촉선과 오늘의 접촉선'이 계속 달라졌다.[202] 양측은 전선의 변화와 대치 상황을 최종적인 군사분계선으로 남기고자 했다. 머레이와 황첸치는 분계선에 대해 총체적으로 동의했고, 이를 각각 대표들에게 보고하기로 했다. 또한, 양측의 보조요원이 2개의 지도 사본에 분계선을 그리고, 각각 1장의 사본을 보관하

---

199   "Tenth Meeting of Staff Officers, to Renegotiate the Military Demarcation Line and the Boundaries of the Demilitarized Zone" (1953. 7. 22), 『정전회담 회의록』 8권, 394~416쪽.

200   육군본부, 앞의 책, 334쪽.

201   "Tenth Meeting of Staff Officers, to Renegotiate the Military Demarcation Line and the Boundaries of the Demilitarized Zone" (1953. 7. 22), 『정전회담 회의록』 8권, 394~416쪽.

202   위의 자료.

기로 했다. 두 참모장교는 지도 사본에 서명했다. 유엔군 측이 지도 인쇄를 맡았다.[203] 테이블 위의 지도는 이차원의 평면적인 형태로 그려져 있었지만, 현실의 치열한 전투와 협상이 반영된 것이었다.

2) 정전의 유지: 비무장지대 관리와 행정

― 비무장지대 관리 원칙의 쟁점

비무장지대는 설치 못지않게 유지·관리가 중요하다. 이를 위한 첫 단계가 비무장 상태로 되돌리는 것이고, 그다음 단계가 그 상태를 유지하는 것이다. 정전회담이 열리던 당시, 비무장지대 일대에는 화력이 집중적으로 배치되어 고지전이 전개되고 있었는데, '비무장'을 위해서는 일단 이를 제거해야 했다.

비무장의 실현과 유지를 위한 조치에 관한 사항이 정전회담 제3의제로 다루어졌다. 기존 연구에서는 제3의제에 관한 회담 시, 유엔사 측은 군사력 증강 방지와 전 한국(Korea)에 걸친 조사 권한을 보장받는데 집중한 반면, 공산군 측은 이를 내정 간섭이라고 주장하면서 반대했다는 점을 주목했다.[204] 그런데 이는 비무장지대 관리와 행정에 직결된 문제이기도 했다. 제3의제를 논의하는 과정에서 비무장지대 관리·조사 기구와 한반도 군사력 증강 감독·감시 기구가 분리되었기 때문이다. 또한, 비무장지대 자체를 설치하는 것이 정전의 기본 조건 문제였다면, 비무장지대를 유지하고 관리하는 일은 정전 상태를 어떻게 지속하느냐의 문제라는 점에서, 비무장지대 관리·행정에 대한 양측의 인식과 접근,

---

203   앞의 자료; 육군본부, 1968, 340쪽.
204   김보영, 앞의 책, 158~184쪽.

합의에 더욱 주목할 필요가 있다.

여기서는 비무장지대 유지와 관리 방안이 합의에 이르는 과정을 면밀하게 살펴보자. 당시 비무장지대 관리의 측면에서 양측이 구상하고 원했던 것은 무엇일까, 어떤 과정과 합의를 통해서 정전협정의 관련 조문이 나오게 되었을까. 혹시 이 논의와 합의 과정이 비무장지대 유지가 애초부터 불가능할 수밖에 없었던 균열의 지점들을 내포하고 있던 것은 아니었을까.

1951년 11월 28일 제3의제(정전 감시 방법과 기구에 관한 사항)를 논의하기 위한 본회담이 판문점에서 열렸다. 북한의 남일이 먼저 5개 원칙을 제시했고, 유엔군은 7개 원칙을 제시했다. 양측이 제안한 원칙에는 비무장지대 및 정전 관리 방안에 관한 인식이 반영되어 있었다. 그리고 이에 대한 양측의 논쟁과 수렴된 결론은 정전협정 제1조와 제2조의 토대가 되었다. 비교를 위해 양측이 제시한 원칙을 정리하면 〔표 1-1〕과 같다.

먼저, 북·중 측은 다섯 가지 원칙으로, 휴전 조인 즉시 모든 전투 중

북·중	유엔사
(ㄱ) 휴전 조인 즉시 모든 전투 중지	(a) 휴전 조인 후 24시간 이내 효력 발생
(ㄴ) 휴전 조인 직후 5일 이내 상대방의 후방, 연안 도서, 해상에서 철수	(b) 휴전협정 이행을 위한 공동 감시기구 설치
(ㄷ) 휴전 조인 3일 이내 모든 군대의 비무장지대 철수	(c) 휴전협정 조인 후 병력, 보급, 장비 및 시설 증강 불가
(ㄹ) 무장 부대의 비무장지대 출입 불가 및 비무장지대에 대한 군사력 사용 불가	(d) 군사정전위원회와 공동감시소조의 전 한반도 접근
(ㅁ) 군사정전위원회의 휴전 감시 및 휴전협정 이행 책임	(e) 상대방의 통제지역으로부터 철수
	(f) 비무장지대 내에는 양측이 특별히 합의한 경우 외 어떠한 무장 부대도 두지 않음
	(g) 쌍방의 군사지휘관이 비무장지대의 해당 지역을 관리

[표 1-1] 1951년 11월 28일 제3의제 관련 양측의 주장

출처: "29th Session, 3rd Meeting at Pan Mun Jom, Military Armistice Conference" (1951. 11. 28), 『정전회담 회의록』 2권, 26~50쪽을 저자가 요약, 강조한 것.

지, 휴전 조인 5일 이내 상대 지역에서 철수, 조인 3일 이내 모든 군대의 비무장지대 철수 및 출입 불가, 군사정전위원회의 휴전 감시·이행 등을 제시했다. 유엔군 측은 휴전 조인 후 24시간 이내 효력 발생, 휴전 이행을 위한 감시기구의 설치, 군사력 증강 불가, 감시 기구의 한반도 전역 접근, 양측의 특별 합의 외 비무장지대 내 무장 부대 금지, 양측 군사지휘관의 비무장지대 관리 등을 제안했다. 양측의 제안은 크게 다음의 세 가지 주제로 분류할 수 있는데, 휴전 조인 및 효력 발생 시점, 비무장지대 관리, 감시 기구의 활동 및 책임 범위 등이다.

첫째, 휴전 효력 발생 시점에 대해서는 양측 간에 약간의 차이가 있었다. 북·중 측은 '조인 즉시'를, 유엔군 측은 '조인 후 24시간 이내' 효력 발생을 제시한 것이다. 또한, 북·중 측은 상대 지역의 후방, 연안 도서, 해상에서 5일 이내 철수할 것을 주장함으로써, 전투의 즉각 중지 및 군대 철수 기일을 명기할 것을 요구했다. 5일 이내 상대 지역에서 철수하는 문제는 북·중 측의 주장이 수용되었지만, 휴전 효력 발생 시점은 '휴전 조인 24시간 이내'라는 유엔군 측의 주장이 받아들여졌다.[205] 실제로 정전협정은 1953년 7월 27일 10시에 조인되었고, 12시간 후인 같은 날 22시부터 효력이 발생하기로 합의되었다. 그 결과 양측의 적대행위는 오전 10시 조인 이후 12시간 동안 계속된 끝에 멈추게 되었다.

둘째, 비무장지대 관리에 관한 사안이다. 비무장지대를 비무장 상태로 되돌리자는 데는 양측 간에 이견은 없었다. 북·중 측이 제시한 "조인

---

[205] 미 국무부는 1951년 12월 12일 유엔군사령부가 발표한 7개 원칙 중 처음의 세 원칙, "정전협정 체결 후 24시간 이내에 적대행위의 중지, 정전협정 이후 72시간 이내에 경찰 기능을 하는 부대를 제외하고 비무장지대에서 모든 군대의 철수, 정전협정 이후 5일 이내에 후방 지역, 해안 지역과 바다에서 모든 군대의 철수" 등에 대한 합의가 이루어졌다고 보고했다. 「극동국 존슨(Johnson)→매튜스(Matthews), 히커슨(Hickerson): 한국 정전협정에 관한 개요」 (1952. 1. 10), 『한국전쟁 자료총서』 61, 164~166쪽.

3일 이내 모든 군대의 비무장지대 철수"와 무장 부대의 출입 금지 및 비무장지대에 대한 군사력 사용 금지에 대해서는 유엔군 측도 쉽게 받아들였다. 다만, 이후에 미묘한 변화의 조짐이 나타나고 있었다.

북·중은 처음에 비무장지대 내 모든 군대의 철수 및 출입 불가를 제안했다. 반면, 유엔군 측은 비무장지대에 어떠한 부대도 두지 않는다고 하면서도, "쌍방이 특별히 합의한 경우"를 언급함으로써, 비무장지대 내 부대 배치의 가능성을 열어두고 있다. 유엔군 측은 1951년 12월 6일 제출된 수정안에서도 "특별히 양측이 경찰 성격을 지닌 군대만 남겨두고 상호 감시하에 모든 군대를 철수하며"[206]라고 함으로써, 비무장지대 내 군인 투입의 여지를 남겼다. 이는 '경찰 기능 부대'라는 이름으로 조정되고, 정전협정 조문에는 '민사행정 경찰'이라는 이름으로 명기되는 단초가 되었다. 이는 다음 절에서 살펴볼 민정 경찰(civil police) 및 군사 경찰(military police)과 관련이 있다. 유엔군은 비무장지대에 경찰 성격의 군대를 남겨두거나 사용하고자 했다.

또한, 유엔군 측은 비무장지대 관리 책임을 쌍방의 군사지휘관에게 둘 것을 제안했다. 이는 북·중 측이 제안하지는 않았던 사안이었지만, 이견 없이 합의되었고, 정전협정에서 비무장지대 책임 관련 규정으로 명시되었다. 그런데, 당시 별 논쟁 없이 합의된 이 부분은 현재 한국 정부의 관점에서 보면, 영토 주권 문제와 관련하여 매우 중요한 사안이 되었다. 비무장지대 관리 책임이 군사지휘관에 있는 것이 유엔군사령관의 남측 비무장지대 출입 통제 및 관할 규정의 근거로 작동됨으로써 대한민국 주권을 제약하는 요소로 작용하고 있기 때문이다.

---

206   유엔군은 1951년 12월 6일, 11월 27일자 내용을 수정한 8개 항 안을 제안했었는데, 그때 바로 이 대목이 추가되었다. 「휴전협상 관련 유엔대표단의 수정안」(1951. 12. 7), 『한국전쟁 관련 프랑스외무부 자료』III, 700~701쪽.

셋째, 정전 감시 및 이행 책임 기구의 문제가 있었다. 북·중 측은 "(ㅁ) 군사정전위원회의 정전 감시 및 정전협정 이행 책임" 정도로 폭넓게 제안했지만, 유엔군은 더 구체적으로 제시했다. (b) 정전 감시 기구 설치, (c) 무력 증강 금지, (d) 군사정전위원회와 공동감시소조의 한반도 전역에 대한 접근 허용 등이었다. 즉, 북·중 측은 정전 감시와 이행의 방법을 구체적으로 제시하지 않았지만, 유엔군 측은 한반도에서 무력이 증강되어서는 안 되고, 이를 군사정전위원회와 공동감시소조가 전 한반도에 접근하면서 감시해야 한다고 더 구체적으로 제시했다.

유엔군 측의 주장은 언뜻 보아서는 북·중이 제안한 (ㅁ)과 유사해 보이고 이를 구체화한 정도로 생각되기 쉽지만, 북·중 측은 이에 대해 강력히 반대했다. 북·중 측은 병력 증강 금지 및 한반도 전역에 대한 감시가 주권을 침해하는 요소라고 반발했다. 대신 북·중 측은 비무장지대 내부에서는 군사정전위원회가 그들이 직접 파견한 공동감시소조를 이용해서 책임지고, 비무장지대 외의 지역에서는 중립국 감시기구에 위탁해 책임지게 하자고 제안했다. 유엔군 측은 이를 수용했다.[207] 그 결과, 공동감시소조의 활동 범위는 비무장지대 내로 한정되고, 비무장지대 이외 출입항의 무기 반출입에 대해서는 중립국감독위원회 산하 중립국감시소조가 감시하는 것으로 합의되었다.

― **군사 시설·장비·인력의 철수: 13항 (ㄱ)목**

본회담에서 원칙에 대한 합의가 이루어진 후, 참모장교회의에서는 이를 구체화하여 정전협정문을 작성하는 작업이 진행되었다. 1952년 1월 27

---

[207]   "Twentieth Session, Meeting at Pan Mun Jom, Sub-Delegations on Agenda Item 3, Military Armistice Conference" (1951. 12. 24), 『정전회담 회의록』 4권, 363~379쪽.

일부터 제3의제 관련 정전협정 문안 작성을 위한 참모장교회의가 열렸다. 문안 작성·협의 과정은 협정문의 개념을 제한하거나 확장함으로써, 협정의 이행 및 적용에 영향을 주는 중요한 의미가 있었다. 그런데 바로 문안 합의 과정에서 중대 사안에 대한 미묘한 변화들이 발생했다.

1952년 1월 27일, 유엔군은 먼저 쌍방의 합의 사항 및 유엔군 측의 주장을 정리한 전문과 3개조 54개항으로 구성된 초안을 제시했다. 그중 비무장지대로의 회복과 유지·관리 등에 대한 사항이 13항 (a)목으로 제시되었는데, 13항 (a)목은 크게 두 개의 내용으로 나누어볼 수 있다. 전반부는 군사 역량의 제거와 관련한 내용이고, 후반부는 민정 경찰 등 출입 가능 인력에 관한 내용이다.

> 13. (a) 본 정전협정이 발효된 후 72시간 이내에 여기에 규정된 경우를 제외하고 모든 군대, 보급품 및 장비를 철수하고 비무장지대의 모든 요새를 파괴한다. 비무장지대에서 철군한 후 비무장지대 내에 존재하는 것으로 알려진 모든 폭발물, 지뢰밭, 철조망 및 군사정전위원회 또는 공동감시소조 인원의 안전한 이동에 대한 기타 위험물은 그러한 위험물을 배치한 쪽의 사령관이 군사정전위원회에 보고한다. 그러한 모든 위험은 군사정전위원회의 지시와 감독하에 비무장지대에서 제거되어야 한다. 그 이후에는 군사정전위원회가 구체적으로 요청하고 상대편 사령관이 동의한 경찰 성격의 부대와 10항 및 11항에 따라 권한을 부여받은 인원을 제외하고 어느 한쪽 요원도 배치될 수 없다.[208] (밑줄은 저자가 강조한 것)

---

208 "Meeting of Staff Officers on Details of Agreement of Agenda Item 3" (1952. 1. 27), 『정전회담 회의록』 6권, 84~104쪽.

우선, 전반부는 북·중 측이 본회담에서 제안했던 '(ㄷ) 72시간 내 모든 군대의 비무장지대 철수' 주장과 관련된 사안이다. 유엔군 측도 이에 기본적으로 동의했다. 하지만, "모든 군대"라고 했을 때 바로 여기에 부대만 해당되는 것인지, 장비류도 포함되는 것인지, 군사 시설도 포함되는 것인지가 모호했다.

유엔군은 군사 인력 철수를 제외한 부분을 군사 장비류의 철거와 폭발물 등 위험물 제거의 두 조치로 구분했다. 먼저, 72시간 이내에 모든 군대·보급품·장비 철수와 요새 파괴, 두 번째, 철군 이후 폭발물·지뢰·철조망·기타 위험물 제거 등으로 제시했다. 양측은 비무장지대 내 부대, 보급, 장비 등을 모두 제거하는 데 3일이 필요하다고 보았다. 그리고 72시간 내 철거가 가능한 부분은 우선 철거하고 그 이상의 시간이 소요되는 위험물 등을 45일 내에 제거하기로 합의하고 이를 다음과 같이 정전협정에 명문화했다.

〈정전협정 제2조〉

13. (ㄱ) 본 정전협정 중에 따로 규정한 것을 제외하고 본 정전협정이 효력을 발생한 후 72시간 내에 그들의 일체 군사 역량, 보급 및 장비를 비무장지대로부터 철거한 후 비무장지대 내에 존재한다고 알려져 있는 모든 폭발물, 지뢰원, 철조망 및 기타 군사정전위원회 또는 그의 공동감시소조 인원의 통행 안전에 위험이 미치는 위험물들은 이러한 위험물이 없다고 알려져 있는 모든 통로와 함께 이러한 위험물을 설치한 군대의 사령관이 반드시 군사정전위원회에 이를 보고한다. 그 다음에 더 많은 통로를 청소하여 안전하게 만들며, 결국에 가서는 72시간의 기간이 끝난 후 45일 내에 모든 이러한 위험물은 반드시 군사정전위원회 지시에 따라, 또 그 감독하에 비무장지대 내로부터 이를 제거한

다. 72시간의 기간이 끝난 후 군사정전위원회의 감독하에서 45일의 기간 내에 제거작업을 완수할 권한을 가진 비무장 부대와 군사정전위원회가 특히 요청하였으며 또 적대 쌍방 사령관들이 동의한 경찰의 성질을 가진 부대 및 본 정전협정 제10항과 제11항에서 허가한 인원 이외에는 쌍방의 어떠한 인원이든지 비무장지대에 들어가는 것을 허락하지 않는다.

협정문은 첫 단계로서 정전협정의 효력이 발생한 후 72시간 내에 일체 군사 역량, 보급 및 장비를 비무장지대로부터 철거하고, 둘째 단계로서 철거 이후 비무장지대 내에 존재한다고 알려진 모든 폭발물, 지뢰원, 철조망 및 기타 위험물은 이를 설치한 군대의 사령관이 반드시 군사정전위원회에 보고하고, 셋째 단계로서 72시간의 기간이 끝난 후 45일 내에 이러한 위험물은 반드시 군사정전위원회 지시와 감독하에 비무장지대 내로부터 모두 제거한다고 명시했다.

다만 요새 처리에 대한 문구는 명기되지 않았다. 앞서 살펴봤듯이, 유엔군의 초안에는 모든 군대, 보급, 장비의 철수와 더불어 모든 요새의 파괴도 언급되어 있었지만, 정전협정에는 이 표현이 없고 "일체 군사 역량" 정도로 표현되었다. 요새는 군사적으로 중요한 지점에 설치된 군대 및 보급 장비를 위한 시설로서, 무장화의 핵심 요소이다. 한국전쟁 중에 양측이 지상과 지하에 구축한 수많은 요새의 파괴가 명확하게 언급되지 않은 것이다. 이는 비무장지대 내 지상·지하에 구축된 군사시설이 전후 재사용될 수 있는 여지를 제공했다.[209]

그럼에도 13항 (ㄱ)목은 새로운 무기류의 반입 금지만이 아니라 기

---

[209]   북측의 지하갱도('땅굴')와 남측의 경계초소(GP) 재사용 및 강화에 대한 자세한 내용은 본서 제2장 1절을 보라.

존 군사 장비와 위험물 제거가 비무장의 첫 단계임을 제시했다는 점에서 매우 중요한 의미가 있었다. 전쟁 중 축적되었던 일체의 군사 역량과 폭발물, 지뢰원, 철조망, 장비 등은 총 48일 동안에 철거되어야 했다. 이 조치가 완료되면 사실상 요새의 사용도 불가능해지기 때문이다.

이 규정에 따라 정전 후 유엔군 측과 공산군 측은 부대만이 아니라 무기, 탄약, 장비 등의 철수를 진행했고, 1953년 7월 29일 밤 10시까지 비무장지대로부터 철수를 완료했다고 선언했다.[210] 그리고 유엔사 군사정전위원회(UNCMAC)의 감독하에 48일 내에 3만t(톤) 이상의 야전선 및 사용 가능한 건축 자재가 회수되었다.[211] 일단 전쟁 중에 구축되었던 진지는 비워졌다.

— 민정 경찰의 출입과 성격

적대행위 재발 방지를 위해서는 비무장지대 출입에 관한 사항도 합의와 규정이 필요했다. 비무장지대 출입 및 군사분계선 통과는 기본적으로는 허가되지 않는 것으로 합의되었다. 각 지역 사령관들의 허가 없이는 모든 군인과 민간인의 출입이 금지되며(정전협정 8항) 민사행정 및 구제 사업 관련 인원과 군정위의 허가를 받은 인원 외에는 출입이 금지된다(정전협정 9항)고 한 것이 그것이다. 하지만 특별히 허가된 인원들이 있었다. 9항에서 예외로 인정됨으로써 13항 (ㄱ)목의 후반부에 명시된 인원이었다. 즉, 민사행정 및 구제사업 집행을 위한 "경찰의 성질을 가진 부대"와 정전 관리 기구인 군사정전위원회와 중립국감독위원회 관련 인원이다.

210   『동아일보』 1953. 8. 1; 『경향신문』 1953. 8. 1.
211   "The Korean Demilitarized Zone" G3, Eighth U.S. Army APO 96301(EAGO-MH) (1967. 8. 19), RG 550, Classified Organizational History Files, 1959-1974, Entry A1 2, Box 100.

먼저 "경찰의 성질을 가진 부대"란 구체적으로 어떤 의미일까. '경찰 성질'이라는 수식어가 붙었지만, 사실상 '부대'의 출입을 허용한 것은 아닐까. 이를 명확히 파악하기 위해서는 유엔군이 제시했던 초안의 맥락과 상호 토론 내용 및 합의 과정을 모두 살펴볼 필요가 있다.

〈유엔군의 초안〉(1952. 1. 27)

9. 민사행정 및 구제사업에 관련된 자와 군사정전위원회가 특별히 출입을 허가한 자를 제외하고는 어떠한 군인이나 민간인이나 비무장지대에 들어갈 수 없다.

10. 군사분계선 이북의 비무장지대에서 민사행정과 구제는 조선인민군 최고사령관과 중국인민지원군 사령관의 공동책임이다. 그리고 군사분계선 남쪽에 있는 비무장지대의 그 부분에서의 민사행정과 구제는 유엔군 총사령관의 책임이다.

민사행정 및 구제의 수행을 위해 비무장지대에 들어가는 것이 허가된 양측의 군인 또는 민간인의 수는 각각의 지휘관이 결정하지만, 어떠한 경우에도 양측이 승인한 총 수는 한 번에 천 명을 초과할 수 없다. 그러한 인원은 군사정전위원회에서 무기를 휴대하도록 특별히 승인하지 않는 한 비무장 상태여야 한다.

13-(a). (중략) 그 이후에는 군사정전위원회가 구체적으로 요청하고 상대편 사령관이 동의한 경찰의 성질을 가진 부대와 10항 및 11항에 따라 권한을 부여받은 인원을 제외하고 어느 한쪽 요원도 배치될 수 없다.[212] (밑줄은 저자가 강조한 것)

---

[212] "Meeting of Staff Officers on Details of Agreement of Agenda Item 3 (1952. 1. 27), 『정전회담 회의록』 6권, 84~104쪽.

유엔사의 초안(1952. 1. 27)에 대한 양측의 해석과 수정 작업은, 경찰의 성격을 민간 경찰로 한정할 것인지, 군사 경찰을 포함할 것인지 정하는 매우 중요한 과정이었다. 또한 총인원의 규모, 무기 휴대의 원천적 금지 또는 허용 여부 등을 규정한다는 점에서도 중요했다. 따라서 '경찰 성질(police nature)을 가진 부대'의 의미가 명확해져야 했다. 정전협정 9항과 10항, 13항 (ㄱ)목이 확정되는 순간이었다.

먼저 장춘산은 민사행정 및 구제사업 활동 인원을 '민정 경찰'(civil police)로 명시하자고 제안했다. 그는 "민정 경찰의 수와 휴대하는 무기는 군사정전위원회가 규정한다. 기타 인원은 군사정전위원회의 특정한 허가 없이는 무기를 휴대하지 못한다."라고 수정하자고 제안했는데,[213] 이는 민정 경찰의 무기 휴대를 허용하자는 의미였다.

유엔사 측은 장춘산의 제안에 동의하면서, '민정 경찰'(civil police)의 의미를 공산군 측에 물었다. 푸샨(浦山, Pu Shan, 중국인민지원군 대좌)은 제1조 10항이 민사행정 및 구제를 수행할 인원을 다루는 것이라고 전제하면서, 이때 민정 경찰이란 민사행정을 수행하는 인원의 일부인 경찰을 의미하며, 민정 경찰의 수와 그들이 휴대할 무기를 정하는 것은 군사정전위원회에 달려 있음을 여기서 규정해야 한다고 말했다.

이에 유엔군 측의 키니(A. J. Kinney)는 '민정 경찰'(civil police)이 군인을 경찰로 사용하는 경우를 제외하지 않는 것이 맞는지 확인했다. 푸샨은 직답하지 않고 유엔군 측의 견해를 물었다. 유엔군 측의 대로우(Don O. Darrow)는 "처음에 이 특정 구역에 민사 조직이 많지 않을 것

---

213   "The number of civil police and the arms to be carried by them shall be as prescribed by the Military Armistice Commission. Other personnel shall not carry arms unless specifically authorized to do so by the Military Armistice Commission." "Second Meeting of Staff Officers on Details of Agreement of Agenda Item 3" (1952. 1. 29), 『정전회담 회의록』 6권, 108~109쪽.

이다. 민사행정이 철저히 조직화되어 제대로 운영될 때까지 일정 기간 군사 경찰(military police)을 투입하는 것이 바람직하다. 시간이 지나면 비무장지대에서 경찰 권한의 이러한 기능은 전적으로 민간인이 맡게 될 것"이라고 대답했다.[214] 즉 유엔군은 민사 조직 및 행정이 안정화된 후에는 민간인이 경찰 기능을 맡겠지만, 그 단계에 이르기까지는 군사 경찰이 필요하다고 주장한 것이다. 하지만 공산군 측은 군사 경찰의 사용에는 동의하지 않았다.[215]

장춘산은 유엔군 초안 13항 (a)목의 "경찰의 성질"에 대해서도 의미를 분명히 하고자 했다. 대로우는 "사람들에게 경고하거나 사람들이 안전해질 때까지 비무장지대의 지뢰밭과 기타 위험한 지역에서 사람들을 멀리 유지하는 군사 경찰(military police)과 군사 경비(military guards)"를 의미한다고 말했다. 그는 "위험 요소가 제거되기 전에 필요한 경찰 경비(police guards)이며, 이러한 경찰 성격의 부대는 군사정전위원회의 요청에 따라 군대의 성격을 지닐 것"이라고 했다. 그리고 "비무장지대에서 민정 경찰의 권한을 넘어선 어떤 종류의 재난이나 소란이 발생할 경우, 군사정전위원회는 질서 유지를 위해 일시적으로 경찰력을 추가로 필요로 할 것이다."라며 그 조항을 넣은 이유를 추가 설명했다.[216]

이렇듯, 유엔군은 비무장지대에 경찰 성격의 군대를 남겨두거나 사용하고자 했다. 유엔군은 1951년 12월 6일 제출한 수정안 8개 항에서 이미 이 대목을 다음과 같이 추가했었다. "특별히 양측이 경찰 성격을

---

214   "Second Meeting of Staff Officers on Details of Agreement of Agenda Item 3"
       (1952. 1. 29), 『정전회담 회의록』 6권, 109~110쪽.

215   위의 자료.

216   "Second Meeting of Staff Officers on Details of Agreement of Agenda Item 3"
       (1952. 1. 29), 『정전회담 회의록』 6권, 112쪽.

지닌 군대만 남겨두고 상호 감시하에 모든 군대는 비무장지대에서 철수하며"라고[217] 모든 군대의 철수 앞에 '남겨둘 군대'를 고민하고 있었던 것이다. 유엔군은 지뢰 등의 위험물이 제거되기 전까지는 군사 경찰 및 경비가 필요하며, 재난이나 소란 발생 시 추가 군대를 사용할 것 등을 주장했다.

북·중은 처음에 '민정 경찰'을 정전협정에 명시할 것을 제안하고 '군사 경찰'이 명시되는 것은 반대했지만, 유엔군이 제시한 '경찰 성질의 부대' 출입에는 동의했고, 무기 휴대 관련 규정을 제안했다. 이렇게 민사행정 및 구호활동을 위한 민정 경찰은 결국 무기를 휴대한 군사 경찰의 사용 가능성을 남겼다. 이는 다음 장에서 살펴볼 'CP'(civil police) 표찰을 단 군인의 투입으로 이어졌고, 정전 후 군정위는 군사 경찰의 무기 휴대 문제를 논의하고 규정하게 되었다

민사행정 및 구제 목적으로 비무장지대에 투입될 군인 또는 민간인의 총수(總數)에 대한 합의도 이루어졌다. 북·중 측은 군정위가 이를 정할 것을 제안했는데, 그러면서 장춘산은 유엔군 초안의 "한 번에 천 명을 초과할 수 없다."라는 문구의 의미를 물었다. 유엔군은 이 문구의 목적은 비무장지대에서의 민사행정과 구호에 필요 이상의 인원이 형성되지 않도록 하기 위한 것이라고 설명했다. 아울러 이때 1천 명에는 비무장지대에 거주하는 민간인, 즉 일반적으로 그곳에 사는 사람들까지 포함되고, 언제나 어느 쪽이든 1천 명을 넘지 않아야 하지만, 고정불변의 인원이 아니라 오늘, 내일, 언제라도 1천 명 한도만을 지키면 된다는 의미라고 했다.[218] 이로써, 비무장지대 내에는 민간인이든 군인이든 북·중

---

217 「휴전협상 관련 유엔대표단의 수정안」 (1951. 12. 7), 『한국전쟁 관련 프랑스외무부 자료』 III, 700~701쪽.

218 "Second Meeting of Staff Officers on Details of Agreement of Agenda Item 3" (1952. 1. 29), 『정전회담 회의록』 6권, 109~110쪽.

측과 유엔군 측 각각 1천 명 이내의 인원이 상주할 수 있게 되었으며, 민사행정 및 구제 활동이라는 명분하에 군사 경찰 사용이 가능해졌다.

― 비무장지대 관리 조사 기구: 군사정전위원회와 공동감시소조

비무장지대를 포함해 정전협정 이행 여부를 감독하는 일은 어떻게 이루어지도록 합의되었을까. 위반사건이 벌어질 때 이를 조사·수습할 수 있는 기구와 방법은 무엇일까. 정전협정에 따르면, 기본적으로 군사정전위원회와 중립국감독위원회[219]가 이러한 역할을 하게 되어 있다. 특히 비무장지대에 관해서는 군정위가 10개 공동감시소조의 협조를 받아서 규정 이행을 감시하고, 위반사건 발생 시 공동감시소조를 파견하여 조사를 시행하도록 하였다.

하지만 처음부터 군정위와 중감위, 각각의 산하 조사기구가 구분된 것은 아니었다. 제3의제 본회담에서 "군사정전위원회의 휴전 감시 및 휴전협정 이행 책임"(북·중 측), "군사정전위원회와 공동감시소조의 전 한반도 접근·쌍방의 군사지휘관이 비무장지대의 해당 지역을 관리"(유엔군 측)로 언급된 정도였다. 제3의제 관련 세부사항에 관한 참모장교회의에서는 이를 기반으로 협상이 진행되었다. 양측은 정전 감독 기구의 활동 범위와 역할, 보고 방식 등에 대해 상당한 이견을 갖고 있었다.

유엔군은 처음부터 공동감시소조의 개수와 활동 범위 등을 폭넓게 구상하고 있었다. 이는 유엔군 측이 군정위와 공동감시소조가 전 한반도를 대상으로 한 감시, 조사 활동을 담당하는 것으로 구상했기 때문이다. 유엔군 측은 공동감시소조가 맡을 업무가 많다고 보고, 15개 팀을

---

219   중립국감독위원회는 4명의 고급장교로 구성하되 그중 2명은 유엔군사령부 측이 지명한 중립국(스웨덴 및 스위스)에서 임명하고 나머지 2명은 공산군 측이 지명한 폴란드와 체코슬로바키아가 임명하게 된다. 다만 여기서 중립국이란 말은 한국에서의 적대행위에 그 전투 부대가 참가하지 않은 국가를 가리킨다.

구성하자고 제안(1952년 1월 27일 초안)했다.

이에 대해 북·중 측은 소조의 개수 및 역할에 의문을 제기했다. 1월 31일 북·중 측은 유엔군에 15개 소조의 주둔 및 이동 방식 등을 물었다. 유엔군은 "비무장지대의 넓은 면적을 고려할 때, 특히 정전 초기 단계에 발생할 수 있는 문제를 처리하는 데 15개의 공동감시소조가 필요하다."라고 답했다. 아울러 "초기 작업의 대부분이 완료된 후 군사정전위원회가 15개 팀을 필요로 하지 않게 되면 상호 합의에 따라 팀 수를 줄일 수 있다."라고 소조 수의 감소 가능성을 시사했다.[220]

소조의 작동 방식에 의문을 품고 있던 북·중 측은 다시 확인했다. 푸샨은 "이 15개 팀 모두를 특정 장소에 주둔시키려는 의도인가, 아니면 일부만 특정 장소에 주둔시키거나 모든 팀을 계속 이동시키려는 의도인가?"라고 물었다. 유엔군은 즉답을 피했다. 다만 푸샨이 언급한 방법 중 한 가지나 언급한 방식 모두가 있을 수 있는 일이며, 이 팀을 효율적으로 운영하기 위해 군정위가 결단을 내려야 한다고 답했다. 이렇듯, 유엔군 측은 공동감시소조의 개수 및 역할, 작동 방식 등에 대한 여지를 더 남기려 했고, 이를 추후 군정위가 결정할 수 있도록 하고자 했다.

유엔군 측의 의도가 공동감시소조의 활동 범위를 한반도 전역을 대상으로 하는 데 있음을 인지한 북·중 측은 소조의 수를 최대한 줄이고자 했다. 장춘산은 초기 단계라고 하더라도 15개 팀이 너무 많으며, 5개 이상의 팀이 필요하지 않다고 주장하며 5개의 공동감시소조를 제시했다.[221] 이에 대해 2월 2일 유엔군 측은 10개로 하되 그 수를 군정위 양측의 동의로 줄일 수 있게 하자고 제안했다. 이에 장춘산은 8개면 충분하

---

220   "Fourth Meeting of Staff Officers on Details of Agreement of Agenda Item 3" (1952. 1. 31), 『정전회담 회의록』 6권, 150~151쪽.

221   위의 자료.

다고 조정안을 제시했다.[222]

하지만 유엔군 측은 적어도 10개 팀은 있어야 한다고 보고 있었다. 1952년 2월 3일에도 유엔군 측은 10개 팀 설치를 고수했다. 정전협정의 초기 단계에서 관리해야 할 비무장지대의 넓은 영역과 앞으로 발생할 문제를 고려할 때 원래 제시했던 15개도 너무 많지 않다고 거듭 주장하며 관리가 필요한 긴 거리와 넓은 면적, 위험물 제거, 도로와 통신 상태의 취약함, 한강 하구 관리 등을 이유로 제시했다. 유엔군 측은 재차 비무장지대 감시를 위해 최소한 10개 팀으로 시작하는 데 동의를 촉구했다. 그리고 더 이상 필요하지 않다고 판단될 경우 언제든지 숫자를 줄이자고 강조했다.[223]

북·중 측은 10개 팀으로 시작하는 데 동의했는데, 이는 공동감시소조의 임무가 비무장지대와 한강 하구에 국한될 것임을 확인한 후였다. 북·중 측은 소조의 임무가 한반도 전역에 적용되지 않기를 원했고, 그 임무 지역을 명시하는 문구를 추가하자고 했다. 2월 2일 북·중 측은 "공동감시소조의 임무는 군사정전위원회가 비무장지대에 관한 본 정전협정 조항을 감독하는 것을 지원하는 것이다."라는 문구를 제안했고, 한강 하구에서 발생한 사건도 공동감시소조가 지원하는 방안에 대해 합의했다.[224] 이러한 논의를 반영하여 2월 4일 유엔군 측은 "26(1/2). 공동감시소조의 임무는 군사정전위원회가 본 정전협정 중 비무장지대 및 한

---

222   "Sixth Meeting of Staff Officers on Details of Agreement of Agenda Item 3" (1952. 2. 2), 『정전회담 회의록』 6권, 189~190쪽.

223   "Seventh Meeting of Staff Officers on Details of Agreement of Agenda Item 3" (1952. 2. 3), 『정전회담 회의록』 6권, 212~213쪽.

224   한강 하구에서 발생하는 사건을 공동감시소조와 중립국감시소조 중 어디가 맡을 것인지 간단한 논의가 이루어졌다. 한강 하구에 대한 관리 책임을 군사정전위원회에 부여했기 때문에, 군사정전위원회를 지원하는 공동감시소조가 맡는 것으로 합의되었다. "Sixth Meeting of Staff Officers on Details of Agreement of Agenda Item 3" (1952. 2. 2), 『정전회담 회의록』 6권, 191쪽.

강하구에 관한 각 규정의 집행을 감독함을 협조하는 것이다."라는 규정을 추가할 것을 제시했고, 양측은 합의했다.[225]

공동감시소조의 보고 형식도 논의되었다. 푸샨은 유엔군 측에, 초안에서 "33. 공동감시소조가 군사정전위원회에 보고한다."의 의미가 무엇인지 물었다. 공동 보고 형식이냐, 개별 보고 형식이냐를 확인한 것이다. 공동 보고 방식이라면, 양측의 공동감시소조가 보고서에 담길 내용을 합의하는 과정을 거칠 수밖에 없게 되고, 개별 보고 형식이라면, 각자의 조사 내용 및 주장이 담기게 되는 것이었다. 푸샨은 앞서의 문구가 양측의 공동감시소조가 하나의 단위로 공동 보고하는 것을 말하는지 물었다. 이에 대로우는 "공동 보고서를 작성하려는 의도였지만, 소조의 특정 성원의 견해가 공동 보고서에 첨부될 수 있다."라고 답했다."[226] 이는 공산군 측도 수용했다. 그 결과 정전협정에는 공동감시소조의 보고가 공동이냐 개별이냐 하는 점이 명시되지 않았다. 이는 후에 일방의 조사 결과 및 견해가 반영되어 작성된 보고서가 제출되는 방식으로 적용되었다. 비무장지대에서 일어난 협정 위반사건에 대해 양측의 견해가 일치하지 않을 경우, 두 편의 보고서가 각각 제출될 수 있게 된 것이다.[227]

---

225   "Eighth Meeting of Staff Officers on Details of Agreement of Agenda Item 3" (1952. 2. 4), 『정전회담 회의록』 6권, 219~238쪽.

226   "Fourth Meeting of Staff Officers on Details of Agreement of Agenda Item 3" (1952. 1. 31), 『정전회담 회의록』 6권, 157쪽.

227   또한, 공동감시소조의 보고 일정도 처음에는 일일 보고 방식이 검토되었으나, 정기 보고와 특별 보고를 하는 것으로 변경되었다. 2월 4일 유엔군 측은 이렇게 제안했다. "33항을 검토하면서 우리는 공동감시소조가 일일 보고를 해야 한다는 데 동의했음을 발견했다. 이 문제에 관한 추가 검토를 통해, 우리는 군정위가 규정할 내용을 주장하고 있음을 알게 되었다. 우리는 문구를 '군사정전위원회에서 요구하는 대로 군정위에 정기 보고할 것'으로 변경할 것을 제안한다."("Eighth Meeting of Staff Officers on Details of Agreement of Agenda Item 3" (1952. 2. 4), 『정전회담 회의록』 6권, 229~230쪽.) 최종적으로 정전협정 33항은 "공동감시소조는 군사정전위원

참모장교회의 결과, 10개의 공동감시소조를 조직하는 것으로 시작해 1개 소조는 쌍방에서 나온 2~3명씩의 영관장교로 구성하기로 합의되었다. 공동감시소조의 임무는 비무장지대·한강 하구에서 일어난 위반 사건 공동 조사를 비롯하여 비무장지대의 작업 감독, 군사분계선 표식물 감독, 시체 발굴 및 교환 업무, 억류 인원의 교환 업무 등으로 정해졌다.[228] 그리고 활동 보고서를 일주일에 한 번씩 제출하기로 합의되었다.

— '디테일'의 함의

정전회담에서는 비무장지대를 '비무장 상태'로 되돌리고, 그것을 유지하기 위한 방안이 논의, 합의되었다. 그런데 논의·합의·조문 작성 과정에서 여러 균열의 지점들이 생기고 있었다. '비무장의 회복'이라는 명목에 대해서는 양측 모두 겉으로는 이견이 없었지만, 세부 항목들은 비무장지대의 무장화를 암시하고 있었다.

애초에 '모든 군대의 철수'를 내세웠지만, '특별한 합의'를 근거로 한 '군사 경찰' 투입 가능성을 열었고, '모든 요새 파괴'라는 초안의 문구는 정전협정문에서 빠졌다. 또한 군사 경찰의 무기 휴대를 원천적으로 금지하는 것 대신, '휴대 무기'가 언급되기 시작했다.

〈제2조 정화 및 정전의 구체적 조치〉

23. (ㄱ) 군사정전위원회는 처음엔 10개의 공동감시소조를 두어 그 협조를 받는다. 소조의 수는 군사정전위원회의 쌍방 수석위원의 합의를 거쳐 감소할 수 있다.

26. 공동감시소조의 임무는 군사정전위원회가 본 정전협정 중의 비

회에 동 위원회가 요구하는 정기보고를 제출하며 또 이 소조들이 필요하다고 인정하거나 또는 동 위원회가 요구하는 특별보고를 제출한다."라고 규정되었다.

228 국방정보본부 편, 1986, 『군사정전위원회편람』, 157쪽.

무장지대 및 한강하구에 관한 각 규정의 집행을 감독함을 협조
하는 것이다.
27. 군사정전위원회 또는 그중 어느 일방의 수석위원은 공동감시소
조를 파견하여 비무장지대나 한강하구에서 발생하였다고 보고
된 본 정전협정 위반 사건을 조사할 권한을 가진다.(밑줄은 저
자가 강조한 것)

공동감시소조도 유명무실해질 가능성이 엿보이고 있었다. 공동감시
소조는 애초에 유엔군이 전 한반도 감시를 위해 구상·제안했던 것이었
으나, 이를 원하지 않았던 북·중이 최대한 그 수를 줄이고자 했기 때문
이다. 결과적으로 비무장지대와 한강 하구 조사에 국한하여 임무를 부
여받은 소조의 역할은 전후 양측의 합의로 군정위에서 더욱 축소되었
다. 결국 비무장지대에서 중대한 위반사건이 증가할수록 제대로 조사
역할을 하지 못하는 아이러니한 상황이 벌어지게 되었다.

〈정전협정 제1조 군사분계선과 비무장지대〉
7. 군사정전위원회의 특정한 허가 없이는 어떠한 군인이나 사민이
나 군사분계선을 통과함을 허가하지 않는다.
8. 비무장지대 내의 어떠한 군인이나 사민이나 그가 들어가려고 요
구하는 지역의 사령관의 특정한 허가 없이는 어느 일방의 군사
통제 하에 있는 지역에도 들어감을 허가하지 않는다.
9. 민사행정 및 구제사업의 집행에 관계되는 인원과 군사정전위원
회의 특별한 허가를 얻고 들어가는 인원을 제외하고는 어떠한
군인이나 사민이나 비무장지대에 들어감을 허가하지 않는다.
10. 비무장지대 내의 군사분계선 이북의 부분에 있어서의 민사행정
및 구제사업은 조선인민군 최고사령관과 중국인민지원군사령

관이 공동으로 책임진다. 비무장지대 내의 군사분계선 이남의 부분에 있어서의 민사행정과 구제사업은 연합국군총사령관이 책임진다. 민사행정 및 구제사업을 집행하기 위하여 비무장지대에 들어갈 것을 허가받는 군인 또는 사민의 인원수는 각방 사령관이 각각 이를 결정한다. 단 어느 일방이 허가한 인원의 총수는 언제나 천(1,000)명을 초과하지 못한다. 민사행정 경찰의 인원 수 및 그가 휴대하는 무기는 군사정전위원회가 이를 규정한다. 기타 인원은 군사정전위원회의 특정한 허가 없이는 무기를 휴대하지 못한다.

반면, 양측 사령관이 비무장지대 민사행정 책임 권한을 가지게 한 문제는 더 큰 영향을 남겼다. 1951년 11월 28일 제3의제에 관한 판문점 본회담에서 유엔군 측이 처음 "쌍방의 군사지휘관이 비무장지대의 해당 지역을 관리"하자고 제안했던 것이 북·중 측의 별 이견 없이 합의되었다. 회담 당시에는 쟁점이 되거나 심각하게 논의되지도 않았고, 협정문 작성 과정에서도 별 이견 없이 지나간 사안이었다. 한국 정부도 이 조항이 미래에 미칠 영향을 짐작조차 하지 못했다. 1950년 11월부터 비무장지대 설치 자체에 반대하고 있었을 뿐 아니라, 계속 북진통일을 주장하면서 정전협정 조인에 반대하고 있었기 때문이다. 회담장에서 마주한 북·중 측과 유엔군 측에게도 비무장지대는 양측의 사령관들이 책임지는 것이 당연하게 여겨졌을 것이다. 그런데 그것이 이후 현재까지 비무장지대의 평화적 변화를 제약하는 근거가 되고 있다. 비무장지대를 둘러싼 남북한, 한·미 간 관계에서 가장 큰 영향력을 가진 힘으로 작동하고 있는 것이다.

이상 살펴보았듯이, 비무장지대의 탄생은 처음부터 세계 전쟁으로의 확전을 막는 용도, 양 진영의 힘의 교착 또는 균형을 유지하는 용도로서 기획되었다. 영국의 관점은 한반도 밖으로의 확전을 막겠다는 것이었고, 그들의 비무장지대안은 한반도에 비무장지대를 원할 것이라는 중국의 참전 의도를 중시하는 가운데 기획되었다. 미국이나 중국도 전세의 우위에 있다는 판단이 들 때는 비무장지대안을 받아들이지 않았다. 전황이 불리할 때, 즉 전선의 교착이나 군사력의 균형 관계에서 벗어나기 어렵다고 느껴질 때 비무장지대를 수용했다. 비무장지대 설치 '소문'을 들은 이승만 정부가 비무장지대 설치를 결사 반대한다는 뜻을 미국에 전했지만, 이때 비무장지대 기획의 한계를 간파하고 그런 것은 아니었다.

비무장지대는 정전의 필요조건으로서, 또 정전을 유지하기 위한 측면으로서 기획되었다. 정전협정문이 '정전'(停戰), 즉 싸움을 멈추기 (Stop the fighting), '정전의 유지'(Keep the fighting stopped), '항구적인 평화의 실현'(Establish permanent peace)이라는 목표를 갖고 있었다면,[229] 비무장지대는 앞의 두 가지 목표를 이루기 위한 핵심 사항이었다. 비무장지대 설치는 바로 싸움을 멈추기 위한 조건이었고, 비무장지대의 역할은 정전을 유지하기 위한 '물리적 거리두기'였다. 남북의 접촉을 막으면 적대행위가 재발하지 않을 것이라는 예상을 바탕으로 한 것이었다. 물론 정전협정문 제60항에서 정치회담을 통한 외국군 철수 및 항구적 평화 실현을 명시하기는 했지만, 미래에 실현될 평화의 조건으로서 비무장지대의 존속이나 존재 여부가 고려된 것은 아니었다.

지금까지 비무장지대의 역할은 '정전 유지'라는 소극적인 차원에 머

---

229   United Nations Command Military Armistice Commission, Office of the Secretariat, "Letter of An Armistice Agreement 1953", RG 554: Records of General Headquarters, Far East Command, Supreme Commander Allied Powers, and United Nations Command, 1945–1960, Korean Armistice Implementation Records, 1951–1980 [Entries 14, 14B, 14D, 14E, 14F], General Records, 1951–1957 [Entry 14F].

물렀다. 그리고 다음 장에서 살펴보겠지만, 때로는 그 소극적인 역할조차 다하지 못했다. 상대에 대한 불신을 기본 바탕으로 한 채, 양측은 한반도 내외의 정세에 따라 비무장지대의 무장화와 군사적 도발을 정당화했다. 우리의 궁극적인 목표라 할 수 있는 '항구적인 평화의 실현'이 '적극적인 평화'를 의미하는 것이라면, 한반도 비무장지대에서는 '소극적 평화'조차 깨질 것 같은 위기가 발생하곤 하였다. 1960년대에 있었던 비무장지대의 무장화와 수많은 작은 열전들이 이를 잘 보여준다. 항구적인(적극적인) 평화의 실현을 위해서, 비록 '평화공세'라 하더라도, 1950년대 중후반에 나온 북한의 비무장지대 통과 및 남북교류 제안, 1970년대 유엔사의 비무장지대 비무장화와 평화 이용 제안, 중립국감독위원회의 감독 제안, 비로소 중요한 행위자로서 등장하는 한국 정부의 '평화 이용'과 남북교류 방안에 관한 고민을 소홀히 다룰 수 없는 이유이다.

군사정전위원회의 정전협정 이행과 균열

1) 공동감시소조 구성과 축소

─ 첫 군사정전위원회

비무장지대 관리 규정은 정전 이후에도 계속 만들어져야 했다. 1953년 정전협정으로 완성된 것이 아니라, 군사정전위원회의 후속 합의를 통해 세부적인 관리 규정이 제정되었기 때문이다. 정전협정은 그야말로 정전의 기본적인 조건과 성격을 규정한 것이었고, 정전협정의 적용과 구체적인 비무장지대 관리는 군정위의 추가 합의를 바탕으로 이루어지게 되었다.

초기의 군정위 회의는 정전회담의 연속이라 할 수 있었다. 정전회담이 적대행위의 중지를 위한 회담이었다면, 군정위 회의는 정전 관리를 위한 회담이었다. 그런데 이 과정에서 군정위는 비록 정전협정 이행을 위한 노력과 시도를 했지만, 무장화를 제도적으로 가능하게 하였다. 이렇게 정전회담에서 은연중에 논의되고 정전협정문에 내포되었던 무장화의 가능성이 협정 조인 이후에는 군정위를 통해 하나씩 현실화할 조짐을 보이고 있었다. 이런 일들은 경계선과 세부 규정의 제정과 변화, 출입 인원의 성격과 역할 규정, 크고 작은 사건들의 발생과 처리 과정에서 일어났다. 이 당시 군정위 회의록을 통해 비무장지대 초기의 모습과 변화를 살펴보자.

정전 직후, 군정위는 정전협정이 군정위로 미루어두었던 사안들을 취급했다. 1953년 7월 28일 오전 11시, 첫 군정위가 열렸다. 장소도 정전회담이 진행되었던 구 판문점이었다. 양측은 각자 최고사령관으로부터 받은 신임장을 서로에게 전달하고 수석대표와 인원을 소개했다. 유엔군 측의 수석대표는 미국 육군 소장 브라이언(B. M. Bryan)이었고, 북·중 측의 수석대표는 조선인민군 중장 리상조였다. 브라이언과 리상조는 각자의 비서장 신임장을 전달했다. 유엔군 측은 미국 해군 대령 콜먼(B. M. Coleman)이 비서장으로, 공군 대령 코필드(E. W. Cofield)가 부비서장으로 임명되었다. 북·중 측에서는 조선인민군 대좌 주연(Ju Yon)이 비서장으로, 중국인민지원군 대교 수이밍(Hsuii Ming)이 부비서장으로 임명되었다.[230]

양측의 소개에 이어, 공동감시소조, 포로수용소 건설, 지뢰 제거 폭약 사용, 민정 경찰의 무기 휴대 등이 논의되었다. 7월 29일 제2차 군사정전위원회에서는 군사분계선 위반에 대한 주의 촉구, 민정 경찰과 군사 경찰, 경계선 표식물 설치, 한강 하구 항행 규칙, 공동감시소조 운영 등이 의제로 다루어졌다. 군정위의 구체적인 절차 규정, 비서처 조직, 본부 건설 등도 의제 중 하나였다. 비무장지대 관리 및 군사화와 관련된 사안은 공동감시소조 규정, 위험물 제거, 물리적 경계선 표시, 민정 경

---

230   "First Meeting of the Military Armistice Commission, Held at Panmunjom, Korea" (1953. 7. 28). 〔이하 군사정전위원회 본회의 회의록은 "First Meeting of the MAC" (날짜) 등과 같이 약함.〕

찰의 군사화 등이었다. 군정위는 이와 관련하여 정전협정 후속 합의를 이어갔고, 이는 대략 1955년까지 이어졌다.

〈제2조 정화 및 정전의 구체적 조치〉

26. 공동감시소조의 임무는 군사정전위원회가 본 정전협정 중의 비무장지대 및 한강하구에 관한 각 규정의 집행을 감독함을 협조하는 것이다.

27. 군사정전위원회 또는 그 중 어느 일방의 수석위원은 공동감시소조를 파견하여 비무장지대나 한강하구에서 발생하였다고 보고된 본 정전협정 위반사건을 조사할 권한을 가진다. 단 동 위원회 중의 어느 일방의 수석위원이든지 언제나 군사정전위원회가 아직 파견하지 않은 공동감시소조의 반수 이상을 파견할 수 없다.

위의 제26항과 제27항대로, 정전협정은 공동감시소조의 임무와 권한을 "비무장지대 및 한강하구에 관한 각 규정의 집행을 감독함을 협조"하고, "군사정전위원회 또는 그 중의 어느 일방의 수석위원은 공동감시소조를 파견하여 비무장지대나 한강하구에서 발생하였다고 보고된 본 정전협정 위반사건을 조사할 권한을 가진다."라고 규정하였다. 하지만, 소조의 개수 및 인원, 구체적인 역할 등은 미정인 상태여서, 세부 사항이 정해져야 했다.

공동감시소조 문제는 제1차 군정위 본회의에서 양측이 신임장을 건넨 직후 첫 번째로 논의한 사안이었다. 양측은 정전 직전에 하던 참모장 교회의의 연장선에서 논의를 시작했다. 1953년 7월 22일 유엔군 측은 한강 하구와 비무장지대를 10개 구역으로 분할하자고 제안했었고, 7월 26일 공산군 측은 각 구역을 담당할 소조 인원에 30명이 필요하다고 주장하고 있었다. 양측은 각각 영관장교를 3명으로 구성한다는 데는 동의했으나, 작업 및 보조 인원, 첫 만남의 방식 등에 대해서는 이견이 있었다. 유엔군 측은 30명까지 구성하기에는 인원이 너무 많다고 보았다. 양측은 군정위 회의에서보다 참모장교회의에서 논의하는 것이 공동감시소조의 빠른 투입 및 그들의 임무 수행에 관한 합의를 신속히 처리할 수 있다고 보고, 안건을 참모장교회의로 넘겼다.[231]

군사정전위원회의 위임대로, 참모장교회의는 운영 규칙을 빠르게 합의해갔다. 7월 28일 오후 참모장교회의에서 한강 하구와 비무장지대 분할이 합의되었는데, 공동감시소조의 구역 분할에 따라 양측이 각각 맡아서 관리하기로 했다. 7월 29일 오후 회의에서는 공동감시소조를 7월 30일 신속히 투입해야 한다는 데 동의하고, 제4~10조가 비무장지대의 각 구역 내 합의 장소에서 만나기로 했다.[232]

7월 30일에는 공동감시소조의 회합이 있을 때 있을 수 있는 위험물 제거를 위한 군대 사용에 대해서도 합의가 되었다. 소조의 각 구성원이 임시 숙소에서 회합 장소로 무사히 이동하기 위해서는 가는 길 주변과 군사분계선의 위험물이 제거되어야 했다. 이 위험물 청소에 군대를 사용하기로 합의한 것이다.[233]

8월 1일에는 무장한 군사 경찰의 호위에 대해서도 합의되었다. 본래 공동감시소조는 민정 경찰의 도움을 받도록 되어 있었다. 그러나 양측은 민정 경찰이 구성되기 전이라는 이유로 앞서의 내용을 합의했고, 각 소조는 임시로 양측에서 무장한 군사 경찰 6명의 호위를 받으며 임무를 수행했다.[234]

231   앞의 자료.
232   "Second Meeting of the MAC" (1953. 7. 29).
233   "Third Meeting of the MAC" (1953. 7. 30).
234   "Fourth Meeting of the MAC" (1953. 7. 31); "Fifth Meeting of the MAC" (1953.

― 위반사건 조사

군사정전위원회 산하에 양측의 영관장교 2~3인으로 구성된 공동감시소조의 임무는 비무장지대와 한강 하구에서의 위반사건 조사, 위험물 제거 감독, 비무장지대의 작업 및 군사분계선 표식물 감독, 시체 발굴 및 교환 업무 등이었다. 그리고 공동 조사 후에는 군정위에 활동보고서를 일주일에 한 번씩 제출하기로 했다. 즉, 공동감시소조는 비무장지대에서 자유롭게 현장을 조사하고 보고할 권한을 부여받은 유일한 기구였다.

정전협정 제27항에서 명시되었듯이, 공동감시소조의 가장 중요한 임무는 비무장지대 위반사건 조사였다. 이에 따라 정전 직후부터 상대의 협정 위반에 대한 혐의 제기 및 공동감시소조의 조사 등이 진행되었다. 예를 들어, 1953년 8월 19일 유엔군 측은 공산군 측이 비무장지대에 축성물을 건설하고 있다는 혐의를 제기했다. 이에 따라 소조 제9조가 군정위의 지시에 따라 공동 조사를 수행하고 군정위에 공동 보고서를 제출했다. 공동 보고서는 "공동감시소조 제9조의 양측이 수행한 공동 조사의 결과에 따르면, 군사분계선 북쪽 비무장지대 내 북위 38° 22′ 05″, 동경 128° 9′ 45″ 부근에는 벙커나 축성물이 존재하지 않으며, 벙커나 축성물 건설의 흔적도 존재하지 않는다."라고 결론지었다. 북·중 측은 이를 근거로 유엔군 측이 제기한 문제를 무효라고 주장했고, 유엔군도 동의했다.[235]

이렇게 위반사건에 대한 공동 조사 및 조사 결과에 대한 동의가 이루어지기도 했지만, 원만하게 처리된 사례는 많지 않다. 처음에는 공동감시소조의 기능이 명확하게 합의되지 않거나 제한적이었던 데서 생긴 문제도 있었다.

---

8. 1).

[235]   "Twelfth Meeting of the MAC" (1953. 8. 19).

1953년 8월 11일 13시에 유엔군 측 최석순 일병이 군사분계선을 넘어 북·중 측 민정(civil administration) 통제하의 비무장지대에 들어갔다. 북·중 측은 그를 억류했고, 유엔군 측 소조의 선임(senior member)이 "정전협정 위반이 발생했다"는 진술에 서명할 때까지 최 일병의 귀환을 거부했다.[236] 이 사건이 계기가 되어, 비서장회의에서 공동감시소조의 기능에 대한 논의가 진행되었다.

유엔사 측은 북·중 측에 위의 사건에 대해 항의하고, 공동감시소조의 기능과 군사정전위원회의 기능이 다르다고 설명했다. 유엔군 측은 공동감시소조의 기능은 그 이름 그대로 비무장지대 내에서 쌍방이 정전협정의 조건과 규정을 준수하고 있는지 감시하는 것이라고 보았다. 그들은 사건이 사실인지 확인하기 위해 관찰과 조사를 하는 것이며, 그 과정에서 발견한 사실을 군정위에 보고하는 것이라고 설명했다. 공동감시소조는 '사실 조사 기구'이며, 사실로부터 결론을 내리는 것은 사법적 기능이지 소조의 권한은 아니라는 것이었다.[237]

따라서 공동 조사에서 발견한 사실이 정전협정 위반에 해당하는지 여부를 결론짓는 것은 오직 군사정전위원회가 지닌 책임이자 기능이라고 지적했다. 바로 이것이 "군사정전위원회가 정전협정 위반이 발생했다고 결정할 때" 어떤 조치를 취한다고 정전협정 제29항에 명시되었음을 지적하고, 정전협정의 의도는 공동감시소조가 확인한 사실을 해석할 책임을 군정위에 둔 것이라고 했다. 따라서 유엔군 측 인원을 인계받기 위해 위반 인정서에 서명하도록 요구받는 것은 정전협정상 허용되지 않는 사안이라고 덧붙였다.[238]

---

236 "Thirty-Second Meeting of the Secretaries" (1953. 8. 28), SEC MINUTES, Aug 53 to Sep 53, No. 2.
237 위의 자료.
238 위의 자료.

반면, 북·중 측은 공동감시소조는 위반 사항을 단순히 관찰하는 것이 아니라 위반 내용을 '확인'해야 한다고 주장했다. 위반 행위가 명확하게 확정되지 않은 채 군사정전위원회에 보고된다면 군정위가 결론을 내리기 어려울 것이라는 이유였다.[239]

정전협정을 보면, 유엔사 측의 협정문 해석에 타당한 면이 있지만, 그에 따르자면 공동감시소조는 공동 조사를 하고 보고서를 제출하는 역할에 그치게 된다. 그러므로 양측 공동감시소조 간에 어떤 합의 과정이나 이를 명시한 보고는 이루어질 필요가 없게 된다. 실제로 위반사건에 대한 소조의 조사보고서를 받은 군정위는 결론을 내리지 못했다. 대부분의 위반사건은 이견이 남은 채로 종결되었다. 그 첫 사례라 할 수 있는 것이 앞으로 다룰 1953년 11월 비무장지대 내 폭발물 사건이었다.

1953년 11월 16일 19시 10분경, 비무장지대 내 계호동(군사분계선 북쪽 북위 38° 10′ 04″, 동경 126° 57′ 00″) 근처에서 폭발물이 터졌다. 북·중 측은 이를 유엔군이 포격한 것이라고 주장했다. 양측은 공동 조사를 위해 이곳에 공동감시소조 제4조를 파견했다. 11월 20일 제4조가 이 사건이 발생한 지점에서 공동 조사한 결과, 북·중 측 제4조는 유엔군 측으로부터 포탄이 발사되어 폭발한 것이라고 보고했고, 유엔군 측 제4조는 폭발하지 않은 포탄이 상당 기간 물속에 남아 있다가 폭발하여 이 사건이 발생했다고 보고했다.[240] 군정위는 이처럼 서로 다른 두 개의 보고를 받았고, 양측은 이를 근거로 자신의 주장을 굽히지 않았다.

그런데 이때의 폭발은 유엔군 측 주장처럼 잔여 박격포탄의 자연적 폭발일 가능성이 컸다. 당시 군정위에서는 중립국송환위원회 및

---

239   앞의 자료.
240   "Twenty-Eighth Meeting of the MAC" (1953. 11. 18); "Thirtieth Meeting of the MAC" (1953. 11. 28).

공동적십자소조, 중립국감독위원회의 활동 및 보고와 관련하여 양측이 대립하고 있었다. 북·중은 유엔군이 포로 송환을 방해하고 있고, 106mm(4.2in) 박격포를 부산항으로 반입하는 등 정전협정 13항 (ㄹ)목을 위반했다고 강하게 항의하고 있었다.[241] 이때 비무장지대에서 박격포탄이 터진 것이었다. 이렇게 잔여 위험물의 폭발은 당시의 정세나 양측의 관계에 따라 선전에 활용되면서 비난과 갈등, 대립을 확대했다.

― 공동감시소조의 축소

공동감시소조는 거의 정전 직후부터 조직과 기능이 축소되었다. 그리고 이에 대한 주요 논의와 결정은 군사정전위원회 비서장회의에서 이루어졌다. 1953년 12월 30일 제98차 비서장회의에서 양측은 모든 공동감시소조의 주간 보고서 제출을 폐지했다.[242] 이어 10개 소조의 축소 방안이 논의되었다. 정전회담 당시 15개 팀을 운영하자고 주장했던 유엔군 측에서 먼저 축소 제안이 나왔다.

1954년 1월 10일 제35차 군사정전위원회에서 유엔군 측은 공동감시소조의 활동 부족으로 10개 조를 유지할 필요가 없다고 하면서, 총 7개로 줄일 것을 제안했다. 한강 하구 소조 2개는 그대로 두고, 비무장지대 소조 8개를 5개 조로 줄여서 소조의 총수를 10개에서 7개로 줄이자는 것이었다.[243]

---

241   "Twenty-Second Meeting of the MAC" (1953. 10. 3); "Twenty-Fifth Meeting of the MAC" (1953. 10. 19); "Twenty-Eighth Meeting of the MAC" (1953. 11. 18).
242   국방정보본부 편, 앞의 책, 103쪽.
243   "Thirty-Fifth Meeting of the MAC" (1954. 1. 10). 이보다 앞서 1953년 11월 28일 중립국감독위원회는 군정위에 서한을 보내 중감위 본부 구역에 주재하던 중립국이동시찰소조를 10개 조에서 6개 조로 줄이는 데 군정위가 동의할 것을 요청했다. 1953년 12월 1일 제31차 군정위에서 북·중 측과 유엔사 측은 중감위의 이 요청에 동의했다.("Thirty-First Meeting of the MAC" (1953. 12. 1)) 이와 더불어 1954년 철수 논의가 시작된 10개 항구에 주재하던 중립국시찰소조도 1956년 6월 철수가 단행

날짜 및 기구	제안 및 합의 내용
제35차 군사정전위원회 (1954. 1. 10)	유엔사, 10개에서 7개로 축소 (비무장지대 8개 구역을 5개로 축소) 제안
제101차 비서장회의 (1954. 1. 14)	북·중, 유엔사 제안에 동의
제102차 비서장회의 (1954. 1. 22)	유엔사, 계획서 제출
제103차 비서장회의 (1954. 1. 29)	북·중, 한강 하구 소조 2개를 1개로 축소 제안
제104차 비서장회의 (1954. 2. 6)	유엔사, 북·중 제안에 동의
제105차 비서장회의 (1954. 2. 19)	유엔사, 수정 총칙안 제출(한강 하구 1개, 비무장지대 5개, 총 6개로 통합)
제106차 비서장회의 (1954. 3. 19)	북·중, 동의. 양측 비준
제129차 비서장회의 (1955. 4. 8)	유엔사, 6개에서 4개로 축소 제안
제134차 비서장회의 (1955. 7. 9)	북·중, 6개를 5개로 축소 제안
제135차 비서장회의 (1955. 7. 18)	양측, 6개를 5개로 축소하는 데 동의
공동일직장교회의 (1955. 7. 26)	양측, 수정 총칙안 교환

[표 1-2]   공동감시소조 축소 과정
출처: 저자 정리

이후 세부 논의는 비서장회의에서 진행되었다. 1월 14일 제101차 비서장회의에서 북·중은 유엔군 측 제안에 원칙적으로 동의했다. 1월 22일 제102차 비서장회의에서 유엔군 측은 비무장지대 공동감시소조의

되었다. 이렇듯, 정전 직후 비무장지대와 한반도의 군사력 증감 여부를 시찰할 소조들은 거의 동시에 빠르게 축소되어갔다.

수를 8개에서 5개로 축소하는 계획서를 제출했다.

1월 29일 제103차 비서장회의에서 북·중 측은 축소 자체에는 동의 했지만, 수행 방안으로서 반대 제안을 제출했다. 한강 하구에 있는 소조 2개를 1개로 줄이자는 것이었다. 2월 6일 제104차 비서장회의에서 유엔군 측은 북·중 측의 제안에 동의했다.[244] 2월 19일 제105차 비서장회의에서, 유엔군 측은 한강 하구의 소조를 2개에서 1개로 줄이는 것과 비무장지대의 소조를 8개에서 5개로 축소 통합하는 수정 총칙안을 제출했다. 양측의 비서장들은 새로이 6개의 번호가 붙은 각 소조의 책임 지역에 동의했다.[245] 수정 총칙안을 검토한 북·중 측은 1954년 3월 19일 제106차 비서장회의에서 동의하여, 쌍방 비서장들은 공동감시소조를 6개 소조로 축소·통합하는 수정 총칙을 정식으로 비준했다.

하지만, 다시 1955년 4월 8일 제129차 비서장회의에서 유엔군 측은 6개에서 4개 소조로 축소할 것을 제의했고, 이에 동의했던 북·중은 1955년 7월 9일 제134차 비서장회의에서 4개가 아니라 5개로 축소하자고 제안했다. 마침내 1955년 7월 18일 제135차 비서장회의에서 양측은 6개를 5개 소조로 축소하는 데 동의했고, 1955년 7월 26일 공동일직장 교회의에서 「여섯 개의 공동감시소조를 다섯 개로 줄이는데 관한 계획」과 「공동감시소조의 관리, 조직, 사업 및 보급에 관한 수정 개칙」을 교환했다.[246]

---

244   "Authority for the Final Agreement of 'Plan for the Reduction of Joint Observer Teams'" (1954. 3. 8)의 첨부 문서: "Memorandum for Captain Coleman" (1954. 3. 6), 201-01, Administrative Understandings upon Disc of UNCMAC, Trf ORCEN. Ret FRC 2 years later, RG 550, Korean War Armistice, Box 46.

245   위의 자료.

246   국방정보본부 편, 앞의 책, 103~104쪽;「공동감시소조의 관리, 조직, 사업 및 보급에 관한 수정 개칙」(날짜 표기되지 않음), 201-01, Administrative Understandings upon Disc of UNCMAC, Trf ORCEN. Ret FRC 2 years later, RG 550, Korean War Armistice;「여섯 개의 공동감시소조를 다섯 개로 줄이는데 관한 계획」(날짜 표기되

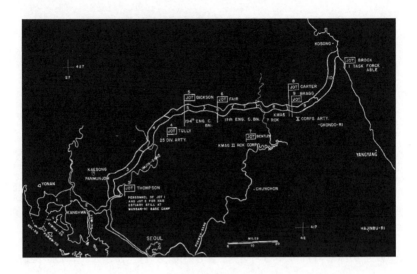

[도 1-5] 공동감시소조 10개 팀의 담당 구역을 나타낸 지도

출처: United Nations Command Military Armistice Commission, Office of the Secretariat, "Maps, Joint Security Area", 1953~1957, RG 554: Records of General Headquarters, Far East Command, Supreme Commander Allied Powers, and United Nations Command, 1945-1960, Korean Armistice Implementation Records, 1951-1980, General Records, 1951-1957 [Entry 14F].

공동감시소조 축소에 대한 양측의 합의는 일사불란했다. 군정위에서 논의되었던 안건 중에 가장 원만하게 합의에 이른 사안이었다. 공동감시소조는 비무장지대 위반사건이나 처리 사항이 발생했을 때 군사분계선에 구애받지 않고 비무장지대 내에서 자유롭게 이동하며 조사·활동할 권한을 가진 유일한 기구로서 탄생했지만, 양측은 공동감시소조가 무용하다는 데 인식을 같이했다. 결국 공동감시소조는 제 기능을 수행하지 못하고 정전 직후부터 지속적으로 축소되었다.

2) 비무장지대의 위험물 제거와 비무장 회복

― 13항 (ㄱ)목 이행을 위한 세부 방안

〈제2조 정화 및 정전의 구체적 조치〉

13. 군사정전의 확고성을 보장함으로써 쌍방의 한급 높은 정치회담을 진행하여 평화적 해결을 달성하는 것을 이롭게 하기 위하여 적대 쌍방 사령관들은

(ㄱ) 본 정전협정중에 따로 규정한 것을 제외하고 본 정전협정이 효력을 발생한 후 72시간내에 그들의 일절 군사역량, 보급 및 장비를 비무장지대로부터 철거한 후 비무장지대내에 존재한다고 알려져 있는 모든 폭파물, 지뢰원, 철조망 및 기타 군사정전위원회 또는 그의 공동감시소조 인원의 통행안전에 위험이 미치는 위험물들은 이러한 위험물이 없다고 알려져 있는 모든 통

지 않았으나, 1955년 7월 18일 제출 및 동의되었으며, 7월 26일 비준됨), 201-01, Administrative Understandings upon Disc of UNCMAC, Trf ORCEN. Ret FRC 2 years later, RG 550, Korean War Armistice.

로와 함께 이러한 위험물을 설치한 군대의 사령관이 반드시 군사정전위원회에 이를 보고한다. 그 다음에 더 많은 통로를 청소하여 안전하게 만들며 결국에 가서는 72시간의 기간이 끝난 후 45일내에 모든 이러한 위험물은 반드시 군사정전위원회 지시에 따라, 또 그 감독하에 비무장지대내로부터 이를 제거한다. 72시간의 기간이 끝난 후 군사정전위원회의 감독하에서 45일의 기간내에 제거작업을 완수할 권한을 가진 비무장부대와 군사정전위원회가 특히 요청하였으며 또 적대 쌍방 사령관들이 동의한 경찰의 성격을 가진 부대 및 본 정전협정 제10항과 제11항에서 허가한 인원 이외에는 쌍방의 어떠한 인원이든지 비무장지대에 들어가는 것을 허가하지 않는다. (밑줄은 저자가 강조한 것)

정전협정 13항 (ㄱ)목은 비무장지대를 그야말로 비무장 상태로 회복하기 위한 규정이다. 시기에 따라 취할 조치로는 정전협정 발효 72시간 이내와 이후 45일 동안 진행할 것으로 나뉘어 있고, 작업 내용은 세 가지로 구분되어 있다.

가장 먼저 모든 군사 역량, 보급, 장비 등의 철수가 명시되었다. 유엔군 측과 공산군 측은 비무장지대 등에서 철수했다. 양측이 비무장지대에서 무장 부대의 철수 완료를 통보한 것은 1953년 7월 31일 제4차 군사정전위원회에서였다. 유엔군 측은 7월 30일 22시 00분까지 비무장지대에서 철수를 완료했다고 했고, 북·중 측은 7월 30일 22시 00분 이전에 철수했다고 통지했다.[247]

두 번째로 이루어져야 할 일은 비무장지대에 존재한다고 알려진 위

---

247   "Fourth Meeting of the MAC" (1953. 7. 31).

험물과 위험물이 없다고 알려진 모든 통로를 양측의 사령관이 군사정전위원회에 보고하는 것이었다. 위험물에는 폭파물, 지뢰원, 철조망은 물론 통행에 미치는 기타 위험물 등이 포함되었다. 전쟁 중에 이를 설치한 각 사령관들이 책임지고 군정위에 보고하도록 한 것이다. 이때 위험물이 없다고 알려진 통로까지 보고하도록 함으로써, 군정위 및 공동감시소조의 통행로를 확인하고자 했다.

세 번째 조치는 존재한다고 알려진 위험물의 제거에 대한 사항이다. 45일간 폭발물, 지뢰, 철조망 및 기타 군정위 또는 공동감시소조의 통행 안전에 영향을 미치는 위험물 등이 제거되어야 했다. 이를 설치한 양측의 군사령관은 이러한 위험물과 통로를 청소해서 안전하게 만들 책임이 있었다.

비무장지대의 위험물 제거는 비무장의 회복이라는 면에서도 중요했지만, 공동감시소조의 임무 수행을 위해서도 반드시 필요했다. 위의 두 번째와 세 번째 사항은 공동감시소조가 사용할 통로와 관련한 것이었다. 앞서 살펴보았듯이, 소조는 처음 10개 팀으로 나뉘어 군사분계선 표식물이나 위반사건 조사 등의 임무를 맡고 있었기 때문에, 이들의 안전한 이동이 보장되어야 했다. 예를 들어, 정전 직후, 가칠리에서 서쪽으로 약 600m 떨어진 제5 공동감시소조의 회합 장소로 이어지는 경로와 제4 소조의 회합 장소이자 군사분계선 남쪽에 있는 교호동 일대 등에 있던 지뢰와 그 제거 작업 등으로 회합이 연기되었다.[248] 위험물이 제거

---

248   "Third Meeting of the Committee for Joint Observer Teams" (1953. 7. 30), 201-01, (Extracts) Hazards Removal from DMZ, Upon disc of UNCMAC, Trf ORCEN, Ret FRC 2 years later, 1954, RG 550, Korean War Armistice, Box 46; "Fifth Staff Officers' Meeting on Rules of Procedure for the Military Armistice Commission and the Construction of Facilities Required in the Demilitaized Zone" (1953. 8. 2), 201-01, (Extracts) Hazards Removal from DMZ, Upon disc of UNCMAC, Trf ORCEN, Ret FRC 2 years later, 1954, RG 550, Korean War Armistice, Box 46.

되지 않고서는 공동감시소조의 이동, 회합, 임무 수행은 원천적으로 불가능했다.

제일 먼저, 1953년 7월 28일 제1차 군사정전위원회에서 위험물 제거용 폭약 사용이 논의되었다. 유엔군 측은 위험물 제거를 위한 추가 위험물 사용의 필요성을 언급하며 공산군 측에 비무장 인원이 지뢰 제거를 위해 폭약, 즉 고성능 폭약과 화염방사기를 사용할 것이라고 통보했다. 공산군 측도 검토 의사를 밝혔다.[249]

처음엔 공동감시소조의 모임 장소로 가는 길을 확보하기 위한 논의와 각 구역의 제거 작업이 산발적으로 이루어졌다. 군정위에서 7월 30일 22시 00분부터 45일 내 각자의 비무장지대에서 비무장 인원이 청소 작업을 수행하기로 통보하고 합의하는 정도였다.[250] 그럼에도 양측은 상대측에 자신의 지뢰 제거 작업의 목적 및 필요성, 일시, 장소 등을 사전에 알렸다. 아울러 위험 요소를 제거하려고 노력했으나 현재까지 제거되지 않은 위험 요소들이 있음을 밝히면서, 공동감시소조 회합 일정의 연기 및 안전 유의 등을 요청했다. 그리고 이러한 정보와 주의를 준 데에 감사를 표하기도 했다.[251]

양측은 위험물 제거를 위한 세부적인 방안을 만들고 작업 일정 및 내용, 담당 기구, 상호 정보 교환 등을 구체적으로 논의했다. 먼저, 1953년 8월 3일 제6차 군사정전위원회에서 유엔군 측이 비무장지대의 위험 요소 제거 방법을 다음과 같이 제안했다.

249   "First Meeting of the MAC" (1953. 7. 28).

250   "Fourth Meeting of the MAC" (1953. 7. 31).

251   "Sixth Meeting of the Secretaries" (1953. 8. 2), 201-01, (Extracts) Hazards Removal from DMZ, Upon disc of UNCMAC, Trf ORCEN, Ret FRC 2 years later, 1954, RG 550, Korean War Armistice, Box 46.

1. 양측은 이 제안이 합의된 날로부터 5일 이내에 군사정전위원회에 보고하고 비무장지대에 존재하는 철조망 및 지뢰밭과 같은 알려진 모든 위험을 1:50,000 이상의 축척 지도에 표시해야 한다.
2. 군사정전위원회는 비무장지대에서 모든 위험요소를 제거하여 군사정전위원회 및 공동감시소조 인원의 안전한 이동을 지시해야 한다. 군사정전위원회는 비서처를 통해 지시를 수행한다.
3. 공동감시소조는 해당 지역의 위험 제거 우선 순위를 비서장에게 보고한다.
4. 양측의 보고와 공동감시소조의 권고에 기초하여 비서장은 제거해야 할 위험 목록과 원하는 제거 우선순위를 양측에 제공해야 한다.
5. 양측은 비서장이 지정한 위험요인을 제거하고 우선순위에 따라 조치하기로 합의한다.
6. 공동감시소조는 위험 제거에 대한 전반적인 감독을 수행한다.
7. 양측은 해당 지역의 위험 제거 진행 상황에 대한 주간 보고서를 군사정전위원회에 제출한다. 각 보고서에는 마지막 이전 보고서 이후에 제거된 추가 영역을 보여주는 1:50,000 이상의 지도에 대한 오버레이가 첨부되어야 한다.
8. 위험요소를 제거하는 인원은 비무장지대 경계에서 자신이 따라가는 도로, 산책로 및 기타 경로를 지상에 표시하고 통행에 안전한 경로 및 구역을 표시하기 위해 해제된 구역을 표시해야 한다.[252] (밑줄은 저자가 강조한 것)

---

252 "Sixth Meeting of the Military Armistice Commission" (1953. 8. 3), 201-01, (Extracts) Hazards Removal from DMZ, Upon disc of UNCMAC, Trf ORCEN, Ret FRC 2 years later, 1954, RG 550, Korean War Armistice, Box 46.

유엔군 측이 제시한 안은 위와 같이 구체적이었다. 제안 내용을 요약하자면 이 제안 합의 후 5일 이내 모든 위험물을 군정위에 보고하고 이를 1:50,000 축척 이상의 지도에 표시할 것, 모든 위험물 제거와 공동감시소조의 안전한 이동 지시에 대한 책임이 군정위에 있다는 것, 비서장 상호 간에 위험물 목록과 제거 우선순위 제공, 공동감시소조의 전반적인 감독 수행, 제거 상황에 대한 주간 보고서와 추가 영역 표시 지도 제출 등이었다. 이에 대해 북·중 측도 원칙적으로 동의했다. 그리고 양측은 참모장교회의에서 세부적인 위험물 제거 방안을 마련하도록 했다.

1953년 8월 5일 위험물 제거에 관한 제1차 참모장교회의가 열렸다. 공산군 측은 군정위에서 유엔군 측이 제안했던 내용에 대해 다음과 같이 수정 의견을 제시했다.

1. 양측은 비무장지대에 존재하는 지뢰밭 및 철조망과 같은 알려진 모든 위험을 1:50,000 축척 지도에 표시하여 이러한 조치가 합의된 날짜로부터 10일 이내에 군사정전위원회에 보고서를 제출해야 한다. 그 후 위험 요소가 제거되지 않고 군사정전위원회에 알리지 않은 영역이 발견되면 추가 보고서를 제출해야 한다.

2. 위에서 언급한 위험 요소는 비무장지대에서 양측 군대가 철수한 후 45일 이내에 양측의 비무장 인원에 의해 제거되어야 하며 제거 진행 상황에 대한 보고서는 격주로 군사정전위원회에 제출되어야 한다. 마지막 보고는 늦어도 9월 14일까지 이루어져야 한다.

3. 공동감시소조는 업무의 요구에 따라 군사정전위원회의 비서장을 통해 양측에 특정 지역에서 위험 제거의 우선 순위를 제안할 수 있다.

4. 군사분계선에서 위험을 제거하기 위한 조치는 승인을 위해 공동감시소조에서 양측이 군사정전위원회에 제출한다. 양측은 군사

분계선의 각자 할당된 구역에서 위험을 제거할 비무장 인원을 제공한다.

5. 공동감시소조는 위험 제거에 대한 전반적인 감독을 수행한다.

6. 위험물을 제거하는 인원은 지상, 도로, 산책로 및 기타 비무장지대 경계선과 통행에 안전한 지역을 표시하기 위해 그들이 따라야 하는 경로를 표시해야 한다.[253] (밑줄은 저자가 강조한 것)

북·중 측은 위험물에 관한 지도 및 정보가 10일 이내에 제출되어야 한다고 제시했다. 모든 위험물을 5일 이내에 파악하기 어렵다는 현실적인 이유에서였다. 그리고 군정위에 알리지 않은 영역이 뒤늦게 발견되면 추가 보고서가 제출되어야 한다고 했다. 이는 위험물 정보를 빠르게 파악하기 어렵다는 점과 누락의 가능성을 염두에 둔 제안이었다. 북·중 측은 제거 시점에 맞는 보고 일정도 명시할 것을 제안했다. 정전협정 13항 (ㄱ)목에 따라 45일 이내에 위험물 제거가 완료되어야 하므로, 마지막 보고도 9월 14일까지는 이루어져야 한다고 보았다. 또한 위험물 제거 인원으로는 비무장 인원이 참여할 것을 명시하고자 했다.

양측 제안에 약간의 차이는 있었지만, 모든 위험물 정보 및 제거 상황이 공유되어야 한다는 점에서는 의견이 같았다. 양측은 전쟁 중에 뿌려진 지뢰와 설치된 철조망 등의 현황과 제거 상황에 대한 정보가 군정위 제출을 통해 상호 간에 공유되어야 한다고 인식했다. 그리고 그러한

253　"First meeting of staff officers on removal of hazards from the DMZ, to exchange information on preparation of the erection of markers on the MDL and to determine how the JOT will be directed by the MAC in fixing a date for starting the erection of the markers on the Demarcation Line in areas under their respective charges" (1953. 8. 5), 201-01, (Extracts) Hazards Removal from DMZ, Upon disc of UNCMAC, Trf ORCEN, Ret FRC 2 years later, 1954, RG 550, Korean War Armistice, Box 46.

정보를 1:50,000 이상 축척 지도에 표시함으로써, 논란의 여지가 없도록 하고자 했다. 이는 실제 군정위 및 공동감시소조의 안전에 필요한 요소였다. 또한 이에 대한 책임을 군정위가 지고, 공동감시소조가 제거를 감독하며, 비서장이 목록과 우선순위를 제안하도록 하는 등 기구 내 역할을 구분했다. 또한, 위험물 제거를 위해 부득이 추가 폭발물을 사용하지만, 기본적으로 이를 비무장 인원이 담당해야 한다고 보았다.

─ 안전한 통로 정비

이후 1953년 8월 7일 제2차 참모장교회의에서 유엔군 측이 위험물 제거의 우선순위를 제안했다. 1순위는 공동감시소조 회합을 위한 길과 장소의 정비였다. 소조가 회합 장소로 가는 길부터 군사분계선을 통과하는 지점까지 자기 구역과 비무장지대 일부 도로에 있는 모든 위험물 제거를 완료하며, 추가로 회합 장소가 있는 측에서 공동감시소조 회합 장소 주변을 치우자는 제안이었다. 2순위는 판문점 근처에 있는 비무장지대 내 시설물 건설에 필요한 공간을 정비하는 것이었다. 3순위는 각 공동감시소조의 해당 구역에 표식물을 설치하는 팀을 위한 통로를 정비하고 군사분계선을 따라 안전하게 이동하기 위한 길(trails)을 정비하는 것이었다. 4순위는 비무장지대 양쪽 경계, 즉 남방한계선과 북방한계선을 따라 난 길을 정비하는 것, 마지막 5순위는 비무장지대 내 도로 및 산길을 정비하는 것이었다.[254]

---

254   "Second meeting of staff officers on removal of hazards from the DMZ, to exchange information on preparation of the erection of markers on the MDL and to determine how the JOT will be directed by the MAC in fixing a date for starting the erection of the markers on the Demarcation Line in areas under their respective charges" (1953. 8. 7), 201-01, (Extracts) Hazards Removal from DMZ, Upon disc of UNCMAC, Trf ORCEN, Ret FRC 2 years later, 1954, RG 550, Korean War Armistice, Box 46.

양측이 초점을 둔 부분은 본래 있던 모든 도로가 아니라 공동감시소조의 임무 수행에 필요한 길의 위험물을 제거하는 정비였다. 양측은 공동감시소조가 이동하고 회합할 수 있도록 청소하는 것을 최우선으로 해야 한다는 데 동의했다.[255] 또한, 군사분계선 표식물 관리 구역을 유엔군-갑(A) 구역, 북·중-을(B) 구역으로 나누었듯이, 갑(A) 구역 청소는 유엔군이, 을(B) 구역 청소는 북·중 측이 책임을 맡는다는 점도 합의했다.[256]

양측은 위의 제안과 합의에 따라 위험물 제거를 진행했다. 1953년 8월 10일 제3차 참모장교회의에서 유엔군은 지뢰밭과 철조망, 안전한 통로가 표시된 지도를 북·중 측에 전달했다. 지뢰밭은 검은색 선으로 표시했고, 철조망은 X로 표시했으며, 안전한 통로는 이중선으로 표시했다. 양측은 위험물과 안전한 통로가 표시된 지도를 보며, 추가 질문과 설명을 이어갔다. 유엔군 측은 2년 전에 매설된 지뢰밭이 있어서, 정확한 지뢰밭의 수나 각 지뢰밭에 얼마나 많은 지뢰가 매설되어 있는지 추정이 불가능하다는 점도 알렸다.[257]

255   "Third meeting of staff officers on removal of hazards from the DMZ, to exchange information on preparation of the erection of markers on the MDL and to determine how the JOT will be directed by the MAC in fixing a date for starting the erection of the markers on the Demarcation Line in areas under their respective charges" (1953. 8. 10), 201-01, (Extracts) Hazards Removal from DMZ, Upon disc of UNCMAC, Trf ORCEN, Ret FRC 2 years later, 1954, RG 550, Korean War Armistice, Box 46.

256   위의 자료: "Fourth meeting of staff officers on removal of hazards from the DMZ, to exchange information on preparation of the erection of markers on the MDL and to determine how the JOT will be directed by the MAC in fixing a date for starting the erection of the markers on the Demarcation Line in areas under their respective charges" (1953. 8. 13), 201-01, (Extracts) Hazards Removal from DMZ, Upon disc of UNCMAC, Trf ORCEN, Ret FRC 2 years later, 1954, RG 550, Korean War Armistice, Box 46.

257   "Third meeting of staff officers on removal of hazards from the DMZ, to

8월 13일 제4차 참모장교회의에서 북·중 측도 비무장지대에 존재하는 알려진 위험물과 안전한 통로를 나타내는 지도를 전달했다. 이 지도에는 제거 과정에 있는 위험물, 아직 제거되지 않은 위험물, 안전통로, 수리 중인 안전통로 등이 표시되어 있었다. 유엔군 측의 멧캘프(S. L. Metcalfe)는 철조망 및 기타 위험물까지 포함된 것인지 지뢰밭만 표시된 것인지 물었고, 북·중 측의 황첸치는 "이미 알려졌거나 이미 발견된 모든 위험물을 포함한다"고 답했다.[258] 양측은 각 측의 사령관이 위험물 제거 진행 상황을 작성한 주간 보고서와 오버레이 방식으로 데이터가 표시된 지도를 군정위에 제출하기로 합의했다.[259]

정전협정 13항 (ㄱ)목에 따라 비무장지대 위험물 제거 방안을 논의하기 시작했던 양측의 참모장교는 1953년 8월 13일 위험물 제거 방안에 대해 합의했다. 8월 14일 제18차 비서장회의에서 3개 언어로 된 합의문을 확인했으며, 8월 19일 제12차 군사정전위원회는 이 합의문을 승인했다.[260]

exchange information on preparation of the erection of markers on the MDL and to determine how the JOT will be directed by the MAC in fixing a date for starting the erection of the markers on the Demarcation Line in areas under their respective charges" (1953. 8. 10), 201-01, (Extracts) Hazards Removal from DMZ, Upon disc of UNCMAC, Trf ORCEN, Ret FRC 2 years later, 1954, RG 550, Korean War Armistice, Box 46.

258 "Fourth meeting of staff officers on removal of hazards from the DMZ, to exchange information on preparation of the erection of markers on the MDL and to determine how the JOT will be directed by the MAC in fixing a date for starting the erection of the markers on the Demarcation Line in areas under their respective charges" (1953. 8. 13), 201-01, (Extracts) Hazards Removal from DMZ, Upon disc of UNCMAC, Trf ORCEN, Ret FRC 2 years later, 1954, RG 550, Korean War Armistice, Box 46.

259 위의 자료.

260 "Eighteenth Meeting of the Secretaries" (1953. 8. 14); "Twelfth Meeting of the MAC" (1953. 8. 19).

양측은 위험물 제거를 위한 추가 폭발물 사용 계획을 서로에게 알렸다. 그리고 정전협정 13항 (ㄱ)목과 8월 13일의 합의에 따라, 양측의 군사령관은 매주 비무장지대의 위험 요소 제거 진행 상황을 군정위에 보고했다. 보고서의 사본은 상대측 비서장에게도 전달되었다. 1953년 8월 21일, 제25차 비서장회의에서 콜먼은 20일까지 유엔군이 제거한 것으로 보고된 모든 도로와 산길을 표시한 오버레이 지도를 북·중 측에 제공했다.[261] 8월 29일 제33차 비서장회의, 9월 9일 공동일직장교회의 등에서도 진행 상황이 공유되었다. 보고서에는 각자가 청소한 도로, 산길, 지역을 보여주는 오버레이 지도가 포함되어 있었다.

비무장지대 청소와 이에 관한 보고를 위해서는 군사분계선 일대를 이동해야 했고, 때로는 군사분계선과 겹치거나 군사분계선을 넘나드는 도로를 이용해야 했다. 다음 자료는 공동감시소조 등이 비무장지대 청소 등을 이유로, 군사분계선을 넘어 상대측이 관리하는 구역의 도로를 사용하게 될 때, 이를 상대에게 통보하고 동의하는 모습을 잘 보여준다.

> 주연: 9월 4일 제7 공동감시소조 회의에서 당신 측의 선임이 9월 5, 7, 9, 11, 13, 14일 당신 측 인원을 태운 노란색 깃발이 달린 세 대의 차량이 거리실, 별우, 소성동을 통과하는 군사분계선 북쪽 도로를 사용할 것이라고 말했다. 우리 측은 앞서 말한 요원과 차량이 9월 7, 9, 11, 13, 14일에 그 길을 사용하는 데 동의한다.
>
> 콜먼: 알겠다.
>
> 주연: 해당 도로에 존재하고 발견된 위험 요소의 제거가 완료되었

---

261 "Twenty-Fifth Meeting of the Secretaries" (1953. 8. 21), 201-01, (Extracts) Hazards Removal from DMZ, Upon disc of UNCMAC, Trf ORCEN, Ret FRC 2 years later, 1954, RG 550, Korean War Armistice, Box 46.

다. 그러나 오랜 전쟁 기간 동안 이 지역에서 여러 차례 시소 전투(see-saw battles)가 있었기 때문에 발견되지 않은 위험 요소가 있을 수 있다. 공동감시소조 관계자들이 위의 도로를 이용할 때 주의하기 바란다.[262]

1953년 9월 4일 유엔군 측 공동감시소조가 총 6일간 거리실-별우-소성동을 통과하는 도로를 사용할 계획을 북·중 측 소조에 알렸다. 세 마을의 위치 및 도로는 과거 행정구역상 김화군에 속하고, 금성천 부근에 있다.

이곳은 바로 한국전쟁 전 기간을 통틀어 가장 마지막 전투로 알려진 '425고지 전투 및 406고지 전투'가 치러진 곳이다. 1953년 7월 20일부터 24일까지 국군 제7사단과 중공군 제54군 예하 제135사단과 제60군 예하 제180사단 간에 치열한 전초진지 쟁탈전이 벌어졌다.[263] 425고지는 거리실 지역에, 406고지는 별우 근처에 있는 해발고도 400m 내외의 고지였다. 국군은 425고지를 사수했고, 중공군은 406고지를 확보했다. 그 결과 거리실은 군사분계선의 바로 남쪽에 놓이게 되었고, 별우는 군사분계선 바로 북쪽에, 소성동은 군사분계선 바로 남쪽에 위치하게 되었다.

때문에, 양측이 비무장지대의 비무장화를 위한 첫 단계로서, 군사분계선 일대 청소를 한다는 데는 여러 의미가 있었다. 전쟁 중에 집중된 각종 중화기 등의 화력을 제거하고, 이를 위해서 군사분계선을 통과하기 위해서는 상호 허용이 필수적이었다는 것이다. 군사분계선 근처 청

262 "39d Meeting of the Secretaries" (1953. 9. 5), 201-01, (Extracts) Hazards Removal from DMZ, Upon disc of UNCMAC, Trf ORCEN, Ret FRC 2 years later, 1954, RG 550, Korean War Armistice, Box 46.

263 국방부 군사편찬연구소, 2017, 『6·25전쟁 주요 전투』 2, 168~172쪽.

소를 위해서는 치열한 교전이 벌어졌던 고지와 도로를 지나야만 했고, 양측 모두 이에 동의해야 했다. 이날 공산군 측은 유엔군 측이 군사분계선을 통과하는 도로를 사용하는 데 동의했고, 혹시 제거되지 않은 위험물에 대한 주의와 안전한 이용을 당부했다.

양측이 비무장지대에서의 완전한 철수와 위험물 청소 작업을 마쳤다고 통보한 때는 9월 16일 제19차 군사정전위원회에서였다. 양측 모두 정전협정 제2조 13항 (ㄱ)목에 의거하여, (각자가 통제하는) 비무장지대 구역 내에서 알려져 있거나 발견된 위험물의 제거를 완료했음을 (상대측에) 통지했다. 또한, 비무장지대에서 이 작업을 수행한 모든 비무장 인원이 9월 13일 22시 00분 이전에 철수했다고도 통지되었다.[264]

이로써, 1953년 7월 27일 22시 이후 총 48일 동안 비무장지대 내에서의 무장 부대 철수와 위험물 청소 작업이 이루어졌다. 양측은 비무장지대 위험물 제거와 안전통로 표식물 작업 등에 비교적 성실하게 임했다. 정전 직후 이 주제와 관련해서는 선전의 요소나 분위기는 전혀 찾아볼 수 없었다. 양측이 모두 통로의 위험물과 지뢰밭 제거를 서두르고자 했고, 안전통로가 표시된 지도를 건넸으며, 위험물 제거가 완료되지 않았을 때는 상대의 안전에 대해 주의를 환기하였고, 이에 대해 감사를 표했다. 비록 비무장지대 전역에서 위험물이 제거된 것은 아니었고 수많은 지뢰와 사용 가능한 텅 빈 진지가 남아 있었지만, 45일간 우선순위로 삼았던 영역에서 위험물을 가능한 한 제거하고, 양측이 군사분계선에서 만날 수 있는 통로를 정비했다는 점은 그 의미가 절대 작지 않다.

---

264   "Nineteenth Meeting of the MAC" (1953. 9. 16).

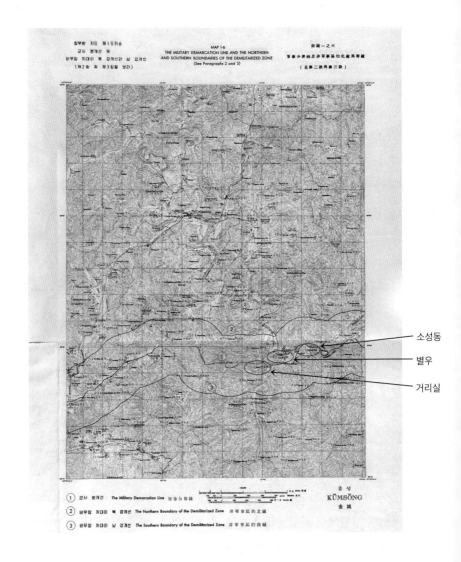

소성동

별우

거리실

[도 1-6]   비무장지대 청소가 이루어진 거리실-별우-소성동 일대

출처: 정전협정 제2권 지도 중 금성 일부를 저자가 편집함.

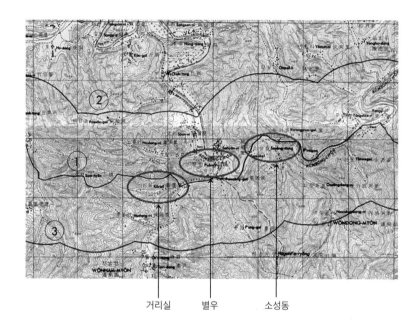

거리실　　별우　　소성동

[도 1-7]　1-6의 지도를 확대함

출처: 정전협정 제2권 지도 중 금성 일부를 저자가 편집함.

3) 물리적 경계선 만들기

― 경계선 표식물 규정 및 설치

〈제1조 군사분계선과 비무장지대〉

4. 군사분계선을 하기와 같이 설립한 군사정전위원회의 지시에 따라 이를 명백히 표식한다. 적대쌍방 사령관들은 비무장지대와 각자의 지역간의 경계선에 따라 적당한 표식물을 세운다. 군사정전위원회는 군사분계선과 비무장지대의 량 경계선에 따라 설치한 일체 표식물의 건립을 감독한다.

정전협정 제4항은 군사분계선 표시를 군사정전위원회가 지시하도록 했다. 각 사령관들에게는 비무장지대와 자기 지역 간 경계, 즉 남방한계선과 북방한계선에 적당한 표식물을 세우도록 했다. 그리고 이렇게 설치된 군사분계선과 비무장지대의 양쪽 경계선 표식물을 군정위가 감독하도록 했다.

이에 따르면 경계선에 물리적 표식물을 설치하는 일이 원래 예정되었던 것으로 생각할 수 있지만, 북·중은 처음엔 표식물 설치에 동의하지 않았다. 그 수와 표식물의 형태, 관리 방안 등도 정해진 바가 없었다. 경계선 표식물 설치의 필요성은 민정 경찰이 군사분계선을 넘을(위반할) 가능성이 있다는 우려 때문에 논의되기 시작했다.

유엔사 측이 먼저 군사분계선 표시를 제안했는데, 북·중 측은 지도로 충분하다며 반대했다. 그러자 유엔사 측은 군사분계선 위반을 피하기 위해서는 현장에 군사분계선을 실제로 표시하는 일이 필요하다고 거듭 주장하면서, 그 이유를 다음과 같이 제시했다.

비무장지대가 아직 표시되지 않았고 또 분계선이 땅 위에 만들어지지 않은 시점에서 당신의 경찰이 비무장지대와 그 북쪽에 남아 있으리라는 것을 어떻게 보장할 것인가?[265]

유엔사 측은 경계선이 표시되지 않은 상태에서는 공산군 측이 군사분계선을 위반할 가능성이 있다고 우려했다. 따라서 명확한 군사분계선 표식물을 통해 공산군 측의 위반을 막고자 했다. 경계선이 표시된 정전협정 지도가 있었지만, 지도는 부정확하게 읽힐 가능성이 있었고, 유엔군 측은 물리적 경계가 있어야 오해의 여지가 없다고 보았다.[266] 북·중도 곧 동의했다. 정전협정 4항에서 명시된 바도 있었고, 유엔군 측의 우려와 마찬가지로 북·중 측도 유엔군 측의 군사분계선 위반 가능성을 차단할 필요가 있었다.

유엔사 측은 북·중 측의 위반을 우려했지만, 정전 다음 날부터 군사분계선 위반에 대한 주의를 요구받은 것은 유엔사 측이었다. 북·중 측은 1953년 7월 28일부터 유엔군 측 포병대의 북측 지역에 대한 포탄 발사와 군용기의 정찰 등에 항의하면서 주의를 촉구했다. 유엔군 측은 비무장 인원의 군사분계선 월경과 같은 사소한 위반에 대해서는 즉시 사과했지만, 군용기의 북측 지역 정찰에 대해서는 오히려 북측에 정확한 비행기 기종을 제시할 것을 요구하면서 위반을 인정하지 않으려 했다.[267]

그러자 북·중 측은 즉각적으로 경계 표식물 형식을 제시했다. 7월 29일 제2차 군사정전위원회에서 북·중 측이 먼저 비무장지대 북쪽 경계

265   "Second Meeting of the MAC" (1953. 7. 29).

266   "Third Meeting of the MAC" (1953. 7. 30).

267   "First Meeting of the MAC" (1953. 7. 28); "Ninth Meeting of the MAC" (1953. 8. 8).

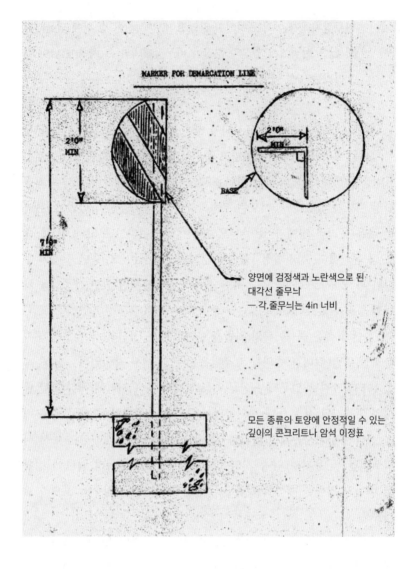

[도 1-8]　유엔사 측이 제시한 군사분계선 표식물

출처: "Second Meeting of the MAC" (1953. 7. 29)

에 설치할 표식물(표시물) 형식 도안을 가져왔다. 이어서 군사분계선 표식물 설치를 공동감시소조의 구역 분할에 따라 양측이 각각 담당하자고 제안했다. 유엔군 측은 이에 동의했고, 군사분계선 및 비무장지대 양쪽에 경계를 표시하는 내용의 계획안을 제시했다.[268]

〈군사분계선 표시 및 비무장지대 북쪽과 남쪽 경계선 표시 감독 계획〉

섹션 A 군사분계선 표시 및 식별 계획

1. 필요 물자와 표시물의 실제 건립은 양측 사령관이 공동으로 책임진다.

2. 표시물 건립은 양측의 6개조, 즉 12개조가 동시에 완수한다. 각 조가 책임지는 구역은 별첨 1∼9에 따른다. 각 조는 측량 관계자 6명, 공사 관계자 16명, 청소 관계자 8명 이하로 구성된다.

3. 2항에서 규정한 각 조는 군사정전위원회가 지정한 양측 대표가 감독한다. 해당 대표들은 군사분계선 표시물의 실제 물리적 위치와 관련한 최종 결정에 책임을 진다.

4. 각 조는 본 안을 채택한 다음날 별첨 1∼9에 표시된 지도 위치에서 12시 00분에 회합한다.

5. 군사분계선의 각 표시물 위치에 대한 실제 지리학적 지점은 각 조의 측량 관계자가 결정하며, 군사정전위원회의 두 대표가 협력하여 합의한다. 각 조는 정전협정 2항에서 군사분계선 위치 설정을 위한 기본 지도로 언급한 지도를 사용한다.

6. 군사분계선의 동쪽 및 서쪽 끝을 제외하고, 한 표시물에서 바로 인접한 표시물을 확실하게 볼 수 있어야 한다. 단, 어떤 경우에

---

268   "Second Meeting of the MAC" (1953. 7. 29).

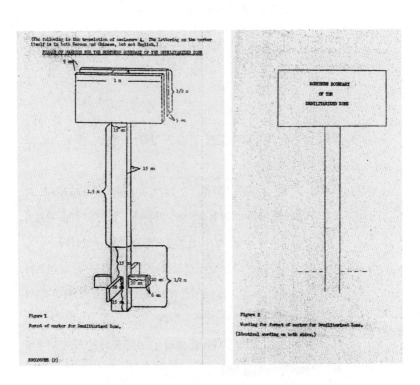

FORMAT OF MARKERS FOR THE NORTHERN BOUNDARY OF THE DEMILITARIZED ZONE

Figure 1.
Format of marker for Demilitarized Zone.

ENCLOSURE (2)

NORTHERN BOUNDARY
OF THE
DEMILITARIZED ZONE

Figure 2
Wording for format of marker for Demilitarized Zone.
(Identical wording on both sides.)

[도 1-9] 북·중 측이 제시한 비무장지대 북쪽 경계 표식물

표식물 위의 글자는 국문과 중문으로 하며, 영문은 쓰지 않는다.

출처: "Third Meeting of the MAC" (1953. 7. 29)

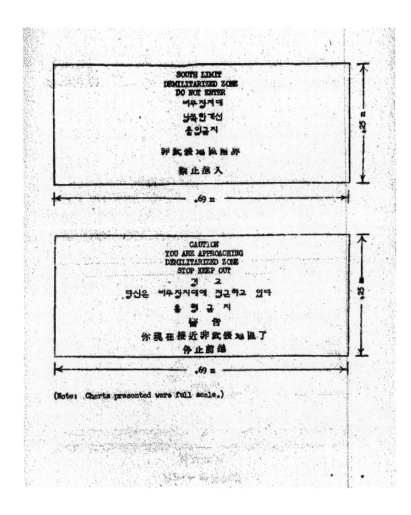

[도 1-10] 유엔사 측이 제시한 비무장지대 남쪽 경계 표식물

출처: "Third Meeting of the MAC"(1953. 7. 30)

도 각 표시물은 직선 500미터, 곡선 300미터 이상으로 거리를 두지 않으며 추가 표시물을 임계 지점에 사용해야 한다. 도로가 군사분계선을 가로지르거나 교차하는 지점 또는 길이 난 산길에 표시물을 건립해야 한다.

7. 군사분계선 중 도로, 산길, 강, 개울로 된 부분에는 다음을 적용한다: 군사분계선 식별 표시물을 번갈아 설치하며, 3, 5, 6항 규정에 따라 먼저 도로, 산길, 강, 개울의 한쪽에, 그 다음은 그 반대쪽에 놓는다. 그러나 어떤 경우에도 도로나 산길로부터 10미터가 넘는 거리에 표시물을 설치하지 않는다. 지형이나 초목이 허용하는 위치에서 가장 가까운 도로나 산길 가장자리에 표시물을 설치한다.

8. 말뚝은 금속 또는 목재여야 하며, 여러 유형의 토양에서도 안정적일 수 있는 깊이에서 콘크리트로 지지되거나 암석을 기반으로 세워야 한다. 말뚝의 꼭대기는 밑에서 최소 7피트 높이여야 한다.

9. 최소 직경 24인치인 원형 금속 원반을 각 말뚝 꼭대기에 고정시키고 어느 방향에서도 볼 수 있도록 90도로 구부려야 한다. 원반은 "군사분계선 표시물"이라는 제목의 첨부 도표에 표시된 세목들을 따라야 한다.

섹션 B 비무장지대 북쪽과 남쪽 경계선 표시 감독 계획

정전협정은 특정 경계선 표시물 건립에 대한 책임을 각 사령관에게 부과한다.

비무장지대의 남북 경계선은 각방의 사령관이 지정하며 육안 식별이 용이하도록 적합하게 표시한다. 각 경계선이나 그 일부가 군사정전위원회 대표들의 비준을 받을 준비가 되면 각방 사령관은 군사정전위원회에 보고한다. 각방은 공동감시소조가 쉽게 식별하고 위치를 찾아낼 수 있도록 경계를 표시한다.[269]

7월 30일 제3차 군사정전위원회에서 유엔군 측은, 어느 일방의 행정 및 구제사업을 위해 동원된 경찰이 부주의하게 군사분계선을 넘는 일을 방지하기 위하여, 군사분계선 표시를 시작한 이후 36시간까지는 그들이 비무장지대에 진입하게 하지 말자고 제의했고, 북·중 측도 동의했다.

아울러, 유엔군 측은 비무장지대 남쪽 경계선 표시 및 식별에 대해서는 다음의 방법과 기준을 사용할 것이라고 통보하고, 표지판 종류를 보여주는 차트를 전했다.

쭉 이어지는 두 줄의 가시 철조망이 말뚝에 설치될 것이다. 말뚝은 견고한 장벽이 될 수 있도록 2미터 높이에, 일정한 간격을 두게 될 것이다. 300미터 이하의 간격으로 이루어진 가시 철조망 울타리의 윗줄에는 금속 표지판이 달릴 것이다. 이 표지판은 울타리가 비무장지대의 남쪽 경계임을 확인시켜줄 것이다. 표지판은 하얀색으로 칠할 것이며 글자는 파란색일 것이다. 표지판 위에는 영어, 한국어, 중국어가 쓰일 것이다.[270]

이렇게 군사정전위원회에서 경계선 표시에 대한 양측의 기본적인 입장과 제안이 오간 후, 세부 논의 및 합의는 참모장교회의를 통해 이루어졌다. 1953년 7월 31일 양측의 참모장교는 군사분계선 표식물의 양식

---

269   앞의 자료.
270   "Third Meeting of the MAC" (1953. 7. 30).

과 건립 및 감독 방법에 대해 합의했고, 이후 설치 준비가 시작되었다. 이에 따라 군정위 비서장은 공동감시소조에 표식물 건립을 위해 만나서 필요한 준비를 할 것을 통지했다. 공동감시소조는 표식물 설치가 완료될 때까지 그 결과를 군정위에 보고하도록 했다. 8월 1일 제5차 군사정전위원회는 이를 승인했다.[271] 참모장교회의는 앞서 살펴보았듯, 위험물 제거 논의를 비롯하여, 군사분계선 표식물 설치 준비에 대한 정보 교환 문제는 물론, 공동감시소조가 분계선 표식물 건립을 개시하는 날을 정하도록 지시하는 방법까지도 논의했다.[272]

군사분계선 표시는 비무장지대 위험물 제거 및 안전통로 표시와 거의 동시에 진행되었다.[273] 특히 양측에서 군사분계선 표식물 설치가 이루어지는 곳과 인근 통로에 대한 청소는 가장 빠르게 진행되었다. 공동감시소조의 회합 장소이기도 했기 때문이다. 하지만, 양측은 분계선 표시를 하다가, 혹은 위험물 제거 작업을 하다가 실수로 군사분계선을 넘곤 했다.[274]

군사분계선 표시 작업은 1953년 8월 8일부터 9월 1일까지 진행되었다. 비무장지대를 담당하던 제3~10 공동감시소조, 총 8개 소조가 이를

271   "Fifth Meeting of the MAC" (1953. 8. 1).

272   "Eighth Meeting of the MAC" (1953. 8. 5); "First meeting of staff officers on removal of hazards from the Demilitarized Zone, to exchange information on preparation of the erection of markers on the Military Demarcation Line and to determine how the Joint Observer Team will be directed by the Military Armistice Commission in fixing a date for starting the erection of the markers on the Demarcation Line in areas under their respective charges" (1953. 8. 5), 201-01, (Extracts) Hazards Removal from DMZ, Upon disc of UNCMAC, Trf ORCEN, Ret FRC 2 years later, 1954", RG 550, Korean War Armistice, Box 46.

273   "36d Meeting of the Secretaries" (1953. 9. 2), 201-01, (Extracts) Hazards Removal from DMZ, Upon disc of UNCMAC, Trf ORCEN, Ret FRC 2 years later, 1954, RG 550, Korean War Armistice, Box 46.

274   "Ninth Meeting of the Secretaries" (1953. 8. 8); "Eleventh Meeting of the Secretaries" (1953. 8. 13)

감독했다. 1953년 9월 7일에서 10월 12일 사이에 이 소조들은 각 구역의 군사분계선 표시가 완전하고 정확하다는 보고서를 비서장을 통해 군정위에 제출했다.[275]

> 수이밍: 1953년 10월 30일 개최된 비서장 회의에서, 귀하는 군사분계선을 따라 표식물의 설치가 공동감시소조 제3~10의 감독하에 완료되었다고 주장하고 정전협정 4항에 따라 표시되었음을 양측의 비서장이 동의하자고 제안했다. 우리 측은 정전협정 제4항에 준거하여 군사 분계선이 이미 표식되었다고 생각하며 이러한 조치가 취해졌음을 비서처의 공식기록에 기록해 두는 데 동의한다.
>
> 코필드: 우리 측 역시 정전협정에 의거하여 군사분계선이 이미 표식되었다는 데 동의한다.[276]

이에 따라, 1953년 10월 30일 제84차 비서장회의에서 유엔군 측은 군사분계선 표식물 설치가 완료되었다고 주장하고, 이를 비서처의 공식문서에 기록하자고 제안했다.[277] 그리고 1953년 11월 3일 제86차 비서

---

275   "Eighty-Fourth Meeting of the Secretaries" (1953. 10. 30), RG 338, United Nations of General HQ Far East Command Supreme Commander Allied Powers and United Nations Command, Minutes of the Secretaries Meetings at Panmunjom, Korea, 17/27/1953-04/11/1980, Entry 148, Box 2.

276   "Eighty-Sixth Meeting of the Secretaries" (1953. 11. 3), RG 338, United Nations of General HQ Far East Command Supreme Commander Allied Powers and United Nations Command, Minutes of the Secretaries Meetings at Panmunjom, Korea, 17/27/1953-04/11/1980, Entry 148, Box 2.

277   "Eighty-Fourth Meeting of the Secretaries" (1953. 10. 30), RG 338, United Nations of General HQ Far East Command Supreme Commander Allied Powers and United Nations Command, Minutes of the Secretaries Meetings at Panmunjom, Korea, 17/27/1953-04/11/1980, Entry 148, Box 2.

장회의에서 군사분계선 표시 완료가 상호 통보되었다.

이로써 정전협정 지도상에 그려졌던 군사분계선과 비무장지대 남북 경계선이 물리적으로 표시되었다. 군사분계선 건립은 양측 사령관의 공동 책임하에 이루어졌다. 현장에서는 1953년 8월 8일부터 9월 1일까지, 총 12개 조가 동시에 설치 작업을 했는데, 측량 관계자, 공사 관계자, 위험물 청소 관계자 등이 한 조를 이루었다. 그리고 이를 공동감시소조가 감독했다. 9월 7일~10월 12일, 군사분계선 표시가 정확하다는 보고서가 비서장회의를 통해 군정위에 제출되었다. 군사분계선 표식물 설치가 완료되었다고 서로 동의한 것은 11월 3일이었다.

군사분계선 표식물은 7피트 높이의 금속이나 목재로 만들어진 말뚝 형태였다. 여러 유형의 토양에서도 안정적으로 유지될 수 있도록 콘크리트로 지지되거나 암석을 기반으로 세워졌다. 어느 방향에서도 군사분계선 식별이 가능하도록 말뚝 꼭대기에 '군사분계선 표시물'이라고 쓰인 표지판이 고정되었다. 처음에는 원형 표지판이 제안되었으나, 직사각형 모양으로 바뀌었다. 표식물 사이의 거리는 한 곳에서 다음 표식물을 볼 수 있도록 직선 500m, 곡선 300m를 넘지 않았다. 군사분계선이 도로, 산길, 강, 개울과 같은 곳을 지날 때는 이로부터 10m가 떨어지지 않은 곳에 북쪽과 남쪽 건너편으로 번갈아 설치되었다. 그리하여 총 1,292개 지점에 군사분계선이 표시되었다.

그런데, 군사분계선은 말뚝 형태로만 표시되는 데 그치지 않았다. 흔히 군사분계선은 선이 아니라 1292개의 점이라고 알려졌지만, 꼭 그렇지는 않다는 말이다. 300~500m 간격으로 표식물이 있다고 해도 월경의 가능성은 충분했기 때문에, 이를 방지하기 위해 곧 표식물과 표식물을 잇는 가는 선이 곳곳에 설치되었다.[278] 하지만, 이때의 선은 오늘날

---

[278] Demilitarized Zone Markers: Photos made by JOT Members to Show Condition

철책처럼 공고하게 전면적으로 만들어진 것은 아니었고, 말뚝과 말뚝을 단순히 잇는 정도였다. 더구나 말뚝도, 말뚝과 말뚝을 잇는 선도 관리가 되지 않으면서, 군사분계선을 표시했던 선은 없어지고 말뚝도 훼손되어 갔다.

군사분계선과 더불어 비무장지대 남북 경계선도 식별이 가능하도록 설치되었다. 비무장지대의 남쪽·북쪽 경계에 접근하고 있음을 경고하기 위함이었다. 이 역시 표지판 형태로 설치되었고, 성근 철조망을 이어서 비무장지대 경계선이 곳곳에 표시되었다. 이에 대한 책임은 각방의 사령관에게 주어졌다.

─ 표식물의 보수와 유지

군사분계선의 위치를 알리는 표식물이 설치되었지만, 이는 시간이 지나면 자연스럽게 풍화나 화재 등으로 훼손될 수밖에 없었다. 경계선의 위치를 알리고 월경을 방지하기 위한 목적의 표식물이었으므로, 곧 표식물 상황에 대한 점검은 군사분계선 점검과 같았다. 양측은 설치된 표식물의 보수·유지의 필요성에 동의했다.

1954년에서 1955년에 걸쳐, 군사분계선 표식물 보수·유지를 위한 논의 및 합의가 이루어졌다. 1954년 8월 24일과 31일, 9월 17일 열린 참모장교회의에서는 군사분계선 표식물의 유지 작업을 목적으로 군사분계선 일대를 '갑(A)'구와 '을(B)'구로 분할하였다. 유엔사 측이 갑구의 표식물을 유지하고, 북·중 측이 을구의 표식물을 유지하기로 책임 한계를 확립했으며, 표식물의 번호 배당 방법과 규격을 확정했다. 총 1,292개의 군사분계선 표식물 중에서 696개는 유엔사 측이, 596개는 북·중 측이 관리하기로 하였다. 일련의 참모장교회의에서 도달한 합의

of Markers, RG 550, Korean War Armistice [Entry UD WW 169].

[도 1-11] 군사분계선 표식물

공동감시소조가 표식물의 상태를 확인하기 위해 찍은 사진이다.

출처: Demilitarized Zone Markers: Photos made by JOT Members to Show Condition of Markers, RG 550, Korean War Armistice [Entry UD WW 169], NARA.

는 1955년 1월 21일 제124차 비서장회의에서 승인되었다. 이에 관련한 공식적인 공동 '각서'는 작성되지 않았지만, 유엔군 측 참모장교회의록 사본이 비서처에 보관되었다.[279]

그런데 군사분계선이 강의 중앙을 통과하게 되는 임진강, 북한강, 금성천의 양 연안에 있는 군사분계선 표식물의 경우, 종래의 갑구와 을구에 대한 책임을 그대로 수행하기가 어려웠다. 예를 들어, 유엔군 측 책임하에 있던 갑구 중 군사분계선 표식물이 임진강 북·중 측 강 안에 소재하는 경우, 반대로 북·중 측 책임하에 있던 을구의 군사분계선 표식물이 금성천 강 안에 소재하는 경우가 있었다. 이에 양측은 갑·을구에 상관없이 자기 측 강 안에 있는 군사분계선 표식물을 담당하는 것이 효율적이라는 데 합의하게 되었다.

양측은 이렇게 강 안에 있는 군사분계선 표식물 관리 책임을 잠정적으로 변경하는 데 대한 특별한 절차를 마련했다. 「군사분계선이 임진강, 북한강 및 금성강 등의 중앙을 통과하는 강 양 연안에 있는 군사분계선 표식물의 보수 및 유지에 관한 양해」가 1958년 1월 28일 제168차 비서장회의에서 비준되었고, 1958년 3월 1일부터 효력이 발생되었다.[280]

북·중 측
임진강—0350, 0351, 0353, 0357, 0359, 0361
북한강—0863, 0864, 0866, 0868, 0870, 0872, 0874, 0876, 0878,
　　　　0880, 0882, 0884, 0886, 0888, 0890

279　(문서제목 없음) 201-01, Administrative Understandings upon Disc of UNCMAC, Trf ORCEN. Ret FRC 2 years later, RG 550, Korean War Armistice, Box 46.

280　「군사분계선이 임진강, 북한강 및 금성강 등의 중앙을 통과하는 강 양 연안에 있는 군사분계선 표식물의 보수 및 유지에 관한 양해」[제168차 비서장회의 (1958. 1. 28) 비준], 국방정보본부 편, 앞의 책, 107~108쪽.

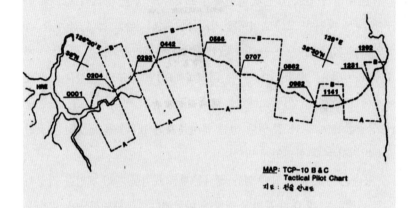

Figure 2
도 면 2

Appendix B
부 록 비

[도 1-12] 군사분계선 표식물 관리 구역

출처: 「유엔사 규정 551-4」(1986. 4. 25).

유엔사 측

금성천—0818, 0820, 0822, 0824, 0826, 0828, 0830, 0832, 0834[281]

위와 같이 북·중과 유엔사는 잠정적으로 군사분계선 표식물 보수·유지의 담당을 변경했다. 또한 표식물 보수·유지 시 자기 책임 구역에서 사용하는 것과 같은 자재를 사용하는 것에도 동의했다. 다만, 잠정적인 변경이 성립된 후에 상대측이 보수·유지한 표식물의 경우라도 갑·을구의 소재에 따라 각기 책임을 종전대로 지도록 했다. 또한 공동감시소조가 필요에 따라 상대측 구역에 있는 하천을 건너 군사분계선 표식물을 조사하며 그 표식물들이 현행 규정에 따라 정상적인 상태에 있는지 여부를 확인할 수 있도록 했다.[282]

하지만, 이후에 군사분계선 표식물 보수·유지는 중단되었다. 1973년 3월 7일 군사분계선 표식물 교체 작업 중이던 남측 인원이 북측의 사격으로 사망하는 사건이 발생한 것이 계기가 되었다.[283] 이 사건은 책임 소재에 대한 합의에 이르지 못했고, 논의는 이후 현재까지도 중단된 채로 이어지고 있다. 2023년 현재까지도 군사분계선 표식물 유지 작업은 중단된 채로 "유엔군 사령관의 명백한 승인이 있을 때에만" 실시하며, 이러한 표식물 점검은 "북한군/중국인민지원군 측의 동의 및 현장 입회 없이는 실시될 수 없다"라고 규정되어 있다.[284]

---

281 「유엔사 규정 551-4」(1986. 4. 25).
282 「군사분계선이 임진강, 북한강 및 금성강 등의 중앙을 통과하는 강 양 연안에 있는 군사분계선 표식물의 보수 및 유지에 관한 양해」[제168차 비서장회의 (1958. 1. 28) 비준]. 국방정보본부 편, 앞의 책, 107~108쪽.
283 이 사건에 대한 자세한 내용은 이 책 3장 1절에서 다룬다.
284 「유엔사 규정 551-4: 군사작전—한국 정전 협정 준수—」(2019. 5. 13), 21쪽.

4) 민정 경찰의 군사화

— 10항의 균열: 군사 경찰(MP) 사용

〈제1조 군사분계선과 비무장지대〉

10. 비무장지대 내의 군사분계선 이남의 부분에 있어서의 민사행
    정 및 구제사업은 국제연합군 총사령관이 책임진다. 비무장지
    대 내의 군사분계선 이북의 부분에 있어서의 민사행정 및 구제
    사업은 조선인민군 최고사령관과 중국인민지원군 사령관이 공
    동으로 책임진다. 민사행정 및 구제사업을 집행하기 위하여 비
    무장지대에 들어갈 것을 허가받는 군인(military) 또는 민간인
    (civilian)의 인원수는 각방 사령관이 각각 이를 결정한다. 단
    어느 일방이 허가한 인원의 총수는 언제나 1천명을 초과하지
    못한다. 민사행정 경찰(civil police)의 인원수 및 그가 휴대하
    는 무기는 군사정전위원회가 이를 규정한다. 기타 인원은 군사
    정전위원회의 특정한 허가 없이는 무기를 휴대하지 못한다.

군사정전위원회는 정전협정에 따라 위험물 제거 등 비무장지대의
'비무장화' 조치를 이행했지만, 다른 한편으로는 '무장화'의 제도적 가
능성을 열었다. 그 시작은 1953년 7월 28일 제1차 군사정전위원회였다.
이때 군정위 회의의 목적은 '비무장지대의 비무장화'에 있었지만, 그 결
과는 아이러니하게도 '무장화'의 봉인 해제였다. 그 대표적인 사안이 바
로 정전협정 10항 민정 경찰의 인원 및 휴대 무기에 관한 것이었다. 이
처럼 첫 군사정전위원회부터 군인의 투입 가능성과 자동화기 사용 여부
가 논의되기 시작했다.

이를 먼저 제안한 것은 북·중 측이었다. 북·중은 "정전협정 발효 후

72시간 이내에 쌍방이 민정 경찰을 포함하여 1,000명을 넘지 않는 경찰 인원을 비무장지대의 자기 측 통제 구역에 파견할 것을 제안"했다. 또 "민정 경찰이 권총, 소총, 수류탄, 카빈총, 토미건을 휴대할 것을 제안"했다.[285] 사실상 자동화기가 포함된 무기를 휴대한 경찰 1,000명의 조기 투입을 제안한 것이었다. 이때 "민정 경찰을 포함하여 1,000명을 넘지 않는 경찰"이라고 표현함으로써, 군사 경찰(military police, MP) 파견의 가능성까지 열었다. 북·중 측의 제안 이후 군사 경찰 사용, 휴대 무기 종류, 파견 시점 등이 군정위 추가 합의의 주 쟁점이 되었고, 특히 군사 경찰 사용과 휴대 무기 허용 문제는 비무장지대의 무장화의 핵심 요소가 되었다.

7월 29일 제2차 군사정전위원회에서 유엔사 측은 북·중 측 제안의 의미를 확인했다. "군인과 민정 경찰 둘 다 쓰려는 것인가?" "쌍방이 반드시 비무장지대에 경찰을 배치해야 한다는 의미인가?" 이에 북·중 측은 비무장지대의 질서 유지를 위해 민정 경찰을 신속하게 보낼 필요가 있다고 하면서, 이미 정전 협상 때 정전 초기에는 군사 경찰이 민정 경찰의 임무를 맡을 수 있다고 합의한 바가 있음을 주장했다. 그러나 유엔군 측은 "군사 경찰을 쓰려고 하는 한 그들을 무장 군인과 구별할 수 없을 것"이고, 더구나 분계선 표시가 아직 이루어지지 않았기 때문에 경찰이 군사분계선을 침범할 수 있다고 하면서, 분계선이 표시될 때까지 이 문제의 논의를 연기하자고 했다. 공산군 측은 민정 경찰이 특정 휘장(certain insignia)을 착용할 것이기 때문에 그들이 무장 부대와 섞일 수 없다고 하면서, 군사 경찰의 활용을 촉구했다.[286]

군사 경찰 사용에 대해 처음에는 유보적인 입장을 보였던 유엔군 측

---

285   "First Meeting of the MAC"(1953. 7. 28).
286   "Second Meeting of the MAC"(1953. 7. 29).

은 곧 동의했다. 명분은 '신속한 합의의 필요성'이었다. 제3차 군사정전 위원회에서 유엔군 측은 민정 경찰 사용에 대한 신속한 합의의 필요성을 언급하면서 "비무장지대에서 행정 및 구제 사업 인원을 포함하여 총 1,000명의 경찰을 사용하는 데 이의가 없다. 우리는 민정 경찰의 기능을 수행하는 군사 경찰 사용에 반대하지 않는다."고 동의했다.[287] 즉, 명분과 기능은 민정 경찰이되, 사실상 군인이 투입되는 길이 열린 셈이다.

대신 유엔군 측이 군사 경찰 사용에 동의하며 이를 보완하기 위해 제안한 것은 특정한 표지와 투입 시점, 휴대 무기 종류의 제한 등이었다. 유엔군 측은 "비무장지대에서 일하는 모든 경찰은 멀리서도 경찰임을 쉽게 인지할 수 있도록 구별 가능한 제복이나 장치를 반드시 갖출 것"을 제안했다. 또한 양측 경찰이 실수로 군사분계선을 넘는 일을 방지하기 위해 공동감시소조의 군사분계선 표시 작업이 시작된 이후 36시간까지는 경찰의 진입이 금지되어야 하고, 휴대 무기를 권총과 카빈총으로 제한해야 한다는 정도의 제안이었다.[288]

북·중 측은 비무장지대 내 질서를 유지하고 양측 및 공동감시소조 인원의 안전을 보장하기 위해 민정 경찰의 임무 수행이 되도록 빨리 개시되어야 한다고 거듭 주장했다. 이는 사실상 군사 경찰의 신속한 투입 및 사용을 주장한 것과 다름없었다.[289]

결국, 앞서 언급했듯이 민정 경찰의 비무장지대 투입은 군사분계선 표시 작업 개시 36시간 이후에 가능하다고 합의되었다.[290] 군사분계선 표식물이 있으면 월경하지 않을 것이라는 인식에 바탕을 둔 합의였다.

287   "Third Meeting of the MAC" (1953. 7. 30).
288   위의 자료.
289   위의 자료; "Fourth Meeting of the MAC" (1953. 7. 31).
290   "Fourth Meeting of the MAC" (1953. 7. 31).

─ "가장 위험한 관례": 무장 인원의 임시 투입

북·중 측은 앞서 합의된 시간도 채 기다리지 못했다. 경찰 투입 가능 시점은 분계선 표시가 완료되는 시간도 아니라 작업 개시 후 36시간 이후였지만, 북·중 측은 임시 조치를 주장했다. 7월 31일 제4차 군사정전위원회에서 북·중 측은 경찰의 비무장지대 투입이 가능해지기 전까지, 공동감시소조의 안전을 위해 군사 경찰을 투입하자고 주장했다. 공동감시소조의 호위를 위해 6명 이내의, 권총과 소총을 휴대한 군사 경찰을 동반할 수 있도록 하자는 주장이었다.[291]

> 북·중: 현재로서는 비무장지대 내에 안전 유지를 위한 인원이나 기구가 없기 때문에, 소수의 군사 경찰(military police)이 공동감시소조를 호위할 필요가 있다. 공동감시소조의 안전 보장에 있어서는, 쌍방의 무장 부대가 비무장지대에서 철수하는 것만으로는 충분하지 않다. 각 소조가 순조롭게 임무를 수행할 수 있도록, 우리 측은 쌍방이 그들을 보호하기 위해 군사 경찰을 각 구역에 파견해야 할 필요가 있다고 생각한다.
>
> 유엔사: 이는 가장 위험한 관례로 보인다. 우리 측은 당신의 제안을 신중히 검토한 후 내일 그에 대한 답을 주겠다.
>
> 북·중: 우리의 제안은 전혀 위험하지 않다. 이는 절대 위험한 문제가 될 수 없다. 예를 들어, 양측은 현재 회의가 열리고 있는 판문점 구역 내에 동일한 수의 군사 경찰을 배치했다. 나는 당신이 우리 측의 합리적인 제안을 진지하게 고려해 보기 바란다.[292]

---

291   앞의 자료.

유엔사는 비무장지대에는 무장한 인원이 없을 것이므로 공동감시소조를 호위할 필요가 있는지 모르겠다고 답했다. 그러자 북·중은 재차 군사 경찰의 필요성을 주장했고, 유엔군 측은 여전히 군사 경찰의 투입은 위험하다고 보았다.[293]

유엔사 측의 '신중한 검토' 요청이 있자, 북·중 측은 휴회 후 다음날 회의를 가질 것을 제안했다. 다시 유엔군 측은 10분 휴회를 요청했고, 10분이 지난 12시 45분에 회의가 재개되었다. 유엔군은 "비무장지대 내에 민정 경찰을 투입하기 전까지 공동감시소조가 6명의 군사 경찰을 동반한다는 (북·중 측의) 제안에 동의"했다.[294] 이렇게 7월 31일 양측은 빠르게 "가장 위험한 관례"에 합의했다.

북·중은 "일방이 제공하는 군사 경찰 6명의 무력 보호는 상대방이 통제하는 비무장지대의 군사분계선을 넘어서는 절대 안 된다."라고 강조했다.[295] 하지만, 군사분계선 표식물을 설치하는 인원이나 위험물 제거 인원, 그리고 이를 감독하는 공동감시소조 등이 군사분계선을 넘을 가능성은 상존하고 있었다. 그리고 그들의 안전을 위해 동행하는 임시 무장 경찰도 그럴 가능성은 갖고 있었다. 군정위에서는 서로 합의되지 않은 인원과 전투비행기 등이 월경하는 일에 대해 항의 및 주의 촉구가 계속되고 있었기 때문이다.

무장한 군사 경찰이 분계선을 넘지 않는다고 하더라도, 이들의 임시 투입 자체가 그야말로 위험한 관례를 만들 수 있었다. 무엇보다 모든 무장 인원의 철수가 진행되던 때 또 다른 무장 인원을 투입한다는 것은 정확하게 정전협정을 위반하는 조치였다. 이러한 납득하기 어려운 예외적

---

292   앞의 자료.
293   위의 자료.
294   위의 자료.
295   "Fifth Meeting of the MAC" (1953. 8. 1).

인 조치가 민정 경찰의 군사 경찰화 및 무기 휴대 논의와 더불어 진행되었고, 결국 민정 경찰 허용은 무기를 휴대한 군사 경찰의 활용으로 이어졌다.

결국 각 측의 무장 군사 경찰이 공동감시소조를 호위한다는 내용의 1953년 7월 31일 합의가 철회된 것은 민정 경찰의 역할을 하는 군사 경찰이 비무장지대에 투입된 이후였다. 1953년 8월 13일 제11차 군사정전위원회에서야 유엔사 측은 무장 인원의 공동감시소조 동행 권한을 철회할 것을 제안했고, 북·중 측은 동의했다.[296]

─ 휴대 무기와 완장 표식

민정 경찰의 무기 휴대 규정은 이후 비무장지대 무장화의 시작이 되었다. 더 위험한 무기를 제안한 것은 공산군 측이었다. 북·중은 민정 경찰의 휴대 무기와 관련하여 토미건이 미군의 카빈총에 상응하는 북측 무기라고 덧붙이며, 카빈총 또는 소형 기관총의 휴대가 바람직하다고 주장했다.[297] 반면, 유엔사 측은 처음에는 권총만을 휴대할 것을 주장하면서, 소형 기관총은 전쟁 무기 또는 가장 폭력적인 폭도를 향해 사용하는 무기라는 이유로 반대했다. 나아가 권총과 소총 사용으로 타협할 것을 제안했다.[298]

민정 경찰의 무기 소지 문제는 군사분계선 표식물의 필요성 문제로 이어졌다. 무기를 소지한 군사 경찰이 군사분계선을 우발적으로 혹은 고의로 넘거나, 상대측을 향해 사격을 가할 가능성을 방지하기 위해 경계선 표식물이 필요하게 된 것이다. 제3차 군사정전위원회에서는 민정

---

296 "Eleventh Meeting of the MAC" (1953. 8. 13).

297 "Third Meeting of the MAC" (1953. 7. 30); "Fourth Meeting of the MAC" (1953. 7. 31).

298 위의 자료.

경찰의 무기 소지 문제와 함께 군사분계선 월경의 위험성이 재논의되었다. 북·중 측은 앞서 언급했던 대로 군사분계선이 표시된 정전협정 지도가 있으므로, 협정을 엄격히 준수하면 민정 경찰이 분계선을 넘는 일이 없을 것이라고 강조했다.[299] 하지만 이는 '민정 경찰의 소형기관총 휴대'를 관철하기 위한 주장이었다.

1953년 7월 31일 제4차 군사정전위원회에서 북·중은 민정 경찰의 권총과 소총 소지에 동의했다. 그리고 이 소총은 방아쇠를 당기면 한 번에 한 발 이상 발사할 수 있는 자동 소총을 포함하지 않는다고 추가로 합의되었다.[300] 군사 경찰(military police)을 민정 경찰(civil police)로 사용하는 문제에 대해서는 양측에 큰 이견이 없었다. 이로써, 군정위에서 양측은 군사 경찰을 민정 경찰로 사용할 것과 그들의 무기 휴대를 합의했다. 이는 앞서 반복해서 강조했듯, 곧 무기를 휴대한 군인의 비무장지대 투입을 합의한 것과 다름 없었다.

군사분계선 표시 작업은, 북·중 측의 경우에는 1953년 8월 5일부터 시작되었고, 8월 10일 10시 00분 민정 경찰이 비무장지대에 진입하기 시작했다.[301] 유엔사 측은 1953년 8월 13일 민정 경찰 임무를 수행하는 군사 경찰이 비무장지대에 신입했음을 통보했다.[302] 유엔군 측의 군사 경찰은 남색(dark blue) 바탕에 하얀색 'MP'가 쓰인 완장을 왼쪽 팔에 착용했고, 정면에 하얀색 'MP'가 쓰인 녹색 헬맷(Olive drab helmet)을 착용했다.[303] 이후 시간이 흐르며 비무장지대 군사 경찰의 표지는 다

---

299   "Second Meeting of the MAC" (1953. 7. 29); "Third Meeting of the MAC" (1953. 7. 30).

300   "Fourth Meeting of the MAC" (1953. 7. 31).

301   "Twelfth Meeting of the Secretaries" (1953. 8. 8), 201-01 (Extracts), Civil Police upon Disc of UNCMAC, Trf ORCEN, Ret FRC 2 Years Later, RG 550, Korean War Armistice, Box 46.

302   "Eleventh Meeting of the MAC" (1953. 8. 13).

양해졌다. 다양한 유형의 헤드기어가 착용되었으며, 왼팔에 착용하는 완장에는 남색 바탕에 흰색 글자나, 빨간색 바탕에 노란색 글자로 'MP' 가 쓰여 있었다.[304] 1953년 9월 7일 제17차 군사정전위원회에서 유엔 군 측에서는 민정 경찰이 625명에서 1,000명 미만으로 투입됨을 통보했 다.[305]

이런 과정을 거쳐, 무기를 소지한 군사 경찰 총 2,000명이 비무장지 대에서 활동 가능하게 되었다. 민정 경찰의 휴대 무기에 자동 소총이 포 함되지 않는다는 제한을 두었지만, 곧 무기의 종류는 다양해졌다. 초기 에는 자기 측의 군사 경찰이 M1 소총 등의 자동 무기를 휴대했음을 인 정하고 유감을 표하기도 했지만,[306] 자동 무기 휴대는 점차 필수적인 요 소처럼 되어갔다. 1953년 8월부터 비무장지대 민정 경찰은 '완장'만 차 고 있었을 뿐, 장총과 총검까지 소지하기도 했다.[307]

또한, 비록 물리적 경계를 확인할 수 있는 군사분계선 표식물이 설 치되었지만, 양측은 실수로 혹은 고의로 군사분계선을 넘곤 했다. 이는 양측의 총격전으로 이어졌다. 더구나 진지를 겸한 경계초소에서의 지원 사격까지 가세했다. 군사분계선에 인접하여 구축된 양측의 경계초소는 서로의 물리적 거리를 더욱더 가깝게 했고 충돌의 가능성을 높였다.[308] 양측은 정전협정 지도도, 군사분계선 표식물도, 민정 경찰의 휴대 무기

---

303   앞의 자료.

304   "99th Meeting of the Secretaries" (1954. 1. 5), 201-01 (Extracts), Civil Police upon Disc of UNCMAC, Trf ORCEN, Ret FRC 2 Years Later, RG 550, Korean War Armistice, Box 46.

305   "Seventeenth Meeting of the MAC" (1953. 9. 7).

306   "Twelfth Meeting of the MAC" (1953. 8. 19).

307   United Nations Command Military Armistice Commission, Office of the Secretariat, "From Joint Observer Team Number Nine to The Military Armistice Commission" (1953. 8. 17), Significant JOT Investigations 1954, RG 554, Korean Armistice Implementation Records, 1951-1980, General Records, 1951-1957.

308   비무장지대의 무장화에 이어진 군사충돌에 대해서는 이 책의 2장 1절에서 다룬다.

제한 규정도, 비무장지대 내 군사시설 구축 불가라는 정전협정 조항도,
이중 그 무엇도 엄격히 준수하겠다는 의지가 없었다. 비무장지대에서의
군사충돌은 그로 인한 필연적인 결과였다.

제2장

1960년대 비무장지대의 무장화와 냉전 경관

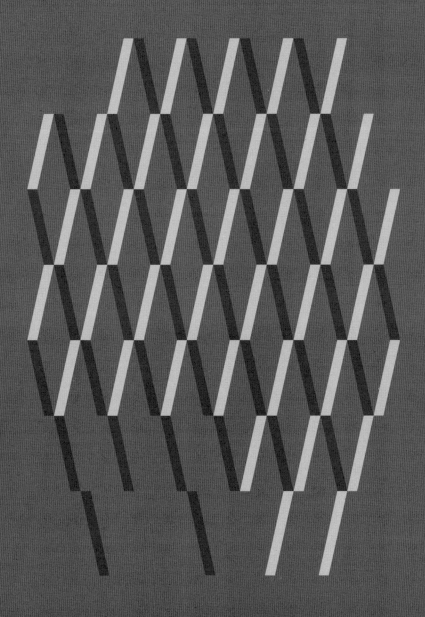

비무장지대의 무장화(militarization)와 군사충돌

1) 정전 이후~1960년대 전반,
정전협정 위반의 양상과 북한의 요새화

─ 비무장지대 위반사건의 양상과 점증

앞서 1장에서는 비무장지대로 설치된 공간을 실제로 비무장화하기 위한 제도의 마련과 이행, 균열을 살펴보았다. 유엔사와 북·중 양측은 정전협정 13항 ㉠목에 따라, 1953년 7월 22일 22시 이후 48일간 비무장지대 내에서 무장 부대를 철수하고 군사적 위험물을 제거했고, 이를 군사정전위원회에서 상호 통보하였다. 이렇듯, 양측은 정전협정을 이행하고, 또 이를 위한 세부 규정을 만들면서 '비무장'지대를 만들고자 했다. 하지만, 동시에 그 세부 규정은 제도상으로 비무장지대의 무장화를 가능하게 할 조짐을 보이면서, 정전협정의 기본 원칙에 균열을 일으키고 있었다. 급기야 비무장지대는 그 이름과 다르게 무장되었다.

그렇다면, 비무장지대 무장화의 핵심 내용과 성격은 무엇이고, 언제 어떻게 무장되었을까. 이 장에서는 비무장지대가 '비'(非. de)가 빠진

무장지대(militarized zone)로 되어간 원인과 과정, 무장화의 핵심 내용과 특징을 살펴볼 것이다. 특히 비무장지대 무장화를 촉발한 사건이나 무장화로 인해 발생한 사건, 무장화가 가져온 독특한 경관의 변화에 주목할 것이다. 비무장지대의 무장화는 앞에서 살펴본 제도상의 한계만이 아니라, 특정한 사건을 통해서도 이루어졌기 때문이다. 이때의 사건이란, 시간을 거슬러 한국전쟁부터 시작해, 1960년대 비무장지대 내에서 일어난 남·북한, 북·미 간의 군사충돌, 한반도 밖의 베트남전쟁과 이에 대한 남북한의 지원 등 아시아의 크고 작은 열전을 말한다. 그리고 이 사건들에는 남한과 북한, 미국, 중국, 소련, 남·북베트남 간의 복잡한 다중 관계가 얽혀 있었다. 비무장지대 안과 밖에서 발생한 각종 사건은 무장화의 원인이 되었고, 무장화는 다시 군사충돌로 이어졌다. 그럴수록 충돌 사건 억제 및 재발 방지를 위한 무장화의 필요성이 높아지는 악순환이 벌어졌다. 또한, 무장화는 비무장지대에 독특한 경관을 형성했다. 이제 비무장지대 무장화와 관련한 다양한 층위에서 벌어진 구체적인 사건들의 연쇄와 그 맥락을 살펴보자.

정전 직후부터 비무장지대에서 협정을 위반한 사건은 발생하기 시작했고, 이는 점차 본격화할 조짐을 보이고 있었다. 유엔사와 북·중은 군정위에서 상대의 비무장지대 위반 문제를 제기했다. 위반사건의 초기 유형은 다음과 같았다.

첫째, 군정위에 제기된 위반 문제 중에서 가장 압도적인 건수는 '완장 미착용'에 대한 것이었다. 1953~1960년 북측이 유엔군 측에 완장 착용 위반을 항의한 건수는 204건이고, 유엔군 측이 북측에 항의한 건수는 399건이다. 이러한 위반의 경향은 시간이 흐를수록 폭발적으로 증가했다.

군사정전위원회가 완장 착용 규정을 두었던 이유는 앞서 살펴보았듯이, 무기를 휴대한 민정 경찰로서 비무장지대에 투입된 군사 경찰을

위반 종류＼연도	1953	1954	1955	1956	1957	1958	1959	1960	합계
공중 위반	135/13	261/13	100/4	19/2	55	44/7	13	19/9	646/48
해상 위반	0	0	0	0	2	0	8	6	16
지상 위반	17/10	14/2	4	3	76	28	19	19	180/12
• 무장공격	0	1	0	0	0	0	0	0	1
• DMZ발포	6	1	1	2	1	2	13	11	37
• 침투(간첩)	10	7	3	1	3	2	5	2	33
• 중/자동화기	1	2	0	0	11	1	1	66	82
• 요새진지	0	0	0	0	0	0	0	0	0
• 완장불착용	0	1	0	0	61	23	0	119	204
• 기타	0	2	0	0	0	0	0	2	4
합계	152/23	275/15	104/4	22/2	133	72/7	40	225/9	842/60

[표 2-1]   북측의 연도별 유엔사 정전협정 위반 비난 건수

부기: / 표기 다음 숫자는 위반 시인 건수
출처: 이문항, 2001, 『JSA-판문점(1953~1994)』, 소화, 367쪽의 건수를 그대로 옮기고 항목별 합계를 추가하였다.

표시하기 위한 것이었다. 비무장지대 위반 사항 중에서 완장 미착용 문제는 대수롭지 않은 것이었다고 생각할 수도 있지만, 이는 양측이 가장 기본적인 규정조차 준수하지 않았음을 보여주는 것이다. 군인들은 '민정 경찰'임을 알리는 완장을 착용하지 않거나 계급장만 가린 채로 비무장지대를 출입하곤 했다. 가장 지키기 쉬운 규정조차 지키지 않는 상황이었으니, 자동화기 반입과 총격 사건, 진지 구축 등과 같은 중대 위반 사건이 발생한 것은 당연한 결과였다.

둘째, 군용기의 군사분계선 월경 문제가 있었다. 경계선 위반 문제를 먼저 제기한 것은 북측이었다. 북·중 측은 제2차 군사정전위원회에서 7월 27일 22시 00분경부터 유엔군 측의 정전협정 위반사건이 발생했

위반 종류＼연도	1953	1954	1955	1956	1957	1958	1959	1960	합계
공중 위반	28	20	12	2	9	7	1	0	79
해상 위반	0	1	0	0	1	3	0	6	11
지상 위반	11/2	1	3	2	50	86	208	177	537/2
• 무장공격	0	0	1	2	0	0	1	2	6
• DMZ발포	0	0	0	0	0	1	0	5	6
• 침투(간첩)	5	1	1	0	(2)	1	1	4(2)	13(4)
• 중/자동화기	1	0	1	0	0	2	9	79	92
• 요새진지	1	0	0	0	0	1	1	2	5
• 완장불착용	1	0	0	0	48	80	194	76	399
• 기타	3	0	0	0	0	1	2	7	13
합계	39/2	22	15	4	60	96	209	182	627/2

[표 2-2]   유엔사 측의 연도별 북측 정전협정 위반 비난 건수

부기: / 표기 다음 숫자는 위반 시인 건수
출처: 이문항, 앞의 책, 367쪽의 건수를 그대로 옮기고 항목별 합계를 추가하였다.

다고 주장하고, 일련의 사건을 나열했다. 27일 유엔군의 기관총 3발이 북측에 발사된 것을 시작으로, 27~28일 포병대 발사 4건이 있었으며, 28일 3건의 군용기 월경이 발생했다는 것이었다. 그리고 구체적으로는 유엔군 측의 군용기가 판문점 남서쪽 약 7km 지점의 덕물산, 판문점 남서쪽 약 11km 지점의 군장산, 고성 남서쪽 약 20km 지점의 금강산 위를 정찰했다고 했다.[1] 또한 29일에도 03시 00분경 군용 비행기가 운산 상공을, 04시 15분부터 5분간 간문봉 상공을, 17시 50분경과 6시경 문동리 북동쪽 인근을 두 차례 정찰했다고 주장했다.[2] 이어 8월 3일에도

1   "Second Meeting of the MAC" (1953. 7. 29).
2   "Third Meeting of the MAC" (1953. 7. 30); "Fourth Meeting of the MAC" (1953.

16시경과 18시경, 개성 남쪽 상공을 두 차례 정찰했다고 주장했다.[3] 당시 북한은 "주의를 촉구"하는 정도로 문제를 제기했고, 유엔군 측도 알겠다고 하면서 조사와 처리가 이루어질 수 있도록 더 구체적인 정보를 달라고 요청했다.[4]

하지만, 얼마 지나지 않아 군정위의 분위기는 달라지기 시작했다. 1953년 8월 8일 제9차 군사정전위원회에서도 북·중이 미 군용기의 위반사건을 나열하자, 유엔군 측도 북측의 위반 사항을 나열하고 군용기 기종 등의 구체적인 정보 제공 없이는 조사가 불가능하다고 반박했다.[5]

미 항공기의 공중 위반은 1953~1955년에 집중되었다. 북·중이 제시한 것만 보면, 각각 135건(1953), 261건(1954), 100건(1955) 등 총 496건이었고, 이 중에서 유엔군 측이 위반을 인정한 것은 총 30건이었다. 항의 건수만 매달 평균 27건(1953), 21.75건(1954), 8.3건(1955) 정도가 되었으므로, 정전 이후 2년 동안에는 논쟁이 될 만한 경계선 위반이 상당히 많이 발생했음을 알 수 있다. 물론 북측이 항의한 미 정찰기의 월경 사건 하나하나를 모두 사실로 보기는 어렵겠지만, 미군 측의 위반 가능성은 충분히 있었다. 미군 정찰기는 비무장지대 남쪽을 일상적으로 비행하다가 월경하기 일쑤였다. 익숙하지 않은 지형과 산림, 폭우나 폭설 등의 기상, 비가시적인 경계선, 조종사의 부주의함과 항공기 결함 등이 그 이유였다.

반복되는 항공기의 월경은 그것의 의도성과 무관하게 정전협정 위반임이 분명했다. 한국전쟁 당시 미 공군의 폭격 피해를 경험했던 북한

7. 31).

3　　"Eight Meeting of the MAC"(1953. 8. 5).
4　　"Second Meeting of the MAC"(1953. 7. 29); "Third Meeting of the MAC"(1953. 7. 30); "Fourth Meeting of the MAC"(1953. 7. 31); "Eight Meeting of the MAC"(1953. 8. 5).
5　　"Ninth Meeting of the MAC"(1953. 8. 8).

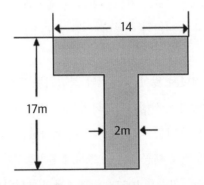

[도 2-1] "T"자형 항공기 시각 경고 보조물

출처: "UNC/CFC/USFK Reg 95-3", (2017. 12. 15), p. 22.

은 이를 매우 민감하게 인식할 수밖에 없었다. 상호 간에 수시로 통신을 통한 정보 교환이 이루어지지 않거나, 한반도 정세 및 북측 상황에 따라 항공기 월경 위반은 중대 사건화하기 쉬웠다.

1955년 8월 17일 미 공군 T-6기가 격추되는 사건이 발생했다. 브라운(Charles W. Brown) 대위가 사망하고 범파스(Guy H. Bumpas) 소위는 부상했다. 1955년 8월 21일 제65차 군정위에서 관련 논의가 이루어졌고, 1955년 8월 23일 시신과 부상자 송환이 이루어졌다.[6] 1956년 11월 7일에는 한국 공군 F-51기가 격추되는 사건도 발생했다. 1956년 11월 10일 제73차 군정위에서 이에 대한 사안이 다루어졌으며, 11월 20일 판문점에서 조종사 임 대위의 시신이 송환되었다.[7] 1958년 3월 6일에는 미 공군 F-86기가 격추되었다. 1958년 3월 10일 제82차 군정위의 논의를 거쳐, 3월 17일 판문점에서 조종사 파이퍼(Leon Pfeiffer) 대위가 송환되었다.[8]

유엔군 측에도 항공기 월경 문제는 심각하게 인식될 수밖에 없는 사안이었다. 항공기 월경이 일어나면, 남측 인원의 안전이 위협받을 수 있는 상황이 초래되고, 또한 이는 적대행위 재발의 단초가 될 수 있었다. 때문에 유엔군은 항공기의 비무장지대 침범 비행을 예방하기 위해, 시각 경고 보조물을 설치하고, 시각 경고 및 청각 경고 신호를 보내도록 했다.[9]

세 번째 위반 유형은 비무장지대 내 군사 시설 및 위험물에 관한 것이다. 1953년 7월 27일 22시 00분 이후 총 48일 내에 비무장지대에서

6 "Sixty-Fifth Meeting of the MAC" (1955. 8. 21); "Sixty-Sixth Meeting of the MAC" (1955. 8. 29).
7 "Seventy-Third Meeting of the MAC" (1956. 11. 10); 『군사정전위원회 편람』, 228쪽.
8 "Eighty-Second Meeting of the MAC" (1958. 3. 10); 『군사정전위원회 편람』, 232쪽
9 "UNC/CFC/USFK Reg 95-3", (2017. 12. 15), pp. 22-26.

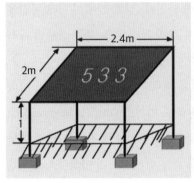

[도 2-2]   남방한계선 남쪽에 위치한 주황색 항공기 경고 표지판

출처: "UNC/CFC/USFK Reg 95-3", (2017. 12. 15), p. 23.

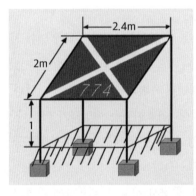

[도 2-3]   남방한계선 북쪽에 위치한 주황색 항공기 경고 표지판

2017년 현재 유엔사는 시각 경고 보조물로 T자형 표식물과 남방한계선 북쪽과 남쪽의 주황색 표지판 등 총 세 종류를 설치하도록 규정하고 있다. 주황색 항공기 경고 표지판은 비무장지대로의 진입을 조종사에게 경고하기 위한 것으로, 주황색으로 도색된 표지판들이 300~400m 간격으로 비무장지대 남방한계선에 평행하게 설치되었다. 남방한계선 북쪽에도 주황색 표지판이 설치된 경우가 있는데, 이 경우에는 표지판에 흰색으로 X자가 표시되어 있다. 항공기가 X자가 표시된 주황색 표지판을 발견했다면, 이미 비무장지대에 진입했다는 것이다. 조종사가 비행 중 비무장지대 시각 경고 보조물을 발견하면 남동쪽(150도~170도 방향)으로 기수를 돌려 비행해야 한다.

출처: "UNC/CFC/USFK REG 95-3", (2017. 12. 15), pp. 22-24.

무장 부대는 철수했고, 청소 작업도 이루어졌지만, 비무장지대가 비무장 상태에서 시작하지 못했던 이유 중 하나는 무엇보다 전쟁 중에 뿌려졌던 지뢰가 제거되지 않은 채였다는 것이다. 유엔군 측은 지뢰의 위험성을 수차례 언급했다. 위험물 제거 완료를 통보하던 제30차 군사정전위원회에서 유엔군 측은 폭발하지 않은 포탄들이 아직 많이 남아 있으며, 이것들은 언제든지 폭발할 수 있을 정도로 위험하다고 인정했다.[10] 이후 1960년에도 "모든 지뢰 및 기타 위험물이 제거된 적이 없다."라고 인정했다.[11] 이는 비무장지대를 순찰하는 사람들과 침입하려는 사람들 모두를 괴롭혔다.[12] 순찰하던 민정 경찰이 지뢰를 밟아 사망하거나[13] 철조망을 끊고 월남하던 사람이 지뢰줄에 발이 걸려 사망할 뻔했고,[14] 화재가 발생했을 때 지뢰가 폭발하기도 했다.[15]

전쟁 중에 이용되었던 초소나 진지 등의 군사 시설도 남아 있었다. 양측은 군사분계선에서 2km씩 물러났지만, 전쟁 중에 구축했던 각종 군사 시설을 정전 직후부터 재사용하는 경우도 있었다. 비워졌던 군사 시설은 다시 무기류로 채워졌고 시설물은 보강되어갔다. '1953년 7월 전군 최초로 임무를 개시'하여 근대시설물로 보존된 고성의 829감시초소(GP)가 그 예였다.[16] 비무장지대에는 무력을 배치할 수 없도록 규정

10   "Thirtieth Meeting of the MAC" (1953. 11. 28).
11   "Freedom of Movement in the DMZ" (1959. 8. 14), 201-01, Free Movement in the DMZ (Para Il of AA), Upon disc of UNCMAC, Trf ORCEN, Ret FRC 2 years later, RG 550: Records of the U.S. Army, Pacific, 1945-1984, Korean War Armistice (Entry UD WW 169).
12   "The Korean Demilitarized Zone" G3, Eighth U.S. Army APO 96301(EAGO-MH) (1967. 8. 19), RG 550, Classified Organizational History Files, 1959-1974, Entry A1 2, Box 100.
13   『경향신문』 1961. 10. 14.
14   『동아일보』 1957. 10. 20.
15   『동아일보』 1963. 3. 29.
16   2018년 겨울 남북한은 비무장지대 내 GP 총 22곳을 시범 폐지하고 이 가운데 각각 1

되었지만, 유엔사와 북한은 소규모 병력이 주둔할 수 있는 시설인 경계 초소를 설치하고 침투에 대비한 무기도 갖추었기에, 양측의 경계초소 간에는 군사적 충돌 위험이 상존하게 되었다.

중대 위반사건은 점차 증가했고, 양상은 더욱 심각해졌다. 정전이 발표된 직후임에도 비무장지대에서 기관총탄이 날아다녔다는 보도가 나온 이래[17] 1950년대 후반에서 1960년대에 이르러서는 상호 항의와 비난이 대폭 증가했다. 군정위에 제기된 정전협정 위반 건수를 보면, 북·중 측은 주로 유엔사의 중/자동화기 반입에 대해, 유엔사는 북한의 요새 진지 구축에 대해 항의했다.[18] 이는 화력 면에서 앞선 유엔사와 요새진지 구축에 적극적이었던 북한의 동향을 반영한다.

비무장지대 위반 문제가 발생했을 때 양측은 정전협정이 규정했던 바와 같이, 공동감시소조를 활용하여 사안을 조사하고 해결하려는 움직임을 보였다. 1953년에서 1965년 사이 유엔군 측은 북한의 비무장지대 내 무장간첩 사건, 요새진지 구축, 경비병들의 분계선 월경과 총격사건 조사를 위해 총 17회 회의를 소집했다. 북측은 1957~1963년에 남측의 무장간첩 사건 조사와 월경사건 조사 및 송환을 위해 총 37회 회의를 소집했다.[19]

양측은 실제로 사건을 조사하고 해결하려는 움직임을 보였고, 단순 월경 사건에 대해서는 쉽게 실수를 시인했다. 하지만, 중대한 사건일수록 선전의 측면에서 활용되기 일쑤였다. 예를 들면 비무장지대 안에 새

개씩을 보존 GP로 선정했는데, 당시 남측이 남긴 곳이 고성829GP이다. 이 GP가 선정된 이유가 바로 '1953년 7월 전군 최초로 임무를 개시'한, 즉 정전 직후부터 사용된 가장 오래된 GP라는 것이었다. 이는 정전협정 체결과 거의 동시에 829GP가 운영되었음을 의미한다.

17   『동아일보』 1953. 7. 31.
18   이문항, 앞의 책, 367~371쪽의 표 참조.
19   이문항, 위의 책, 207~208쪽.

로 구축한 요새진지, 무장간첩 침투사건 또는 쌍방의 총격/교전사건을 공동 조사한 결과에 대해서는 서로 동의하지도 않았고, 군정위에 공동 보고서를 제출하지도 않았다.[20] 이런 사건들에 대해서 공동감시소조의 조사 활동은 불가능했으며, 심지어 군사분계선 표식물을 조사하던 상대방의 공동감시소조 조사원들을 향해 발포하는 사건까지 발생했다.[21] 양측은 상대의 회의 소집에는 거의 응하지 않았고, 급기야 1967년 4월 8일 243차 군정위 이후에는 북한 측의 불참으로 공동 조사라는 기능이 "마비 상태"가 되었다.[22] 결과적으로 정전 이후부터 1960년대 중반에 이르는 사이에 군정위의 공동감시소조 기능은 유명무실해졌다. 이는 비무장지대 위반사건을 조사함으로써 군정위를 보조하고, 나아가 무장화와 충돌을 억제할 수 있는 기구가 전혀 기능하지 못하게 되었음을 의미했다.

― 미군의 전술핵 배치와 북한의 '땅굴' 건설

비무장지대의 요새화는 1960년대 초부터 본격적으로 이루어졌다. 그 시작은 '땅굴'로 익숙한 지하갱도 건설과 경계초소(Guard Posts, GP) 구축이었다. 특히 북한의 땅굴은 발견되기 전까지 남측에는 전혀 알려지지 않았고, 군정위에서도 논의된 바가 없었지만, 방대한 건설이 비밀스레 진행되고 있었다. 또한, 반대로 유엔군 측도 요새화된 진지(경계초소)를 구축하고 있었다. 비록 군정위에서 북측의 요새진지 구축에 대해 강력하게 항의했지만, 남측도 이에 상응하는 경계초소를 운영하고 있었다.

먼저, 북한의 비무장지대 지하갱도를 살펴보자. 이른바 '땅굴'은 현

---

20   앞의 자료.
21   위의 자료.
22   국방정보본부 편, 1986, 『군사정전위원회 편람』, 157쪽.

재 총 4개가 발견되었다. 1974년 연천에서 처음 발견된 이래, 1975년 철원, 1978년 파주, 1990년에도 양구에서 추가로 발견되었다. 비무장지대를 가로질러 지하에 건설된 땅굴의 존재와 발견은 충격적이었다. 그런데 '무장간첩 남파와 남침용 땅굴'로 알려진 비무장지대 지하갱도는, 사안의 중대성에 비하면 그 목적과 배경이 연구되거나 정확히 알려진 적이 없다. 땅굴의 용도는 무엇이었고, 언제 왜 만들어졌을까. 혹시 땅굴 발견 시점으로 미루어 보았을 때, 베트남전에서 활용된 '지하갱도'가 북한의 땅굴 구축에 전략적·기술적으로 영향을 준 것은 아닐까. 결론부터 말하면, 흥미롭게도 그 반대였다.

북한이 비무장지대 지하갱도를 구축하게 된 계기는 1950년대 말 미국의 신형무기 도입이었다. 미 대통령의 지시에 따라 미 국가안전보장회의 기획위원회는 1957년 1월 14일 「NSC 5702: 대안적 대한 군사 프로그램 평가에 대해 국가안전보장회의 사무총장이 작성한 기록」에서 남한에 적용할 군사적 대안을 마련하면서 제트기 등 새로운 종류의 군사 장비, 주한미군의 현대화, 특히 핵 능력을 갖춘 무기의 도입, 핵탄두 탑재 문제, 비용, 한국 안팎에 미칠 영향 등을 고려했다.[23] 그런데, 이와 같이 남한에 대한 새로운 무기 도입은 정전협정에 대한 전면적인 위반이었다. 남한에 신무기류를 들여오기 위해서는 "같은 성능과 같은 유형의 무기류만 1 대 1로 교환 가능하며" 이는 "중립국감독위원회의 중립국시찰소조의 감독과 시찰하에 '지정된 출입항을 경유'해서 반입·반출될 수 있으며", "그 이외의 무기류 반입은 금지한다"는 정전협정 13항 (ㄹ)목이 무효가 되어야 했다. 1956년 5월 31일 제70차 군정위에서 유엔군 측은

23   "National Security Council Report" (1957. 1. 14), *FRUS*, 1955-1957, Volume
        XXIII, pp. 374~384; 도널드 스턴 맥도날드, 한국역사연구회 1950년대반 옮김,
        2001, 『한미관계 20년사(1945~1965년)』, 한울, 52쪽.

중립국시찰소조의 활동 정지를 선언했다. 이어서 1957년 6월 21일 제75차 군사정전위원회에서 유엔군 측은 북·중 측이 정전협정 13항 (ㄹ)목을 위반하고 있으므로 "유엔군사령부는 상대적인 군사력 균형을 회복할 때까지 이 조항에 따른 의무 이행에서 벗어날 권한이 있다."라는 성명을 발표했다.[24] 즉, 정전협정 13항 (ㄹ)목의 기능 중지 선언이었다. 중감위는 남북 양측의 군사력 증강 감시 기능에 관한 역할을 부여받았지만, 1956년 6월 중립국시찰소조는 철수했고, 1957년 13항 (ㄹ)목은 무효 선언되었으며, 중감위는 판문점 본부만 남았다.[25] 그리고 1958년, 한국군 감축과 군사력 감축을 상쇄하기 위한 전술핵 배치가 진행되었다.[26] 이에 북·중 측은 군정위에서 미국의 신형무기 도입을 강력히 비판하고 정전협정 13항 (ㄹ)목 폐기 철회를 주장했다.

〔표 2-3〕은 1959년 말~1960년 군사정전위원회에서 나온 상대의 정전협정 위반에 대한 문제 제기 및 그에 대한 대응 발언을 정리한 것이다. 이 표를 보면 비무장지대에서의 진지 구축이나 신형무기 반입 등이 논란될 때 양측이 어떠한 논리로 대응했는지, 공동감시소조를 활용하려 하면서도 동시에 어떻게 이를 무력화시켰는지가 잘 드러난다. 유엔군 측이 북·중 측에 제기한 문제는 비무장지대 내 불법 군사진지에 관한 것이었는데, 그에 대해 북한은 그것이 민정 경찰이 거주하는 건물이라 대응하면서 오히려 유엔군 측이 신형무기를 도입했다고 비난했다. 이에 유엔군 측은 군사적 균형과 방위적 목적을 위해 강구된 자위수단이라 정당화하며 정전협정 13항 (ㄹ)목의 폐기를 철회할 뜻이 없음을 거

---

24   "Seventy-Fifth Meeting of the MAC" (1957. 6. 21).

25   그 과정과 문제점에 대해서는 박태균, 2003, 「1950년대 미국의 정전협정 일부조항 무효선언과 그 의미」, 『역사비평』 63 참고.

26   이동원, 2020, 「1950년대 한국의 '평화를 위한 원자력' 기술 도입과 냉전적 변용」, 『역사문제연구』 43.

제113차 (1959. 12. 4)	
북·중 측	• 공동감시소조의 조사를 착수하기 전에 언론 통해 정전 위반이라고 하는 것은 일방적인 태도 • 외국군 철수, 13항 ㈜목 폐기 철회, 신형무기 반입, 공중 위반, 간첩 북파, 공산포로 강제억류 등 선전
유엔사 측	• 비무장지대 내 군사기지 불법 구축을 비난, 정전협정 제1, 6, 9항 준수 촉구
제114차 (1960. 2. 11)	
북·중 측	• 미국이 남한에 원자 및 유도무기를 불법 반입
유엔사 측	• 군사 역량의 상대적 균형 유지와 방위 목적을 위해 정전협정 13항 ㈜목의 폐기가 불가피한 조치였음
제115차 (1960. 3. 3)	
북·중 측	• 신형무기 도입은 엄중한 정전협정 위반, 불법 도입 무기를 반출하고 현재 운송 중인 신형무기를 즉시 미국으로 반송할 것
유엔사 측	• 군사적 균형과 방위적 목적을 위해 자위수단을 강구하지 않을 수 없었음
제116차 (1960. 3. 15)	
북·중 측	• 유엔측의 마타토르 유도탄 발사와 정전협정 위반 비난
유엔사 측	• 남파간첩의 40%가 마약 소지
제117차 (1960. 4. 19)	
북·중 측	• 유엔측이 도입한 신형 에네스트존 로켓트를 비롯한 신형무기의 발사 계획을 즉시 중지할 것
유엔사 측	• 공동감시소조의 조사 실태를 들어 간첩 남파를 중지하고, 비무장지대 내 불법 군사진지를 해체할 것
제118차 (1960. 5. 4)	
북·중 측	• 유엔의 신형 에네스트존 발사, 북파간첩, 비무장지대에서 군사훈련과 미사일 및 자동화기 반입, 무장인원의 침입 행위 및 정찰 행위 비난
유엔사 측	• 허위적인 비난과 부당한 요구 제기 중지
제119차 (1960. 5. 19)	
북·중 측	• 유엔측 주장은 거짓, 북측 민정 경찰이 거주하고 있는 건물의 크기가 큰 것일 뿐, 유엔측의 신형무기를 즉시 해외로 반출할 것을 주장
유엔사 측	• 북·중 측의 비무장지대 내 진지 구축과 무장인원 배치에 대해 공동감시소조의 조사를 실시할 것, 유엔측 공동감시소조의 조사를 방해할 목적으로 시설물 접근을 거부하고 있다고 북·중 측을 비난

[표 2-3] **군사정전위원회(제113차~제119차), 정전협정 위반 관련 양측의 주장과 상호 비난**
출처: 국방정보본부 편, 앞의 책, 247~249쪽 재정리.

듭 밝혔다. 이처럼 양측은 정전협정을 바탕으로 상대의 행위를 불법이라고 비난하면서도, 자신의 불법 행위는 정당화하면서 정전협정을 사문화해갔다.

주한미군의 전술핵 배치는 남북한 모두에 새로운 군사전략 및 방위체계에 대한 과제를 제기했다. 전술핵 투하에 대응하여 어떻게 생존성을 유지하면서 군사작전을 전개할 것인가 하는 문제가 생긴 것이었다. 먼저, 한국군 내부에서 즉각적으로 대응 방안이 논의되었다. 원자전 발발 가능성에 대한 위기의식 아래 모색한 군사전략은 다음과 같았다. 우선 전술핵 투하에 따른 생존성을 보장하기 위해 부대를 경보병화하고, 진지 방어에서 기동 방어로 작전 개념 변경을 검토했다. 또한 한국전쟁 당시의 진지 방어 및 탈환전 중심에서 벗어난, 원자전에서의 방어진지를 활용한 역습 중심의 전투수행 방안이 제기되었다.[27]

북한은 대외적으로는 남측의 원자 및 유도무기 등 신형무기의 도입을 정전협정 위반이라고 강력하게 비난하는 한편, 내부적으로는 미국의 폭격 및 핵전쟁에 대비하는 방안을 마련했다. 일단 미국의 전술핵 투하를 상정하고 군사노선을 설정하기 시작하면서 비무장지대 땅굴이 구축되었고, 이는 1962년 '4대 군사노선'의 채택으로 이어졌다. 이에 관한 내용은 북한 주재 동독과 헝가리 대사관이 본국에 전한 외교문서에 잘 나타나 있다.

4대 군사노선이란, '전 인민의 무장화', '전군의 간부화', '전 지역의 요새화', '전군의 현대화'이다. 이러한 군사노선이 1962년 12월 조선로동당 중앙위원회 제4기 제5차 전원회의에서 채택되었음은 이미 잘 알려져 있다. 흥미로운 지점은, 이 노선이 채택되기 전부터 비무장지대 땅굴

---

27   김영환, 2022, 「1950년대 후반 원자전에 대비한 한국군 전쟁 수행방안 연구-군사평론에 대한 고찰을 중심으로」, 『한국군사』 제12호.

이 구축되고 있었다는 것이다. 1961년 북한은 이미 지하 군사시설 건설 계획을 수립했고, 그 계획에 따라 본격적으로 땅굴을 건설했다. 1962년 초부터 북한군의 전문가들이 땅굴과 휴전선 부근의 지하 격납고 건설에 투입되었다.[28] 군대의 대부분도 지하갱도, 도로, 시설물 등의 건설에 투입되었다.[29]

이렇게 보면, 4대 군사노선에서 말하는 '전 지역의 요새화'는 1962 년에 집중적으로 진행되었던 휴전선 인근의 땅굴 건설을 전 지역으로 확대함을 공식화한 것이었다. 인민군의 강화 외에 해안 방위 및 영공 방위를 목적으로 한 진지와 땅굴 건설, 군수산업 확장, 인민군 군사교육 강화 등을 통해 방위 태세를 전방위적으로 공고히 하겠다는 방침이었다.[30]

'전 지역의 요새화'는 실제로 북한 전역에서 전쟁 대비 시설들의 증가와 이를 위한 인력과 물자 동원으로 이어졌다. 참호 구축 작업과 방공호 건설은 물론이고,[31] 진지 체제와 지하갱도 건설이 강화되었다. 특히 휴전선 북쪽과 해안 지역에 지하갱도 체제와 방어 시설이 구축되었는데,[32] 뒤에서 살펴보겠지만, 모두 한국전쟁 때 방어진지가 구축되었던 곳이다. 여기에는 인민군의 단위부대는 물론이고 대학생과 공장 직원들도 대대적으로 투입되었다. 대규모로 동원되다 보니, 공장의 노동력 부

---

28 「국가인민군 육군무관이 평양주재 소련 무관으로부터 받은 보고에 관한 정보」(1962. 2. 23), 통일연구원 편, 2006, 『독일지역 북한기밀문서집』, 선인, 32~34쪽. [이하 문서명(연도), 『독일지역 북한기밀문서집』, 쪽수로 약함]

29 「북한 인민군 당위원회 제5차 확대 전원회의 평가서」(1963. 1. 28), 『독일지역 북한기밀문서집』, 43쪽.

30 위의 자료, 42~45쪽.

31 「북조선 주재 헝가리 대사관에서 외교부로 보낸 보고」(1963. 2. 15), 박종철·김보국·박성용·정은이, 2013, 『헝가리의 북조선 관련 기밀해제문건』, 선인, 37쪽. [이하 문서명(연도), 『헝가리의 북조선 관련 기밀해제문건』, 쪽수로 약함]

32 「1963년도 북한의 군사정치적 상황의 변화에 대한 평가」(1963. 12. 25), 『독일지역 북한기밀문서집』, 116쪽.

족 현상이 나타날 정도였다. 또한 인민군의 지휘하에 대규모의 폭파 작전들이 조직적으로 진행되었다.[33] 즉, 비무장지대 땅굴은 4대 군사노선 중 '전 지역의 요새화'와 연결되어 있을 뿐 아니라, 4대 군사노선 채택에 앞서 먼저 구축되었던 것이다.

이처럼, 1960년대 초 북한은 비무장지대 일대는 물론이고, 해안 지역과 북한 전역에서 '요새화'를 추진했다. 그리고 이러한 갱도식 진지 체제를 핵심으로 하는 방어체계에 대해 확신을 가지고 있었다. 김일성은 북한 주재 소련 대사에게도 "지리적 여건상 핵전쟁이 벌어지더라도 핵폭발이 산지 지형으로 인해 확산되지 않기 때문에 확실한 이점이 있다."고 말했다.[34] 북한은 "아무리 수소폭탄이라 할지라도 동굴화된 요새에 피해를 입힐 수는 없을 것이라고 단언"하고 있었다.[35]

— 고지전과 갱도식 진지 구축

이때 북한 전역에 집중적으로 구축된 갱도식 진지 체제를 어떻게 평가해야 할까. 정말 북한은 이를 통해 핵전쟁을 방어하고 생존할 수 있으리라 생각했을까. 북한이 갱도식 진지 체제에 이토록 확신을 가진 근거는 무엇이었을까. 또한 어떻게 1960년대 초에 일부 특수 지역도 아니고 북한 전역에 대규모 지하갱도 시설이 구축될 수 있었을까. 이것이 가능하기 위해서는 단순한 확신이나 모험주의라고 평가될 수 있는 정책만이 아니라, 즉각적으로 실행에 옮길 수 있는 축적된 기술력이 뒷받침되어야 하며, 상당량의 건축 자재도 필요하다. 나아가, 이미 어느 정도는 유

33   「북한의 군사정책에 관한 몇 가지 문제」(1963. 3. 21), 『독일지역 북한기밀문서집』, 49~50쪽.

34   「북조선 주재 헝가리 대사관에서 외교부로 보낸 보고」(1963. 2. 15), 『헝가리의 북조선 관련 기밀해제문건』, 37쪽.

35   「북조선 주재 헝사리 대사관에서 외교부로 보낸 보고」(1963. 5. 27), 『헝가리의 북조선 관련 기밀해제문건』, 41쪽.

사한 시설이 존재하고 있어야 한다.

북한에는 이미 유사한 지하시설들이 존재하고 있었고, 이를 건설했던 기술력도 있었다. 이는 바로 한국전쟁 때의 경험으로부터 나왔고, 김일성의 확신도 이에 근거하고 있었다. 일례로 김일성이 1963년 5월 소련 대사에게 "바위동굴로 첫 번째 전쟁에서 승리했었고, 두 번째 역시 그러할 것"이라고 말한[36] 것을 보면 알 수 있다. 김일성은 한국전쟁 때 '바위동굴'을 활용한 방어와 공격이 전쟁 승리의 이유가 되었다고 자평하고 있었는데, 향후 제2차 한국전쟁이 벌어져도 '바위동굴'을 활용해 승리할 수 있다고 판단하고 있었다.

김일성이 말한 '바위동굴' 또는 '동굴화된 요새'는 갱도식 진지 체계를 의미했다. 이것은 자연 동굴을 방공호 등으로 활용하는 차원을 넘어선, 적극적인 진지 방어체계로서의 참호(塹壕), 교통호(交通壕), 갱도(坑道) 등을 말한다. 각각의 사전적 의미를 살펴보면, 참호는 야전에서 적의 공격을 방어하는 시설로 보통 땅을 파서 만든 도랑이고, 교통호는 참호와 참호 사이를 안전하게 다닐 수 있도록 상호 연결해 지면에 길고 좁게 파놓은 호이다. 갱도는 광산의 갱도처럼 땅속에 뚫어놓은 길 즉 땅굴로, 땅굴을 파서 만든 진지를 이용해서 방어나 전투를 수행한다.[37] 한국전쟁 고지전 당시 북·중 연합군은 이러한 구조물을 만들고 서로 연결시키는 방식으로 요새화된 진지를 구축했다.

한국전쟁 때 북·중이 갱도식 진지를 중심으로 하는 방어구조물을 구상한 시기는 고지전에 돌입하던 시기, 그리고 정전회담이 예견되던 때와 일치한다. 중국은 『항미원조전쟁사』 제3권에서, 갱도식 진지 구상

36 　앞의 자료.
37 　군사용어대사전 편집위원회, 2016, 「참호」·「교통호」·「갱도 방어」·「갱도 전」, 『군사용어대사전』, 청미디어.

시기는 고지전에 돌입하고 정전회담에서 군사분계선 협상이 시작되었을 때였다며, 정전회담 개최 이후라고 주장했다. 한 개 진지에 하루 동안 수백 발에서 수만 발의 유엔군의 포탄과 폭탄이 떨어져서, 많은 사상자가 발생하고 진지가 파괴되거나 진지를 유엔군 측에 빼앗겼기 때문에, 이때 전선을 지키는 문제가 제기되었다는 것이다.[38] 그러나 사실 구상 시점은 이보다 조금 더 빨랐다. 정확히는 북·중이 정전회담을 앞두고 적극적인 진지 방어 전략으로 전환한 시점인 1951년 6월 중순부터였다.[39] 즉, 군사분계선 협상이 진행되던 정전회담 초기에는 이미 전선에서 갱도와 참호, 교통호를 파는 진지 강화가 이루어지고 있었던 것이다.

고지전이 한창 벌어지던 때에는 전선과 전선 후방에서 산지를 요새로 이용하거나 갱도식 진지를 구축하여 활용하였다. 북한이 산지를 요새로 이용하여 전황을 유리하게 이끈 대표적인 예는 금강산 일대의 고지전이며, 지하갱도를 유리하게 활용한 예는 양구와 인제 사이 가칠봉 일대의 1211고지에서 벌어진 전투가 대표적이다.

자연과 역사문화의 명산으로 유명한 금강산 일대는 한국전쟁 중에 치열한 고지전이 벌어진 전투의 현장이었다. 동쪽으로는 원산에서 강릉까지 이어지는 해안도로가 있어 교통망의 요충지이기도 했고, 특히 고성 북방 최고봉인 월비산은 동해안 고성-통천-원산간 도로와 남강 일대를 감제(瞰制)하고 351고지는 동해안과 접한 저지대를 감제할 수 있는 중요한 요지였다. 때문에 1951년 7월 15일부터 1953년 7월 27일까지 월비산(459고지)과 351고지 등에서 치열한 공방전이 계속되었다. 한국군 제5, 11, 15사단, 수도사단과 북한군 제6군단 예하 제9사단, 제7군

---

38   중국 군사과학원 군사역사연구부, 국방부 군사편찬연구소 옮김, 2005, 『중국군의 한국전쟁사』 3, 275쪽.
39   박태호, 1983, 『조선인민의 정의의 조국해방전쟁사』 3, 사회과학출판사, 4~12쪽.

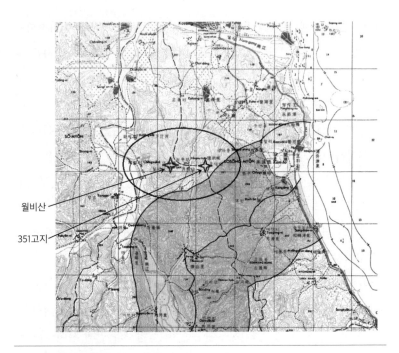

월비산 ——

351고지 ——

[도 2-4] 월비산(왼쪽)과 351고지(오른쪽)

※ 정전협정 지도에 월비산과 351고지를 표시함.

[도 2-5] 고지전에서 '인민병원'으로 활용되었다는 동굴

이외에도 문주암은 식당으로 활용되어 식사와 필수품을 공급했다고 한다.

출처: 최성길, 1962, 『금강산』, 군중문화출판사에서 재인용.

단 예하 제3, 7사단 등이 이 일대를 서로 뺏고 뺏기기를 반복했다. 미 제 5공군과 한국 공군의 전투 지원까지 가세했는데, 정전 당일까지 한국 공군 15개 편대 전투기 60대가 월비산을 비롯한 351고지 인근 지역으로 출격하여 공격했다.[40] 결국 1953년 7월 27일 정전협정이 발효되고 전투가 멈추었을 때, 351고지와 월비산은 북한이 차지하고 있었을 뿐 아니라, 이 일대는 북방한계선보다 북쪽에 위치하고 있었다.

이렇게 고지전이 벌어졌을 때, 금강산은 요새로 활용되었다. 금강산의 동굴과 암자 등은 은신처나 병원, 식당 등으로 이용되었다. 북한은 금강산을 "사수"했다고 자부하면서, "월비산과 351고지, 영웅고개로 불리는 온정령 및 원호고개를 비롯한 수많은 전적지들과 사적지들이 도처에" 있다는 점에서 금강산이 "전쟁의 요새"이자 "승리의 영산"이라고 강조했다.[41] 흥미롭게도 이를 상세히 소개하는 『금강산』이 발간된 것이 비무장지대 갱도식 진지가 한창 구축되던 1962년이다.

1211고지 일대의 전투는 특히 1951년 여름에서 가을에 치열했다. 유엔군은 공격하고, 공산군은 방어하는 입장이었다. 유엔군 측은 1211고지를 3번 점령했다가, 상실하기를 반복했다. 결국 1211고지는 북한이 확보했다. 다만 유엔군은 그보다 남쪽의 가칠봉-서희령 전선을 차지함으로써 해안분지를 점령할 수 있었다.[42] 북한은 '빼앗긴' 해안분지에 대해서는 언급하지 않지만, '지켜낸' 1211고지 방어전투에 대해서는 거듭 강조해왔다.

---

40 국방부 군사편찬연구소, 2017, 『6·25전쟁 주요 전투』 2, 국방부 군사편찬연구소, 44~47쪽, 84~88쪽, 120~123쪽, 354~356쪽.

41 최성길, 1962, 『금강산』, 군중문화출판사. 아울러 금강산의 장안사, 유점사, 신계사 등 산중 도처의 거의 모든 귀중한 문화유물과 명소들이 파괴되었다고 안타까워하면서, 전후 문화유물과 문화 휴식 시설을 신속하게 복구했다고 주장했다.

42 국방부 군사편찬연구소, 2017, 『6·25 전쟁 주요 전투』 1, 국방부 군사편찬연구소, 563~565쪽.

북한은 이 전투의 승리에는 김일성의 방문과 지시가 결정적인 역할을 했다고 주장한다. 『조선인민의 정의의 조국해방전쟁사』(1983)에 의하면, '추기(秋期)방어작전'(1951. 9. 29~11. 12)을 앞두고 김일성은 9월 23일 1211고지에서 방어 임무를 수행하던 256군부대를 방문하여 병사들을 격려하고, 1211고지 사수를 명령하면서 진지의 갱도화를 지시했다.[43] 북한은 "진지들을 철저히 갱도화하는 것은 조선전쟁의 특성과 함께 현대 전쟁의 모든 객관적 요구를 집중적으로 반영한 완전히 새롭고 독창적인 군사전략사상의 구현이었다"라고 평가했다.[44] 갱도를 기본으로 하는 방어진지를 바탕으로 한 전술이었기에 미국의 "초토화작전과 세균전, 화학전으로부터 인원, 무기 및 전투기술기재를 보호"할 수 있었고, 차지하고 있던 경계선을 끝까지 지켜낼 수 있었다는 것이다.[45]

그런데 1211고지전과 진지의 갱도화는 북·중 연합군이 공동으로 수행한 것이라, 김일성의 독자적인 구상과 지시만으로 갱도화가 이루어지기란 불가능했다. 『조선인민의 정의의 조국해방전쟁사』에도 "전선의 연합부대"가 갱도를 파며 여러 가지 야전축성물들을 설치했다는 흔적이 보인다.[46] 갱도 구축이 어떻게 전개되었는지 살펴보자.

1951년 6월 중순 중국인민지원군 제65군단과 제47군단 제140사단은 진지에 포탄을 방어할 수 있는 '고양이 귀' 식의 동굴을 다수 만들었다. 교통호 내부에 너비 0.8~1m, 높이 1m, 지상에서 봤을 때의 길이 2~3m 정도 되는 동굴을 한 명당 두 개씩 만들어 진지를 U자형 소참호로 구축한 것이다. 중공군 지휘부는 유엔군의 폭격 방어전에서 이러한 참호가 성과가 있다고 판단하고, 1951년 7월 3일 일선 중국군과 북한군

---

43   박태호, 앞의 책, 41~44쪽.
44   박태호, 위의 책, 43쪽.
45   위의 자료.
46   위의 책, 44쪽.

에 "주요 진지는 반드시 갱도식 거점을 확보하라. … 유탄포 포탄의 공격을 견딜 수 있도록 하라."라고 지시했다.[47]

이후 고지전의 전개에 따라 갱도식 진지는 진화해갔다. 중국군 총사령부는 1951년 10월 21일 각 부대에 갱도식 진지는 "지표면에서 깊이는 5m 이상으로 하라"라고 지시했다. 1952년 4월 17일에는 방공, 방포, 방우, 방조(防潮), 방독(방역), 방화, 방홍(방한) 등 7방(七防)의 요건을 갖추도록 했다. 4월 26일~5월 1일에는 각 병단과 각 군단의 참모장회의를 개최하여 갱도식 진지의 전술 운용을 깊이 연구하여 기동과 생활이 가능한 완전한 체계를 구축하도록 했다. 각 갱도에는 3개 이상의 출입구를 만들고, 갱도의 상부 두께는 15~30m 정도로 하고, 지휘소·화장실·창고·각종 생활시설이 폭격을 견딜 수 있도록 규정했다.[48] 1211고지의 갱도 안에는 침실, 식당, 취사장, 창고 등의 시설이 갖추어졌다.[49]

1952년 봄, 전 전선에 걸쳐 갱도를 기간으로 하는 방어진지가 완성되었다. 산악 지형의 특성에 맞게 갱도화된 축조물, 그것과 연결된 참호와 교통호들로 이루어진 갱도식 진지 방어체계였다.[50] 1952년 5월 말까지 중공군은 총 7,789개의 갱도를 만들었고 이는 총연장 198.7km에 달했으며, 북한군이 구축한 갱도는 모두 1,730개로 길이는 총 88.3km에 달했다. 서쪽의 임진강 하구에서 동쪽의 동해안 간성까지 233km에 폭 15~20km의 진지는 갱도식 진지를 핵심으로 하고 각종 야전진지와 결합된 방어 거점식의 진지 방어체계를 형성했다.[51]

---

47   중국 군사과학원 군사역사연구부, 앞의 책, 275~276쪽; 리펑(李峰), 이재연·정명기 옮김, 2021, 『항미원조』하, 다른생각, 698~703쪽.

48   중국 군사과학원 군사역사연구부, 위의 책, 276~280쪽.

49   리화선, 1993, 『조선건축사』II, 도서출판 발언, 324쪽. (원서는 1989년 과학백과사 전출판사 출판)

50   박태호, 앞의 책, 111쪽.

51   중국 군사과학원 군사역사연구부, 앞의 책, 280쪽.

전선에서의 진지 구축과 병행하여, 동·서해안을 중심으로 한 방어 구조물도 전면적으로 갱도화되었다. 1952년 8월에는 북한의 군사적 요충지 및 동·서해안에 영구 진지 구축 작업이 시작되었으며,[52] 1953년 초부터는 전선의 중요한 고지와 동·서해안의 갱도를 확대하면서 그것을 야전진지와 배합하고, 각종 방어 축성물과 차단물을 보강했다.[53] 이는 해안 및 배후에 견고한 방어진지를 증강함으로써, 유엔군의 상륙작전에 대비하기 위한 것이었다.[54] 이때 중국에서 북한으로 대량의 철근, 시멘트, 목재, 폭약 등의 물자와 공사 도구가 들어왔다. 북한 내에서도 목재를 제공하거나 광부들이 공구를 가지고 중공군과 함께 갱도를 건설하도록 지시했다.[55] 1953년 1월부터 4월까지 중공군의 방어구조물 구축에 사용된 물자만 보더라도 시멘트 2만 8,085t, 철근 4,290t, 목재 33만m², 폭약 360만kg이었다.[56] 인근 주민들도 방어진지 공사에 동원되었는데, 탄약과 식량 등 군수물자를 운반했고, 부상병을 호송했으며, 방어 구조물을 구축했다. 전선과 해안의 공사장에서는 군인과 민간인 가릴 것 없이 참호를 파고 갱도를 뚫었다.[57]

중국은 한국전쟁 중 북한에서 구축한 방어체계를 "지하 만리장성"이라고 불렀다.[58] 중공군이 고지전 전개 때부터 정전 때까지 구축한 방

---

52 중국 군사과학원 군사역사연구부, 앞의 책, 286쪽. 1952년 8월 25일 중국 중앙군사위원회는 중국 연해 지역에서도 방어진지를 구축하기로 결정하고 추진하였다(같은 책, 286~287쪽).

53 박태호, 앞의 책, 282~283쪽.

54 마오쩌둥, 「펑더화이에게: 정면의 적과 측면으로 상륙하는 적을 분쇄할 준비를 할 것」(1951. 6. 4), 행정자치부 정부기록보존소, 『한국전쟁과 중국: 한국전쟁관련 중국자료선집』 II, 128~129쪽; 마오쩌둥, 「모든 필요한 조건을 준비하여 적의 상륙작전을 단호하게 분쇄하고 전쟁의 보다 큰 승리를 쟁취하자」(1952. 12. 20), 같은 책, 179~181쪽.

55 중국 군사과학원 군사역사연구부, 앞의 책, 547~548쪽.

56 중국 군사과학원 군사역사연구부, 위의 책, 548쪽.

57 박태호, 앞의 책, 282~283쪽.

어체계를 보면, 갱도는 총연장 1,250km에 이르고, 참호와 교통호는 총 6,240km였는데, 이는 중국의 만리장성 길이(6,700km)와 거의 맞먹는 다. 이외에도 대(對)공중강습과 대전차 진지를 구축하는 등 진지 구조물 이 대대적으로 강화되었다. 이로써 동·서해안과 정면 전선에는 갱도와 영구 구조물을 골간으로 하는 완전한 방어체계가 구축되었다.[59]

유엔군사령관 클라크(Mark W. Clark)도 자신의 회고록에 갱도식 진지의 규모와 구조에 대한 기록을 남겼다. "공산군 전선 진지는 일부 지구에서는 후방 25哩(리)까지에 달하는 지하보루로 되어 있다. 그것은 서해안에서 동해안까지 연속된 것으로서 그 구조가 대단히 견고한 까닭 에 대부분은 공중 및 야포 공격에 대하여 미동도 하지 않게 되었다."라 고 기록하고, "세계에서 알려진 것 중에서 가장 강력한 방위선일 것"이 라고 평가했다.[60]

중국은 이를 "항미원조전쟁에서 이룩한 위대한 쾌거"라고 평가했 고,[61] 북한은 "전시 지하건축의 모범을 창조"한 "세계 건축사상 유례없 는" "새롭고도 독창적인 것"이었다고 자평했다.[62] 중국과 북한은 갱도

---

58   차이청원·자오융톈, 윤영무 옮김, 1991, 『중국인이 본 한국전쟁: 판문점 담판』, 한백 사, 221~222쪽.

59   중국 군사과학원 군사역사연구부, 앞의 책, 548쪽.

60   M. W. 크라크(Mark W. Clark), 심언섭 옮김, 1955, 『韓國戰爭秘史』(From the Danube to the Yalu), 성좌사, 159쪽.

61   중국 군사과학원 군사역사연구부, 앞의 책, 280~281쪽.

62   리화선, 앞의 책, 323~324쪽. 전선에서는 진지의 갱도화를 핵심으로 방어체계가 구 축되었다면, 평양 등 후방에서는 주요 시설의 지하화가 진행되었다. 북한은 폭격에 대응하는 '반항공방어'(反航空防禦)를 강화하기 위해 주요 시설을 지하로 옮겼다. 주 요 기관, 공장, 기업소들을 반항공시설로 전환시키는 한편 지하 혹은 반지하 구조물 을 건설하고 그곳으로 이설했다. 반지하건물 형식과 지하구조물 형식은 주로 폭격과 포격이 심한 지대에 건설되었다. 반지하건물 형식은 창밑까지는 지하에 놓이고 그 윗부분만 지상에 놓이는 움 형식이었으며, 지하구조물 형식은 대부분 지하터널 형식 으로 된 것이 많았다. 지하공장의 내부 기본 공간은 궁륭식 구조로 건설되었고, 벽과 천장은 영구적인 콘크리트 구조로 만들었다.(같은 책, 317~319쪽) 전쟁 중에 이루

식 진지가 공격과 방어에 매우 효과적이었다고 평가했다. 분석 결과 갱도식 진지의 구축에 따라 진지가 더욱 견고해져서, 155mm나 24mm 포의 포격이나 500~2,000lb(파운드) 포탄에도 끄떡없을 정도가 되었으며, 중공군과 북한군의 사상자도 크게 감소했다는 것이다. 또한 유엔군 측의 공격은 실패하는 반면, 공산군 측의 공격은 성공률이 대폭 증가했다고 분석했다. 인명 보호는 물론 공격에도 효과적이며 진지전을 수행하는 데 극히 유리한 조건을 창조했다고 평가하기도 했다.[63]

─ 북한의 방위 전략과 북·중·소 관계

1960년대 전반 비무장지대에서 이루어진 이와 같은 동굴망 건설은 바로 한국전쟁 때의 경험을 바탕으로 한 가운데, 중국의 군사적 견해를 반영하고 있었다. 군사학 지식들이 중국의 군사 정책에서 유래되거나 차용되었다. 현대식 무기보다는 "군과 인민의 도덕적인 잠재력"이 결정적인 것으로 간주되고 한국전쟁의 경험들이 군사학의 유일한 바탕이 되었다.[64]

북한이 중국과 경험을 교환하며 협력하는 관계도 강화되었다. 1963년 3월 5일 평양에 15~20명의 중국 군사 전문가 그룹이 민간인 차림으로 도착했다. 북한과 중국 사이에 서부 연합 함대사령부를 구축하자는 합의도 있었다. 이는 오래전부터 북·소 동해 함대사령부를 창설하자는 소련의 제안들이 거절당했던 것과 대조적이었다.[65] 당시까지만 해도 북

어진 시설의 지하화는 1962년 '전 지역의 요새화'의 근간이 되었다.

63   차이청원·자오용톈, 앞의 책, 221~223쪽; 중국 군사과학원 군사역사연구부, 앞의 책, 281쪽.

64   「북조선 주재 헝가리 대사관에서 외교부로 보낸 보고」(1967. 3. 10), 『헝가리의 북조선 관련 기밀해제문건』, 96쪽; 「북한의 군사정치적 발전 동향에 관한 몇 가지 문제」(1967. 9. 27), 『독일지역 북한기밀문서집』, 204~213쪽.

65   「북한의 군사정책에 관한 몇 가지 문제」(1963. 3. 21), 『독일지역 북한기밀문서집』,

한은 중국의 군사 정책을 지지했다.

반면 북한은 소련에 대해서는 '현대 수정주의'라고 평가하면서 불신하고 있었다. 무엇보다 소련이 북한 방위와 관련된 의무를 지킬 것인지를 믿지 못했다.[66] 쿠바 위기 사태 때 소련 정부의 태도 또한 '평화공존'이 아닌 미(美)제국주의에 대한 굴복으로 간주했다.[67] 소련이 북한에 현대식 미사일을 제공하기를 거부했던 일은[68] 소련에 대한 북한의 불신을 확고하게 했다. 북한은 동맹관계에 대한 소련의 신의를 전적으로 기대할 수 없으며, 따라서 방위를 자력으로 강화할 필요가 있다는 결론에 도달했다.[69]

북한은 소련이 아닌 중국을 비롯한 아시아 사회주의 국가들과의 협력을 강조했다. 당시 북한에게 소련은 더 이상 평화를 담보하는 요소가 아니었기에, 평화를 담보하는 요소이자 혁명의 중심지로서 아시아 사회주의 국가들의 역할에 주목하게 된 것이다. 조선로동당 제5차 전원회의에서 나온 "조선민주주의인민공화국, 중화인민공화국, 베트남 민주공화국 및 여타 사회주의 국가들 덕분에 아시아가 평화의 보루로서, 국제적 혁명운동의 막강한 요인으로서 역사의 장에 들어서게 되었다."라는 김일성의 발언은 당시 북한의 대소, 대중, 대베트남 인식 및 정책을 아주 잘 보여준다.

이러한 북한의 국방 정책을 소련과 동독, 헝가리는 비판적으로 평

52쪽.

66   「북조선 주재 헝가리 대사관에서 외교부로 보낸 보고」(1965. 1. 8), 『헝가리의 북조선 관련 기밀해제문건』, 44~47쪽.

67   「중국 공산당이 조선 노동당의 정책에 미치는 영향」(1963. 4. 8), 『독일지역 북한기밀문서집』, 58쪽.

68   위의 자료, 60쪽.

69   「북한 인민군 당위원회 제5차 확대 전원회의 평가서」(1963. 1. 28), 『독일지역 북한기밀문서집』, 42~43쪽.

가했다. 먼저 평양 주재 소련 대사관은 북한이 소련에 정보 제공도 하지 않고 자문을 구하지도 않는다고 주북(駐北) 동독 대사관에 불평했다. 소련은 북한의 강한 '민족주의적 경향' 때문에 인민군의 수준이 낙후되어 있다고 평가했다. 북한이 한국전쟁 및 일제식민지기 빨치산 투쟁 경험만 갖고 있고, 군의 전문가들도 땅굴 건설과 휴전선 부근의 지하 격납고 건설에 투입되고 있으며, 정확한 군사학적·군사기술적인 전문서적도 부족하다고 보았다.[70]

북한 주재 헝가리 대사관의 평가는 더욱 단호했다. 북한이 국방력 강화를 위해 평시에 인민을 무장시키고 전시동원체제를 유지하고 있으며 요새화를 추진하고 있는데, 이를 지나친 조치라고 평가했다.[71] 특히 땅굴과 같은 지하 요새화 정책에 대해, 북한이 "동굴에 있는 사람이 한 순간은 생존할 수 있지만, 지상의 모든 것이 파괴되고 방사능에 오염된다는 상황은 부차적인 문제로 치부"하고 있다며, "동굴에 있는 사람들에게 필요한 모든 것이 제공될 것이고 미국이 전 국토를 짓밟지 못할 것으로 판단"하고 있다고 비판했다.[72] 코바치 요제프(József Kovács) 헝가리 대사는 이를 "비정상적인 방위 수단"이라고 단언했다.[73]

결론적으로 1960년대 초 비무장지대의 갱도식 진지 구축과 북한 전역의 요새화는 한국전쟁의 유산이다. 1950년대 후반 원자전에 대한 위협이 제기되었을 때 북한이 떠올린 것은 한국전쟁 때의 갱도식 진지 구

70 「국가인민군 육군무관이 평양주재 소련 무관으로부터 받은 보고에 관한 정보」 (1962. 2. 23),『독일지역 북한기밀문서집』, 32~34쪽.

71 「북조선 주재 헝가리 대사관에서 외교부로 보낸 보고」 (1963. 2. 15),『헝가리의 북조선 관련 기밀해제문건』, 39쪽.

72 「북조선 주재 헝가리 대사관에서 외교부로 보낸 보고」 (1963. 5. 27),『헝가리의 북조선 관련 기밀해제문건』, 41쪽.

73 「북조선 주재 헝가리 대사관에서 외교부로 보낸 보고」 (1963. 2. 15),『헝가리의 북조선 관련 기밀해제문건』, 39~40쪽.

축과 주요 시설의 지하화였다. '기습남침용'으로 알려진 '땅굴'은 실은 비무장지대 방어를 위한 기본 구상이었던 것이다. 고지전 당시 전선 일대에 구축되었던 갱도식 진지 체계와 평양을 비롯해 북한 각지에 구축되었던 방공호와 지하시설은 1962~1963년의 '전 지역의 요새화' 때 재활용·재정비·확대되었다. 소련과 동유럽 국가들은 이러한 북한의 정책을 비난했지만, 북한은 한국전쟁 때 벌어진 폭격이라는 실전 상황에서 축적한 기술과 지하시설을 건설한 경험을 전면적으로 활용했을 뿐이다. 북한은 이렇게 전쟁에 대비한 건축 기술과 구조를 갖춰나갔으며, 이를 이후 북베트남에 전수했던 것이다.

― 북한의 북베트남 지원과 '땅굴' 기술

이번에는 앞서 선후 관계와 결론을 언급했던, 베트남전 당시 활용된 북베트남의 구찌(Củ Chi) 터널과 비무장지대 터널(땅굴) 간의 관계를 살펴보자. 구찌 터널은 사실 비무장지대 땅굴보다 세계적으로 훨씬 유명하다. 미군의 대대적인 공습과 고엽제 대량 살포에도 불구하고 북베트남이 성공적으로 대응할 수 있었던 중요한 이유 중에 하나가 구찌 터널과 빈목(Vịnh Mốc) 터널이었기 때문이다.

구찌 터널은 1948년 인도차이나전쟁 당시 프랑스에 대항하기 위해 지하 1층 구조의 터널로 처음 만들어졌다. 1960년대 남베트남에서 전쟁이 시작되자 미군의 공격을 방어하기 위해 더 많은 방공호와 터널이 뚫리고 서로 연결되었다. 3~8m 깊이에 약 250km 길이로 확장되었으며, 지하에서 길을 잃지 않도록 터널에 길 안내 표지판까지 설치되었다.[74]

---

74 〈구찌 터널〉, 『두산백과』(https://terms.naver.com/entry.naver?docId=1272256&cid=40942&categoryId=31746); 조너선 닐, 정병선 옮김, 2004, 『미국의 베트남전쟁』, 책갈피, 133~134쪽.

북베트남은 이를 이용하여 게릴라전을 성공적으로 수행할 수 있었다. 이미 인도차이나전쟁 당시 만들어졌던 갱도였고, 그것이 베트남전 때 훨씬 더 견고해지고 확장되었던 것이다.

북베트남과 남베트남의 군사분계선이었던 북위 17°선 근처의 빈목 터널도 유명하다. 미군이 빈목 마을 주민들에게 이주를 강요하고 마을 폭격을 시작하자, 이곳 주민들은 구찌 터널에 착안하여 땅굴을 만들고 주거 및 대피소로 이용하면서 일상생활을 했다. 총 2.8km 길이였고, 1층 거주 지역, 2층 무기 및 식량 보관소, 3층 폭격 대피소 등 총 3층으로 된 터널로 알려져 있다.[75]

비무장지대에서 북한의 '땅굴'이 발견된 것이 1974년 이후이기 때문에, 비무장지대 땅굴이 북베트남의 영향을 받은 것으로 생각하기 쉽다. 하지만 전쟁을 치르고 있던 베트남이 북한을 역으로 지원했을 가능성은 희박하다. 또한 우리는 이미 북한이 한국전쟁 중에 "동굴요새" 혹은 "지하 만리장성"이라 불릴 정도의 갱도식 진지를 구축하여 압도적인 공군력을 가진 유엔군을 상대했다는 점과 1960년대 전반에 비무장지대를 시작으로 북한 전역에 지하갱도 구축을 중심으로 한 '전 국토의 요새화'를 대대적으로 추진했음을 살펴보았다. 이러한 역사적 맥락을 생각해보면, 땅굴은 북베트남에서 북한으로가 아니라, 북베트남의 갱도 구축·확장에 대한 북한의 지원으로 볼 수 있다.

북한은 아시아 사회주의 국가들의 연대를 중시하면서 북베트남에 대한 지원을 강조하고 있었고, 중국이 한국전쟁 당시 '항미원조'를 표방했던 것처럼, 북한도 '항미'를 표방하며 북베트남을 지원했다. 이는 선언의 차원이 아니라 매우 실질적이고 구체적으로 이루어졌다. 1965년

---

75 〈빈목 터널〉(https://ko.wikipedia.org/wiki/%EB%B9%88%EB%AA%A9_%ED%84%B0%EB%84%90).

북한이 북베트남과 맺은 경제·기술 지원에 관한 협정과 1966년 군사 지원에 관한 협정이 그 예이다. 갱도 건설은 경제·기술 지원 협정에 따라, 전투부대 파병은 군사 지원 협정에 따라 이루어진 것이었다.[76]

이러한 사실은 1966년 김일성이 북베트남에 투입되는 공군에게 "첫 전투부대이자 국제지원병 부대"라고 그 의미를 강조하는 자리에서 밝힌 바 있다.

> 바크보만 사건(통킹만 사건)이 있은 다음 우리나라에서 웰남에 갱도를 건설해 주기 위하여 사람들을 보냈는데 그들은 전투원들이 아닙니다. 제203부대는 웰남 인민을 돕기 위하여 우리나라에서 처음으로 가는 첫 전투부대이며 국제지원병 부대입니다.[77] (괄호 안의 내용은 저자가 덧붙인 것)

이처럼 김일성은 1964년 8월 통킹만 사건 발생 이후 "갱도를 건설해주기 위해" 요원들을 보냈다고 했다. 그리고 그들은 전투원이 아니라고 하면서, 이번에 가는 제203부대와 다르다고 밝혔다.

북한의 땅굴 건설에 대한 북한 주재 헝가리와 동독 대사관의 평가는 냉혹했지만, 북베트남의 생각은 달랐다. 북베트남 정부의 수상 팜반동(Phạm Văn Đồng)은 김일성에게 지원 요청을 하면서 조선소와 방공토굴과 같은 물자 및 설비를 목록에 포함시켰다.[78] 북한은 1964년 말부

---

76 베트남전과 북한의 관계를 연구한 이신재는 탈북자 인터뷰를 통해서, 도미엔은 베트남 공문서를 통해서 북베트남에 대한 북한의 지원을 규명한 바 있다. 이신재, 2017, 『북한의 베트남전쟁 참전』, 국방부 군사편찬연구소, 212~216쪽; 도미엔, 2022, 『붉은 혈맹』, 서울대학교출판문화원, 164~168쪽.

77 김일성, 1966, 「웰남인민의 투쟁을 지원하는 것은 공산주의자들의 숭고한 국제주의적의무로 된다」, 『김일성전집』, 조선로동당출판사, 375쪽.

78 도미엔, 앞의 책, 165쪽에서 재인용.

터 1965년 초에 북베트남의 토굴 작업을 돕기 위해 파견된 선발대를 시작으로 약 400~500명 규모의 공병 1개 대대를 파견했다.[79] 북베트남이 본격적으로 미국의 참전을 예견하고 이를 위해 갱도를 파며 대비하던 시기에 북한 공병이 파병된 것이다. 이때는 한국군에서도 1차로 이동 외과병원 및 태권도 교관단 파병을 완료하고 2차 비둘기 부대의 파병이 전개되던 시기이다. 파견된 북한 공병은 베트남 현지에 땅굴을 팠고, 베트남에 땅굴 굴토 기술을 지도했다.[80]

1960년대 중반 북한은 한창 전쟁 중이던 북베트남에 땅굴 기술을 전수했다. 북한의 땅굴 건설 기술은 '전수'가 가능할 정도로 일정한 수준에 달해 있었다고 볼 수 있을 것이다. 한국전쟁이라는 실전 속에서 구축 및 활용했던 경험이 있었고, 그로부터 약 10년이 지났을 때 다시 '원자전'을 대비하여 지하갱도를 전면적으로 구축한 경험이 있기 때문이다. 물론 두 차례 모두 중국의 자문도 있었다. 따라서 1960년대 중반 북베트남 지원 당시에는 이미 두 차례의 경험 속에서 갖춘 기술력, 설계도와 함께 공병대대와 기술 인력을 파견할 수 있었다.

북베트남에 대한 갱도 건설 지원은 북한에도 도움이 되었다. 북한은 기존에 구축했던 땅굴 기술과 그 효과를 미군의 폭격이 극심하던 베트남전에서 시험할 수 있었고, 이에 더하여 기술을 보강할 수도 있었다. 이 과정에서 북한은 자국의 방위전략에 확신을 가질 수 있었을 것이다.

이는 남한의 철책 구축과도 비견된다. 뒤에서 살펴보겠지만, 비무장지대의 철책이 구축되기 시작한 것도 베트남전쟁의 영향이 주요했기 때문이다. 다만, 한반도 남방한계선 철책은 미국이 남베트남 17°선과 유

---

79   도미엔은 베트남 공문서에 '공병대대'라는 표현이 등장하지 않는다는 점을 근거로 파견된 인원이 공병대대가 아니라 기술자들이었다고 보고 있으나(도미엔, 앞의 책, 165쪽), 기술자라는 이름으로 파견된 비전투원인 공병대대였을 가능성이 크다.

80   이신재, 앞의 책, 214~216쪽.

사한 것으로 기획하고 구축하기 시작했다. 이렇듯, 베트남전쟁은 비무장지대 군사화의 핵심 요소인 '땅굴'과 '철책'이 베트남과 한반도 사이에 '상호 전수'되는 결정적인 계기가 되었다.

― 경계초소(GP)의 등장

1960년대 북측 비무장지대에서 땅굴과 같은 지하 요새화가 진행되었다면, 남측 비무장지대에서는 감시초소 형태의 요새화가 추진되었다. 본래 경계초소 또는 감시초소는 방어를 위한 요새화된 초소가 아니라 관측을 위해 설치된 전초(outposts)였다. 그런데 점차 이 전초가 위치와 기능에 따라 분화했다. 일부 전초가 군사분계선에 더 가깝게 나아가기 시작했는데, 이렇게 전진 배치된 전초가 전진 관측소(Advanced Observation Posts, AOPs)로 분류되고, 군인들이 주둔하면서 경계근무를 하는 초소가 되었다. 그리고 비무장지대 남쪽 경계, 즉 남방한계선상에 있는 전초는 관측소(Observation Posts, OPs)로 불렸다.[81] 이 과정에서 특히 전진 관측소의 요새화가 진행되었다.

바로 이 전진 관측소가 우리가 흔히 말하는 경계초소(GP)이다. 유엔사 규정에 의하면, "비무장지대 내 혹은 한강하구를 따라 북한군에 대한 지속적인 감시를 유지하고, 침투 기도를 차단하며, 해당 시설물에 주둔하는 비무장지대/한강 하구 민정 경찰 부대들에 대한 방호 및 경계를 제공하는 것을 주목적으로 하는 모든 시설물들"이 "유엔사 GP 혹은 OP의 형태로 운영"된다. 유엔사 GP와 OP는 이러한 "임무를 일상적으로 수행하는 것 외에도, 비무장지대/한강 하구 민정 경찰이 비무장지대

---

81   "The Korean Demilitarized Zone" G3, Eighth U.S. Army APO 96301(EAGO-MH) (1967. 8. 19), RG 550, Entry A1 2, Classified Organizational History Files, 1959-1974, Box 100.

유지 및 통제 등 민사행정 및 구제사업을 수행하는 데 있어서도 핵심적인 역할"을 한다.[82]

경계초소 요새화의 원형은 1960년대 전반에 만들어진 것으로 보인다. 1965년에 『동아일보』에 연재되었던 홍성원의 자전적 소설 『〈디·데이〉의 兵村(병촌)』은 긴장감으로 가득한 요새화된 경계초소의 모습을 잘 보여준다. 소설상의 묘사이기는 하지만, 1961~1964년 강원도 철원 전방부대에서 군 복무한 작가의 경험이 반영된 것이었다.

> 모래부대로 쌓아올린 벙커가, GP 양옥집 주위를 성곽처럼 둘러쌌다. 두 사람은 홍 대위 뒤를 따라 컴컴한 벙커 속을 들어섰다. 비릿한 황토흙 냄새가 코에 향긋했다. 벙커 안은 모래 부대 대신 시멘으로 완전히 구축되어 있었다. 無蓋壕(무개호) 위에는 LMG와 캘리버 50이 실탄을 문 채 거치되었고, 그 앞에 걸터앉은 사수와 탄약수는 충혈된 붉은 눈을 껌벅거렸다.[83]

북측의 경계초소가 한옥과 같았다면, 남측의 경계초소는 양옥에 비유할 수 있었다.[84] 양옥집처럼 생긴 GP의 주위를 벙커가 성곽처럼 둘러싸고 있었다. 벙커에 있는 호는 "철근까지 넣어 시멘트로 구축되어서 마치 자그마한 성곽"과 같은 모양이었다.[85] LMG와 캘리버 50 등의 자동화기가 장착되어 있었으며, 그 앞에 사수와 탄약수가 경계근무를 서고 있었다.

1961년 겨울 시설물이 증축되었던 고성829GP의 사례에 비출 때도,

82   「유엔사 규정 551-4: 군사작전―한국 정전 협정 준수―」(2019. 5. 13), 56쪽.
83   『동아일보』 1965. 7. 8; 홍성원, 1994, 『디 데이의 병촌』, 일신서적.
84   『동아일보』 1965. 7. 7; 홍성원, 위의 책.
85   『동아일보』 1965. 12. 7; 홍성원, 위의 책.

1960년대 전반에 기본적으로 GP의 요새화가 이루어지고, 이후 계속 확대·강화되었다고 볼 수 있다. 그 결과 1968년에 이르면 전방초소 등의 진지는 모두 지하 요새화되고, 2m 두께의 콘크리트로 영구 요새화된 벙커들은 포사격 시험 결과 "수백 발의 포탄을 맞고도 *끄떡도 않*"을 정도가 되었다.[86]

이렇듯 요새화된 GP는 1960년대 전반에 만들어졌다. 1968년 1·21사태의 결과로 남측 GP의 요새화가 이루어졌다고 알려지기도 했지만, 이는 검증되지 않은 주장이었다.[87] GP의 수도 1967년 현재, 북측 비무장지대에 109개, 남측에 89개에 이르고 있었고, 남측 89개 중 11개의 GP가 미 육군 구역에 존재하고 있었다.[88] 군사정전위원회에서는 진지 구축과 요새화를 둘러싸고 북측과 유엔군 측이 서로를 비난했지만, 그 이면에서는 양측 모두 GP를 확대·강화하고 있었던 것이다.

이러한 과정을 통해 비무장지대에는 중/자동화기, 탄약과 무기류가 장착된 진지가 구축되었다. 비무장지대의 무장화였다. 상대의 도발을 억제하기 위한 무장화는 반대로 언제든지 군사충돌로 이어질 가능성을 갖고 있었다. 특히 1960년대 후반처럼 한반도와 세계의 냉전이 복잡하게 얽혀 어디선가 폭발할 때는 무장화된 불안정한 완충지대가 그 폭발의 현장이 될 수밖에 없었다.

---

86   『동아일보』 1968. 6. 25.
87   다만 1·21사태 이후 준공된 GP도 있듯이, 준공이나 증축 상황은 GP별로 상이할 수 있다. 그리고 대체로 1980년대와 2000년대에 제1차, 제2차 GP의 현대화가 진행되었다.
88   "The Korean Demilitarized Zone" G3, Eighth U.S. Army APO 96301(EAGO-MH) (1967. 8. 19), RG 550, Entry A1 2, Classified Organizational History Files, 1959-1974, Box 100.

2) 1960년대 후반, 북·미의 군사충돌과 오울렛 초소 사건

― 1966~1967년 북한의 공세와 존슨 대통령의 방한

1966년 10월 이후, 비무장지대에서의 충돌은 양적·질적으로 이전과는 차이를 보이기 시작했다. 〔표 2-4〕는 1965년부터 1967년 7월까지 비무장지대에서 일어난 사건의 추이를 유엔군사령부가 파악한 것으로, 군사충돌 양상의 급격한 변화를 잘 보여준다. 1965년과 1966년의 충돌 횟수는 30~40건 정도로 비슷했지만, 1967년의 7개월 동안에는 이전과 비교가 되지 않을 정도로 사상자와 총격전 수가 급증했다.

비무장지대와 한반도의 군사충돌은 최고조를 향해 치닫고 있었다. 이는 단순히 남북관계의 차원을 넘어, 한반도와 베트남전쟁을 둘러싼 한·미·일 관계와 북·중·소 관계의 변화에 기인했다.

먼저 북한은 아시아 상황의 변화를 민감하게 인식했다. 특히 한일협정의 체결과 '미국의 베트남 침공'은 북한에 대한 잠재적인 침략의 위험이 증가한 것으로 인식되었다. 미국의 지역통합 전략하에 한일협정이 체결되었고, 한미 간의 비밀협정에 따라 미군 병력 2개 여단이 추가로 남한에 배치되었다.[89] 1966년 3월에는 한국과 미국이 한국군의 베트남전 추가 파병에 합의했다. 북한은 한일협정이 군사협정을 은폐시킨 것에 불과하다고 인식했고, 이를 한·미·일 삼각 군사동맹의 성립과 자국에 대한 위협으로 해석했다.[90] 북한은 미국이 서울, 도쿄, 타이완, 사이공(현재의 호찌민)을 하나의 축으로 만들려 한다고 인식했고, 이런 맥락

---

89   「군사분계선에서 조선 민주주의인민공화국의 강화된 활동에 관한 약식보고」(1965.
       6. 18), 『독일지역 북한기밀문서집』, 150쪽.
90   「독일사회주의노동당 중앙위원회 1등 서기 발터 울브리히트 동지에게 보내는 서한」
       (1966. 2. 26), 『독일지역 북한기밀문서집』, 174~175쪽; 한모니까, 2003, 「1960년
       대 북한의 경제·국방병진노선의 채택과 대남정책」, 『역사와 현실』 제50호.

연도	DMZ 사고	총격전 (DMZ+국내)	북한, 사망자	북한, 총격전 후 생포자	남한·유엔군, 사망자	남한·유엔군, 부상자
1965	42	29	34	집계되지 않음	40	49
1966	37	30	43	집계되지 않음	39	34
1967. 7	286	132	146	35	175	175

[표 2-4]   유엔군사령부가 파악한 비무장지대 사건 추이

출처: "Memorandum From Alfred Jenkins of the National Security Council Staff to the President's Special Assistant (Rostow)" (1967. 7. 26), *FRUS*, 1964-68 KOREA.

에서 아시아의 군사충돌이 한반도로 확대될 수 있다고 예측했다.[91]

북한은 자국이 베트남보다 군사적으로 더욱 취약하다고 판단했다.[92] 1960년대 전반부터 북한, 중국, 북베트남 등의 아시아 사회주의 국가들의 역할 및 연대를 강조해왔던 북한은 1960년대 중후반에도 "온갖 수단을 총동원해서라도 베트남을 지원"해야 한다고 보았고, "베트남이 잘못된다면, 모든 사회주의 국가들과 국제 혁명운동이 엄청난 피해를 입게 될 것"으로 판단하고 있었다.[93] 북한 입장에서 한일협정 체결, 비무장지대 군사충돌의 증가, 베트남전쟁, 존슨(Lyndon B. Johnson) 대통령 방한 등은 우연이 아니었다. 북한은 한일협정으로 한미일 간의 군사동맹이 이루어지고, 베트남전쟁이 한반도로 확대될 수 있다고 확신하게 되었다. 북한의 베트남전쟁 지원은 북한이 실제로 느끼는 위기의식의 발

---

91   「독일사회주의노동당 중앙위원회 1등 서기 발터 울브리히트 동지에게 보내는 서한」 (1966. 2. 26), 『독일지역 북한기밀문서집』, 174~175쪽.

92   「북한의 군사정치적 발전 동향에 관한 몇 가지 문제」 (1967. 9. 27), 『독일지역 북한 기밀문서집』, 204~205쪽.

93   「독일 사회주의 통일당 내부 통지 서신(1967년 7월 19일) 첨부: 중앙위원회 정치국 위원 헤르만 마테른 동지와 정치국 후보위원이며 중앙위원회 서기인 헤르만 악센 동지가 조선 민주주의인민공화국 최고인민회의 사절단과 가진 1967년 7월 3일자 대담에 대한 메모」 (1967. 7. 19), 『독일지역 북한기밀문서집』, 200쪽.

현이었다.

북중 관계의 변화도 북한의 국제정세 인식 및 대응에 영향을 미쳤다. 1960년대 전반까지 북한은 중국식의 군사 전략에 치중했지만 1965년 있었던 중국과의 백두산 영유권 갈등과 중국의 '문화혁명'은 북한이 중국에서 분리되는 계기가 되었다. 1948년부터 백두산 영유권에 대해 북한과 인식의 차이가 있던 중국은 북한에 백두산 부근의 북한 영토를 몇 차례에 걸쳐 요구했다. 1962년 김일성과 저우언라이가 서명한 '조중변계조약'(朝中邊界條約)이 1964년 3월 20일 양국이 '조중변계의정서'를 교환함으로써 발효되었으나,[94] 1965년 5월 31일 북·소군사경제원조협정이 체결되자 중국은 북한에 백두산 부근의 영토를 요구했다.[95] 상황이 이렇게 되자 '문화혁명기'의 홍위병은 김일성을 비난했고, 중국에 거주하는 조선인의 생활이 악화되었으며, 북·중 국경선에는 중국의 군사력이 집중되었다.[96] 거기에 중국은 원조의 주요 부분을 중지하겠다고 북한을 압박했다.[97] 김일성은 북중 관계 등 국제적 상황이 매우 복잡하다고 생각했다.[98]

북한이 중국 외의 사회주의 군대 경험을 연구하기 시작한 것은 1965년경부터로 보인다. 공세적·수세적 상황에서 미사일과 핵무기를 포함

---

94   朴治正, 1975, 「중소분쟁과 북한의 반응」, 『북방연구논총』 제1권 제1호, 128쪽; 이일걸, 「한국사의 전개과정과 영토」, 『한국사론』 34, 국사편찬위원회, 334~335쪽; 『중앙일보』 2000. 10. 16.(https://www.joongang.co.kr/article/3982100)

95   정진위, 1987, 『북방삼각관계: 북한의 대중·소 관계를 중심으로』, 법문사, 147쪽; 이미경, 2003, 「국제환경의 변화와 북한의 자주노선 정립: 1960년대 시기를 중심으로」, 『국제정치논총』 제43권 2호.

96   「북조선 주재 헝가리 대사관에서 외교부로 보낸 보고」(1967. 1. 22), 『헝가리의 북조선 관련 기밀해제문건』, 82~85쪽.

97   「북한의 군사정치적 발전 동향에 관한 몇 가지 문제」(1967. 9. 27), 『독일지역 북한 기밀문서집』, 209쪽.

98   「북조선 주재 헝가리 대사관에서 외교부로 보낸 보고」(1967. 3. 9), 『헝가리의 북조선 관련 기밀해제문건』, 91~94쪽.

한 군사적 행동에 관한 연구가 북한군에 도입되었다.[99] 북한군에서의 정치·도덕 교육은 여전히 우세했지만, 현대식 무기와 군사학, 군사기술 발전 등 군의 현대화 및 무장화가 강조되었다. 이를 위한 소련의 원조도 재개되었다. 1965년 5월 북한과 소련 간에 체결된 군사협력 협정에 따라, 1966년부터 본격적으로 영공 방위 영역에서의 무장과 장비 조달, 지대공 미사일 등이 차관 형식으로 제공되기 시작했다.[100]

북한은 1966년 10월 5일 제2차 조선로동당 대표자회에서 군사 정책의 변화를 공식화했다. 김일성은 베트남전쟁에 대한 지원과 조속한 '조국통일'을 강조했다. 또한 '경제국방병진노선'(經濟國防竝進路線)을 채택하여 총 예산의 10%였던 국방비를 30%로 증액했다.

비무장지대 군사충돌 양상의 질적 변화가 나타난 것이 바로 제2차 조선로동당 대표자회 이후였다. 1966년 10월 15일부터 11월 2일까지 19일 동안 북한은 비무장지대에서 12건의 기습을 했고, 그 결과 24명의 국군과 미군이 사망했다. 이는 정전 이후 13년 동안 발생했던 사상자 수의 2배가 된다.[101]

북한이 도발의 명분으로 삼았던 결정적인 계기는 1966년 10월 31일 ~11월 2일 있었던 존슨 미국 대통령의 방한과 서부전선 시찰이었다. 존슨은 한국군의 베트남 파병에 대한 감사 표시와 추가 파병 요청을 위해 방한했다.[102] 11월 1일, 존슨은 비무장지대는 아니지만, 서부전선의 의정부에 있는 한국군 26사단, 주한미군 제36공병단을 시찰했다.[103] 2일

---

99 「북조선 주재 헝가리 대사관에서 외교부로 보낸 보고」(1967. 1. 22), 『헝가리의 북조선 관련 기밀해제문건』, 96쪽.

100 「조선노동당과 북한 정부의 군사정책 문제」(1966. 1. 11), 『독일지역 북한기밀문서집』, 171쪽; 「북한의 군사정치적 발전 동향에 관한 몇 가지 문제」(1967. 9. 27), 같은 책, 208~213쪽.

101 『경향신문』 1966. 11. 5; 이문항, 앞의 책, 16쪽.

102 박태균, 2015, 『베트남 전쟁』, 한겨레출판, 30쪽.

에는 한국을 향한 무력 공격에 미국이 신속하게 지원할 것이며 주한미군을 감축하지 않을 것이라고 발표했다. 북한은 존슨의 서부전선 시찰 이후 미군과 남한이 군사분계선에서 긴장 상태를 악화시키고 대대적인 군사훈련을 벌였다고 비난했다.[104] 존슨의 방한 이후 미 태평양지구 육군 사령관, 미 태평양지구 공군 사령관, 유엔 주재 미국 대사 등이 방한하여 전방 부대를 시찰한 것도 존슨의 전쟁 도발 지시를 구체화하기 위한 것이라고 주장했다.[105]

　그러나 존슨의 방한 마지막 날, 비무장지대에서 긴장을 악화시킨 것은 북한이었다. 11월 2일 새벽 3시 15분, 비무장지대 남방한계선 400m 지점에서 미군 6명, 카투사 1명이 사망하고 미군 1명이 부상하는 사건이 발생했다. 북한은 부인했지만, 북한군이 남방한계선까지 넘어와서 매복해 있다가 수류탄을 투척했던 것이었다.[106] 언론은 이 사건을 "휴전 후 주한미군의 피해가 가장 컸던 북한의 도발"로 보도했고,[107] 군정위 본회의에서 유엔사 측도 1966년 10월 중순 이후 북측의 도발이 매우 의도적이며 잔인하다고 비난했다.[108] 이 사건은 존슨이 서부전선을 시찰한 지 13시간 만에 일어났고, 존슨은 한국에서 이 소식을 들었다.

　그런데 북한군의 11월 2일 미군 습격 사건은 10월 26일 한국군의 북한 공격에 대한 보복의 성격도 있었다.[109] 한국군이 북한의 연대 사령부를 공격해서 상당수의 북한군이 사망했는데, 존슨이 전방 부대를 시찰한 다음 날 새벽 북한군이 보복을 감행한 것이었다. 이제 비무장지대

103　『동아일보』 1966. 11. 1.
104　『로동신문』 1967. 4. 7.
105　위의 자료.
106　"Two Hundred Thirty-Second Meeting of the MAC" (1966. 11. 4).
107　『동아일보』 1966. 11. 3; 『동아일보』 1966. 11. 4.
108　"Two Hundred Thirty-Second Meeting of the MAC" (1966. 11. 4).
109　박태균, 2015, 앞의 책, 29~30쪽.

군사충돌은 선공과 보복을 구분하기 어려운 단계로 접어들고 있었다.

1966년 10월 이후 시작된 의도적이고 잔인한 도발 양상은 1967년으로 이어졌다. 북한과 유엔군 양측은 서로의 도발 양상과 규모가 이전과는 완전히 달라졌다고 하면서 비난의 수위를 높였다. 미 중앙정보국의 보고서는 1967년 이전에는 북한이 거의 총격전을 하지 않았지만, 1967년에는 선제적이고 의도적으로 공격하는 총격전이 급증했다고 보았다.[110] 한국군의 북측 비무장지대에 대한 공격도 미국이 우려할 정도로 심각했다.[111] 북한의 『로동신문』도 미군이 군사분계선상에서 도발 행위를 계속 감행하면서 긴장 상태를 격화시키고 있다고 보도했다. 특히 1967년 2∼3월 미군이 북측에 발사한 각종 포탄과 총탄 수가 정전 이후 13년 동안 발사된 수와 거의 대등하다고 하면서, 전쟁 도발 책동이라고 강하게 비난했다.[112] 북한과 미국 모두 1967년 상대의 도발이 정전 이후 13년 중 최고라고 보았던 것이다.

― 군사정전위원회 본부 구역의 유엔사 경계초소

1967년은 양측이 비무장지대에서의 군사적 긴장을 계속 높여가고 있던 해였다. 도발과 보복을 구분하기 어려운 사건들이 이어지면서 그야말로 '적대행위 재발을 초래할 수 있는 사건'들이 연이어 터지고 있었다. 양측은 모두 자기 측 도발의 근거와 정당성으로서 상대의 도발을 비난하기 바빴던 나머지, 1967년의 긴장을 적절히 조절하지 못했다. 그 대표적인 충돌이 오울렛 초소 사건이었다.

110   "Report Prepared by the Office of National Estimates of the Central Intelligence Agency", Washington (1967. 6. 23), *FRUS*, 1964-68 KOREA.

111   "Telegram From the Embassy in Korea the Department of State" (1966. 11. 29), *FRUS*, 1964-68 KOREA; "Telegram From the Embassy in Korea the Department of State" (1967. 9. 19), *FRUS*, 1964-68 KOREA.

112   『로동신문』 1967. 4. 7.

[도 2-6] 비무장지대를 방문한 클린턴 미 대통령이 돌아오지 않는 다리 근처 군사분계선 표지판 앞에서 한국군과 악수하고 있는 모습(1993년 7월 11일)

출처: Photographs of the White House Photograph Office (Clinton Administration), Series: Photographs Relating to the Clinton Administration, William J. Clinton Library, https://catalog.archives.gov/id/2790822

오울렛 초소는 미국 현직 대통령들이 '자유의 최전선'으로 명명하며 방문한 곳이었다. 최근에는 2019년 6월 30일 도널드 트럼프(Donald Trump) 대통령과 문재인 대통령이 방문함으로써 유명해졌다. 당시 한미 정상은 오울렛 초소 방문에 이어 캠프 보니파스를 거쳐 판문점으로 향했다. 그리고 이날 오후 트럼프는 군사분계선을 넘은 첫 현직 미국 대통령이 되었고, 이어서 남·북·미 정상회동과 북·미 정상회담이 열렸다. 판문점을 방문한 미국 현직 대통령들은 로널드 레이건(Ronald Reagan, 1983년 11월), 빌 클린턴(Bill Clinton, 1993년 7월), 조지 W. 부시(George W. Bush, 2002년 2월), 버락 오바마(Barack Obama, 2012년 3월), 도널드 트럼프(2019년 6월) 등 모두 5명이었다. 콜리어 초소(Guard Post Collier)를 방문한 레이건을 제외하고 모두 오울렛 초소를 방문했다.[113]

한미 정상이 함께 방문한 오울렛 초소와 캠프 보니파스, 판문점은 모두 정치적으로나 군사적으로 의미심장한 곳이었다. 흔히 판문점이라 불리는 곳은 군사분계선이 지나는 지점에 위치하고 있다. 북한군과 유엔군 측의 공동 경비가 이루어지는 '공동경비구역 JSA' 안이다. 이곳에 군사정전위원회 본회의실과 소회의실, 중립국감독위원회 회의실이 있고, 그 남쪽에 자유의 집과 평화의 집이 있으며, 북쪽에 판문각이 있다. 캠프 보니파스는 남방한계선 남쪽 400m 지점에 있는데, 이곳에는 유엔사 경비대대가 주둔하고 있다. '판문점 도끼 사건'으로 희생된 보니파스(Arthur G. Bonifas) 대위의 이름을 딴 곳이다. 이 일대에서 가장 잘 알려지지 않은 곳이 오울렛 초소이다.

---

113   미국 대통령들의 오울렛 초소 및 판문점 일대 방문과 그 의미에 대해서는 Hahn Monica, 2022, "'The Frontlines of Freedom': The 1967 Incident at Guard Post Ouellette and the Military Armistice Commission," *Korea Journal* Vol. 62, No. 1, pp. 26-32를 참고.

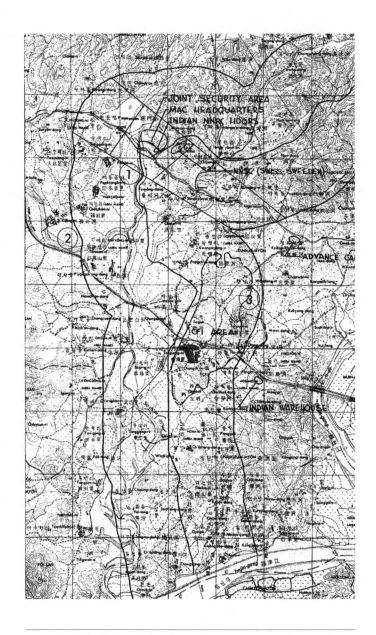

[도 2-7] 공동경비구역(JSA)과 군사정전위원회 본부 구역 일대

출처: Maps, Joint Security Area[MAC Headquarters Area, Organizational and Functional Chart MAC and Related Agencies, etc.], 1953~1957, RG 554, Korean Armistice Implementation Records, 1951-1980, General Records, 1951-1957 [Entry 14F].

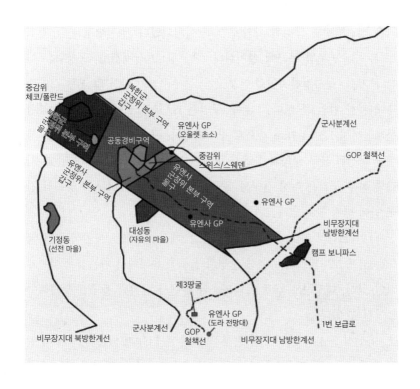

[도 2-8] 군정위 본부 구역 일대

출처: 「유엔사 규정 551-4: 군사작전—한국 정전 협정 준수—」 (2019. 5. 13), 35쪽.

지금까지는 늘 유명한 JSA만이 관심의 대상이 되어왔지만, 그보다 훨씬 넓은 면적의 군정위 본부 구역이 JSA를 둘러싸고 있다는 점을 살펴야 판문점의 의미와 구조적인 한계를 파악할 수 있다. 군정위 본부 구역은 정전협정과 군정위 합의에 의해 설치되었다. 정전협정은 "군정위는 본부를 판문점 부근에 설치한다"(제25항)고 규정했고, 군정위는 이를 근거로 〈군사정전위원회 본부구역, 본부구역의 안전 및 본부구역 수축에 관한 합의〉를 했다.[114] 본부 구역은 JSA로부터 남방한계선과 북방한계선까지 1.5~1.7km 폭으로 구획되었다. 군사분계선을 중심으로 북한군 군정위 본부 구역과 유엔사 군정위 본부 구역으로 나뉘어 있고, 각각의 본부 구역은 다시 갑구와 을구로 구분되어 있다. JSA는 양측의 갑구 안에 반씩 걸쳐 있다.

'1번 보급로'라고 표시된 길은 문산-개성간 1번 국도인데, 1번 국도는 캠프 보니파스와 유엔사 군정위 을구를 통과해서 판문점에 이르게 되어 있다. 대성동도 캠프 보니파스와 유엔사 군정위 을구를 통과해야 들어갈 수 있다.

유엔사 군정위 본부 구역에 두 개의 유엔사 GP가 있는데, 을구에 있는 유엔사 GP가 레이건이 방문했던 콜리어 초소이고, 갑구에 있는 유엔사 GP가 오울렛 초소이다. 「유엔사 규정 551-4」(2019)는 GP를 "유엔기가 게양되어야 하는 시설물"이며, "북한군 침투 시 전투 진지로서의 활용에 주목적을 둔 비무장지대 내 구조물로 정의"하고 있다.[115] 즉, 이 두 경계초소 모두 교전 시 전투 진지로 사용될 목적을 가진다. 이 초소들은 1992년까지 캠프 보니파스에 주둔하던 미 제2사단 병력이 유엔사 경비대대의 이름으로 직접 관장했다.

---

114   "Twenty-Fifth Meeting of the MAC" (1953. 10. 19).

115   「유엔사 규정 551-4: 군사작전―한국 정전 협정 준수―」 (2019. 5. 13), 56쪽.

이 중에서도 오울렛 초소는 "JSA로부터 900m도 안 되는 곳, 중립국 감독위원회의 스웨덴·스위스 캠프로부터 600m 이내인 곳"이다.[116] 군사분계선과도 바로 붙어 있다. 초소와 군사분계선 사이의 거리는 자료에 따라 25~80m로 기록되고 있는데,[117] 그만큼 오울렛 초소와 군사분계선이 가깝다. 이 초소에서 내려가면 바로 군사분계선인 셈이다. 이 때문에 오울렛 초소 북쪽 편에서는 조금만 앞으로 가면 북측이든, 남측이든 자칫하면 군사분계선을 잘못 넘기 쉬운 상황이었다. 1979년 12월 7일 근무 교대하던 미군들이 길을 잃고 분계선을 넘어 북한 지뢰밭에 들어가 사상자가 발생했던 일도[118] 이러한 배경에서 나왔다. 1982년 8월 28일 새벽 2시경, 주한 미 2사단 제31보병연대 1대대의 일등병 화이트(Joseph T. White)가 월북할 때 넘어간 곳도 바로 오울렛 초소에서였다.[119]

— **1967년 4월 5일 오울렛 초소 사건**

이렇듯 오울렛 초소는 유엔사가 관할하는 전투진지 목적의 초소로서, 군정위 본부 구역 갑구에 있다. 바로 이곳에서 1967년 4월 북한군과 미군 사이에 충돌이 벌어진 것이다. 오울렛 초소 사건은 1966년 10월 북한의 대남·대외 정책의 변화 시점부터 6개월, 11월 2일 북한군의 미군 습격 사건으로부터 5개월 뒤에 발생했다. 우발적인 사건이 아니라 의도

---

116   "Two Hundred Fourty-Third Meeting of the MAC" (1967. 4. 8).

117   오울렛 초소와 군사분계선 사이의 거리는 언론에 따라, 25m(『한겨레』 2012. 3. 25), 50m(『경향신문』 1993. 7. 13) 등으로 보도하였다. 하지만, 사건 당시 제243차 군사정전위원회(1967. 4. 8)에서 북한은 80m라고 말했다. 이후 초소의 증축 과정에서 군사분계선과의 거리가 더욱 가까워졌을 가능성은 있다.

118   이문항, 앞의 책, 210쪽.

119   Robert Neff, "PFC Joseph White's walk in the dark: The Defection of an American soldier to North Korea" (2019. 12. 1), *The Korea Times*. (http://www.koreatimes.co.kr/www/opinion/2020/06/721_279548.html)

[도 2-9] 평양에서 진행된 민정 경찰 장례식 기사

출처: 『로동신문』 1967. 4. 8.

[도 2-10] 평양에서 진행된 민정 경찰 장례식 모습

출처: 『로동신문』 1967. 4. 8.

적인 충돌이 증가하던 때였다. 1967년 4월 대낮, 오울렛 초소에서는 군사분계선을 넘은 북한군 3명을 '명백한 위협'으로 인식하고 총격을 가했다. 북한 병사가 사망했다.

오울렛 초소 사건은 이후 잊혔지만, 당시에는 꽤 충격적인 사건이었다. 사건이 발생한 곳도 판문점 근처, 미군이 직접 담당하던 초소였고, 그곳에서 50분 동안 자동화기를 동원한 총격전이 벌어졌으며, 그 결과 사망자가 발생했기 때문이었다. "휴전 13년 이래 최악의 긴장감"이 빚어졌고,[120] 특히 사망자가 발생한 북한은 "도발자에게는 천백배의 보복을 가해야 한다"라고 하면서 더욱 격앙했다.[121]

1967년 4월 6일 북한의 외무성 보도국은 이 사건과 관련해서 즉각 외국 기자들과 대사관을 대상으로 기자회견을 하고 북측 민정 경찰이 미군에 의해 살해되었다고 주장했다.[122] 4월 7일에는 사망한 병사들에 대한 장례식이 평양에서 진행되었다. 조선인민군 총정치국장 허봉학이 추도사를 했다. 장례식에는 조선로동당 황해북도위원회 책임비서, 조선로동당 개성시위원회 책임비서, 함경북도인민위원회 위원장, 개성시인민위원회 위원장 등 당, 정권기관, 사회단체 간부들은 물론이고 군인, 노동자, 농민, 청년학생들이 참가했다. 김일성의 화환을 비롯해 많은 화환도 놓여 있었다.[123] 그리고 "미군의 도발"을 규탄하는 군중대회가 4월 10일경까지 북한의 주요 도시에서 열렸다.[124] 오울렛 초소 사건은 당시로서는 꽤 주목할 만한 사건이었지만, 사건 이후 남북미 모두에서 잊혔다. 이 사건은 왜 발생했고, 어떻게 처리되었을까. 무엇이 문제였을까.

---

120   『경향신문』 1967. 4. 8.

121   『로동신문』 1967. 4. 8.

122   『로동신문』 1967. 4. 7.

123   『로동신문』 1967. 4. 8.

124   『로동신문』 1967. 4. 9; 『로동신문』 1967. 4. 11.

발생 경위는 이러했다. 1967년 4월 5일 13시 30분경, 북측 비무장지대 경비병들이 군사분계선을 넘어왔다. 이를 인근에 있던 미군과 오울렛 초소에서 발견했고, 북측 경비병들에 사격을 가했다. 총격전이 벌어졌고, 그 결과 북한 경비병 5명이 사망하고 1명이 부상했다. 단순해 보이는 이 사건은 마치 영화 〈라쇼몽〉(羅生門)에서 그랬던 것처럼, 사건의 발생 경위와 책임 소재, 사건 수습 과정을 둘러싸고 북측과 유엔사 측의 주장이 첨예하게 대립했다.

사망자가 발생한 북한은 자기 측 비무장지대 내에서 민정 경찰 7명이 정상적인 순찰 근무를 하고 있었는데, 잠복해 있던 미군과 미군 측 초소에서 기관총과 자동무기로 수백 발의 사격을 가했다고 주장했다. 그로 인해 북측 인원 5명이 사망하고, 1명이 부상했는데,[125] 그 시신을 유엔사 측이 군사분계선 남쪽으로 옮겼다는 것이다.[126]

하지만, 교전의 당사자였던 유엔군 측의 주장은 달랐다. 4월 8일 열린 군사정전위원회에서 유엔군 측은 사건 경위를 아래와 같이 상세히 설명했다.

- 1967년 4월 5일 13시 30분경, 3명의 유엔사 DMZ 경찰(UNC DMZ Police)이 일상적인 경비 업무를 수행하고 있었다. 그들은 그들의 경계초소로부터 약 30m 정도의 거리에 있었다. 북한군이 처음 감지된 구역은 유엔군 경계초소 전방 약 50m 지점이다.
- 손에 무기를 들고 우리 측 경계초소로 이동하는 북한군 3명의 명백한 적대행위와 북측의 일련의 적대행위들 때문에, …
- 당신 측 무장 군인들의 대단히 도발적인 행위였다. 이는 우리 측

125   『로동신문』 1967. 4. 6; 『로동신문』 1967. 4. 7.
126   "Two Hundred Fourty-Third Meeting of the MAC" (1967. 4. 8).

인원을 향한 적대행위였으며 우리 측 민정경찰과 경계초소의 안
전에 대한 명백한 위협이었다.

- 진격하는 북한군과 우리 측 민정경찰 3명 간에 총격전이 시작되
  었다. 북한군 3명은 작은 언덕 뒤로 들어갔다. 이 언덕이 유엔군
  민정경찰 3명과 경계초소로부터의 총격을 막아주었다.

- 우리 측 민정경찰 3명과 경계초소를 겨냥한 다량의 총격이 일어
  났다. …자동화기가 군사분계선 북쪽의 엄폐된 위치에 있는 기지
  에서 사용되었다. 양측의 총격전이 대략 50분 동안 지속되었다.
  …50분 뒤에야 마침내 이들은 경계초소 내 우리 측 민정경찰의
  방호 총격하에 안전한 경비초소로 돌아올 수 있었다.

- 군사분계선의 우리 측 구역에서 죽은 당신 측의 북한군 3명은 당
  신 측의 총격에 사살당했다.[127] (밑줄은 저자가 강조한 것)

유엔군 측은 북한군이 군사분계선을 넘어서 유엔군 구역으로 왔으
며, 그들의 움직임은 유엔군 측 민정 경찰 3명과 경계초소에 대한 명백
한 위협이었기 때문에 총격전이 발생했다고 주장했다. 그리고 북한군 3
명의 사망은 유엔군 측이 아닌 북측 초소에서 사용된 자동화기에 의한
것이라고 주장했다.

유엔군 측의 주장은 명백해 보였지만 모호한 점들이 있었다. 첫째,
유엔군 측은 총격전의 발단─북한군의 군사분계선 위반─에 대해서는
지적했지만, 누가 먼저 총을 쏘았는지는 분명하게 언급하지 않았다. 둘
째, 양측 민정 경찰의 위치 문제가 있다. 경비 업무를 수행하던 유엔사
민정 경찰 3명의 위치가 오울렛 초소로부터 30m 떨어진 곳이었고, 북
한 경찰의 위치가 초소 전방 50m 지점이었다면, 사실 북한 경찰의 위치

---

127   "Two Hundred Fourty-Third Meeting of the MAC" (1967. 4. 8).

는 군사분계선으로부터 불과 몇 미터 되지 않는 것으로 보아야 할 것이다. 또한, 유엔사 경찰이 있던 경계초소로부터의 30m 거리 지점은 구체적으로 어디이며 어떤 상황인지도 명확하지 않다. 셋째, 총격전 시작 직후 북측 기지에서 화기가 사용되었다고 주장했는데, 유엔사 경계초소에서의 총격 시작 시점이 언제인지는 분명하지가 않다.

사건 다음 날 이를 즉각적으로 보도한 남한의 신문들은 사건의 핵심을 북한의 도발로 본다는 면에서는 유엔군 측의 입장과 상통했다. 하지만 북한의 선제 사격 여부 및 증원 사격 시점 등에 대해서는 『경향신문』과 『동아일보』의 논조가 조금 달랐다. 총격전의 시작에 대해 『경향신문』은 북한이 유엔군 초소를 향해 총을 쏘았다고 보도했고, 『동아일보』는 총격전이 벌어졌다는 것 외에 누가 시작했는지는 언급하지 않았다.[128] 또한, 북한과 첫 총격전을 수행한 유엔군 순찰대의 위치가 초소였는지,[129] 지뢰 매설 후 초소로 복귀하던 중이었는지에 대해서도[130] 차이가 있다. 북측 초소에서의 증원 사격도 처음부터 있었는지,[131] 아닌지가[132] 명확하지 않다.

― 군사정전위원회의 사건 처리와 소집 주체 논쟁

사건을 조사하고 처리하기 위해 군정위 본회의 및 공동감시소조의 활동이 시작되었다. 사건 발생 다음 날인 4월 6일 오전 10시, 양측의 공동감시소조 제2조는 군사분계선 표지판 0109호 부근에서 만나 현장을 조사했다.[133] 조사는 6일부터 7일까지 이틀간 진행되었다. 현장조사 때 북측

128 『경향신문』 1967. 4. 6; 『동아일보』 1967. 4. 6.
129 『경향신문』 1967. 4. 6.
130 『동아일보』 1967. 4. 6.
131 위의 자료.
132 『경향신문』 1967. 4. 6.
133 『동아일보』 1967. 4. 8.

은 유엔사 구역에 있던 시신 2구를 가져갔다.

4월 8일 제243차 군사정전위원회 본회의가 열렸다. 그런데 양측은 서로 자신들이 먼저 군정위 소집과 공동감시소조의 조사 활동을 제안했다고 주장했다. 나아가 공동감시소조의 공동 조사 결과가 자신들의 견해를 입증한다고 주장했다.

북한은 자신이 공동감시소조 제2조에 의한 현장조사를 먼저 제안했다고 주장했다. 『로동신문』은 4월 5일 18시 30분에 현장조사를 하자고 미국에 제의했으나 미국이 현장에 나오지 않았다고 보도했다.[134] 그리고 4월 6일 현장조사 결과 북측 지역에서 정상적인 순찰 임무를 수행하던 민정 경찰이 미군 초소에서의 수백 발의 총격으로 살해되었으며, 그들의 시신이 군사분계선 북쪽에 있었음이 확인되었다고 주장했다.[135] 또한 4월 8일의 군사정전위원회 개최도 자신들이 제안한 것이라고 주장했다.[136]

하지만 유엔군 측은 이번 군정위를 자신이 소집했다고 거듭 강조했다. "이것이 누구의 회의인가, 분명히 해두겠다. 이것은 우리의 회의이다. 본 회의는 우리가 소집한 것이다."[137] 그리고 공동 조사 및 군정위 개최 제안 일지를 상세히 열거했다. 유엔군은 자신들이 처음 그리고 거듭해서 군정위 소집 및 공동감시소조의 조사를 제안했다고 주장했다. 그리고 북측이 제안한 4월 5일 18시 30분에 현장에 나갔지만, 북측이 나타나지 않았다고 주장했다.[138]

남북한의 보도들과 군정위 회의 내용을 종합하면, 사건의 자초지종

---

134   『로동신문』 1967. 4. 6.
135   『로동신문』 1967. 4. 7.
136   "Two Hundred Fourty-Third Meeting of the MAC" (1967. 4. 8).
137   위의 자료.
138   위의 자료.

은 이렇다. 4월 5일 13시 30분경 군사분계선 근처에 7명의 북한군이 있었다. 사망자는 모두 5명, 부상자는 1명이었다. 이 가운데 3명이 군사분계선을 위반했고, 4명은 북측 지역에 있었다. 오울렛 초소에서는 군사분계선을 넘어온 북한군에 대해 즉각적으로 사격했다. 총격전은 확대되었고 북측 초소에서도 지원사격했다. 총격전은 50여 분이나 계속되었다. 그 결과 유엔사 구역에 있던 3명과 북측 구역에 있던 2명이 사망했고, 1명이 부상했다. 4월 5일 밤 북한은 유엔사 구역에 있던 시신 1구를 가져갔고, 6일 현장조사 때 남은 시신 2구를 가져갔다. 유엔사 측 인명 피해는 없었다. 사건 당일인 5일 저녁, 양측은 현장조사를 제안하는 전문을 보냈지만, 막상 상대가 제안한 시간에는 현장에 나오지 않았다.

그런데도 계속되는 의문들이 있다. 오울렛 초소 사건의 원인은 무엇이었을까, 대낮에 일어난 북한군 3명의 군사분계선 위반이 경계초소에서 총격을 가할 정도로 위협적이었을까, 왜 미군은 북한군의 월경을 자신과 초소에 대한 위협으로 인식하고 즉각적으로 사격을 했을까, 군정위는 사건을 어떻게 처리했을까, 공동감시소조의 조사 결과는 어떻게 양측 모두의 주장을 입증할 수 있었을까.

이 의문들은 오울렛 초소 사건에 국한되는 사안이라기보다는 사실 더욱 근본적인 문제들과 연결되어 있었다. 첫째로 이 사건은, 오울렛 초소의 위치 및 위상, 민정 경찰의 무기 휴대 및 자동화기 사용 등과 같은 '무장화'의 문제였다. 둘째, 오울렛 초소 사건은 1960년대 후반의 국제적 정세 및 긴장된 비무장지대 상황 속에서 벌어진 것이었다. 셋째, 군사정전위원회와 공동감시소조 등 정전 관리 기구가 작동하는 방식의 문제였다. 첫째와 둘째 문제는 사건의 원인과 배경이었고, 셋째는 위기 상황 및 정전 관리의 문제이자, 문제의 결과였다.

― 공동감시소조의 조사와 그 한계

이 책의 앞부분에서 살펴보았듯이, 비무장지대 위반사건에 대한 처리는 군사정전위원회 소집을 통한 논의와 공동감시소조의 현장조사를 통해 이루어지게 되어 있었다. 군정위는 정전협정 이행을 감독하고, 위반사건이 발생하면 협의해서 처리할 권한을 갖고 있었다.[139] 이 기구는 공산군 측과 유엔군 측 대표들로 구성되었으며, 일방이 소집을 요구하면 상대는 그에 응해야 했다. 군정위 산하의 공동감시소조도 양측 인원으로 구성되었으며, 비무장지대 위반사건을 실제로 조사할 권한을 갖고 있었다.

양측은 군정위 소집이나 공동 조사 제안에 적극적이었다. 오울렛 초소 사건 때도 양측은 서로 자신들이 먼저 군정위 소집이나 공동 조사 제안을 했다고 주장했다. 왜 그랬을까. 먼저 소집하거나 제안한다는 것이 어떤 의미가 있는 것이었을까.

한 가지 의미는 "위반 발견 시 군사정전위원회를 소집"한다는 정전협정 규정에 따른 것이었다. 즉 군정위 소집 제안 자체가 상대의 협정 위반에 대한 발견과 항의를 의미했던 것이다. 오울렛 초소 사건 다음 날 『로동신문』이 즉각적으로 북측이 공동 조사를 제안했다고 보도한 것이 그 예이다.[140] 남한의 『동아일보』가 「북괴에 항의각서」, 「유엔측서 정전위 소집 요구」, 「북괴군 침입 항의」 등의 기사를 낸 것도 마찬가지 이유에서이다.[141] 이 기사들도 유엔군 측이 군정위 소집을 요구하고 북에 항

---

139 정전 관리 기구로 군사정전위원회 외에 중립국감독위원회도 있었다. 중립국감독위원회는 4명의 고급장교로 구성하되, 그중 2명은 유엔군사령부 측이 지명한 중립국(스웨덴 및 스위스)에서 임명하고 나머지 2명은 공산군 측이 지명한 중립국(폴란드와 체코슬로바키아)에서 임명했다. 다만 여기서 중립국이란, 그 전투부대가 한국에서의 적대행위에 참가하지 않은 국가를 가리킨다. 중립국감독위원회 산하에는 중립국시찰소조가 조직되었다.

140 『로동신문』 1967. 4. 6.

141 『동아일보』 1967. 4. 6; 『동아일보』 1967. 4. 8.

의했음을 강조한 것이었다. 이렇게 함으로써, 상대의 정전협정 위반 행위가 기정사실화되는 효과가 있었다.

다른 의미로는, 위기 상황에 대한 수습 노력을 보여주는 효과도 있었기·때문이다. 실제로 제243차 군정위에서 유엔군 측은 자신들이 아주 여러 차례 회의를 요청했으며, 이는 바로 "(유엔군 측이) 가능한 한 빠르게 이 상황을 통제하에 두기 위해 매우 진심 어린 마음으로 거듭 노력"한 것이라고 주장했다. 그러면서 "(북측이) 협조를 꺼리고 핑계를 대기만 했다는 것이 아주 확실하게 드러났다"라고 비난했다.[142]

또 하나의 의문은 어떻게 공동 현장조사 결과가 양측 모두의 주장을 입증하는 결과로 이어질 수 있었을까 하는 것이다. 이는 공동감시소조 구성 및 운영 방식, 권한 및 역할 등의 한계에서 비롯되었다. 앞에서 살펴보았듯이, 양측의 영관장교 2~3인으로 구성된 공동감시소조는 비무장지대와 한강 하구 위반사건 발생 시 자유롭게 현장을 조사하고 그 결과를 군정위에 제출하기로 되어 있었다. 오울렛 초소 사건 당시에는 5개의 공동감시소조가 운영되고 있었다.

비무장지대 위반사건이 발생했을 때 양측은 공동감시소조를 소집했지만, 정작 중요한 사안에 대한 조사는 거의 이루어지지 않았다. 북한 측은 1957~1963년 남측의 무장간첩 사건 조사와 월경 사건 조사 및 송환을 위해 총 37회를 소집했다.[143] 유엔군 측은 1953~1965년 북한의 비무장지대 내 무장간첩 사건, 요새진지 구축, 경비병들의 분계선 월경과 총격 사건 조사를 위해 총 17회 소집했다. 또한 한반도의 군사충돌이 매우 심각했던 1966년부터 1968년까지는 40회를 소집했으나, 북한은 단 한 번을 제외하고 모두 거부했다.[144] 그 한 건의 예외가 바로 오울렛 초

---

142   "Two Hundred Fourty-Third Meeting of the MAC" (1967. 4. 8).

143   이문항, 앞의 책, 207~208쪽.

소 사건 때였다.

오울렛 초소 사건 당시 공동감시소조 제2조는 군사분계선 표식물 0109호 앞에서 현장조사를 실시했다. 조사는 4월 6~7일 이틀간 진행되었다. 유엔사 측에서는 케네디(Arthur H. Kennedy) 대령, 북측에서는 배문식(Bae Mun Sik) 중좌가 참석했다. 그들은 4월 6일의 조사를 바탕으로 7일 미팅에서 각자가 준비해온 조사 결과를 낭독했고, 그것을 그대로 공동 조사보고서에 담았다. 즉 공동감시소조의 보고서에는 양측의 입장이 그대로 나열되었다.[145] 군정위 본회의에서 양측은 각자가 마련하여 제출한 조사 보고를 토대로 자신들의 주장을 재론했다. 언론에 알려진 '사실'들도 이러한 양측의 일방적인 주장들이었다.

즉, 공동감시소조의 현장조사가 겨우 실시되어도, 그 결과는 그리 좋지 못했다. 보고서를 제출하지 않거나, 군사분계선 표식물을 조사하던 상대방의 조사원들을 향해 발포하는 사건까지 발생했다.[146] 조사 결과에 대한 합의도 거의 이루어지지 않았다. 공동감시소조 보고서는 대부분 양측 모두의 주장을 대변했다. 이는 보고서가 양측의 주장을 나열하는 방식으로 작성된 채로 군정위에 제출되었기 때문이다. 오울렛 초소 사건에 대한 공동감시소조의 조사 결과가 자신의 주장을 입증·확인한다고 주장할 수 있었던 것은 바로 이러한 공동감시소조의 구성 및 보고서 제출 방식에 연유했다.

---

144   이문항, 앞의 책, 207~208쪽, 245쪽.

145   "Meeting of Joint Observer Team Number Two Military Demarcation Line Marker Number 0109" (1967. 4. 7), RG 554, Korean Armistice Implementation Records, 1951-1980, Team 2: Minutes of Meetings of Joint Observer Teams, 1953-1967.

146   이문항, 앞의 책, 208쪽.

[도 2-11] 거리실에서 열린 공동감시소조의 모습(1963. 9)

유엔군이 초단파거리측정장치를 작동시키는 모습(위), 북한 측 대표가 논의하는 모습(아래). 유엔군 측은 북한군이 군사분계선 0769 지점을 침입했다고 주장했다.

출처: SP-6 Peter P. Ruplenas, 8th Army Photo Fac, 181st Sig Co APO 301, AP-117, RG 111: Records of the Chief Signal Officer, 1860-1985, General Subject Photographic Files, ca. 1964-ca. 1982 [111-CCS], NARA.

Military Armistice Commission

Date: April 7, 1967

Place: Panmunjom

Serial Number: JOT 2-1

From: KFA/CPV Component of JOT 2

TO: Military Armistice Commission, via Secretaries of both sides of
the Military Armistice Commission

Subject: Concerning the Violation of the Armistice Agreement by the
UNC Command Side which Made a Collective Attack Upon the
Civil Personnel of the KPA Carrying Out Their Routine Patrol
Duty.

Military Armistice Commission	
Date:	April 7, 1967
Place:	Panmunjom
Serial Number:	JOT 2-1
From:	KFA/CPV Component of JOT 2
To:	Military Armistice Commiotion, via Secretaries of both sides of the Military Armistice Commission
Subject:	Concerning the Violation of the Armistice Agreement by the UNC Command Side which Made a Collective Attack Upon the Civil Personnel of the KPA Carrying Out Their Routine Patrol Duty.

FROM: United Nations Command Component   Place: Seoul, Korea

Joint Observer Team Number 2

TO: Military Armistice Commission

VIA: Secretaries, Military Armistice Commission

FROM:	United Nations Command Component	Place: Seoul, Korea
	Joint Observer Team Number 2	
TO:	Military Armistice Commission	
VIA:	Secretaries, Military Armistice Commission	

[도 2-12] 오울렛 초소 사건에 대한 공동감시소조의 조사 보고서 일부

군사정전위원회에 제출된 제2 공동감시소조의 북·중 측 성원이 작성한 보고서(위)와 유엔군 측 성원
이 작성한 보고서(아래).

출처: "Meeting of Joint Observer Team Number Two Military Demarcation Line Marker Number 0109" (1967.
4. 7), RG 554, Korean Armistice Implementation Records, 1951-1980, Team 2: Minutes of Meetings of Joint
Observer Teams, 1953-1967.

─ 잊힌 오울렛 초소 사건

엄밀히 말하면, 오울렛 초소 사건은 제대로 처리되지 않았다. 남북의 언론은 이 사건을 비중 있게 보도했지만, 이 사건에 대해서는 군사정전위원회에서 한 차례 첨예한 논쟁이 벌어진 것이 거의 전부였다. 양측은 재발 방지를 위한 논의도 약속도 하지 않았고, 군정위 회의를 자신의 정당성을 강조하고 상대를 비난하는 데만 활용했다. 그리고 사건은 잊혔다.

'정전 이래 최대의 총격전'이었던 오울렛 초소 사건 직후 북한은 평양에서 대대적인 장례식을 진행하고 연일 군중대회까지 열면서 이 사건을 반미 선전에 활용했지만, 그것이 다였다. 이후 이 사건에 대한 언급은 다시 찾아보기 어렵게 되었다. 북한군이 군사분계선을 넘은 것이 명확했기 때문에, 북한이 이 사건을 기억하고 지속적으로 활용하기에는 무리가 있었을 것이다.

유엔사도 자기 구역의 오울렛 초소 혹은 바로 아래에서 자신이 먼저 총격을 시작하여 북한군을 사망에 이르게 한 이 사건을 기억하고 싶지 않았을 것이다. 미국은 유엔사가 비무장지대 위반의 책임자로 거명되는 것을 원치 않았다. 특히 유엔 총회에서 유엔사의 존재와 위상 문제가 거론될 것을 우려했다.[147] 더구나 비무장지대 충돌 사건의 주 현장이 군정위 본부 구역에 있는 유엔사 GP라는 점이 대내외에 알려지는 것을 원치 않았을 것임은 분명하다. '판문점 도끼 사건'(1976)으로 보니파스 대위와 배럿(Mark Thomas Barrett) 중위가 사망했다는 사실은 지속해서 기억하고 되살렸던 것과 매우 대조적이다. 사실 양측에 모두 중대한 위반의 책임이 있던 이 사건을 어느 쪽도 기억하려 하지 않았다. 이렇게 북한과 유엔군의 직접적인 군사충돌의 현장이었던 오울렛 초소는 잊혔다.

---

147   한모니까, 2019, 「1960년대 비무장지대(DMZ)의 무장화 과정과 배경」, 『사학연구』 135, 184~186쪽.

대신 1990년대 이후에는 미국 현직 대통령들의 방문으로 오울렛 초소에 이목이 쏠리곤 했다. 이곳은 "자유의 최전선"으로 호명되었다. 미국 대통령들은 군정위 본부 구역의 유엔사 GP이자 군사분계선과 불과 약 50m 거리에 있는 이 초소에 올라서 북쪽을 내려다보며 북한을 압박하고 남북한의 체제를 비교했다. 그들은 자유주의의 우월성과 주한미군의 정당성을 강조하는 등 끊임없이 냉전을 소환하고, 유지했다.

정리하자면, 1967년 오울렛 초소 사건은 북한군과 유엔군(사실상 미군) 간에 벌어진 군사충돌이었다. 발단은 북한군 3명의 명확한 군사분계선 위반이었지만, 그들을 발견한 현장의 미군 3명과 오울렛 초소에서의 즉각적인 총격으로 인해 그야말로 '사건'이 되었다. 총격전은 북측 초소로까지 확대되어 50여 분이나 진행되었고, 북측 지역에 있던 2명까지 총 5명이 사망했고, 1명이 부상했다. 북측과 유엔사 측은 언론을 통해 그리고 군정위 본회의에서 자신의 정당성을 주장하고 상대의 도발을 비난했다.

오울렛 초소 사건은 사실 더욱 근본적인 문제들과 맞닿아 있었다. 비무장지대의 무장화라는 문제가 구조적인 원인이었고, 이는 군정위의 정전협정 후속 합의에서 비롯되었다. 군정위는 군인 경찰을 민정 경찰로 사용할 것과 그들의 무기 휴대에 합의했다. 군사분계선에 인접하여 구축된 양측의 경계초소는 서로의 물리적 거리를 더욱더 가깝게 했고 충돌의 가능성을 높였다. 양측은 정전협정 지도도, 군사분계선 표식물도, 민정 경찰의 휴대 무기 제한 규정도, 군사 시설 구축 불가라는 정전협정 조항도 준수하지 않았다. 더구나 1960년대의 한반도 정세는 비무장지대의 군사적 긴장을 높이고 있었다. 베트남전에 대한 북한의 지원과 대남 공세, 한국군의 베트남전 파병과 존슨 대통령의 방한 등은 비무장지대 군사충돌을 악화시키는 요인이 되었다. 1967년 4월 5일 군사분계선 표지판 0109호 부근에서 벌어진 오울렛 초소 사건은 그로 인한 결과였다.

오울렛 초소 사건 처리는 군사정전위원회와 그 산하 조직인 공동감시소조 등 정전 관리 기구의 한계 등으로 인해 제대로 이루어지지 못했다. 군정위는 산하 기구이자 비무장지대를 자유롭게 조사하고 보고할 수 있는 유일한 기구였던 공동감시소조의 조직 및 역할을 정전 직후부터 축소해왔다. 비무장지대 위반사건에 대해서는 북한과 유엔사 양측 간 합의가 거의 이루어지지 않은 데 비해, 비무장 상태를 유지하고 조사할 핵심적인 기구의 축소에 대해서는 합의에 망설임이 없었다. 더구나 어렵게 공동감시소조의 활동이 시행되어도, 보고서는 합의되지 못한 채 두 개로 제출되었다. 양측은 자신들의 논리와 주장을 뒷받침하는 보고서를 각각 작성하고 제출했다. 따라서 군정위는 '대화 창구'로서 사태를 진정시키는 역할을 했지만, 동시에 사태를 반복하고 악화시키는 역할도 했다. 정전 관리 기구의 이러한 한계는 비무장지대와 한반도의 정전이 '불안정하게' 유지되는 주요한 원인이었다. 1967년의 비무장지대 충돌은 결국 1968년 1월 '푸에블로호 사건'이나 '청와대 기습 사건'(1·21사태)과 같은 전쟁 위기 상황으로 치달았다.

3) 베트남전과 비무장지대 장벽 건설

— 남한의 베트남전 추가 파병

1966년 10월 중순 이후에는 비무장지대 위반사건의 양상이 변화하고 사건이 점증하기 시작했다. 박정희 대통령은 방한한 존슨 대통령과의 회담에서, 비무장지대에는 고질적인 문제와 사건들이 있으며 "이러한 사건들이 짜증 나는 요소(an irritating factor)이지만 심각한 위험(a serious danger)은 아니"라고 말했지만,[148] 상황은 악화하고 있었다. 미

중앙정보국과 국무부는 북한의 위반 양상 변화를 주목했는데, 1966년 10월 이전에는 정보 수집을 주된 목적으로 했다면, 이후에는 의도적인 폭력이자 교란으로 전환되었다고 보았다. 또한 이전에는 북한군이 주로 민간인 복장을 한 채 한국군으로부터 공격을 받는 경우를 제외하고는 거의 총격전을 하지 않았지만, 10월 중순부터 선제적이고 의도적으로 한국군을 찾아와 공격하는 총격전이 급증했다고 분석했다.[149] 미 중앙정보국은 북한이 비무장지대에서 유엔군에 대한 산발적인 폭력을 행할 뿐 아니라 정전 이후 처음으로 사보타주 임무를 시도하고 있고, 외딴 시골의 게릴라 기지 지역을 정찰하기 위해 고도로 훈련된 소규모 팀들을 침투시키기 시작했다고 보고했다.[150]

홍미로운 점은, 미국이 북한의 비무장지대 위반의 의도가 한반도에 전쟁을 일으키기 위한 것이 아니라 남한이 베트남전에 추가 파병하는 것을 방해하는 데 있다고 보았다는 것이다. 1965년 봄, 미 국무부와 주한 미 대사관은 비무장지대의 상황 변화를 예측하면서 북한의 군사 위협보다는 남한의 베트남 파병이 더 큰 요인이 될 것이라고 예상했다. 이러한 인식은 1967년까지도 계속 이어졌다. 9월, 미국은 비무장지대에서 북한의 군사적 교란이 계속될 것이지만, 그것은 소련이나 중국의 압력에 의한 것이 아니라 북한의 의지에 의한 것이라고 해석했다.[151]

미국은 남한의 베트남전 추가 파병을 추진하면서 이 파병이 비무장

---

148 "Memorandum of Conversation Between President Johnson and President Pak" (1966. 11. 1), *FRUS*, 1964-68 KOREA, pp. 205-207.

149 "Intelligence Memorandum" (1966. 11. 8), *FRUS*, 1964-68 KOREA, pp. 209-210.

150 "Report Prepared by the Office of National Estimates of the Central Intelligence Agency" (1967. 6. 23), *FRUS*, 1964-68 KOREA, pp. 257-259.

151 "Memorandum of Conversation" (1967. 9. 15), *FRUS*, 1964-68 KOREA, pp. 274-275; "Special National Intelligence Estimate" (1967. 9. 21), *FRUS*, 1964-68 KOREA, pp. 282-283.

지대에 미치는 영향과 남한의 여론 및 정치적 문제들을 우려했다. 그리고 실제로 비무장지대의 위반사건 수가 증가한 것이 남한의 베트남 파병을 둘러싼 정치적 문제에 영향을 주었다고 인식했다.[152] 주한 미 대사와 미 국무부는 비무장지대에서의 사건이 증가함에 따라 베트남 추가 파병을 둘러싼 정치적 문제가 복잡해졌다고 여러 차례 지적했다.[153] 북한의 비무장지대 사보타주나 압박 등이 남한 사회에서 방위력에 대한 불안이나, 베트남 추가 파병에 대한 의문을 일으키고 있다고 본 것이다.[154] 그들의 인식에 따르면 비무장지대를 사이에 두고 공산군 측과 대치하고 있는 작은 나라가 베트남에 파병해야 한다는 사실을 한국인들은 불합리하다고 생각하고 있었다.[155] 바로 이런 측면에서 북한의 활동 강화는 한국군의 추가 전투병력 투입에 어려움을 가중할 수 있는 요인으로 해석되었다.[156]

1967년 부임한 포터(William J. Porter) 주한 미 대사는 남한의 베트남전 추가 파병을 위해 미국이 박정희의 국내 정치적 장애물 극복을 도와야 한다고 미 국무부에 전했다. '정치적 장애물'이란 한국의 여론이었다. 포터는 남한의 안보를 걱정하는 국회와 국민을 안심시키기 위해 한국군의 육상과 해상 경계 보안 시스템을 개선하고, 북한의 간첩을 탐지하고 제거하는 보안기관의 능력을 향상시키기 위해 장비와 지원을 신속

152   "Memorandum of Conversation" (1967. 9. 15), *FRUS*, 1964-68 KOREA, pp. 274-275.

153   "Telegram From the Embassy in Korea to the Department of State" (1966. 11. 22), *FRUS*, 1964-68 KOREA, pp. 216-220.

154   "Telegram From the Embassy in Korea to the Department of State" (1967. 9. 19), *FRUS*, 1964-68 KOREA, pp. 276-278.

155   "Telegram From the Embassy in Korea to the Department of State" (1966. 11. 22), *FRUS*, 1964-68 KOREA, pp. 216-220.

156   "Memorandum From Alfred Jenkins of the National Security Council Staff to the President's Special Assistant (Rostow)" (1967. 7. 26), *FRUS*, 1964-68 KOREA, pp. 261-266.

히 제공할 것을 제안했다. 포터는 이 제안이 북한 위협에 대처하는 한국 정부의 능력을 한국인에게 가시화하기 위해 고안된 것이라고 설명했다.[157]

　미국의 입장은 분명했다. 가장 우선적인 목표는 한국군의 베트남 추가 파병이었고, 이를 위해 한국에 대(對)침투(counter-infiltration) 장비를 지원하여 비무장지대 안정을 도모한다는 것이었다. 하지만 한국 정부의 입장은 미국의 목표와는 달랐다. 베트남전 파병과 안보 불안 여론을 이유로 비무장지대 강화가 필요하다고 본 것은 미국과 상통하는 면이 있었지만, 북한에 대한 공세적인 조치를 취하냐에 대해서는 미국과 입장 차이가 분명했다.

― 미국의 비무장지대 충돌 억제와 유엔군사령부 존속

남한은 비무장지대에서 일어나는 사건들에 대해 방어하는 수준을 넘어 공격해야 한다고 주장했고, 공격을 실행했다. 1967년 9월 16일 박정희 대통령은 본스틸(Charles H. Bonesteel) 유엔군사령관과의 회담에서 북한의 비무장지대 침투를 방지하기 위한 작전에 동의한다면서도 불만을 표했다. 그는 북한의 공격을 막기 위해서는 북한이 정전협정을 위반할 때마다 보복을 통해 대가를 치르게 해야 한다고 주장했다.[158] 나아가 자체적으로 침투부대를 조직하고 훈련시켜서 비무장지대를 넘어 북한으로 진입하는 시도를 여러 번 했고, 이를 미국도 인지하고 있었다.[159]

---

[157]　"Telegram From the Embassy in Korea to the Department of State"(1967. 9. 19), FRUS, 1964-68 KOREA, pp. 276-278.

[158]　"Telegram From the Embassy in Korea to the Department of State"(1967. 9. 19), FRUS, 1964-68 KOREA, pp. 278-282. 특히 1·21사태와 푸에블로호 사건 이후 있었던 한국의 보복 주장과 미국의 반대에 대해서는 홍석률, 2001(a), 「1968년 푸에블로 사건과 남한·북한·미국의 삼각 관계」, 『한국사연구』 113, 196~199쪽 참조.

[159]　"Memorandum From Cyrus R. Vance to President Johnson"(1968. 2. 20), FRUS,

한국의 침투부대는 1967년 하반기에만 한 달에 평균 두 번 정도 비무장지대를 넘어 북한으로 들어갔다.[160]

유엔군사령부는 1967년 9월 4일 비무장지대에서 일어나는 북한을 향한 한국의 보복 공격에 대한 정보를 입수하고, 국방부 장관에게 보복 행위에 대한 미국의 반대 입장을 상기시켰다. 포터 주한 미 대사도 한국 국무총리에게 같은 견해를 표명했다.[161] 1968년 푸에블로호 사건 직후 방한한 밴스(Cyrus R. Vance) 특사는, 1967년 11월 한국군이 북한 인민군 사단 사령부에 대한 습격을 감행했고, 이는 다시 북한의 보복 공격을 불러오는 등 비무장지대에서 일어나는 군사충돌에 관해서는 북한의 침투 못지않게 남한의 도발적 성격에 원인이 있다고 미 대통령에게 보고했다.[162]

주한 미 대사관과 유엔사는 한국군이 비무장지대 긴장을 고조시키는 데 대해 한목소리로 불만을 드러내며, 비무장지대에서 더 이상의 긴장 고조를 막고, 가능하다면 확대하지 않으며, 한국군이 정전협정을 위반하지 않도록 해야 한다고 강조했다.[163] 주한 미 대사도 국무총리에게 유엔에서 한국의 지위 약화, 북한의 선전에 활용될 소지, 본스틸 유엔군 사령관의 권위 약화, 미 의회의 대한(對韓) 군사 원조 지원 약화 등을 거론하며 재차 강조했다.[164]

        1964-68 KOREA, pp. 384-391.

160   "Telegram From the Embassy in Korea to the Department of State" (1967. 9. 19), *FRUS*, 1964-68 KOREA, pp. 278-282.

161   위의 자료.

162   "Memorandum From Cyrus R. Vance to President Johnson" (1968. 2. 20), *FRUS*, 1964-68 KOREA, pp. 384-391.

163   "Telegram From the Commanding General, United States Eighth Army, Korea, and the Commander in Chief, United Nations Command, Korea (Bonesteel) to the Chairman of the Joint Chiefs of Staff (Wheeler)" (1966. 11. 10), *FRUS*, 1964-68 KOREA, pp. 211-214

164   "Telegram From the Embassy in Korea to the Department of State" (1967. 9.

이러한 미국의 원칙은 1968년 1월의 전쟁 위기 상황에서도 유지되었다. 1·21사태와 푸에블로호 사건 직후에도 미국은 한국의 보복을 반대했다.[165] 밴스는 남한의 북한 침투가 도발적 성격을 가지며, 그에 비해 징벌적 효과는 확인하기 어렵다고 보았다. 그러면서 박정희에게 북한의 정전협정 위반이 발생해도 이에 대해 "즉각적, 징벌적, 보복적 조치"를 포함한 한·미의 보복을 약속하기를 거부했다.[166] 사실 비무장지대에서 일어나는 북한의 침투가 정전협정 위반인 것처럼, 한국군의 북한 공격을 포함한 비무장지대 위반은 곧 정전협정 위반이자 불법행위에 해당하는 것이었다.

미국이 남한의 정전협정 준수를 강조한 이유는 전쟁 발발을 막기 위한 측면도 있었지만, 유엔군사령부 존속을 위한 측면도 컸다. 한국군이 비무장지대에서 불법행위를 벌이면, 그것은 곧 한국군에 대한 작전통제권을 보유하며 행사하고 있는 유엔사의 책임이자 정전협정 위반이 된다고 보았기 때문이다.[167] 브라운(Winthrop G. Brown) 주한 미 대사는 "미국이 범법자의 역할에 캐스팅될 것"을 우려했다.[168] 본스틸 사령관도 자신의 임무가 공산주의 침략으로부터 대한민국을 방어하는 것뿐 아니라 정전협정을 이행하는 것이며, 유엔군사령부가 정전협정 위반의 당사자가 된다면 한국에서 유엔사를 보존하고 유지하기 어려울 것이라고 강조했다.[169] 이처럼 미국은 한국 정부에 유엔군사령부의 위상 및 존재를

---

19), *FRUS*, 1964-68 KOREA, pp. 278-282.

165   홍석률, 2001(a), 앞의 논문, 196~199쪽.

166   "Memorandum From Cyrus R. Vance to President Johnson" (1968. 2. 20), *FRUS*, 1964-68 KOREA, pp. 384-391.

167   "Telegram From the Embassy in Korea to the Department of State" (1966. 11. 29), *FRUS*, 1964-68 KOREA, pp. 221-224.

168   위의 자료.

169   "Telegram From the Embassy in Korea to the Department of State" (1967. 9. 19), *FRUS*, 1964-68 KOREA, pp. 278-282.

거듭 강조했다.

더구나 미국은 유엔 내에서 유엔군사령부의 본질적인 위상 문제가 공격의 빌미가 될 것을 우려했다. 한국전쟁 이후 한국군의 작전통제권을 유엔사가 갖고는 있었지만, 유엔사가 비(非)유엔 국가 군대에 대한 작전통제권을 가지는 것을 유엔이 승인한 바가 없다는 본질적인 문제가 있었다. 브라운은 한국전쟁 때의 유엔 결의안은 '통합사령부'만을 요구했고 '유엔군사령부'라는 문구는 어떤 유엔 결의안에도 등장하지 않는다는 것을 미국이 알아야 한다고 강조했다. 그리고 한국전쟁 초기에 미국이 일방적으로 '통합사령부'라는 이름으로 유엔군사령부를 내세웠음에도 그동안 아무 문제가 없었고 유엔의 제재 또한 없었다고 지적했다.[170] 아울러 브라운은 세계 각지에 유엔 평화유지군이 주둔하는 시대에 한반도에서만은 유엔군사령부와 유엔의 관계가 이례적이라는 점도 주목했다. 때문에 정전 이후 13년이 흐르는 동안 적대관계가 끝났기 때문에 다른 유엔 평화유지군과 같은 형식을 따르거나 유엔사가 유엔 망토를 벗어야 한다는 주장을 소련이 할 수 있다고 예측했다.[171]

미국은 유엔 총회에서 소련이 유엔군사령부 문제를 제기하고, 북한이 그 근거를 제공하는 시나리오를 우려하고 있었다. 미국도 잘 알고 있듯이, 유엔사의 본질적인 위상 문제가 있었고, 이 문제를 소련이 제기할 때, 북한이 비무장지대 위반의 최종 책임이 유엔사에 있다고 공격한다면, 유엔 총회의 여론이 미국에 불리하게 작용할 수 있다고 본 것이다. 그래서 미국은 남한의 대북 침투가 북한의 선전에 이용되지 않도록 한국군을 억제하는 것이 중요하다고 판단했다.[172] 즉 남한의 비무장지대

---

170   "Telegram From the Embassy in Korea to the Department of State"(1966. 11. 29), *FRUS*, 1964–68 KOREA, pp. 221–224.

171   위의 자료.

172   본스틸은 비무장지대에서 북한의 활동이 증가한 이유 중 하나가 1967년 11월 유엔

위반 문제는 곧 유엔사의 문제로 직결될 수 있었으며, 북한과 소련 등이 주한 유엔사의 법적 근거를 따지면서 유엔사의 형태나 존재의 변화를 요구할 가능성이 있었다. 이처럼 미국은 남한의 비무장지대 위반을 제어하면서 정전협정의 준수를 강조했지만, 이면에서는 사실 유엔사의 위상과 존속 문제를 우려하고 있었다.

이런 배경과 인식하에서 이루어진 미국의 비무장지대 군사충돌에 대한 대응과 정책은 첫째, 북한의 군사도발에 관한 유엔군사령부의 상세 보고서 유엔 제출,[173] 둘째, 한국군의 도발 억제와 적정 수준의 현대화, 셋째, 대침투체계 구축 등으로 나타났다. 미국은 남한의 역습 능력이 향상될 것을 우려해 한국 정부의 군사 지원 대폭 확대 요청은 수용하지 않았다. 1968년 1월 이후에도 밴스 특사는 존슨 대통령에게 미국의 1억 달러 추가 지원도 한국군의 대반란 및 대침투 능력을 향상하는 데 주로 사용되어야 한다고 하면서, 비무장지대 장벽 개선을 언급했다.[174] 그리하여 이후 미국의 군사 지원의 내용과 목표는 대침투 능력 제고를 중심으로 전개되었다.

― 한미의 비무장지대 대침투체계 구축

대침투체계(counter-infiltration system) 구축을 중심으로 한 비무장지

총회에서 한국의 유엔군사령부를 존속하지 못하게 할 수 있다는 공산주의자들의 희망 때문이므로, 유엔사가 정전협정 위반의 당사자가 된다면 한국에서 유엔군사령부를 존속하고 유지하기란 어려울 것이라고 덧붙였다. "Telegram From the Embassy in Korea to the Department of State" (1967. 9. 19), *FRUS*, 1964-68 KOREA, pp. 278-282.

173 미국은 북한과 소련의 선전에 대응하기 위해 북한의 비무장지대 위반에 관한 유엔군사령부의 보고서를 작성하여 유엔에 제출했다. "Telegram From the Embassy in Korea to the Department of State" (1967. 8. 23), *FRUS*, 1964-68 KOREA, pp. 270-272; 『동아일보』 1967. 11. 3.

174 "Memorandum From Cyrus R. Vance to President Johnson" (1968. 2. 20), *FRUS*, 1964-68 KOREA, pp. 384-391.

대의 무장화는 한국과 미국의 인식이 일치하는 최소한의 공통분모였다. 앞서 살펴보았듯이, 미국은 남한의 베트남 파병과 관련해 예견되는 사항들, 특히 북한의 비무장지대 침투에 따른 남한의 안보 불안 여론을 우려했고, 남한의 베트남 파병을 위해서는 반(反)침투(anti-infiltration) 조치들이 필요하다고 보았다.[175] 미국은 베트남전쟁이 한국의 안보와 경제에 미치는 부정적 영향을 최소화하기 위해 노력한다는 점을 한국 국민에게 알리고, 이를 토대로 1966년에 한국군 여단과 사단 병력 파견이 진행되기를 원했다.

1963년부터 한국군의 현대화 지원을 요구했던[176] 한국 정부는 베트남전 추가 파병 논의가 본격화되자 안보 불안을 이유로 지원을 다시 요구했다. 베트남 파병으로 생긴 병력 공백 보충과 향후 증파에 대비해서 정부는 국군의 현대화에 필요한 5개년의 시간을 3년 이내로 단축하는 데 대해 미국과 합의했다. 김성은 국방장관은 베트남 파병 당시 미국이 약속한 3개 예비 사단의 전투장비 현대화가 1966년 내에 완료될 것이며, 야전군의 전반적인 개선도 1967년부터 본격화하여 1968년 말까지 장비 현대화가 완성될 것이라고 밝혔다.[177]

결국 1966년 3월 4일 한국 정부는 베트남 추가 파병의 대가로 일명 '브라운 각서'를 받았다. '브라운 각서'는 군사 지원과 경제 지원 관련 내용을 담았는데,[178] 그중에 한국군 장비를 현대화하고, 대침투 능력을

---

175   "Telegram From the Department of State to the Embassy in Korea"(1966. 1. 27), *FRUS*, 1964-1966 KOREA, pp. 156-160.

176   1963년 12월 국방부에서 김성은 국방장관, 김종오 합참의장 등이 참석한 한미 군사 고위회담이 열렸고, 이때도 한국군의 현대화가 논의되었다. 『동아일보』 1963. 12. 19.

177   『동아일보』 1966. 1. 31. 한국 정부는 한미공동방위, 국군 병력 60만 명 이상 유지 등도 미국에 요구했다.(『동아일보』 1966. 2. 9; 『경향신문』 1966. 3. 1.)

178   한국군 현대화 장비 지원, 추가 베트남 파병 비용의 미국 정부 부담, 북한의 간첩 남파를 봉쇄하기 위한 지원과 협조, 대한(對韓) 군사 원조 이관 중지, 대한 차관 제공,

개선하기 위한 한·미 합동 연구와 수반 조치 등의 내용이 담겨 있었다.

이후 한국군과 유엔군사령부는 비무장지대에서 북한의 전술을 파악하고 비무장지대 상황을 전면적으로 분석했다. 1966년 10월 26일과 28일, 본스틸 주한미군사령관 겸 유엔군사령관과 주한미군, 한국군은 비무장지대와 인접 지역에 대한 대침투체계를 설계했다. 이때 주한미군은 군수품, 전술과 기술, 훈련, 베트남과 한국 상황 등을 토대로 대침투체계를 제안했고, 이는 한·미 공동으로 분석되었다.[179] 이때는 한국과 미국 모두 북한의 비무장지대 위반사건이 심각하다고 인식하지 않았을 때였다. 즉 이 당시에는 남한의 베트남 추가 파병을 논의하는 과정에서 북한의 침투에 대응하는 조치들이 추진된 것이다.

대침투체계 설계 작업은 1967년에도 계속되었다. 유엔사는 비무장지대와 해안가 일대의 대침투 방어를 강화했다.[180] 1967년 12월 15일 박정희 대통령도 훈령 제18호「대간첩봉쇄 지침」을 하달했는데, 특히 비무장지대의 방벽(防壁) 구축, 경계시설 강화, 감시초소·관측소의 방어력 강화를 지시했다.[181] 이어서 김성은 국방장관은 휴전선의 진지 강화와 방책 설치를 서두르겠다고 밝혔다.[182] 이렇게 하여 한국과 미국의 대침투체계 구축은 '비무장지대 무장화'의 다른 한 축을 이루게 되었다.

한국의 대베트남 물자·용역 조달, 병사 처우 개선 등이 그 내용이다.「한미정부간 군사협력에 관한 협정(브라운 각서)」(1966. 3. 4), 한국국방연구원, 1991,『한미안보 관련협정 요약집: 1948~1989』.

179   "Telegram From the Commanding General, United States Eighth Army, Korea, and the Commander in Chief, United Nations Command, Korea (Bonesteel) to the Chairman of the Joint Chiefs of Staff (Wheeler)" (1966. 11. 10), *FRUS*, 1964-68 KOREA, pp. 211-214.

180   "Memorandum From the Director of Defense Research and Engineering (Foster) to Secretary of Defense McNamara" (1967. 12. 7), *FRUS*, 1964-68 KOREA, pp. 299-300.

181   이창호, 1968,「간첩침투 분쇄를 위한 전략촌 설립」, 국방대학원학위논문.

182   『경향신문』 1968. 1. 16.

[도 2-13] 본스틸 유엔군사령관(1966-1969)
본스틸은 딘 러스크와 함께 1945년 미·소의
38선 분할 점령안을 제안하기도 했다.
출처: Charles Hartwell Bonesteel III(1909-1977),
Acc. 90-105 [SIA2007-0306], SIA.

한편 한국 정부는 브라운 각서의 이행을 촉구했지만,[183] 미국의 한국군 장비 현대화에 대한 지원은 한국의 기대에 미치지 못했다. 한 예로, 미국은 1,000만~1,500만USD(달러) 상당의 반간첩 장비(레이다, 적외선 조준경, 고속도 소총 등)를 1966년 말부터 제공하기로 약속했으나, 한국 정부는 '느린 배달'(slow delivery)에 대해 불만을 표시하며 장비의 신속한 전달을 재촉했고, 미국은 해명하는 입장에 있었다.[184]

미국은 한국보다는 베트남에 대한 지원을 우선시했다. 본스틸 사령관은 한국군의 베트남 파병에 대응하여 한 약속을 수행하기 위한 노력을 했다고 하면서도, 대침투 장비 품목 지원을 둘러싸고 한국이 베트남과 경쟁하고 있는 상황에서는 베트남이 우선해서 지원받을 자격이 있다고 강조했다. 해안 침투에 대비하는 고속정이 도입될 것이라 말하면서도, 장비 생산 및 가용성을 고려하고, 베트남 내 유사한 품목의 필요성을 파악하고, 합리적인 대체 품목의 이용 가능성을 조사해야 한다고 말하는 식이었다.[185] 비무장지대 상황 악화에 따라 본스틸 사령관은 추가

183 "Memorandum of Conversation" (1967. 11. 13), *FRUS*, 1964-68 KOREA, pp. 288-290.

184 『동아일보』 1966. 7. 21; "AmEmbassy, Seoul to Department of State, Department of Defense: COMUSK and MND discussion of anti-infiltration measures and ROKF modernization" (1967. 8. 17), RG 59, POL 23-7 Kor S 6/1/67.

185 "AmEmbassy, Seoul to Department of State, Department of Defense: COMUSK

방어 장비 투입 계획을 수립하고 미 합참에 제출했지만, 그것은 어디까지나 베트남 지원을 방해하지 않는 선에서 수립한 계획이었다.[186]

대침투 장비 지원에 대한 미국의 태도가 달라진 것은 1968년 1·21 사태와 1·23 푸에블로호 사건 이후이다. 사건 직후 방한한 밴스 특사는 한국 정부와 면담한 뒤, 미국 정부에 다음과 같이 제안했다. 그는 북한의 침투에 대한 남한의 불안감과 자신감 결여가 존재하며, 이를 강화하기 위해 반침투체계 강화를 촉진해야 하며, 본스틸 장군이 미국의 유능한 군인과 기술을 침투 방지에 이용할 수 있도록 하고, 한국군의 현대화를 계속해야 한다고 했다.[187] 이어 주한 미 대사관과 유엔군사령부 등은 대침투 장비와 한국군 현대화 조치들을 논의하고 특히 대침투 장비들의 한국 공수를 서둘렀으며 장비를 확대했다.[188]

그제야 미국은 한·미가 애초 합의했던 대침투 장비 지원을 베트남으로의 공수와 같은 수준의 우선순위에 두었다. 본스틸은 한국 합동참모본부와 함께 개발했던 '대침투 패키지'(대침투작전용 장비)에 포함된 우선순위 항목을 한국으로 공수할 것을 요청했고, 포터 대사는 이 권고를 승인했으며, 맥나마라(Robert S. McNamara) 미 국방장관은 베트남으로의 수송과 같은 우선순위로 이 항공 운송을 승인했다. 구축함 2척

and MND discussion of anti-infiltration measures and ROKF modernization" (1967. 8. 17), RG 59, POL 23-7 Kor S 6/1/67.

186 "Memorandum From the Director of Defense Research and Engineering (Foster) to Secretary of Defense McNamara" (1967. 12. 7), *FRUS*, 1964-1966 KOREA, pp. 299-300.

187 "Memorandum From Cyrus R. Vance to President Johnson" (1968. 2. 20), *FRUS*, 1964-68 KOREA, pp. 384-391.

188 이때 미국은 대침투 장비의 지원을 대베트남 공수 수준으로 진행해야 한다는 입장으로 바뀌었지만, 여전히 한국군의 장비 현대화는 그에 상응할 만큼 진행되지 않은 것으로 보인다. 사이밍턴 위원회 청문록에서도 한국군의 장비가 주월한국군 및 주한미군의 장비와 동일하지 않음이 논의되었다. 국회도서관 입법조사국, 1971, 『전후 미국의 대한정책―사이밍턴위원회 청문록』, 166~168쪽.

과 곡사포 대대의 인도도 예정되었다. 한국 내 연합군의 군사태세 강화를 위한 행동도 검토되었는데, 비무장지대 장벽 강화와 장벽의 해안 확장도 확인되었고, 장벽의 범위·밀도·정교함에 따라 최대 1억 5천만USD가 소요될 수 있다고 예상되었다.[189] 또한 국방부와 미 국방부, 주한미군 사령부는 비무장지대 방책을 지형에 따라 2, 3중의 복선으로 만들기로 했다.[190]

주한미군은 1968년 2월 12일 '대간첩침투 및 대게릴라전 장비계획'에 따라 한국군에 조명지뢰 야간탐지 장치 장비를 우선 제공하고 있으며, 비무장지대 방위를 지원하고 있다고 밝혔다. 미군은 이밖에도 한국군 유도탄기지, 공군기지 및 중요 방위 부대의 보안 강화를 위해 목재, 방책 재료, 전구류 등을 제공하고 있다고 덧붙였다.[191] 서부전선을 중심으로 특수 전자탐지 장치가 설치되었고, 한국군 담당 지역에는 공군기지·미사일기지 등 중요 방위시설을 보호하기 위한 방책과 '트립 플레어'(trip flares) 등의 도입이 추진되었으며, 한국군 담당 휴전선 일대에 설치할 탐지 장치와 휴전선 감시 장병들의 개인 장비·야간탐지 장비 등의 도입이 추진되었다.[192] 이러한 배경에서 1967년 상반기까지 저조했던 대간첩 장비 도입은 점차 증가했다.[193]

---

189 이 외에도 도로, 철도 및 기타 통신 라인 개선, 한국의 군수품 및 자재 창고 개선, 항공기 제공 등이 검토되었다. "Memorandum From the Under Secretary of State (Katzenbach) to President Johnson"(1968. 2. 5), *FRUS*, 1964-68 KOREA, pp. 327-328.

190 『동아일보』 1968. 1. 29.

191 『경향신문』 1968. 2. 13.

192 『동아일보』 1968 5. 24.

193 베트남전쟁과 '브라운 각서'가 기반이 되어 1967년 하반기에 82% 수준이었던 대침투 장비 지원이 1968년 95%, 1969년 92%에 이르렀다는 견해가 있지만(오홍국, 2011, 「한국군의 베트남전쟁 참전과 국방현대화 과정 분석」, 『군사논단』 67호, 119 ~121쪽), 사실 한국 정부는 '브라운 각서'의 이행 결과에 대해 불만을 느끼고 있었다. 한국 정부는 장비 현대화와 대간첩 장비의 충당에 대해서도, 1966, 1967 회

— '베트남 17°선과 비슷한' 철책 설치

1960년대 후반에 비무장지대가 무장화되는 과정에서 일어난 가장 큰 변화는 철책의 설치였다. 물론 이전에도 남·북방한계선에 철조망이나 목책이 설치되어 있었다. 1967년 8월 19일에 작성된 미군 문서에 "그곳(군사분계선: 인용자)에서 2천 미터 떨어진 곳에 남북으로 평행하게 나란히 철조망이 쳐 있다"라고 묘사되었듯이,[194] 이미 철조망은 비무장지대의 일부였다. 유엔군사령부가 철조망 울타리를 세웠다는 1966년 3월의 기사나,[195] 1967년 6월 철원 남방한계선의 철조망이 끊어졌다는 기사도 등장했다.[196] 끊기거나 제 기능을 하지 못하던 목책이나 철조망을 포함하여 비무장지대에서는 1967년 중반부터 대대적인 철책 교체 작업이 진행되었다.

철조망 교체 작업은 1965년 8월 미 1군단 사령관이 제2사단에 장벽의 필요성을 언급, 지시한 데서 시작했다. 이때 지뢰, 트립 플레어와 부비트랩(booby traps)으로 강화된 100m 폭의 이중 철조망 등이 구상되었다. 그 후 미 8군은 제2사단에 체인 링크(능형망), 엮은 묘목, 가시철사(barbed wire) 등으로 구성된 시험장벽 울타리로 교체하라고 지시했다. 1967년 5월에는 이 새로운 울타리의 비무장지대 적용이 고려되었으며 최적의 보안 시스템의 일부가 될 것으로 계획되고 있었다.[197]

그런데 이러한 철책 구축 작업은 베트남 추가 파병 당시 미국이 약

계연도에 이루어진 정상적인 군사원조였을 뿐 '브라운 각서'에 의해 지원된 것으로 보기 어렵다고 보았다.〔『연합뉴스』 2005. 8. 26. (https://www.yna.co.kr/view/AKR20050825002700043)〕.

194　　"The Korean Demilitarized Zone" G3, Eighth U.S. Army APO 96301(EAGO-MH) (1967. 8. 19).

195　　『동아일보』 1966. 3. 3.

196　　『동아일보』 1967. 6. 10.

197　　"The Korean Demilitarized Zone" G3, Eighth U.S. Army APO 96301(EAGO-MH) (1967. 8. 19).

속한 대간첩 장비 제공의 일환이었고, 이것은 당시 베트남에서 계획되고 있는 것과 유사한 형태로 기획된 것이었다.[198] 주한미군은 베트남의 17°선에 계획하고 있는 것과 비슷한 대공방책을 한국 비무장지대 일대에 세우고자 했다. 더구나 당시 미 국무장관 러스크는 베트남에 추가 파병하는 한국군을 남베트남 비무장지대에 물리적 장벽을 설치하는 데 투입할 것을 고려했다. 미군과 베트남 정부가 이 사업에 투입될 것이지만, 한국의 침투 방지 훈련과 경험은 이러한 임무에 특히 유용할 수 있으며, 이곳이 한국군의 추가 고용이 가능한 지역 중 하나라고 본 것이다.[199] 결과적으로, 베트남의 것과 비슷한 한국 비무장지대의 대공방책은, 베트남에 파병된 한국인이 베트남 장벽 구축에 동원되는 등 한국과 베트남이 서로의 경험을 공유한 결과로써 만들어졌다.

미국은 1965년부터 남베트남 비무장지대 남쪽에 장벽 설치를 고려하고 있었다. 집중폭격을 통해 북베트남을 무력화(無力化)하려던 작전이 실패로 끝났다고 평가하고, 남베트남에 대한 북베트남의 보급선을 어떻게 단절시킬 것인지 연구했다.[200] 그리고 1966년 10월경에는 장벽 착공 및 완공 계획을 구체화했다. 미 국무부는 1967년 5월 하순 완공을 목표로 2월 중순에 착공하기로 했다. 이에 대해 국무장관 러스크는 "이것은 매우 기밀이고 민감한 사안"이라고 표현했지만,[201] 1967년부터는 미국 내에서도 베트남 비무장지대에 장벽을 세워야 한다는 의견이 공공

198   『동아일보』 1967. 9. 16; "Telegram 1371 from Seoul to SecState WASHDC: Internal security: Reaction to train derailment" (1967. 9. 15), RG 59, Central Files POL 23-7 KOR S 6/1/67.

199   "Memorandum From the Executive Secretary of the National Security Council (Smith) to the President's Special Assistant (Rostow)" (1967. 1. 19), FRUS, 1964–68 KOREA, pp. 230–232.

200   오드라 J. 울프, 김명진·이종민 옮김, 2017, 『냉전의 과학』, 궁리, 218~219쪽.

201   "Telegram From the Department of State to the Embassy in Korea" (1966. 11. 19), FRUS, 1964–68 KOREA, pp. 215–216.

연하게 나오고 있었고,[202] 1967년 9월 7일 맥나마라 국방장관은 철조망과 전자탐지 장치로 된 대침투 방책 구축 계획을 발표했다. 1965년 지상 장애물의 사용 가능성을 검토했던 미군은 이미 남베트남 비무장지대 남쪽에 있던 폭 24km의 밀림 제거 작업에 착수하고 있었는데, 이에 이어서 1967년 말부터 베트남을 동서로 가르는 64km 길이의 방책을 구축하겠다는 계획이었다. 아울러 이 방책에는 야간투시 적외선 장치를 포함하여 두세 명의 활동을 탐지할 수 있는 고도의 정밀탐지 장치가 포함되었다.[203]

다시 말하면, 한국 비무장지대의 방책 구축은 미국이 1965년 남베트남 비무장지대의 철조망 방책 구축 가능성을 검토했을 당시, 거의 동시에 한국 비무장지대에도 적용 가능한지 여부를 파악하여 베트남과 유사한 방책을 한국 비무장지대에도 설치하기로 하며 시작되었다. 1967년 중반 이후 베트남과 한국의 비무장지대에서는 거의 비슷한 시점에 철책이 구축되기 시작했고, 이 방책에는 고도의 특수장치들이 포함되었다.

새로운 철책의 비무장지대 설치 소식이 언론에 공개되기 시작한 것은 1967년 9월이다. 1967년 9월 주한미군 대변인은 대공방책이 얼마 전부터 서부전선의 미 제2사단 지역에 구축되어왔으며 이미 완성 단계에 이르렀다고 밝혔다.[204] 김성은 국방장관도 "북한이 휴전협정을 일방적으로 위반하여 동 협정을 휴지화했다고 선언"하면서, 서부전선과 같이 '간첩침투봉쇄'를 위한 방책 구축을 검토 중이며 같은 방책을 세우기 위한 교섭이 한미 양국 정부 간에 진행되고 있다고 말했다.[205] 한국 정부

---

202   마이크 맨스필드 상원의원은 베트남 비무장지대에 방위장벽 구축을 제의했다. 『동아일보』1967. 8. 8.
203   『경향신문』1967. 9. 8.
204   『동아일보』1967. 9. 16.
205   위의 자료.

가 철책 설치 정책을 공식화한 것은 이때다. 1967년 9월 14일 국가안보 회의에서 대침투 대책에 대한 기본 지침이 논의되었고, 이어 오후에 열린 3군 지휘관 회의에서 세부 실천 방안을 검토하고 주요 사항을 의결했다. 이때 비무장지대와 관련한 주요 결정 사항이 바로 비무장지대에 가설되어 있던 목책 등을 철책으로 대체해 보완한다는 것이었다.[206]

철책선 구축은 1967년 8월 미 제2사단 구역에 설치된 것을 시작으로 남방한계선 전역으로 확장되었다.[207] 철책 공사는 1·21사태 이후 "피치를 올려 거의 완성 단계에" 이르렀는데,[208] 중부전선에서는 철책 가설공사에 동원된 병사들이 120kg이나 되는 철책 기둥을 고지까지 옮겨 공사를 해서 1968년 1월 말 거의 완성 단계에 이르렀고,[209] 특히 지세가 험한 동부전선의 가설은 6월에도 진행되고 있었다.[210] 이로써 휴전선 방어는 '거점 방어'에서 '선 방어'로 개념이 바뀌었다.[211]

서부전선을 지키는 미 제2보병사단이 지난 8월 이후 임진강 북쪽 비무장지대(DMZ) 남방에 세운 방책이 23일 하오 국내외 기자들에게 처음 공개됐다. 'DMZ 안전장치'의 일부로 마련된 이 방책은 전장 24km로 DMZ남방한계선을 따라 뻗쳐 있다. 방책의 높이는 10피트 정도인데 쇠고리철망, 쇠기둥 및 둥근 철조망으로 이뤄져 있다. 방책에는 일정한 간격으로 철문이 마련되어 있다. 미군은 철망 울타리 모양의 이 방책 말고도 대인 레이다, 적외선탐지기, 고성능 망원경을 동원, 북괴군 침투에 대비하고 있다. 한편 미 제2보병사

206   『동아일보』 1967. 9. 15.
207   국군보안사령부, 1978, 『대공삼십년사』, 317쪽.
208   『동아일보』 1968. 6. 25.
209   『경향신문』 1968. 1. 29.
210   『동아일보』 1968. 6. 25.
211   위의 자료.

단 제3여단장 '헤니온' 대령은 이 방책에다 고성능 전기장치를 사용하고 있는지에 대해서는 논평을 거부했다.

이 방책은 DMZ를 넘어오는 북괴 무장 침투자들의 공세가 극심해지자 이에 대비, 기존 방위장치였던 낮은 둥근 철조망을 제거하고 미8군의 시험계획으로 이룩되었다. 방책 주변에 있는 일체의 잡목림은 제거됐다. 방책의 효능에 대해 미군은 지난 8월 28일 판문점 지원사령부가 피습당한 이후 뚜렷한 침공사건이 없었다는 점에서 '이 방책은 DMZ 방위를 위한 커다란 개선'이라고 보고 있다.[212] (밑줄은 저자가 강조한 것)

1967년 12월 23일 국내외 기자들에게 처음 공개된 서부전선의 방책, 즉 남방한계선 전역으로 확장 설치될 철책의 모습을 보자.〔도 2-15〕 1967년 중반 이후 세워진 철조망은 그 형태나 성능 면에서 이전과는 확연히 달랐다. 위 기사에 의하면 이전에는 낮고 둥근 철조망 형태였지만, 새로운 철책은 쇠고리 철망 및 Y자형 쇠기둥을 일정한 간격으로 박고, 그 사이를 가시철망으로 메웠다. 철책 기둥의 무게는 120kg이었다.[213] 그 결과 약 2.5~3m 높이의 쇠기둥 및 둥근 철조망, 가시철망 등으로 이뤄진 방책으로 형태와 기능이 변화되었다. 여기에 더해 침투 저지용 지뢰지대가 설치되었다.[214] 그리고 당시 주한미군은 고성능 전기장치 사용 여부에 대해서는 논평을 거부했지만, "250v의 전류가 통할 전기철조망도 철책과 나란히 가설되어 물샐틈 없는 방위망이 쳐졌다."는 것을 기사를 통해 확인할 수 있다.[215]

212　『경향신문』 1967. 12. 25.
213　『경향신문』 1968. 1. 29.
214　국회도서관 입법조사국, 앞의 책, 148쪽.
215　『동아일보』 1968. 6. 25.

[도 2-14] 1963년 7월 현재 철조망

출처: 『동아일보』1963. 7. 26.

[도 2-15] 1967년 12월 현재 철책

출처: 『경향신문』1967. 12. 25.

철책 구축과 함께 대침투체계의 하나로 초목 통제(vegetation control) 프로그램도 시행되었다. 본스틸 사령관은 비무장지대에서 중대한 사건들이 증가하고 있다는 점을 들어 초목 통제 작전의 필요성을 역설했다. 본스틸은 1966년 겨울에 준비된 비무장지대 방어 체계에 대한 연구 결과 중 하나인 초목 통제 개념과 제안을 한국군이 '열렬히 지지'했다고 보고하면서, 한국 정부와 대중이 초목 통제 계획을 승인할 것으로 예측했다.[216] 그리고 주한미군이 자재와 지침을 제공하고 한국 부대가 자체적으로 시험 프로그램을 수행하는 것으로 계획하고, 이를 즉시 이행할 것을 한국 국방부에 제안했다.[217] 1967년 9월 20일 한국 정부는 초목 통제 계획에 동의했고, 이후 미 국무부의 인가로 미 8군 사령부가 한국 1군단과 미 1군단에 평지(미 2사단)와 산악 지역(한국 21사단)에서 제초제의 유용성을 실험하기 위한 실행훈련을 명령했다.[218] 1968년 1월 미 1군단은 포괄적인 초목 통제 프로그램 시작을 알리는 경보를 발령했다.[219]

철책 주변에는 고엽제가 살포되었고, 또 철책과 요새화된 벙커 둘레에는 베트남전에서도 사용되었던 클레이모어 지뢰가 묻혔다.[220] "빈틈없는 방위태세"[221]를 갖추게 된 것으로 묘사된 비무장지대의 모습이란 바로 철책선을 중심으로 그 주변에 제초, 지뢰, 경계초소 등으로 완성된 '무장화'를 의미했다.

---

216   "Telegram from AmEmbassy Seoul to SecState WASHDC: DMZ defenses: Vegetation control" (1967. 9. 2), RG 59, POL 23-7 KOR S 6/1/67.

217   "Telegram from AmEmbassy Seoul to SecState WASHDC: DMZ defenses: Vegetation control" (1967. 9. 13), RG 59, POL 23-7 KOR S 6/1/67.

218   『통일뉴스』 2011. 7. 27.

219   위의 자료.

220   『동아일보』 1968. 6. 25.

221   위의 자료.

[도 2-16]　남방한계선 이남의 대(對)간첩 목책선(철원)

출처: Korea, Ecological Studies, Record Unit 271, Box 17, Folder 2, SIA.

[도 2-17]　지뢰지대

출처: Korea, Ecological Studies, photographs, Record Unit 271, Box 17, Folder 2, SIA.

…이젠 콘크리트로 영구요새화된 우리 진지엔 적의 침투를 조기에 발견, 분쇄할 수 있는 갖가지 신형장비가 갖춰져 병사들의 용기는 더 한층 치솟고 있다.…

"이젠 북괴병이 귀순해 오기도 어렵게 되어 있읍니다." 3대대 10중대 화기소대장 최동원 소위(25)는 우리의 철통같은 경계태세를 한마디로 이렇게 표현했다.

때때로 어둠을 틈타 철책선까지 기어드는 북괴공비들의 버릇(?)을 고쳐주기 위해 동부휴전선에 늘어선 우리의 전방초소는 이제 철책선을 뒤로하고 한 발자국 북쪽으로 다가섰고 새 초소 앞엔 새 방책과 각종 장애물이 꽉 들어섰다. 새 방책선 앞의 산들은 모두 나무를 잘라 육안으로 저들의 접근을 볼 수 있게 하고 밤엔 특수한 청음장치로 발자국 소리를 알아내는가 하면 '스타 라이트 스코프' 등으로 적의 동태를 살필 수 있다. 콘크리트로 요새화된 각 진지엔 오는 4월 말까지 지탱할 수 있는 주부식 등 모든 보급품이 확보되어 있고 종래 거점 방어 형식으로 고지에 고립되었던 각 GP는 새로운 작전 개념에 따라 선(線)으로 연결, 유사시 유기적이고 효율적인 작전을 수행할 수 있게 되어 각급 지휘관과 병사들은 아무 불안감 없이 경계임무에 충실할 수 있다는 2102부대장 최일영 소장의 말이다.[222] (밑줄은 저자가 강조한 것)

위에 인용된 기사의 내용은 1971년 1월 1일 양구와 인제 사이의 비무장지대 모습이다. 기사의 배경이 된 곳은 해안 분지를 뒤로 하고 북쪽에 '김일성고지'와 '스탈린고지', '단장의 능선'과 마주한 남측 비무장지대에 위치한, 대우산 1111고지의 전방지휘소와 가칠봉 GP이다. 이 기

---

222   『동아일보』 1971. 1. 1.

[도 2-18] 남방한계선 점등 사진

비무장지대 철책에 새롭게 설치한 점등 장치가 작동 중인 모습

출처: Photo by SP5 R. Widman USA Sp Photo Det, Pac, 1970. 10. 8, RG 111: Records of the Chief Signal Officer, 1860-1985, General Subject Photographic Files, ca. 1964-ca.1982 [111-CCS], NARA.

사는 남측 진지들이 콘크리트로 영구요새화되고 신형 장비들을 갖추고 있음을 잘 보여준다. 그리고 전방초소들이 북쪽으로 더 전진 배치되었다는[223] 사실과 더불어 그 앞에 새 방책과 각종 장애물이 설치되었음을 알려준다. 그리고 방책선 주변에는 감시를 위한 각종 특수장치가 설치되고 모든 나무가 제거되었으며, 개별적으로 고립되었던 전방초소 GP가 선(線)으로 연결되었다고 묘사하고 있다. 마치 오늘날 비무장지대의 경계 상황을 보여주는 듯하다. 이는 현재의 비무장지대가 1971년 1월 이전에 이미 그 전형(全形)을 갖추었음을 의미한다. 현재의 모습은 이미 1966~1968년 비무장지대의 대침투체계 구축을 통해 이루어진 것임을 알 수 있다.

---

223 정전 이후부터 군사분계선을 향해 전진 배치가 진행되어온 남북의 GP는 현재 그 거리가 매우 가깝다. 2018년 겨울 시범 철수된 남북 GP들의 상호 거리가 1km 이내에 위치했고, 고성829GP는 북한군 GP와의 거리가 580m에 불과했다. 비무장지대에서 남북 간의 물리적 거리는 매우 가까워져 있다고 할 수 있다. 그만큼 군사충돌의 가능성도 크다. 한국전쟁이 발발하기 전 38선 상황도 이와 비슷했다. 한국 정부의 공식 전사(戰史)인 국방부의 『한국전쟁사1: 해방과 건군』(국방부 전사편찬위원회, 1967)은 "상호의 대치거리 100~300미터를 격하고 있는 곳에서는 쌍방 간에 선전전이 시작되고 다음에는 욕설이 오고 가고 마지막에는 사격전으로 번지고 마는 실태가 38선 상의 전역에서 일과처럼 되풀이되었다."라고 38선 충돌을 묘사했다. 38선 충돌은 결국 한국전쟁으로 이어졌다. 1960년대 후반 비무장지대의 상황은 전쟁 발발로 이어지지는 않았으나, 앞에서도 살펴보았듯이, 요새화된 감시초소(GP)는 방어와 공격을 구분하기 쉽지 않은 항시적인 경계와 군사충돌을 가져왔다.

[도 2-19]   미 제2보병사단 구역의 남방한계선 철책과 경계초소

출처: Photo by SSG Clyde Delk, Jw. USA Sp Photo Det, Pac, "ROK Guard Posts along DMZ, April 1969". RG 550: Records of the U.S. Army, Pacific, 1945-1984, Korean War Armistice [Entry UD WW 169], Box 48, NARA.

[도 2-20]   한국군 제25사단 관측소(OP)와 벙커

출처: Photo by SSG Clyde Delk, Jw. USA Sp Photo Det, Pac, "ROK Guard Posts along DMZ, April 1969", RG 550: Records of the U.S. Army, Pacific, 1945-1984, Korean War Armistice [Entry UD WW 169], Box 48, NARA.

군사 생태(military ecology)의 양상과 형성

1) 1966~1968년 한미 공동 '비무장지대 인근 생물상 조사'

― 비무장지대의 군사 생태

'빈틈없는 방위태세'의 구축은 비무장지대의 자연을 형성하는 데 결정적인 요인이 되었다. 군사시설과 허가받은 군인 외에는 철저하게 인간의 출입이 허용되지 않으면서 인간의 역사와 문화는 사라졌으나, 거의 원천적으로 남북의 교류가 끊긴 상태에서 자연의 회복이 이루어졌다. 즉, 인간의 군사 활동을 제외하고는 거의 모든 삶의 자리를 동식물이 대신하여 비무장지대는 자연생태계의 보고(寶庫)가 되었다. 이러한 역설성은 비무장지대 내 자연의 경이로움과 보존의 중요성을 더욱 부각했다.

이렇게 특수한 비무장지대의 상황은 자연을 회복하는 데만 긍정적인 영향을 미쳤을까? 비무장지대의 자연생태는 군사적 통제 덕분에 회복되었지만, 동시에 이를 훼손하는 군사작전 또한 끊임없이 진행되었다는 점도 기억해야 한다. 가장 쉽게 떠올릴 수 있는 장면이, '철통 방벽'의 철책 주변을 순찰하는 군인의 모습이다. 우뚝 솟은 GP 주변도 마찬가지이다. 앞에서 살펴보았듯이, 나무 하나 보이지 않게 깨끗하게 정리된 철책 주변의 환경은 자연스러운 현상이 아니라 군사작전에 의한 결과이다. 군 경계작전을 수행하기 위해서 철책 주변의 시야를 가리는 풀과 나무를 제거한 곳을 불모지 지역이라고 한다. 철책을 기준으로 50~100m 정도의 범위에 있는 풀과 나무를 반복적으로 제거하기 때문에 이 구역은 마치 머리를 '까까머리'로 깎은 듯한 모습이다.

이뿐만 아니라, 군사 활동 일환으로 일어난 빈번한 산불로 비무장지대의 식생은 2차 천이(遷移) 초기의 산림이거나 과거에 농경지였던 곳에 형성된 묵논 습지나 초지인 경우도 많다.[224] 2015~2018년 국방부와 국립수목원이 공동으로 남방한계선 철책 주변 불모지의 식물상을 조사하고, 불모지에 초지를 조성하는 사업을 진행한 것도 바로 군사작전의 결과 훼손된 비무장지대의 자연생태를 '회복'하기 위한 시도였다.[225]

1960년대는 비무장지대 자연생태의 형성에 있어 결정적인 시기였다. 비무장지대 군사충돌이 격화되던 때이자, 지뢰 매설과 남방한계선 전체에 대한 철책 구축, 초목 통제 작전 등 대침투체계가 구축되던 때로, 이때 자연의 파괴와 회복이 동시에 진행되었다. 이렇게 모순적인 상호작용의 결과가 오늘날 비무장지대의 '경이로운' 자연경관을 이룬 것이다. 이 절에서 논하고자 하는 비무장지대의 군사 생태(military ecology)란, 군사작전이라는 인간의 행위와 자연의 훼손과 회복이라는 상호작용 및 그 결과로 이루어진 생태를 말한다.

1960년대에 비무장지대를 중심으로 일어난 생태학적 관심과 뒤이

---

224   조도순, 2019, 「비무장지대(DMZ)의 생태적 가치와 국제자연보호지역」, 『문화재』 제 52권 제1호.

225   최진수·신현탁·정수영·김상준·안종빈·이아영·박기쁨, 2020, 「DMZ 불모지의 지속 가능한 관리를 위한 자생식물 선정」, 『한국군사학논집』 76-2; 유승봉·김상준·김동학·신현탁·박기쁨, 2021, 「비무장지대 남방한계선 불모지 초본식생구조 특성」, 『한국환경생태학회지』 35-2.

어 진행된 연구도 순전한 '자연생태' 연구가 아니라 군사적인 성격을 지니고 있었다. 이 책에서 다루는 비무장지대 인근 남쪽 지역에 대한 생태학적 연구, 전염병의 매개가 되는 조류와 설치류 연구, 초목 통제 실험과 프로그램 시행 등은 각각의 연구 목적이나 미 국방부의 참여 방식에 차이가 있었지만, 모두 미 공군이나 육군이 직간접적으로 관여하고 있었다. 생태학적 연구에 대해서는 미 공군의 연구비 지원이 있었고, 조류와 설치류를 통한 전염병 전파 연구와 시야 확보를 위한 초목 통제 프로그램 등은 미 육군이 연구비를 지원하거나 군사작전의 일환으로 직접시행하기도 했다. 때문에, 한편으로는 비무장지대 자연의 가치와 보호에 대한 중요성이 논의되면서도, 다른 한편으로는 군사작전을 위한 초목 통제가 이루어지면서 자연 훼손이 진행되는 모순적인 상황이 벌어질수 있었다.

― 글로벌 환경주의의 시대

비무장지대의 자연생태에 관한 관심이 처음 일어난 것은 1960년대 중후반이었다. 1966~1968년 있었던 비무장지대 생태 조사에 관한 한미공동 프로젝트가 계기가 되었다. 이 프로젝트는 미국 스미스소니언 연구소와 국립과학원(National Academy of Sciences, NAS)의 쿨리지(Harold J. Coolidge)가 주도했고, 한국 측에서는 서울대 동물학과 강영선 교수를 대표로 한국자연보존위원회(현 한국자연환경보전협회)가 참여했다. 그들은 비무장지대 인근 남쪽 지역(Areas South of the DMZ, ASDMZ)의 생물상을 조사했다.[226]

---

226   이 프로젝트에 대해 문만용은 "정치 군사적인 공간인 DMZ에 대한 인식 변화가 1966~68년의 한미 공동 DMZ 생태조사에서 비롯되었다"고 평가했다. 이때 비무장지대에 대한 인식 변화 및 국립공원 설치 등 평화적 이용에 대한 구상이 처음 제시되고 구체화되었다는 것이다. 아울러 이에 대한 한국 학자들의 역할도 강조하였다. 이

1966~1968년 한미 공동으로 이루어진 ASDMZ 생태조사의 배경에는 환경 문제에 대한 세계적인 관심과 연구, 스푸트니크 쇼크 이후 미국의 과학 정책(연구, 교육, 박물관 전반) 변화, 미국의 저개발국 과학기술 개발 정책〔한국에는 한국과학기술연구소(KIST), 과학관 건립, 과학 인재 양성 지원〕 등이 있었다.

1960년대는 '글로벌 환경주의의 시대'라고 일컬어질 정도로, 당시 자연환경은 세계적인 이슈였다. 레이첼 카슨의 『침묵의 봄』(1962년 『뉴요커』에 연재)이 가져온 파장은 컸다. 이후 미국에서는 화학살충제에 대한 문제 제기와 환경운동이 대두하고, 미국 민주당과 케네디(John F. Kennedy) 대통령은 자연보존에 관심을 가지고 환경 정책을 내놓기 시작했다. 1962년 케네디는 대통령 직속 과학자문위원회에 살충제 사용에 관한 실태 조사를 지시했다.[227]

산업화에 따른 자연의 황폐화에 대한 문제의식도 커지고 있었다. 제2차 세계대전 이후, 특히 1960년대에 인구의 급증과 기계·산업의 발달에 따른 자연의 황폐화와 자연자원의 소멸, 자연 보호, 인류와 자연환경의 관계 등에 관한 근본적인 연구의 필요성이 제기되었다. 인간의 미래를 위해 이들 상호관계의 기본 원리를 밝혀야 한다는 것이었다. 이는 생태 관련 국제기구들의 정책과 연구에도 반영되었다.

와는 달리, 생태조사 프로젝트의 배경으로서 미국 국립과학원의 정책을 주목하고, 한미 생물학자들의 갈등과 한국의 지식 중개자들(knowledge brokers) 간의 경쟁에 초점을 둔 연구도 있다. 현재환은 스미스소니언 파견 담당자의 한국 대표 강영선에 대한 불만과 한국 생물학계의 세대 갈등 및 지식 중개인의 역할에 초점을 두고, 당시 프로젝트의 기획과 종료 배경도 한국 측보다는 쿨리지와 스미스소니언의 인식 및 역할에서 찾았다. 문만용, 2019, 「비무장지대 생태조사의 의의와 전망」, 『대동문화연구』 106; Jaehwan Hyun, 2021, "Brokering science, blaming culture: The US-South Korea ecological survey in the Demilitarized Zone, 1963-8," *History of Science* 59.

227 알렉스 맥길리브레이, 이충호 옮김, 2005, 『세계를 뒤흔든 침묵의 봄』, 그린비.

전 세계적인 생물자원 연구계획도 시행되었다. 국제자연과학연합회(International Council of Scientific Unions, ICSU) 산하의 국제생물과학연맹(International Union of Biological Sciences, IUBS)은 국제생물자원연구계획(International Biological Program, IBP)을 시행했는데, 이는 지구의 생물자원에 대한 공동 기초조사였다. IBP는 1964년부터 1967년 6월까지 계획 단계를 마치고 운영 단계로서 1967년부터 1972년까지를 연구 기간으로 삼고, 생물 생산성, 자연보존, 생물자원의 이용과 관리, 인간의 적응성에 관한 연구과제를 설정하고 기초 연구를 추진했다. IBP에 가입한 각 나라에서는 국가위원회를 구성하고, 각 국가위원회 안에 7개 분과를 두고 연구를 진행했다. 한국은 1965년 11월 학술원 산하에 IBP한국위원회를 설립하고, 1966년 문교부로부터 예산을 얻어 IBP 제1기 연구사업에 착수했으며 1967년에는 6개 분과위원회를 구성했다.[228]

국제자연보존연맹(International Union for Conservation of Nature, IUCN)도 멸종 위기종의 보호를 위한 조사를 실시했다. IUCN은 1948년 유엔 지원을 받아 발족한 국제자연보호연맹(International Union for the Protection of Nature, IUPN)이 전신으로, 1956년 IUCN으로 전환했다. 1964년 IUCN은 멸종 위기에 처한 종을 정리한 'IUCN 적색 목록'을 만들었고, 1960~1970년대에는 종의 보호와 생존에 필요한 서식지에 주목했다.[229] IUCN은 '자연자원 보존을 위한 조사사업'을 실시했는데, 회원국 별로 실태 보고를 받아 국제적으로 주목할 사례를

---

228 1967년부터 1972년까지로 예정되었던 IBP는 1974년 6월까지 연장되었다. https://www.nasonline.org/about-nas/history/archives/collections/ibp-1964-1974-1.html; 강영선, 1969, 「IBP 아시아 지역회의에 다녀와서」, 『생물교육』 3.
229 'IUCN 적색 목록'은 멸종 위기종에 대한 포괄적인 데이터 소스로 역할을 해왔다. (https://www.iucn.org/about/iucn-a-brief-history)

논의했고, 국립공원의 설치 및 발전 등을 자연보존의 중요한 논제로 다루었다.[230]

IUCN의 계획에 따라 한국자연보존위원회는 비무장지대, 설악산, 홍도, 한라산의 자연을 조사하고 황폐화된 자연자원의 회복과 보존을 위한 기본 연구를 실시했다. 이때 쿨리지의 주선으로 미국의 지원을 받아서, 비무장지대 인근 남쪽 지역과 설악산에서 생물의 천이(遷移)를 조사하기도 했다.[231] 뿐만 아니라, 1962년 미국 시애틀에서 개최된 제1차 세계국립공원대회에 한국 대표가 처음 참석하면서, 지역개발 차원에서 국립공원 제도의 도입이 검토되기 시작했다. 미국의 쿨리지와 클러런드(Reymond W. Cleland) 등의 건의와 1963년 재건국민운동본부에 설치된 지리산지역개발조사위원회 조사를 토대로 국립공원 제도의 도입이 1967년 국토종합개발계획 심의회의에 상정되었다. 1967년 12월 29일 건설부 장관이 지리산을 우리나라 제1호 국립공원으로 지정하여 공고했고, 공원법도 같은 해 제정되었다.[232]

— 미국의 과학기술 원조 정책과 비무장지대 생태 연구 기획

생물자원과 자연보존 관련 국제기구가 영향력을 확장하는 데는 미국의 역할도 주효했다. '과학 협력의 냉전사'라고 일컬어질 정도로, 미국은 제2차 세계대전 이후 자유 진영을 재건한다는 관점에서 세계기구와 각 국에 기술 지원을 했다.[233] 소련이 최초로 스푸트니크 인공위성을 발사

---

230 『경향신문』 1966. 7. 9.
231 『경향신문』 1966. 1. 26.
232 1960년대에 지리산, 경주, 계룡산, 한려해상이, 1970년대에는 설악산, 속리산, 한라산, 내장산, 가야산, 덕유산, 오대산, 주왕산, 태안해안이 국립공원으로 지정되었다. 김영표 외, 2008, 『상전벽해 국토60년』, 국토연구원, 41~42쪽.
233 John Krige, 2008, *American Hegemony and the Postwar Reconstruction of Science in Europe* (Cambridge, MA: MIT Press). (Jaehwan Hyun, 2020,

300   2장   1960년대 비무장지대의 무장화와 냉전 경관

한 후 미국은 '냉전의 승리를 위해 군사적 하드웨어 이상의 것이 필요하다'고 믿게 되었다. 과학적 성취가 이데올로기 패권 장악의 중심적인 장이 되었다. 군사 과학과 민간 과학, 기초과학과 응용과학, 거대 과학과 소규모 과학 등 모든 종류의 과학이 미국적인 삶의 방식의 우월성을 과시하기 위한 영역이 되었다.[234]

1960년대는 미국 과학이 전례 없는 지원을 받은 시기였다. 미국 국립과학원도 천문학, 물리학, 식물과학 등 다양한 분야들에 대한 지원이 더 필요하다고 주장하는 의견을 미 의회에 제출했다.[235] 미국은 자국 내에서 이루어지는 국가 안보를 위한 과학만이 아니라, 비동맹 국가의 사람들을 고무하기 위한 과학에도 지원하고 있었다. 미국은 저개발국에 대한 개발 원조 프로그램과 양자 협력 프로그램을 실시하는 데 적극적이었다.

존슨 대통령은 과학기술의 실용성을 강조하고 대외 기술 원조를 강화하는 정책을 실시했다. 대외 원조 정책에 기술 원조를 이용했고, 이러한 정책은 '기술에서의 마셜 계획(Marshall Plan)'으로 불리기도 했다. 또한, 미국으로의 두뇌 자원 유출이 각국에서 민족주의 감정의 대두와 더불어 세계적인 문제로 제기되었는데, 양자 협력 방식은 이러한 불만을 완화하기 위한 효과적인 방법이었다.[236] 당시 미국의 과학기술 원조의 일환으로 한국에서 이루어진 것이 한국과학기술연구소(KIST, 현 한국과학기술연구원) 설립, 과학박물관 건립, 국립공원 설치 등이다.[237]

"Ecologizing the Korean Demilitarized Zone : Fields, Animals, and Science during the Cold War," *MPIWG Feature Story* 68, 각주 9에서 재인용)

234   오드라 J. 울프, 김명진·이종민 옮김, 2017, 『냉전의 과학』, 궁리, 108~110쪽.
235   위의 책, 104~105쪽.
236   김근배, 1990, 「한국과학기술연구소(KIST) 설립과정에 관한 연구-미국의 원조와 그 영향을 중심으로」, 『한국과학사학회지』 12권 1호, 47~48쪽.
237   김근배, 1990, 위의 논문.

미국에서는 스미스소니언과 국립과학원(NAS)의 태평양 과학위원회 등이 다른 나라들과 다양한 양자간 과학 협력 프로그램을 수립했다. 비무장지대 생태 연구는 NAS가 제안했고, 스미스소니언 연구소가 연구를 총 기획하고 주관했다. 특히 NAS의 쿨리지가 한국 측 연구자와 스미스소니언을 연결했다.

쿨리지는 NAS의 태평양 과학위원회 상임이사(Executive Director)였고, IUCN 국립공원위원회(Commission on National Parks) 창립 의장이었으며 1966~1972년 IUCN 회장(President)이었다. 쿨리지는 자연보존에 관한 국제적인 네트워크와 국제 교환 프로그램을 조직하고 수천 명의 과학자를 독려, 지원, 양성했다. 그가 자연보존과 생태에 접근하는 방식은 멸종 위기종이 발견된 생태계에 초점을 두고 그 서식지와 함께 인간에 대한 고려를 중시하는 것이었다.[238] 이러한 접근 방식은 자연과 인간의 영역을 비교적 독자적으로 다루었던 기존의 경향과 분명히 달랐다. 그런 시각에서 보면 비무장지대는 생태 연구의 최적지였다. 쿨리지는 한국에서의 비무장지대 생태 연구는 물론 과학박물관 및 국립공원 설립을 논의하기 위해 1966년 9월까지 최소 다섯 번 방한했다.[239]

NAS와 정책적 방향을 공유하던 스미스소니언도 한국의 생태 연구에 많은 관심을 보였다. 비무장지대 생태 연구가 시작된 1966년, 스미스소니언 협회장(Secretary)은 조류학자 리플리(Sidney Dilon Ripley)였다. 그는 이 책에서 살펴볼 조류학자 원병오의 연구를 도왔다. 국제조류보호연맹회의[International Council for Bird Preservation, ICBP(현 BirdLife International)] 의장과 예일대학교 피바디(Peabody) 자연사 박

---

238   Lee M. Talbot & Martha Hayne Talbot, "Harold Jefferson Coolidge, Jr. (1904-
       1985)", IUCN.org
239   『동아일보』 1966. 9. 10.

물관장을 역임하던 리플리는 쿨리지의 소개로 원병오를 만났고, 1962년 원병오의 박사 후 과정 지도를 맡으며 조류 연구를 지원했다.

NAS 태평양 과학위원회와 스미스소니언은 한국의 생물학자들이 태평양 과학위원회와 IUCN 등의 국제기구에 참여하여 한국의 생태 연구를 세계적 이슈와 결합하여 공유할 수 있도록 지원하는 역할을 했다. 이들은 미국의 양자 협력 방식의 과학기술 지원 정책에 따라 한국 비무장지대 생태에 관한 연구를 기획하고 한미 공동 연구를 통해 한국인 과학자를 지원했다. 그리고 스미스소니언 연구소가 수립한 연구 계획은 미공군의 연구비를 지원받았다.

― 장기 연구를 위한 예비조사와 네트워킹

1965년 비무장지대 생태 연구를 위한 첫 실태조사가 진행되었다. 1965년 11월 초 쿨리지가 NAS 태평양 과학위원장 자격으로 방한하여 한미 공동 연구를 제안했다. 그리하여 1965년 12월 20~23일 강영선, 최기철, 홍순우, 김준민, 윤일병 등 5인이 판문점 남쪽 판죽거리와 백마고지 바로 밑 묘장동 등 두 곳에 대한 조사를 진행했다.[240] 이때 두루미, 재두루미와 노루 등이 발견되었고, 생물의 천이(遷移)를 조사했다. 조사를 진행한 연구원들은 나무가 없던 논밭에 10년 가까운 시간 동안 참나무와 오리나무가 자라 숲을 이루고, 송림(松林)만의 단순림에 참나무 그룹

---

[240] 『동아일보』 1966. 4. 2. 그러나, 강영선은 「비무장지대 인접지역의 생물자원」에서 1965년 자신이 책임을 맡고 있던 한국자연보존협회가 30여 명의 학자를 동원해서 조사한 것이 계기가 되어, 1966년 10월 스미스소니언 연구소와 공동 연구를 시작하게 되었다고 서술했다.(강영선, 1975, 「비무장지대 인접지역의 생물자원」, 『북한』 39) 한국자연보존협회는 현재 한국자연환경보전협회의 전신으로, 한국자연및자연자원보존학술조사위원회로 창립(1963. 12)했으며, 한국자연보존위원회(1965. 8), 한국자연보존연구회(1967. 12), 한국자연보존협회(1974. 2) 등으로 개칭했다. 국제자연보존연맹(IUCN)에 가입한 것은 1966년 7월이었다. 한국자연환경보전협회 홈페이지(http://www.kacn.org/about/welcome#tab3).

이 침식하여 혼효림(混淆林)이 되어가는 과정을 발견했다.[241]

1965년 12월의 조사는 비무장지대 생물상에 대한 국내의 관심을 높이고, 한미 공동 연구의 추진 가능성을 높이는 계기가 되었다. 1966년 4월부터는 2개월간 추가 예비조사가 진행되었다. 식물 조사자 10명, 동물 조사자 15명 등 모두 25명이 참가하여, 동일 지역에 대한 조사가 이루어졌다. 판문점 남쪽 판죽거리 일대의 동식물 변화라는 생태학적 경향의 윤곽 조사를 중점적으로 진행했으며, 철원과 펀치볼(현재 양구군 해안면), 인제 향로봉 지역을 조사했다. 강영선은 언론에 이때의 조사를 1차 조사로 알리면서 4년간 3만 5천USD의 재원을 받아서 한미 합동으로 비무장지대의 생태학적 연구에 착수한다고 알렸지만,[242] 이때의 조사는 어디까지나 연구 가능성을 탐색하기 위한 조사였다.

스미스소니언 연구소 생태학연구실(Office of Ecology) 뷰크너(Helmut K. Buechner)의 지시에 따라 비무장지대 생태 조사가 설정되었고, 연구팀은 스미스소니언 자연사박물관(MNH)의 타이슨이 맡았다. 이외에도 자연사박물관의 식물학자 포스버그(F. Raymond Fosberg)와 지리학자 탤벗(Lee M. Talbot), 주한 미 경제협조처의 캘러핸(J. T. Callahan) 등도 본격적인 연구를 앞두고 비무장지대를 방문했다.[243]

미 국립과학원(NAS)의 쿨리지의 제안으로 한국 비무장지대 생태 연구를 위한 계획이 수립되고 있다. 미 공군과학연구실의 생명과학 책임자인 생물학자 하비 세이블리(Harvey Savely)는 그의 사무실

---

241   『경향신문』 1966. 1. 26; 『동아일보』 1966. 4. 2.

242   『동아일보』 1966. 4. 2.

243   "Ecological Survey in Korea" *The Smithsonian Torch* (1967. 6); Helmut K. Buechner, "Proposal to Air Force Office of Scientific Research" (1966. 7), Record Unit 271, Box 16, Folder 3, SIA(Smithsonian Institute Archives).

이 1966년 7월 1일부터 시작되는 연구에 대해 최대 2만5천 달러를 제공할 수 있다고 했다. 가치 있는 프로그램 개발의 성공 비결은 프로젝트 제안서를 개발하기 위해 강영선 교수를 스미스소니언에 2주 동안 데려오는 것이다. 나는 경비를 충당하기 위해 2천 달러를 제공할 수 있다. 서울에 있는 국무부(주한미대사관)는 강영선 박사가 5월에 미시간주립대학에서 '국립공원 관리' 과정을 수강할 수 있도록 500달러를 제공하는 데 동의했다. 그리고 강영선 박사가 서울로 돌아온 후 스위스에서 열리는 IUCN 회의에 참석할 것이다.[244]

뷰크너는 가장 먼저 미 공군과학연구실(Air Force Office of Scientific Research, AFOSR)에 지원 가능 여부를 타진했고, 공군과학연구실의 생명과학 책임자인 생물학자 세이블리(Harvey Savely)로부터 최대 2만 5천USD를 제공할 수 있다는 답을 들었다. 이어서 뷰크너는 이 프로그램의 성공을 위해 한국 측 책임자로 상정한 강영선 교수를 미국과 국제기구에서 교육시키고자 했다. 뷰크너는 "가치 있는 프로그램 개발의 성공 비결은 프로젝트 제안서를 개발하기 위해 강영선 교수를 스미스소니언에 2주 동안 데려오는 것"이라고 보았고, 그 경비를 충당하기 위해 스미스소니언에서 자체 연구소 자금 2천USD를 제공하고자 했다. 뷰크너는 주한 미 대사관에도 지원을 요청했고, 대사관은 강영선이 1966년 5월 미시간주립대학에서 '국립공원 관리' 과정을 수강할 수 있도록 500USD를 제공하는 데 동의했다. 강영선이 미국에서 2주간의 교육을 마치고 한국에 귀국한 후에는 스위스에서 열리는 IUCN 총회에 참석하는 일정까지 짰다.[245]

244   "Helmut K. Buechner to Galler" (1966. 2. 23), Record Unit 271, Box 16, Folder 3, SIA.

당시 비무장지대 생태 연구는 기획과 예비조사 단계부터 국내외의 기대를 받고 있었다. 국내 언론은 한국 학자가 국제적인 네트워크와 연구에 참여한다고 의미를 부여했고, "인적이 그친 채 외부의 영향을 받지 않은 이 지대에는 생물학적으로 어떤 변화가 일어났을까."라며 관심을 보였다.[246] 미국의 언론도 스미스소니언의 비무장지대 생태 연구를 보도하면서 멸종 생물의 재등장에 대한 기대를 드러냈다.[247]

NAS와 스미스소니언 연구소는 비무장지대 생태 연구가 실제로 중요하고 여러 측면에서 기여할 수 있는 바가 크다고 보고 있었다. 이들의 인식 및 접근은 스미스소니언 연구소가 미 공군과학연구실에 보낸 프로젝트 제안서에 잘 드러나 있다.

— 미 공군의 지원: 과학과 안보

스미스소니언 연구소는 미 공군과학연구실에 비무장지대 생태 연구 지원을 요청하면서, 스미스소니언 연구소가 서울대 및 한국자연보존위원회와 공동으로 한국 생태계의 생태학에 대한 장기 연구 프로그램을 무기한으로 진행할 구상을 언급하면서, 특정 프로젝트 기간으로 25년간을 설정하고, 이를 위한 첫 단계로 5개년 연구를 수행할 계획이라고 했다. 그리고 이 5개년 계획을 준비하기 위한 조사로 1966년 9월 비무장지대 방문 조사를 계획하고 있다고 알렸다.[248]

그들은 비무장지대 생태 연구를 계획하며 이 연구에 중장기적인 기초 연구로서 의미를 부여하고 다양한 측면에서 기대하고 있었다. 우선

---

245   앞의 자료.

246   『동아일보』 1966. 4. 2.

247   "Ecological Survey in Korea" *The Smithsonian Torch* (1967. 6).

248   Helmut K. Buechner, "Proposal to Air Force Office of Scientific Research" (1966.
       7), Record Unit 271, Box 16, Folder 3, SIA.

"한국 생태계에 미친 인간의 영향에 관한 연구로서 인간 사회의 최선의 이익을 위한 천연자원 관리의 기초가 될 것이며, 나아가 보호된 생태계와 인간에 의해 교란된 생태계를 비교하는 연구로 이어질 것"이라고 의미를 부여했다. 한편으로는 "서울대 생태 과학 센터의 발전을 자극할 수 있으며, 그 결과 한국의 자연 자원과 인구 조정을 위한 광범한 과학적 기초가 될 것"이라고 기대했다.[249] 즉, 한 축으로는 생태계와 인간 간의 관계를 연구함으로써, 궁극적으로 천연자원 관리의 기초를 파악하고 생태계 비교 연구로 나아갈 것을 구상했다. 그리고 다른 한 축으로는 서울대 생태 과학 센터 발전을 자극하는 등의 인적 재교육을 하고 과학 발전의 인프라를 다진다는 구상이었다.

스미스소니언 연구소와 공군과학연구실 간에 계약이 체결되었다. '한국의 생태 연구'(Ecological Study in Korea)라는 제목이었다. 공군과학연구실은 연구 기간을 1966년 8월 15일~1967년 10월 14일로 하고, 총액 5만 4,805USD의 지원을 하기로 했다. 아울러 "한국의 과학자들과 협력하여 비무장지대 남쪽 지역의 생태를 연구"하고 "예비 현장 조사와 한미 과학자들의 아이디어를 통합하여 추가 연구를 위한 5개년 계획을 준비하라"고 주문했다. 연구 결과는 전문 저널 또는 공군과학연구실 과학보고서(AFOSR Scientific Reports)에 발표하고, 최종 과학 보고서를 연구 완료 후 30일 이내 제출하도록 했다.[250]

공동 연구가 진행되었을 때, 한국 측에서는 스미스소니언 협회가 한국의 생태 프로그램과 관련하여 보조금을 지급하는 기관이라는 오해를 했지만, 이 연구는 스미스소니언 연구소와 미 공군 간의 계약에 따라 진

---

249   앞의 자료.

250   "Negotiated Contract issued by Air Force Office of Scientific Research, Arlington, Va. 22209" (1966. 8. 15), Record Unit 271, Box 17, Folder 1, SIA.

행되는 것이었고, 스미스소니언 생태학연구실이 "인간 사회와 한국 자연자원 간의 조화로운 관계를 달성하기 위해 수행하는 스미스소니언 생태 프로그램"의 일부였다.[251] 1966년 비무장지대 생태 연구는 이렇게 스미스소니언 생태 프로그램의 일부로서, 미 공군과학연구실의 지원을 받으며 시작되었다.

여기서 궁금한 지점은, 미국의 공군과학연구실은 왜 비무장지대 생태 연구에 자금을 지원하게 되었을까 하는 점이다. 사실 미 국방부의 이 프로그램은 아주 고유한 것은 아니었다. 특별히 한국 비무장지대에 국한한 선택적 지원도 아니었다. 그보다는 당시 미 국방부와 과학 연구의 관계, 개발도상국 과학 연구에 대한 미 국방부의 지원과 관련된 측면이 컸다. 당시 미국은 "과학과 국가 안보 사이의 연결고리"를 계속 중요한 것으로 간주하고 기초연구와 융합연구를 가리지 않고 과학 연구를 국방부 프로그램의 목표 중 하나로 두고 있었기 때문이다. 특히 "기초연구에 방점이 찍힌" 프로그램들은 국방기구와 유사 국방기구들로부터 지원을 받는 제도적 구조를 감추고 있었다.[252] 그만큼 미 국방부는 미국 안팎의 수많은 기초연구를 지원하며 "과학을 군사적 이해관계" 속에 묶어두고 있었다.

따라서 비무장지대 생태 연구 기획은 처음에 쿨리지의 제안이 주효했지만, 사실상 미국의 과학과 국가 안보를 둘러싼 정책적 차원의 프로젝트였다고 할 수 있다. 정리하자면 첫째, 이 연구는 NAS 태평양 과학위원회와 스미스소니언 연구소, 국방부, 주한미군, 국무부와 주한 미 대사관 등 미국 정부 및 연구기관이 망라된 프로그램이었다. 앞서 살펴보

251   "Helmut K. Buechner to All participating scientists: Statement of Administrative prosedures for the field operation of the program in Korea" (1967. 2), Record Unit 271, Box 16, Folder 4, SIA.

252   오드라 J. 울프, 앞의 책, 108~109쪽.

앗던 기관은 물론이고, 주한 미 경제협조처의 지질학자 캘러핸과 미 8군의 농경제학자·곤충학자인 셰퍼드(R. R. Shepherd)가 연구에 관여했고, 이스라엘 수리지질학자인 엑스타인(Joram Ekstein)도 연구에 자문했다.[253]

둘째, 인간과 자연의 관계라는 차원에서, 비무장지대 생태계 연구는 당시 미국 과학계의 주된 관심을 반영하는 주제였다. 미 국방부도 인간 사회와 자연자원 간 관계를 군사안보적 관점에서 접근하고 직간접적으로 지원하고 있었다.

셋째, 이 연구는 미국의 저개발국 인력 양성 및 재교육 정책과 부합했다. NAS와 스미스소니언 연구소는 한국 학자들에게 미국 정부 부처와 연구소, 대학 등을 주선하여 교육과 연구의 기회를 제공했다. 1966년 IUCN 총회와 태평양 과학위원회 회의 등 국제회의에 참여할 수 있도록 지원했고, 미국과 국제기구의 정책을 국내에 소개하고 전파하도록 했다. 이 과정에 참여한 한국의 연구자들은 국내에서 자연보호 운동을 전개하거나 생물학계를 대표하는 연구자로 부상할 수 있었다.

─ 첫 생태 연구의 종결과 과제

1966년 10월부터 한미 공동 비무장지대 생태 연구가 진행되었다. 한국의 연구자들은 전공별로 동물, 조류, 곤충, 어류, 식물 등의 생물상을 조사했다. 주 대상 지역은 남방한계선 남쪽 지역(ASDMZ)이었다. 즉, 민간인 통제구역이라고 할 수 있었다. 38선에 대한 통제를 기원으로 한 민간인통제선은 남방한계선 남쪽 10~20km에 설정되어 거주 및 영농이 허가된 일부 지역을 제외하고 대부분 지역에 출입이 통제되고 있었

---

253   Helmut K. Buechner, Edwin L. Tyson, Ke Chung Kim, "Ecological Study in Korea Final Report" (1968. 9), Record Unit 271, Box 18, Folder 1, SIA.

다.[254] 때문에 비무장지대와 이 일대의 생태계가 비슷할 것이라는 전제 하에 연구가 이루어졌다.

그런데 비무장지대 인근의 생태 연구는 애초의 중장기 구상과 달리 1968년 6월 30일 종결되고 말았다. 이 프로젝트는 향후 5개년 연구계획 수립을 위한 예비조사의 성격이었으나, 이후 연구로 이어지지 못했다. 프로젝트의 종결은 참여 연구진 모두에게 실망스러운 일이었다.

이 프로젝트가 시작되기 전부터 언론의 주목을 받았던 강영선은 "비무장지대 인근의 학술조사" 종결을 '아쉬워하는 편지'를 보냈다. 그는 유엔군총사령관 본스틸과 스미스소니언 연구소 생태학연구실 실장 (Head, Office of Ecology SI) 뷰크너, 국군 등에 감사장을 보내며 기대만큼 만족스럽게 연구를 수행하지 못했지만, 이 프로젝트가 더 진행되지 않는 데 대해 한국 학자들이 실망했다고도 전했다. 그리고 조만간 5개년에 걸친 방대한 조사 계획이 틀림없이 착수되기를 바란다는 희망을 전했다.[255]

하지만 강영선은 더 이상 프로젝트를 수행할 수 있는 권한도, 네트워크도 갖고 있지 않았으며 그에 대한 미국 측 책임자의 평가도 좋지 않았다. 그의 조사 방식은 스미스소니언 연구소와 미 공군과학연구실 측의 주된 연구 관심 및 방법과도 차이가 있었다. 그는 1966년 4월부터 한국 언론에 전후 15년간 방치된 지역의 생태계 변화에 관한 중장기 연구 프로젝트가 진행된다고 홍보했으나, 주된 연구 결과는 당시 존재하는 생물상 조사와 지질 조사에 그쳤다. 그리고 프로젝트 중에 미국 측의 파트너는 스미스소니언 생태학실 컨설턴트이자 펜실베이니아 주립대학교

---

254   한모니까, 2020(b), 「1950년대~1960년대 민간인통제선(CCL)의 변화와 '민북(民北) 마을'의 형성」, 『북한연구학회보』 24-1.
255   강영선, "비무장지대 인근의 학술조사"(1968. 6. 30); "Yung Sun Kang to Helmut K. Buechner"(1968. 7. 19), Record Unit 271, Box 17, Folder 1, SIA.

교수인 곤충학자 김계중으로 교체되었고, 공군과학연구실에 최종보고서를 제출한 것도 강영선이 아니었다.

1968년 9월 "한국의 생태 연구"(1966. 10~1968. 9)에 관한 최종보고서가 제출되었다. 스미스소니언 연구소의 뷰크너, 타이슨, 김계중이 작성했다. 그들은 최종보고서에서 기대했던 연구 결과가 나오지 않았음을 밝히면서, 이는 개발도상국에서 수행되는 연구에서 흔히 볼 수 있는 좌절이라고 자평했다. 좌절의 원인에 관해서는 한미 연구자 간 문화적 배경의 차이를 지적하면서도, 한국의 연구자들이 사전 협의 없이 자신의 관심 분야에서만 작업을 진행했다고 비난했다.[256]

이들은 향후 추가 연구 수행에 대해 부정적인 전망을 했다. 그러면서 향후 5개년 계획을 재고할 것, 그리고 한국의 젊은 연구자들을 지원할 것을 제안했다. 그 지원도 장기 프로젝트 내에서 단기적으로 이루어져야 하며, 진행 보고서를 자주 제출하도록 해야 하고, 미국 과학자들은 매년 이를 조사해야 한다는 제안도 덧붙였다.[257] 아울러 한국과학기술연구소 내 교육과 연구에 중점을 둔 한국환경연구센터(Korean Center for Environmental Studies) 개발 프로그램을 제안했다.[258]

그동안 이 연구의 종결 원인과 연구에 대한 평가는 두 가지 방향으로 해석되어왔다. 타이슨이 강영선 등에게 가졌던 불만, 강영선에서 김계중으로 연구자가 교체된 일 그리고 최종 보고서 등을 보면, 프로젝트의 종결은 연구자들 간의 갈등에 기인한 면이 있었다. 그리고 이를 국외의 지식 체계와 자금을 국내로 전달하고 연결하는 중개자 간의 갈등으로 볼 수 있는 측면도 있었다.[259] 하지만 후일 강영선은 연구 종결의 원

---

256   Helmut K. Buechner, Edwin L. Tyson, Ke Chung Kim, "Ecological Study in Korea Final Report"(1968. 9), Record Unit 271, Box 18, Folder 1, SIA

257   위의 자료.

258   위의 자료.

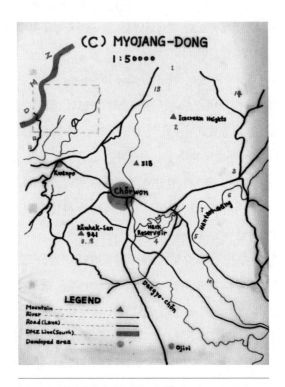

[도 2-21] 한국의 생태 연구 지도: 묘장동

출처: Korea, Ecological Studies, maps, Record Unit 271, Box 18, Folder 3, SIA.

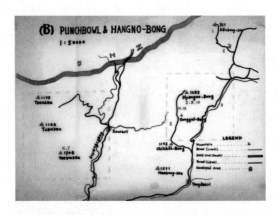

[도 2-22] 한국의 생태 연구 지도: 펀치볼과 향로봉

출처: Korea, Ecological Studies, maps, Record Unit 271, Box 18, Folder 3, SIA.

인을 국내적인 요인에서 찾았다. 그는 "(애초의) 계획이 성공적으로 이루어졌고, 장기 연구계획을 위한 27개 테마도 결정되었으나, 무장간첩의 남침 등 뜻하지 않은 국내 사정에 의하여 애석하게도 중단되고 말았다."라고 회고했다.[260] 여기서 국내 사정이란, 1968년 1·21사태(청와대기습 사건)를 말한 것이다. 1968년은 한반도의 군사적 긴장이 최고조에 달한 때였으므로, 이렇게 주장하고 해석할 여지도 있지만, 강영선은 연구 방향의 설정 및 접근의 문제나 스미스소니언 측이 연구를 중단하게 된 평가 등은 언급하지 않았다.

1960년대 후반에 중단된 비무장지대 인근의 생태 연구는 1970년대 초에 일부 재개되었다. 이때는 한국 정부의 기획과 지원하에 연구가 진행되었다. 1972년에는 국토통일원과 문화재관리국에서 연구를 지원했다. 국토통일원은 남북 교류를 위한 생태 연구를 주문했고, 문화재관리국은 1972년 9월 실태조사를 지원했다. 이때의 실태조사는 강영선이 단장이 되어 한국자연보존연구회가 수행했다. 그들은 1966~1968년의 조사 방식과 결과를 토대로 비무장지대 인근 동물상·식물상과 지질환경을 보완 조사했다. 1975년에 『비무장지대인접지역종합학술조사보고서』를 냈는데,[261] 이는 1966~1968년 조사에 참여한 국내 학자들의 결과 보고라 할 수 있었고, 사실상 국내에서 나온 비무장지대에 관한 첫 종합보고서였다.

이 보고서는 이후 비무장지대 생태 연구의 토대가 되었고, 주류 연

259   Jaehwan Hyun, 2020, 앞의 논문.
260   강영선, 1975, 「개관」, 『비무장지대인접지역종합학술조사보고서』, 문화공보부 문화재관리국, 25~26쪽. 문만용도 종결의 원인을 강영선의 회고와 같게 보았다.(문만용, 2019, 앞의 논문, 42쪽.)
261   강영선, 1973, 『비무장지대의 천연자원에 관한 공동연구』, 국토통일원; 강영선, 1973, 『비무장지대 공동개발을 통한 남북한 상호협조상의 문제점 및 대책』, 국토통일원; 문화공보부 문화재관리국, 1974, 『비무장지대인접지역종합학술조사보고서』.

구 방향을 설정했다. 이 연구가 생물상 조사와 생물상을 지속적으로 업데이트해 비무장지대 생물 다양성을 규명하기 위한 작업으로 이어졌고, 비무장지대 '보존'의 근거를 제공했다. 더욱 주목할 만한 변화는 연구 목적에 남북교류를 위한 생태 연구라는 시각이 들어가기 시작했다는 점이다. 1970년대 초, 미·중 데탕트와 남북접촉이라는 국내외의 '화해' 분위기 속에서 한국 정부는 북한과의 교류 방안을 구상했고, 그 방안의 하나로 남북 분단의 경계인 비무장지대의 공동 활용을 생각하기 시작한 것이다.[262]

1966~1968년에 이루어진 비무장지대 생태 연구는 미국의 과학과 국가 안보를 둘러싼 정책적 차원의 기획이자 프로젝트의 일환으로 시작되었고, 비록 본격적인 연구로 이어지지 못했지만, '인간과 자연환경의 관계'라는 차원의 연구 목적과 질문은 현재에도 유효하기에 다음과 같은 의미를 찾을 수 있다. 첫째, 비무장지대의 물리적 측면과 생물학적인 현상을 일반적인 거주 지역과 비교해봄으로써 자연과 인간의 관계에 대해 더욱 잘 이해할 수 있다. 이는 오늘날 우리가 직면한 많은 문제들—환경 오염, 천연자원의 오용, 변화하는 세계에 대한 적응—을 해명하고 해결하는 데 필요하다.[263]

둘째, 인간이 끊임없이 미치는 영향이나 작용과 분리할 수 없는 비무장지대 자연환경의 특성을 고려할 때도 그렇다. 군사작전이나 부분적으로 이루어진 영농과 같은 특수한 인간의 작용이 '갇힌' 구역의 자연을 어떻게 변화시킬 수 있는지 해명하는 데도 필요하다. 이는 인간의 출입이 금지된 '생태계의 보고'라는 인식에서 더 나아가는 데에도 도움이 된다.

262   자세한 내용은 제3장에서 다룬다.
263   Helmut K. Buechner, Edwin L. Tyson, Ke Chung Kim, "Ecological Study in Korea Final Report" (1968. 9), Record Unit 271, Box 18, Folder 1, SIA.

5년 연구를 위한 예비조사로 시작하여, 25년 장기 연구 구상까지 나왔었지만, 비무장지대 인근 지역에 대한 한미 공동 조사는 1966년 10월부터 1968년 6월 30일까지 진행된 후 종결되고 말았다. 5년 계획 수립을 위한 예비조사는, 25년은커녕 5개년 연구로도 이어지지 못했다. 1966년 한국 언론의 높은 관심도에 비하면, 1968년에는 관련 기사도 사라지고 관련 연구자들도 왜 이 프로젝트가 더 진행되지 않는지 언급하지 않는다. 이렇게 비무장지대 인근 생태 연구는 흐지부지되었지만, 미국방부에서는 다른 차원에서 비무장지대 생태 연구를 계속 추진하고 있었다. 바로 군사적 목적이 더욱 분명히 드러나는 전염병 매개 연구와 초목 제거 실험이었다.

2) 전염병 매개로서의 조류와 설치류 연구

─ 철새의 이동경로와 질병 매개 연구

미 국방부는 질병의 군사적 중요성과 병원체 규명을 위한 생태 연구에 관심이 있었다. 한국의 철새 및 설치류 연구는 이러한 미 국방부의 직접적인 관심사가 반영된 것으로, 전염병 매개 연구의 일환으로 이루어졌다.

국내에서 철새 연구는 원병오와 경희대 조류연구소가 맡았다. 원병오는 이전에 ASDMZ 생태 연구에도 참여했는데, 1966년 존슨 대통령 방한 당시 원병오가 자신의 지시를 따르지 않고 비무장지대 조사를 나갔다며 타이슨이 비난했던 인물이기도 하다.[264] 원병오는 김일성대학 생

---

[264] "Edwin L. Tyson to H. K. Buechner" (1966. 11. 17), Record Unit 271, Box 16, Folder 3, SIA.

물학과 교수와 북한과학원 생물학연구소장을 역임한 원홍구의 아들이다. 원산농업대학에 다녔던 원병오는 전쟁 중 월남했고, 1961년 일본 홋카이도대에서 「한국의 야생조수류에 관한 연구」로 박사학위를 받았다.

원병오는 미국의 개도국 과학 인력 양성 프로그램의 수혜자였다. 그스스로도 연구비의 약 70%를 미국이 지원했으며, 미국의 넉넉한 예산과 장비 지원에 의해 연구가 가능했다고 회고하기도 했다. 한국의 생물학자들을 발굴하여 지원하는 데 적극적이었던 쿨리지는 홍릉 임업시험장(현 국립산림과학원)을 방문했고, 거기서 만난 원병오가 1961년 8월 하와이 호놀룰루에서 열린 제10차 태평양 과학위원회 학술회의에 참가할 수 있도록 주선했다. 이때 원병오는 국제조류보호연맹회의 의장 리플리를 만났고,[265] 1962년 7월부터 예일대학 피바디 자연사 박물관장 겸 국제조류학회장인 리플리 교수에게서 박사 후 과정을 사사하게 되었다.[266] 원병오는 1962년 미국 체류 중에 조류 연구소와 야생동물 연구소, 자연사 박물관 등을 방문했고, 플로리다대학의 조류학자 오스틴(Oliver L. Austin) 박사와도 교류했다. 1962년 12월, 원병오는 오스틴의 집에 머물던 중 미국의 철새 이동에 관한 연구에 합류하게 되었다.[267]

오스틴은 미군정기에 한국의 조류를 연구한 인물이었다. 그는 제2차 대전 이후 연합군 최고사령부 자연자원국 야외생물과장으로서 일본과 한국에 체재하면서 조류를 연구했다. 1945년 11월 방한하여 수원에서 1946년 5월까지 조류 채집과 관찰을 했다. 그는 한국의 새에 관한 자료를 일본인 곤충-식물학자들을 시켜 영역하게 한 후, 일본에 가서 1년간

265   원병오, 2002, 『새들이 사는 세상은 아름답다』, 다움, 61쪽.
266   1968년 리플리는 한국 박물관 설립 논의 시 원병오를 자신의 친구라며 그가 박물관장 직을 원한다고 소개하기도 했다.("Ripley to Joseph Allen Patterson"(1968. 2. 17), Record Unit 99, Box 263, Folder Patterson, SIA.)
267   원병오, 2002, 앞의 책, 80~81쪽.

관계 문헌과 표본을 통해 자료를 보충했고, 미국으로 돌아간 다음에 세계에 흩어진 한국 조류 관계 자료들을 검토했다. 그 연구 결과물이 1948년 하버드대 출판부에서 간행된 『한국의 조류』(The Birds of Korea)였다. 한국의 새에 관한 최초의 종합적인 단행본이라 할 수 있었다.[268]

1964년 미 국방부 병리연구소는 경희대 조류연구소와 함께 5개년 계획으로 철새 이동경로에 관한 연구를 시작했다. '나라와 나라 사이를 이동하는 철새[候鳥]들의 전염병 예방에 대한 공동연구'였다.[269] 연구의 목적은 첫째, 철새에 가락지를 다는 버드 밴딩(Bird Banding)을 통해 이동경로를 파악하기 위한 것, 둘째, 철새의 외부 기생충(이·진드기 등)을 조사하여 질병의 매개 전파 경로를 밝히는 것, 셋째, 철새의 혈액을 발톱에서 채취하여 내부병원체(內部病原體)를 조사하는 것이었다.[270] 뇌염 바이러스의 매개 중 하나가 철새라는 보고가 있었기에 철새의 질병 전파 문제는 중요한 연구 주제로 제시되고 있었다.[271]

당시 미 국방부는 전염병과 철새 이동의 관계를 밝히고자 했다. 특히 철새는 특성상 다양한 국가와 지역에서의 연구가 필수적이었다. 이를 위해 미 국방부는 다양한 국가와의 양자 협력 방식을 이용하여 아시아 12개국의 철새 이동 연구를 지원했다. 1965년 1월 하순에는 미 국방부 조류연구반이 방한하여 낙동강 하류의 철새 종합분포를 직접 조사하기도 했다.[272]

1965년 11월 28일부터 10일간 말레이시아 쿠알라룸푸르에서 아시아 12개국의 철새 연구자들이 모여 철새 이동에 관한 연구 결과를 발표

---

268 『조선일보』 1974. 7. 16.
269 『동아일보』 1964. 4. 22; 『동아일보』 1964. 7. 23; 『경향신문』 1965. 2. 10. 신문기사에 따라 연구 기간을 3년, 4년, 5년으로 기록하고 있음.
270 『동아일보』 1964. 7. 23.
271 위의 자료.
272 『경향신문』 1965. 2. 10.

하였다. 이때 '강남제비'가 태국에서 월동한다는 사실이 알려지기도 했다.[273]

─ 야생조수보호운동

국내 학자와 IUCN 등은 철새 연구를 조류 보호 운동 차원에서 접근했다. 국내 조류학자들은 미 국방부와의 공동 연구를 수행하는 한편, IUCN 등 국제기구에 참석하면서 국제적인 '조류 보호' 논의에도 자극받고, 이를 한국의 철새와 자연보호 운동으로 연결시켜나갔다.

한국전쟁 이후 한국의 야생조류는 현저히 감소했던 상황이었다. 전재(戰災)와 산림의 남벌(濫伐)은 야생조류의 서식지를 침탈했다. 수렵이 유행했고, 각종 약품과 기타 방법을 동원한 밀렵 등도 벌어졌다. 서울의 조류상가나 가두(街頭), 모피상 등 도처에서 남획 금지 조류와 산양 담비 등 금렵수(禁獵獸)의 모피들이 매매되었다.[274] 1960년에는 천연기념물로 지정되었던 크낙새와 황새가 자취를 감춘 상태가 되었다.[275] 백로, 오리, 두루미 등에 대한 남획도 성행하고 있었다.[276]

국내 조류학자들은 야생조류의 남획 유행을 국제적인 수치로 인식했고,[277] 야생조수(野生鳥獸)를 보호하기 위해 마련된 수렵법시행령의 한계를 제기했다. 수렵법시행령 제2조 수렵조수(狩獵鳥獸)에는 삵, 산양, 담비, 노루, 족제비, 재두루미 등이 포함되어 있어서 이 동물들에 대한 수렵이 합법화되어 있었다. 모두 멸종 위기의 특수종이었다. 사향노루는 약으로 팔렸고, 족제비 가죽은 매년 5만~8만 장이 미국으로 수출

---

273   『동아일보』 1965. 12. 11.
274   『조선일보』 1960. 11. 21.
275   위의 자료.
276   『경향신문』 1965. 2. 10.
277   『경향신문』 1969. 1. 25.

되었다. 동물보호 학자들은 멸종 위기 특수종이 수렵 대상에서 제외되도록 시행령 개정이 필요하다고 역설했다.[278]

1965~1966년에는 국제적으로 철새 및 자연보존 관련 회의가 활발히 열리고 있었다. 철새의 이동, 조류 보호, 환경 문제 등이 주요 주제로 다루어졌다. 1965년 12월에는 방콕에서 국제자원보존회의가 열렸고,[279] 1966년 7월에는 스위스에서 국제자연보호연맹 총회와 국제조류보호회의도 개최되었다. 스위스에는 소련 등 사회주의권 국가들도 참석하는 등 세계 68개국이 모였다. 이곳에서는 동남아시아의 '후진적 조류보호'가 논의되었다.[280] 국제조류보호회의에서는 농약 등 살충제로 인한 조류의 피해 방지 문제가 논의되었는데,[281] 레이첼 카슨의 『침묵의 봄』이 국제적으로 미친 영향이었다.

1966년 8월 21일~9월 10일 일본에서 열린 제11차 태평양과학회의는 태평양 지역의 인구 문제와 물·공기 오염 등이 주요 주제였다.[282] 이것은 하와이의 비숍 박물관(Bishop Museum)에 본부를 둔 태평양과학협회〔Pacific Science Association, PSA, 회장 스나이더(Laurence H. Snyder)〕가 주관하는 세계적인 과학회의였다.[283]

이들 국제회의에 참석했던 원병오는 한국의 조류 보호에 이바지하겠다고 밝혔고,[284] 한국의 조류 보호 운동과 그에 대한 법제화의 필요성을 주장했다. 원병오는 이미 정부 산하 연구조직 임업시험장 보고서『임업경영총서』6(1956)에서 야생조류 보호를 주장한 바 있었지만,[285] 미

---

278 『동아일보』 1964. 10. 15.
279 『조선일보』 1965. 12. 11.
280 『경향신문』 1966. 6. 30.
281 『동아일보』 1966. 9. 1.
282 『조선일보』 1966. 7. 26.
283 『중앙일보』, 1966. 7. 26.
284 『경향신문』 1966. 6. 30.

국방부와의 철새 연구 및 국제 학회 참석 등은 1960년대에 조류 보호 운동을 더욱 활발히 전개하는 데 도움이 되었다. 원병오를 중심으로 한 경희대 조류연구소는 국내 대표 격의 조류 연구기관으로 자리잡았고, 이곳의 조사 활동은 철새 보호의 국제적 활동의 일환으로 소개되었다.

원병오는 1966년 이래 25년간 문화재위원을 하면서, 야생조류를 대거 천연기념물로 지정하는 데 기여하기도 했다.[286] 1968년 12월부터 1969년 1월 초까지는 문화재관리국 의뢰로 전국의 철새와 야생조류의 서식 상태를 조사한 결과, 급격한 공업화와 도시화로 조류의 서식지가 파괴되고 난획(亂獲)이 유행하고 있다고 밝히고, 정부의 강력한 조류 보호 정책을 주장했다.[287]

1969년 9월 29일 한국자연보존연구회(강영선, 원병오, 조복성 등 14명 참석)는 절멸 위기에 있거나 희귀해져가는 32종의 조수 및 파충류를 파악하는 작업을 시작했다. 산양·사향노루·곰·여우·노란목도리담비·족제비 등의 포유류, 살모사·구렁이 등의 파충류, 노란부리백로 등의 조류가 열거되었다. 한국호랑이는 이때 이미 남한에서는 완전히 없어진 것으로 판단되었다. 한국 조수 멸종의 주요 원인으로는 족제비와 여우털의 경우에는 수출 붐이, 노란목도리담비·곰·고슴도치 등은 삼림 황폐와 소음 등으로 인한 환경 박탈이 지적되었다.[288]

한국자연보존연구회는 조수 및 파충류 보호를 위한 법적 대응 조치를 주장했다. 당시 정부의 자연 보호 업무는, 농림부는 산림 보호, 문공부는 천연기념물 보호, 건설부는 국립공원 설치, 교통부는 관광시설 설

285   성한아, 2021, 「한국 자연생태계의 일원이 된 야생동물: 자연환경보전정책의 등장과 보전 조류학 연구, 1956-1999」, 『한국과학사학회지』 43-3, 607~609쪽.
286   성한아, 위의 논문, 611쪽.
287   『경향신문』 1969. 1. 25.
288   『경향신문』 1969. 10. 1.

비 등으로 다원화되어 있었는데, 이를 어느 한 부처로 일원화할 것, 공기총의 판매 및 난사를 엄격히 규제하는 법적 조치를 취할 것, 그물의 수입을 금지하고 보호 구역을 늘릴 것, 보호 지역에서의 소음(마이크, 장구 소리)을 규제할 것 등을 관계 당국에 건의했다.[289]

1960년대 후반에 진행된 비무장지대 및 한국의 생태 연구는 기획자와 참여자들에게 다양한 기회를 제공했다. 연구를 기획하고 지원한 미국의 유관 연구소와 정부는 미국의 자연 보호 정책을 확산하고 조사 결과를 수집할 수 있었으며, 한국의 과학 인력을 양성했다. 스미스소니언 연구소는 한국의 조류 연구 결과를 수집했고, 미 국방부는 철새의 이동 경로와 전염병 매개를 파악할 수 있었으며, 이 과정에서 미국화된 한국의 조류학자와 대학 연구소 등을 지원하고 육성했다.

국내 학자와 연구기관은 미국의 기획과 지원에 참여하면서 국내 학계를 대표하는 연구자 및 연구기관으로 성장할 수 있었으며, 이를 기반으로 국내 자연 보호 운동을 전개했다. 또한, 극히 일부의 사례이지만, 북한을 고향으로 둔 이산가족이었던 원병오는 비무장지대 인근 지역을 조사하고, 남북을 자유롭게 넘는 철새를 연구하면서, 1966년 철새 가락지를 통해 북한에 있던 아버지 원홍구의 소식을 확인하기도 했다.[290]

— 한국형 유행성출혈열[291] 연구

주한미군은 유행성출혈열에 대한 연구를 진행하기도 했다. 비무장지대 인근의 생태 연구를 위해 방한해 있던 타이슨이 이 연구를 수행했다. 타

---

289   앞의 자료.

290   1966년 새 가락지를 통해 부자 소식을 확인한 것으로 유명한데, 이는 국내에는 『현대문학』 1971년 8월호에 실린 작가 오영수의 단편 「새」를 통해 알려졌다. 『동아일보』 1971. 7. 26.

291   한국형 유행성출혈열(Korean Hemorrhagic Fever, KHF)의 공식 명칭은 1982년 신증후군 출혈열(Hemorrhagic Fever with Renal Syndrome)로 통일되었다.

이슨은 제2차 세계대전 당시 미 육군 의무대(1942~1945)에서 복무한 생태학자였다. 그는 듀크 대학교에서 교육을 받았고 플로리다 주립대학교에서 동물학 박사학위를 받았다. 이후 플로리다 주립대에서 생물학을 가르쳤고, 파나마 운하 지대(Panama Canal Zone)에서 각종 식물과 파충류, 조류에 대해 수집, 보고한 이력을 갖고 있었다.[292]

타이슨은 1966년부터 비무장지대 인근 지역에서 쥐를 연구했다. 미 공중보건국(U.S. Public Health Service)의 와이벤거(N. H. Wiebenga) 박사와 팁턴(Vernon J. Tipton) 대령은 타이슨에게 비무장지대와 주변의 쥐 연구를 진행하도록 했다. 타이슨은 ASDMZ 생태 연구에는 어려움이 있지만, 쥐 연구를 할 수 있게 되었다고 기뻐했다.[293] 팁턴 역시 타이슨에게 포유류 연구에 지원을 아끼지 않겠다고 했고, 타이슨과 팁턴은 쥐 연구를 위한 덫(mouse and rat traps)을 종류별(live traps, snap traps 등)로 구하여[294] 1966년 하순부터 연구를 시작했다.

주한미군이 한국에서 쥐 연구에 지대한 관심을 갖고 연구를 수행한 배경은 한국전쟁 때부터 발병했던 출혈열(한국형 유행성출혈열, KHF) 때문이었다. 1951년 6월 유엔군에서 출혈열이 처음 발생한 후, 1952년 늦여름까지 1,500명의 환자가 발생했고 그중 122명의 병사가 사망했다. 이러한 발생 추세는 1954년 말까지 이어져 총 2,423명의 환자가 발생했다. 미군에서는 한국형 유행성출혈열 발생이 1955년을 기점으로 감소했지만 1960년대에 들어서자 한국군의 발생이 급격히 증가했다. 유엔군을 대신하여 한국군이 철의 삼각지대 등의 전방에 주둔하기 시작하면서 미

292   "Tyson, Edwin Louis (1920-1972)", JSTOR Global Plants. (https://plants.jstor.org/stable/10.5555/al.ap.person.bm000055462)

293   "Edwin L. Tyson to Hal" (1966. 11. 17), Korea DMZ program (Acc 95-011-4-Korea DMZ project, SIA).

294   "Edwin L. Tyson to H. K. Buechner" (1966. 11. 28), Record Unit 271, Box 16, Folder 3, SIA.

군 내에서는 발생 수가 급격히 감소한 반면, 한국군에서는 발생이 증가하기 시작했던 것이다.[295]

한국전쟁기 유엔군에서 한국형 유행성출혈열이 유행한 이후, 출혈열은 철원에서 발병하는 것으로 파악되어, 풍토병으로 남아 있었다. 그런데 출혈열 발병 지역이 점차 남서쪽으로 확산되어 1966년 12월 서울에서 환자가 보고되었고, 1967년 1월에는 오산 부근에서도 환자가 보고되었다. 이처럼 남하 경향이 계속되면 서울과 남쪽의 비옥한 농경지와 인구 밀도가 높은 지역에서 출혈열이 유행할 수 있게 되는 상황이었다. 이러한 이유로 원인 인자를 분리하거나 매개체 및 저장소를 결정하고 제어 방법을 수립해야 한다는 과제가 제시되었다.[296]

미 육군에서도 한국형 유행성출혈열 환자가 감소하기는 했지만 계속 발생하고 있었다. 미군 환자의 경우 주로 미국과 한국의 군사 화합물에 의한 질병으로 보였지만 원인 미상의 경우나 군대 캠프에서의 발생 문제 등이 있었다.[297] 그래서 더욱 포괄적인 연구의 필요성이 제기되었던 것이고, 이를 비무장지대 인근 생태 조사 연구차 방한한 타이슨이 수행한 것이었다. 타이슨은 한국형 유행성출혈열 환자의 발생이 보고된 5개 군사시설 내부 및 그 주변의 소포유동물(小哺乳動物)을 조사했다.[298]

타이슨은 먼저 1966년 11월~1967년 3월 2일에 쥐의 종류와 서식 환경을 조사했다. 그의 조사 결과에 의하면, 생쥐(*Mus musculus*)가 어디서나 나타나는 쥐이며, 모든 유형의 군사 구조물에서도 발견되었다. 생쥐는 그 일반성과 인간과의 밀접한 관련 때문에 한국형 유행성출혈

---

295   이재광, 2004, 「신증후 출혈열의 질병사적 고찰」, 『의사학』 제13권 1호.

296   Edwin L. Tyson, 1967, 「Small Mammals in Relation to Korean Hemorrhagic Fever a preliminary report」, 『한국동물학회지』 제10권 제1호.

297   위의 자료.

298   위의 자료.

열의 원인 병원체에 적합한 캐리어 숙주의 모든 속성을 가지고 있었다. Mus(생쥐속)는 1년 중 따뜻한 달에 들쥐 못지않게, 논둑과 근처 풀밭에서 일반적으로 생활하는데, 벼가 수확되고 사람들이 겨울 연료로 쓸 짚을 자르고 긁어모으기 시작하면 다른 곳으로 이동을 해야 한다. 군대 캠프와 한국 가정이 그들에게 가장 이상적인 곳이지만, 마을 주민의 집에는 이미 Rattus(집쥐속)가 자리를 잡았기 때문에 Mus가 같은 집에서 살아남을 수 없어서, Rattus와 경쟁할 필요가 없는 군사 기지에서 서식했다.[299]

타이슨은 앞의 연구에 이어서, 1967년 11월 중순부터 1968년 2월까지 파주에서 한국형 유행성출혈열 역학 연구를 진행하고, 1968년 9월 『한국동물학회지』에 연구 결과를 발표했다. 이 연구는 동부 및 한국형 유행성출혈열 역학 연구의 일환으로, 일본 자마 캠프(Zama Camp) 제406 의학 연구실에 의해 지원되었고, 미 8군 외과 및 공병실, 제2사단 외과실, 미 육군 제5 예방접종청, 스미스소니언 생태학연구실과 협력해서 이루어졌다. '한국의 생태 연구'(Ecological Study in Korea)를 타이틀로 미 공군과학연구실도 재정 지원을 했다.[300]

이 연구에서 타이슨은 미 2사단 군사시설과 파주 네 개 마을의 쥐 (rats)를 비교하는 연구를 했는데, 1번 대문리, 2번 군말리, 3번 삼리, 4번 가야리 등 네 개의 마을을 대상으로 쥐잡기 방법, 즉 구서법(驅鼠法)을 실험했다. 타이슨이 네 개의 마을을 대상으로 잡은 쥐의 수는 한 집당 평균 14.63마리(1인당 2.01마리)였다. 그 결과 Rattus를 구제할 경우 다른 설치류가 이를 대신하여 집에 서식하지는 않았다. 즉, 겨울에 Mus

---

299   앞의 자료.
300   Edwin L. Tyson, 1968, 「An Evaluation of Rat Control Methods」, 『한국동물학회지』 제11권 제3호.

도 군사기지로 이동해서 서식하기 때문에, 겨울철에 Rattus를 통제하면 된다는 결론이었다.[301]

타이슨은 이때의 연구에 매우 만족하고 있었다. 1968년 1월 9일, 타이슨은 스미스소니언 생태학연구실의 뷰크너에게 "쥐에 대한 자신의 연구가 매우 잘 진행되고 있다"고 하면서, "지금까지 각각 15채의 집이 있는 4개의 마을에서 우리는 총 591마리의 동물, 즉 집당 거의 10마리를 잡았다."는 소식을 전했다. 다만, 한파와 함정에 노출된 쥐들이 죽었음을 안타까워했다.[302]

타이슨의 쥐 연구와 방제 대책 제기는 이후 전국적인 쥐잡기 운동으로 이어졌다. 타이슨이 유행성출혈열 연구를 위해 1967~1968년 파주 일대의 쥐 실태 조사를 한 결과는 다음과 같았다. 전국적으로 총 6천만~9천만 마리, 한 집에 14.63마리가 있으며, 연간 약 723억 원의 손해액이 발생하며, 이는 전 양곡 생산의 20%가 쥐에게 먹힌다는 것이었다. 그는 지속적인 '전국적 퇴치 운동'을 제안했는데, 이후 쥐잡기에 대한 언론의 관심이 높아졌다.[303]

미 국방부가 지원하여 이루어진 ASDMZ 설치류 연구는 훗날 한탄 바이러스 발견과 백신 발견으로도 이어졌다. 1976년 한탄 바이러스 발견도 미 육군 의학연구소 바이러스 연구부장 부서(Edward L. Buescher)가 이호왕에게 당시 한국에서 발병하여 군사적으로 중요하게 다루어졌던 유행성출혈열을 연구 과제로 제시하여 이루어진 것이었다. 이호왕도 1970년대 유행성출혈열 연구에는 미 육군의 많은 연구비 지원

---

301 앞의 자료.

302 "Edwin L. Tyson to H. K. Buechner" (1968. 1. 9), Record Unit 271, Box 17, Folder 1, SIA.

303 김근배, 2010, 「생태적 약자에 드리운 인간권력의 자취 — 박정희시대의 쥐잡기운동」, 『사회와 역사』 87, 126~128쪽.

이 있었다고 밝혔다.[304]

3) 초목 통제(vegetation control) 프로그램

― 벌목과 제초제 사용

그동안 비무장지대의 생태환경에서 주목받은 것은 울창한 초목과 초지, 습지 등이다. 그리고 여기에 서식하는 동식물 등의 다양성이다. 반면, 불모지에 대해서는 거의 주목되지 않았다. 하지만 불모지도 비무장지대 생태환경의 일부이다.

비무장지대 철책선이나 초소 인근에는 초목이 거의 없다. 비무장지대가 초목과 초지, 습지 등으로 가득하다는 점을 생각하면, 이러한 군사시설 주변에 식물이 거의 없는 것은 결코 자연스럽지 않다. 철책선 주변의 불모지는 '사계청소'(射界淸掃)라고 불리는, 비무장지대 경계를 위한 군사작전의 결과이다.

비무장지대의 무성한 식물은 자연생태 회복의 상징적인 존재이지만, 군사작전의 측면에서 보면 시야를 방해하는 요소이다. 1976년 8월 '판문점 도끼 사건'의 우발적인 계기가 된 것도, 한여름 무성하게 자란 미루나무 벌목이었다. 유엔사 측이 시야를 확보하기 위해 공동경비구역 내 미루나무를 자르려고 하자, 공산군 측이 이를 저지하려는 가운데 발생하였던 사건인 것이다.

1976년 8월 '판문점 도끼 사건'은 양측이 공동 경비를 하던 곳의 한

304　김근배는 미 육군과 이호왕을 "서로 잘 어울리는 후원자-연구자의 관계"라고 표현하기도 했다. 이호왕, 1999, 『한탄강의 기적』, 시공사; 김근배, 2005, 「네트워크에 걸려든 바이러스: 이호왕의 유행성출혈열 연구」, 『한국과학사학회지』 27-2, 5~11쪽.

그루 벌목으로부터 전쟁 위기 상황으로까지 치달았지만, 사실 판문점이나 비무장지대에서의 벌목은 남북 양측이 모두 잘 알고 있는 흔한 군사작전('사계청소' 또는 '사계작전')의 하나였다. 군사분계선에서 양측이 마주치면, 사실 여부와는 관계없이 "제초 작업 중"이었다고 말할 정도였다. 1966~1968년 ASDMZ의 생태를 조사했던 연구진이 산간 지역의 소나무 숲이 참나무 숲으로 바뀌고 있는 것처럼 보이는 것은 "수많은 요새를 위해 나무를 베는 군인들의 무분별한 착취 때문"이라고 보고하기도 했다.[305] 1966년 1월에는 미 제2 보병사단 관할 지역의 남방한계선 사이 폭 100m의 지대를 "까까머리"로 만드는 작업에 미 작업부대원과 한국 민간인들이 착수했고, 임진강 북쪽 미군 병사(兵舍) 주위에서도 약 91~229m 지대에서 벌목 작업이 진행되었다.[306] 1971년 한미 제1군단의 지시에 따라 국방부가 대성동-판문점 도로의 좌우측 100m의 숲과 나무 등의 "사계청소를 실시"하기도 했다.[307]

나무나 풀을 베는 것은 생태계에 분명히 영향은 주지만, 예상치 않은 오염 문제를 일으키지는 않는다. 다만 제거의 효과는 단기간만 지속되며, 1년마다 더 많은 베기 작업을 요구한다. 또한 무거운 초목류를 제거하는 데는 기계장비의 사용이 필요한데, 이 방법은 산악이나 지뢰 지역에서는 사용이 쉽지 않다는 점과 경제성이 별로 없다는 점에서 약점으로 여겨졌다. 이 때문에 비무장지대에서는 기계 등을 이용하지 않고 사람이 직접 들어가 초목을 제거하는 방법으로, 화학 제초제가 "유일한 제거 수단"으로 제기되었다.[308]

305   Helmut K. Buechner, Edwin L. Tyson, Ke Chung Kim, "Ecological Study in Korea Final Report" (1968. 9), Record Unit 271, Box 18, Folder 1, SIA.

306   『동아일보』 1966. 1. 22.

307   「국방부장관이 내무부장관에게: 대성동 개발 협조」 (1971. 12. 15), 『대성동개발관계(1) 1971~1972)』, 내무부 지역경제국, 국가기록원 DA0443869.

308   Julian E. Buckner, "Final Report, Vegetation Control Plan CY 68", San

비무장지대에서 화학 제초제가 사용되기 시작한 것은 1960년대 전반이었다. 공식적으로 승인되지는 않았지만, 주한미군은 유엔군사령관에게 수시로 제초제의 사용을 허가해달라는 건의를 했으며, 때로는 제초제가 한국군에 의해 사용되곤 했다.

1963년 미 1군단은 감시와 야전 상황을 개선하고 초목에 의한 북한군의 은폐를 막기 위해 비무장지대에 제초제(herbicide)를 사용할 것을 제안했다. 메릴랜드 포트 데트릭(Fort Detrick) 군사기지에 있는 미육군생물학연구소에 타당성 조사가 요청되기도 했다. 그러나 당시 유엔군사령관은 정전협정 위반에 대한 비난 가능성과 그것을 공산군 측이 선전으로 이용할 가능성 때문에 승인하지 않았다. 그렇지만 1963년 후반에 한국 6군단 화학장교는 경계초소(GP)와 관측소(OP) 등에 상업용 제초제(2-4-D)가 사용되었다고 보고했다.[309] 1965년에도 미 제2보병사단은 침투 방지를 위해 초목 성장을 제어하는 용도로 제초제를 요청했지만, 이때도 북한과 제3세계의 반발 가능성 때문에 승인되지 않았다.[310]

2-4-D는 1940년대부터 농약으로 사용되었으며 활엽식물을 방제하는 데 쓰였다. 이 제초제는 특히 새와 포유류에 중간 정도의 독성을 가진 것으로 알려져 있었다. 다만 고엽제로 분류되지는 않는다. 2-4-D

Francisco: Department of the Army Headquarters, U.S. Army Advisory Group, Korea, 1969[이하, "Vegetation Control Plan CY 68" (1969. 1. 2)]. 이 자료에 대해서는 2011년 이시우가 언론을 통해 상세히 소개하고 번역한 것을 참고할 수 있다(『통일뉴스』 2011. 7. 25, 7. 26, 7. 27, 7. 28. http://www.tongilnews.com]. Heather M. Haley, 2017, "Defoliating Fence and Foxhole: An Unconventional Response to an Irregular Threat Along the Korean DMZ, 1967-1969," *Federal History* 9도 이 자료를 활용해서 북한의 침투력을 감소시키기 위해 미 국방부가 고엽작전을 실행했음을 밝힌 바 있다.

309   위의 자료.
310   위의 자료.

328   2장   1960년대 비무장지대의 무장화와 냉전 경관

는 2-4-5-T와 혼합했을 때 고엽제 중 하나로 유명한 '에이전트 오렌지'가 되며, 2-4-5-T만으로도 인간과 환경에 치명적이어서 많은 국가에서 사용이 중단되었다.[311] 그런데 당시 한국 육군이 사용한 2-4-D는 비무장지대의 한해살이풀이나 여러해살이 식물에 거의 또는 전혀 영향을 미치지 않는 것이었는데, 한국군은 이러한 점을 모르고 사용했다.[312]

─ 1967년 고엽제 실험

유엔군사령부와 미 국방부, 주한미군, 주한 미 대사관 등이 고엽제 사용을 본격적으로 논의한 것은 1960년대 후반이다. 이 책에서 앞서 살펴보았듯이, 베트남전에 대한 남·북한의 지원, 비무장지대 군사충돌의 증가와 양상 변화, 미국의 대한(對韓) 군사 원조, 반침투(anti-infiltration) 체계 구축을 중심으로 한 비무장지대의 무장화 등이 그 배경이 되었다. 1966년 겨울에 준비된 비무장지대 방어체계 계획 중 하나가 바로 초목 통제 프로그램(Vegetation Control Program)이었다.

특히 1966년 10월 31일~11월 2일 존슨 대통령 방한 당시 비무장지대에서 벌어진 북한군의 침투 사건은 '초목 통제'를 미국이 본격적으로 검토하는 중요한 계기가 되었다. 당시 유엔사/주한미군은 존슨의 방한 당시 비무장지대에서 충돌이 벌어질 것을 상당히 우려하고 있었다. 주한미군은 이를 민감하게 인식하고 당시 진행되던 ASDMZ 생태 조사도 중단하도록 했었다.[313] 그런데 존슨이 방한해 있던 시점에 북한군의 침

---

311   https://www.epa.gov/ingredients-used-pesticide-products/24-d; https://www.britannica.com/science/herbicide

312   "Vegetation Control Program CY 68" (1969. 1. 2).

313   타이슨도 이를 적극적으로 공감하고 연구진에게 조사 금지를 지시했다. 그런데 원병오가 이를 무시하고 조사를 나가자, 이에 대해 타이슨이 무척 화를 내면서 뷰크너에게 한국인 연구자들을 비난하는 전문을 보낸 바도 있다. "Edwin L. Tyson to H. K. Buechner" (1966. 11. 17), Record Unit 271, Box 1603, SIA.

투에 의해 미군이 사망하는 사건이 벌어졌다. 유엔군사령부는 즉시 대침투체계 구축 마련에 들어갔다.

1966년 11월 10일 유엔군사령관이자 미 8군 사령관 본스틸은 미 합참의장에게 초목 통제 프로그램의 필요성을 언급했다. 그는 울창한 초목과 자연 은폐물로 덮인 비무장지대가 북한 측에 즉각적인 피난처를 제공하고 있으며 중대 사건에 효과적으로 대응하기에는 군사적인 어려움이 있다고 했다.[314] 본스틸의 보고는 유관 기관들이 초목 통제 프로그램을 본격적으로 논의하고 허가하는 계기가 되었다. 위에서 언급했듯이, 1966년 존슨이 방한해 있던 시점에 벌어진 북한군의 침투는 살초제의 즉각적인 검토 및 사용의 필요성을 높였다. 사용 목적을 합리화하고 사용 방법을 포괄적으로 검토할 필요가 생겼다.

1967년 초, 미국 국무부와 주한 미 대사관도 이 프로그램의 필요성을 논의했다.[315] 비무장지대 방어에 대해 총괄적으로 재검토가 이루어지면서, 유엔사/주한미군은 비무장지대와 인근 지역에서 북한군의 침투를 가능하게 하고 은폐물을 제공하는 초목들이 정전 이후 방해받지 않고 자랐으며, 이것이 비무장지대 방어 문제의 중요한 부분이라고 인식했다. 조밀하며 통제되지 않은 초목의 성장이 북한의 침투를 쉽게 만들고, 야간 투시 장치 같은 유엔사 방어 작전에도 방해가 된다고 보았다.[316]

결국 식생을 제어하면서도 그것이 정전협정 범위 내에서 이루어질 수 있는 방법을 연구하기로 결정되었다. 수동식 제거 작업, 기계식 제거

314　"Telegram From the Commanding General, United States Eighth Army, Korea, and the Commander in Chief, United Nations Command, Korea (Bonesteel) to the Chairman of the Joint Chiefs of Staff (Wheeler)" (1966. 11. 10), *FRUS*, 1964-68 KOREA, pp. 211-214.

315　"Telegram from AmEmbassy Seoul to SecState WASHDC: DMZ defenses: Vegetation control" (1967. 9. 2), RG 59, POL 23-7 KOR S 6/1/67.

316　"Vegetation Control Program CY 68" (1969. 1. 2).

작업, 제초제 사용 등을 포함한 다양한 방법, 그 효과와 초기 비용 및 반복적으로 드는 비용, 공산군 측의 반발과 제3세계의 반응까지 포함하여 연구가 이루어졌다. 또한 식생 조절을 위한 변수를 설정하기 위해 비무장지대 남쪽 일부 지역에서 제초제 테스트를 수행했다. 이 시험 결과를 바탕으로 비무장지대 남쪽(DMZ South tape)과 민간인통제선 사이 지역에 본격 적용할 계획이 마련되었다.[317]

1967년 3월 미 8군 사령부의 지시에 따라, 비무장지대 남방한계선의 바로 남쪽과 인접한 지역의 초목과 잎을 제거할 때 필요한 요구 사항들을 결정하기 위한 연구 그룹이 조직되었다. 미 8군 공병(Engineer)이 이 작업의 책임을 맡았다.[318] 공병대의 연구(Engineer Study) 결과는, 수작업 및 기계적 수단과 함께 식생의 화학적 제어 방법을 사용하는 것이 실용적이기에, 정치적으로 수용 가능하며 적절한 화학 물질이 공급된다면 미 8군과 한국군의 현재 능력 내에서 가능하다는 것이 주된 결론이었다. 그리고 초목 통제 계획의 책임은 미 8군 공병에 위임되었으며, 주한 미 군사고문단(KMAG)이 기술적 조언과 지원을 제공했다.[319]

각각의 살초제를 평가하고 제안한 것은 미 육군생물학연구소였다. 1967년 3월, 메릴랜드의 포트 데트릭 미 육군생물학연구소의 식물과학연구소 대표가 방한하여 비무장지대 근처 특정 지역의 식물 성장을 조사했다. 이 평가에 기초해서 식물과학연구소는 에이전트 오렌지와 블루, 그리고 일반 및 특정 식생을 방제하기 위한 토양 살포 제초제를 권고했다.[320]

살초제 사용의 정치적 의미도 논의되었다. 주한미군은 한국에서 제

---

317   앞의 자료.
318   위의 자료.
319   위의 자료.
320   위의 자료.

초제 실험을 계획하면서 국무부의 승인이 필요함을 알게 되었다. 1967
년 5월부터 9월까지 수많은 메시지가 발송되었다. 주한미군은 이 기간
동안 정치적 의미를 분석하고 유엔 주재 미국 대표부(USUN)와도 교신
했다. 1967년 9월, 미 국무부는 정치적 영향이 관리 가능하다는 유엔 주
재 미국 대표부의 지원과 확신을 바탕으로 이 프로그램에 대한 한국 정
부와의 논의를 승인했다.[321]

본스틸은 비무장지대에서 중대한 사건들이 증가하고 있다는 점을
들어 초목 통제 작전의 필요성을 역설했다. 본스틸은 1966년 겨울에 준
비된 비무장지대 방어체계에 대한 연구 결과 중 하나인 초목 통제 개념
과 제안을 한국군이 '열렬히 지지'했다고 보고하면서, 한국 정부와 대중
이 초목 통제 계획을 승인할 것으로 예측했다.[322] 또한 주한미군이 자재
와 지침을 제공하고 한국 부대가 자체적으로 시험 프로그램을 수행하
는 것으로 계획하고, 이를 즉시 이행할 것을 한국 국방부에 제안했다.[323]
이러한 논의 끝에 한국 국무총리가 이 프로그램을 승인했고, 1967년 9
월 20일 제초제 실험이 허가되었다.[324] 즉, 최종적으로 유엔사/주한미군
사령부는 미 국무부, 유엔 주재 미국 대표부, 한국 정부 등과 토론했고,
정치적 판단하에 허가가 이루어진 것이다.

1967년 9월 20일 미 국무부 당국의 제초제 실험 계획 허가에 따라,
미 8군 사령부는 한국 제1군(FROKA)과 미 제1군단 GP에 제초제 모뉴
론(monuron) 텔바와 2-4-D를 평지(미 제2보병사단) 및 산악 지역(한
국 제21보병사단)에 살포하라는 시행 지침을 하달했다. 이미 가을에 접

---

321   앞의 자료.
322   "Telegram from AmEmbassy Seoul to SecState WASHDC: DMZ defenses:
      Vegetation control" (1967. 9. 2), RG 59, POL 23-7 KOR S 6/1/67.
323   위의 자료.
324   "Vegetation Control Program CY 68" (1969. 1. 2).

어들어서 제초제를 시험하기에는 시기가 늦었지만, 인력을 훈련하고 사용 가능한 장비와 살초제의 유용성을 평가하며, 북한, 한국 및 제3국의 반응을 테스트하기 위해 이러한 적용이 필요하다고 결정했다.[325] 이에 따라 한국 제1군과 미 제1군단은 살초제를 통한 사계청소 작전에 들어갔다. 한국 1군은 1967년도에 '대 침투 작전 태세 강화'를 위해 "전 전선에 걸친 철책선의 설치, GP와 RB의 요새화, 신형장비의 도입 등"과 더불어 "대대적인 비무장지대의 사계청소"를 시행했다.[326] 또한, 1967년 7월~12월 미 1군단은 서부 지역에 철책을 세우면서 그 주변에 제초제를 살포하는 작업을 병행했다.

─ 1968년 불모지 장기화 작전

전면적인 실행 명령이 내려진 것은 1968년이다. 1968년 1월 미 국방부 장관은 비무장지대의 대침투 대책으로 펜스(fence) 건설과 더불어 고엽제화를 언론에 발표했다.[327] 이에 따라 1968년 1월 16일, 미 국무부와 국방부 장관의 한국에서의 제초제 프로그램 승인에 기초하여, 미 1군단은 종합적인 초목 통제 프로그램 계획에 착수하기 위한 경보를 발령했다.[328]

1968년 3월 3~4일 미 8군 공병 작전사단, 한국 제1군, 미 1군단, 미 제2보병사단, 주한 미 군사고문단 등이 계획을 검토하고 예상되는 실행을 위한 세부 사항을 조정했다. 1968년 3월 4일, 주한미군 사령관은 한국에서 초목 통제 프로그램의 일환으로 제초제(herbicides)를 사용할 수 있다고 허가했다. 아울러 불리한 선전의 가능성을 방지하고 고엽제

---

325   앞의 자료.
326   제1군사령부, 1972, 『제1군 약사 1970. 1. 1~1971. 12. 31』, 제1군사령부, 56쪽.
327   "Editorial Note", *FRUS*, 1964-68 KOREA, pp. 308-309.
328   "Vegetation Control Program CY 68" (1969. 1. 2).

(defoliants)가 안전하고 적절하게 사용될 수 있도록 초목 통제 프로그램에 몇 가지 제한을 두도록 지시했다.

> (a) 고엽제는 비무장지대 남방한계선 이북에는 사용되지 말아야 한다.
> (b) 살포하는 동안(during application), 비무장지대 남방한계선 이북 지역으로 유출되거나 분사된 고엽제가 다른 곳으로 흘러내리지 않도록 주의한다.
> (c) 고엽제는 살포 후(after application) 12시간 이내에 비가 내릴 것으로 예상되는 경우나 강우 중에는 살포해서는 안 된다.
> (d) 식량 작물에 피해가 가지 않도록 각별한 주의를 기울인다.
> (e) 고엽제는 모든 종류의 항공기에서 살포할 수 없다.
> (f) 고엽제가 사용되는 곳에는 언제 어디서나 미 군사고문단(KMAG) 대표가 있어야 한다.[329]

1968년 3월 10일, 미 8군의 초목 통제 프로그램 CY68에 대한 지시가 명령을 실행하기 위한 교육 일정과 함께 발표되었다. 1968년 3월 20일까지 자재와 장비가 한국에 도착하기 시작했고 그것을 사용할 부대에 분배되었다. 3월 중순, 제초제에 대한 기술 정보, 적용 방법 및 예상 결과 등에 대한 종합적인 브리핑이 이루어졌다. 1968년 3월 31일, 미 8군 사령부는 CY68 초목 통제 프로그램 시행을 1968년 4월 15일경에 시작하도록 명령했다.[330]

고엽제 적용은 비무장지대 남방한계선의 남쪽과 민간인통제선 북쪽

---

329   앞의 자료.
330   위의 자료.

지역에만 하는 것으로 계획되었다. 그리고 적용의 우선순위는 다음과 같이 설정되었다.

> (1) 비무장지대 안전 펜스 시스템(DMZ Security Fence System)의 양쪽 100m 띠(strip)
> (2) OP(관측소), CP(지휘소) 및 기타 중요지역 부근의 전술적으로 중요한 지역
> (3) 전방지역에서 전술적으로 중요한 길의 양쪽 30m 띠[331]

사용된 고엽제는 에이전트 오렌지와 블루, 모뉴론 등이었다. 모뉴론은 선택적 고엽제가 아닌 다목적 고엽제로, 한해살이 및 여러해살이 풀을 죽이는 데 효과가 있다고 알려져 있었다. 에이전트 오렌지는 2-4-D와 2-4-(5)-T의 혼합물로, 잎을 통해 흡수되어 2~3주 내에 식물을 죽게 한다. 에이전트 오렌지는 대부분의 풀이나 잎이 좁은 식물에는 영향을 주지 못하며, 넓은 잎 식물에 특화되어 있어 상록수나 참나무를 포함한 대부분의 나무와 나무가 우거진 덤불에 효과적인 것으로 알려진 고엽제였다. 에이전트 블루는 넓은 잎과 좁은 잎 식물의 고사(枯死)를 유발하는데, 벼나 곡물 작물의 고사에도 심대한 영향을 주기에 더욱 주의가 필요했다.[332]

고엽제 적용은 1968년 4월 15일, 우선순위 1지역에 모뉴론으로 시작되었다. 1968년 4월 28일 현재 미 1군단 GP 지역에서 모뉴론 적용이 완료되었고, 한국 1군 지역은 산악 지역이라 상대적으로 느리게 진행되었는데, 헬리콥터를 이용해서 자재와 인력이 수송되었다. 에이전트 오

---

331   앞의 자료.
332   위의 자료.

렌지와 블루는 잎이 나오는 1968년 5월 중반에 적용이 시작되었다.[333]

이렇게 비무장지대 안전 펜스 시스템 라인(우선순위 1지역)을 따라 세 가지 에이전트를 모두 적용한 결과, 야간 투시 장치의 효율성을 향상시킨 것으로 평가되었다. 관측소(OP)와 지휘소(CP) 주변(우선순위 2지역)에 적용한 결과, 오히려 이러한 시설이 적의 관측에 노출된다는 단점이 드러났다. 우선순위 3지역에 대한 살포는 도로 양쪽으로 30m 미만이었기 때문에 그다지 효과적이지 않다고 평가되었다.[334]

1968년 이후에는 그야말로 전면적으로 불모지역 장기화 작전이 수행되었다. 한국 1군은 "살초제를 이용한 불모지역 장기화 작업"을 실시했고, 주로 실시한 기간은 4~8월이었다. 1968년 4월 15일 "철책선, GP 및 RB진지, 민통선 북방 주 보급로 5,778핵타에" 블루와 오렌지제 등의 살초제가 살포되었다. 목적은 "적을 조기에 발견하여 포착 섬멸하고 현 작전지역 내의 사계청소 노력을 감소시키며 불모 지역을 장기화하기 위해서"였다.[335] 1969년 5월 20일에서 7월 29일 사이에도 "군은 지상으로 침투하는 적의 활동을 제한하고, 적을 조기에 발견 및 섬멸하기 위하여" 철책선 후방 지역에 살초제 살포 작업을 시행했는데, 이때 살포 면적은 1,070ha였다.[336]

1960년대 후반은 비무장지대 생태에 관심이 생긴 시기였다. 처음으로 비무장지대 인근의 생태 조사가 시작되었고, 국립공원화에 대한 기대도 생겼다. 국제자연보존연맹과 국제조류보호회의, 태평양과학회의의

---

333   앞의 자료.

334   위의 자료.

335   『동아일보』 2011. 5. 20; 강평원, 2002, 『북파공작원』, 선영사, 121~125쪽(이상 조성훈, 2011, 『군사분계선과 남북한 갈등』, 국방부 군사편찬연구소, 142쪽에서 재인용); 『통일뉴스』 2011. 7. 26; 제1군사령부, 1970, 『제1군 약사 1968. 1. 1~1969. 12. 31』, 71쪽.

336   제1군사령부, 1970, 위의 책, 128쪽.

등에 참석하고, 스미스소니언 연구소와 한국 생태 연구에 참여했던 한국 생물학자들은 국내에서 자연보호 운동을 전개했다. 이러한 국제회의들에서는 아시아의 '후진적 조류 보호'나 국립공원의 미비, 농약 등 살충제로 인한 조류의 피해 방지, 인구와 물·공기 오염 등의 문제를 논의했다.[337] 일련의 국제회의에 참석했던 한국 학자들은 이에 비추어 한국의 상황을 '국제적인 수치'라고 인식했다.[338] 그리하여 야생조수 보호를 위한 수렵법시행령 개정을 주장하고, 국립공원 제도 실시를 주장하기도 했다.

그러나 1960년대에 실제로 이루어진 비무장지대 생태에 대한 접근은 이와는 아주 달랐다. 비무장지대의 생태적 가치에 주목하면서도, 대침투체계 구축을 위한 군사작전이 지속되면서 생태계를 훼손했으며, 다른 한편으로는 인간과 자연의 관계에 대한 질문을 해명하기 위한 연구들까지 한꺼번에 진행되었다. 비무장지대의 생태를 인간과 자연의 관계를 총체적으로 해명할 수 있는 기회로 인식하고 이에 관한 장기 연구의 필요성을 제시한 것은 선구적이었다. 동시에 미 국방부와 공중보건국이 지원하거나 수행한 조류와 설치류가 매개하는 질병의 군사적 중요성에 입각한 연구도 진행되었다. 한편으로 유엔사/주한미군사령부가 주축이 되어 정치적 논의까지 마치고 실행한 비무장지대와 민북 지역에 대한 초목 통제 프로그램은 훨씬 직접적으로 비무장지대 생태에 영향을 주는 문제였다.

현재 '경이로움', '평화'로 표현되곤 하는 비무장지대의 자연생태는 참혹한 전쟁 이후 본래 거주하던 인간의 삶과 역사·문화가 사라진 공간에서 자연의 회복이 이루어진 결과이다. 하지만 인간은 자연이 스스로

337   『조선일보』 1966. 7. 26; 『동아일보』 1966. 9. 1.
338   『경향신문』 1965. 2. 10.

회복하도록 놓아두기만 하지는 않았다. 지금의 비무장지대는 그 자연생태에 끊임없이 영향을 가하는 군사작전이라는 인간 행위의 결과이기도 하다. 비무장지대의 생태를 단순히 경이로운 평화의 상징으로만 보기 어려운 이유이다.

제3장

1970년대 비무장지대의 화해와 체제 경쟁

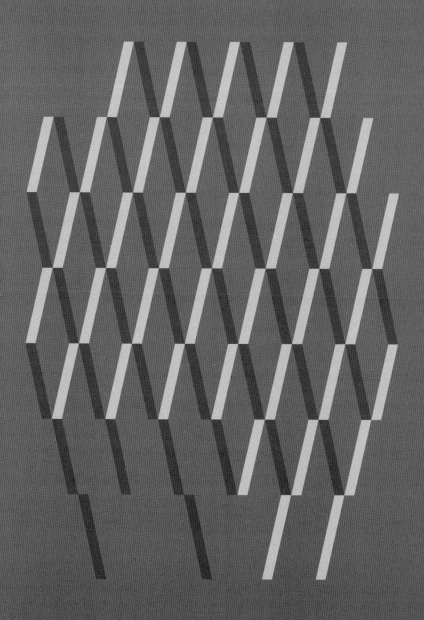

비무장지대 평화지대화 구상의 형성

1) 1950년대 북한의 군사분계선 통과 및 평화교류 제안

― 비무장지대 통과를 위한 첫 제안과 쟁점 부상

현재 비무장지대의 평화지대화에 관련해서는 한국 정부와 사회에서 그 논의를 주도하고 있다. 타당성이나 실현 가능성을 떠나 일일이 열거하기 어려울 정도로 많은 구상이 이미 나왔다고 할 수 있다. 그런데, 처음부터 한국이 평화지대 구상의 주체가 되었던 것은 아니다. 과연 비무장지대의 평화지대화란 무엇이고, 그 구상은 어떻게 형성되어왔으며, 왜 실현되지 못하고 있는 것일까.

비무장지대 평화지대화에 대한 첫 제안은 1971년 6월 12일 유엔사 군정위 수석대표 로저스 소장이 한 것으로 알려졌으나,[1] 주요 내용과 쟁점 면에서 보면 그보다 앞선 1950년대에 있었던 북한의 제안들부터 살

---

[1] 손기웅 외, 2009, 『접경지역의 평화지대 조성을 통한 남북교류 활성화 방안』 I, 통일연구원, 60~61쪽.

펴보아야 한다. 북한은 1950년대 중후반 내내, 남북교류를 제안하면서 군사분계선 및 비무장지대 통과와 판문점에서의 접촉 등을 주장했다. 기존에는 당시 북한의 제안이 '평화공세'나 '선전'으로 치부되면서, 그 제안이 내포한 쟁점이나 의미가 제대로 검토될 기회가 없었다.

1950년대 중후반, 군정위 본회의에서 있었던 북한의 제안과 그에 대한 유엔사의 논박 과정에서 군정위의 비무장지대 출입·군사분계선 통과 승인과 관련한 쟁점이 부상했다. 군정위가 남북의 판문점 회담 및 접촉을 승인할 수 있는가, 정전협정 7, 8, 9항이 남·북방한계선과 군사분계선 통과 승인과 관련하여 양측 사령관에게 부여한 권한은 무엇인가에 대한 것이었다. 이는 현재까지도 유엔사 군정위가 갖고 있는 비무장지대 출입에 대한 절대적인 통제 권한 문제로 이어지고 있다.

1954년 11월 22일 제50차 군정위 본회의에서 비무장지대의 평화적 통과 및 남북교류 문제가 처음 논의되었다. 이날 북한은 한반도 문제의 평화적 해결을 주장했다. 북한은 가족과 친척, 친구들이 남한과 북한에 떨어져 살고 있다고 하면서, 한국인이 처한 현실적 어려움을 토로했다. 그리고 경제적·문화적 단절을 교류와 관계의 회복을 통해 변화시켜야 한다고 주장했다. 이어서 정전협정 7, 8, 9항의 규정에 따라 "양측 군사정전위원회가 비군사적인 목적으로 어느 일방의 군사 통제 지역 사이를 오갈 것을 요청하는 한국인이 양측이 동의한 비무장지대 내 통로를 자유롭게 통행할 수 있도록 허가하자"라고 제안했다.[2] 그리고 잠정 합의 문안을 제시했다.

조선문제의 평화적 해결이 아직 달성되지 않은 것과 남북조선에 거주하는 인민들의 실제적 이익과 절실한 염원을 고려하여 조선문제

---

2   "Fiftieth Meeting of the MAC" (1954. 11. 22).

의 평화적 해결이 달성될 때까지 다음과 같은 잠정조치를 취한다.

1. 조선인민군 및 중국인민지원군측 군사통제지역 또는 연합국군측 군사통제지역에 거주하는 자로서 가족 및 친척의 방문과 통상 문화교류 및 기타 비군사적 목적으로 상대방 군사통제지역에 왕래하려고 하는 사람들은 비무장지대 남북경계선 및 군사분계선을 통과시킨다.

2. 상기 제1항에 해당하는 사람들이 상대방 군사통제지역에 내왕하는 편의를 도모하기 위하여 군사정전위원회 조선인민군 및 중국인민지원군측과 연합국군측이 합의한 지점에 상기 제1항에 해당하는 사람들의 통과지점을 한강하구와 군사분계선상에 설정하여 그 통과 지점에 통하는 비무장지대 자기측 지역의 통로를 각방은 책임지고 수축 유지한다.

3. 상기 제1항에 해당하는 사람들의 왕래는 1955년 1월 1일 이전에 시작한다.

우리측은 당신측이 이 제의를 정중히 고려하기를 진심으로 바라는 바이다.[3]

북한은 한반도 문제의 평화적 해결이 달성될 때까지의 임시 조치라고 전제하면서, 그 방법과 시점을 다음과 같이 제시했다. 첫째, 비무장지대 남북경계선 및 군사분계선을 통과할 수 있는 사람과 그 목적에 대한 것이다. 통과가 가능한 사람은 "북·중 군사통제지역 및 유엔군 군사통제지역 거주자"이고, "비군사적 목적으로 상대방 군사통제지역에 왕래"하려는 사람이라고 하였다. 양측의 군사통제지역 거주자란 비무장지대 내 거주자를 의미한다. 즉, 이들의 가족 및 친척 방문과 통상, 문화

---

3   앞의 자료.

교류, 기타 비군사적 목적이라면 상대측 비무장지대 방문을 허용하자는 것이다. 둘째, 통과 지점 설정과 군정위의 역할에 대한 것이다. 북한은 양측 군정위가 한강 하구와 군사분계선상에 통과 지점을 정하고 이를 관리하자고 했다. 셋째, 왕래의 시작 시점에 대한 것으로, 1955년 1월 1일 이전에 시작하자고 제안했다.

이 제안의 실현 가능성은 없었지만, 비무장지대 내 거주민의 상호 방문을 즉각적으로 허용하자는 제안에 대해서는 여러 가지로 생각할 대목이 있다. 이는 무엇보다 비무장지대 마을 주민에게 자연스럽고 필요한 조치였다. 군사분계선이 된 사천강을 사이로 마을 간에 왕래가 끊기고 이산가족이 생겼으며, 지척의 강 건넛마을과 단절된 현실은 역사와 삶의 분단 자체였기 때문이었다. 2019년에도 대성동 주민이 기정동 마을 주민과 교류하고 싶다고 했던 것을 보면,[4] 두 마을 간 교류를 제안하는 것은 지극히 자연스러운 일이었다. 또한 북한의 이 제안은 비무장지대 마을 주민에 국한된 것이었지만, 비군사적 목적을 가진 민간인이 군사분계선을 통과하여 상대측 민간인과 접촉할 수 있게 된다면 군사분계선과 비무장지대의 성격이 완전히 달라지는 셈이었다.

그런데 당시 북한의 제안은 선전의 목적이 강했다. 북한이 말한 "조선 문제의 평화적 해결이 아직 달성되지 않은 것"은 제네바 회담의 결렬을 말했다. 제네바 회담 전부터 타협을 통한 한반도 문제의 해결은 불가능하다는 인식이 퍼져 있었고, 회담의 결렬이 예견된 상태에서 양측은 상대방이 평화와 통일을 원치 않는 것으로 보이도록 만드는 선전에 몰두했다.[5] 분단과 비평화의 책임을 상대에게 전가하던 방식의 선전이

---

4   『한겨레』, 2019. 7. 14.
5   홍용표, 2006, 「1954년 제네바회의와 한국전쟁의 정치적 종결 모색」, 『한국정치외교사논총』 제28권 1호.

군정위에서도 이어진 것이다. 북한은 한 달여 남은 연내에 왕래를 개시하자고 할 정도로 사안의 시급함을 강조했지만, 이를 적극적으로 추진하여 반드시 실현하려고 한 것은 아니었다.

유엔사 측은 즉답하지 않았다. 대신 제안의 주체와 대상을 확인했다. 정부 대 정부 차원의 제안인지, 북·중 총사령관 대 유엔군 총사령관 차원의 것인지, 군사정전위원회 수석대표 간의 문제인지 물었다. 공산군 측은 정전협정에 근거하여 양측 사령관을 대표하는 군사정전위원회의 북·중 수석대표가 제시한 것이라고 답했다.[6]

북측 군정위의 제안으로부터 20여 일이 지난 1954년 12월 8일 제51차 군사정전위원회가 열렸다. 유엔사 측은 이때 북한의 제안이 군정위 권한 밖의 사안이라고 하면서 반대했다. 북의 제안에는 정치적 의미를 지닌 문제들이 있으며, 이는 기본적으로 정전협정 이행과 직결된 군사 문제가 아니라고 지적했다. 교역과 문화적 교류 등은 다양한 법적 문제를 포함한 관계의 재개를 꾀하는 것으로서, 이 문제들은 적법한 절차에 따라 서명하고 비준된 협약과 합의에 따라서 조정될 수 있으며 이러한 협약과 합의는 각방의 정부에 구속력이 있다고 주장했다. 유엔군 측은 정전협정 7, 8, 9항에 대해서도 주권 국가의 권력을 침해할 권한을 사령관들에게 부여한 것이 아니라고 보았다.[7]

이에 북한은 정전협정 7, 8, 9항이 특정한 경우에 군정위의 허가에 따라 비무장지대를 통해 일방의 군사 통제 지역에 진입하는 것을 허용할 수 있다고 규정하므로 이는 군정위의 권한에 포함된다고 주장했다. 아울러 북한 정부와 최고인민회의, 사회단체들이 광범위한 분야의 접촉 제안을 남한의 기관과 인사들에게 제시했다고도 밝혔기 때문에, 군정위

---

6   "Fiftieth Meeting of the MAC"(1954. 11. 22).

7   "Fifty-First Meeting of the MAC"(1954. 12. 8).

가 이를 허가한다면 남북한 간의 논의와 접촉을 확실히 증진할 것이라고 덧붙였다.[8] 하지만 유엔사 측은 북한의 제안이 중요한 정치적 의미를 품고 있기에, 군정위 권한 밖의 문제를 논의하는 데 말려들지 않겠다고 강조했다. 이렇게 제51차 군사정전위원회는 양측의 견해차를 확인한 후 휴회되었다.

— 정전협정 제7, 8, 9항과 유엔사의 허가권

북한은 1954년 12월 14일 제52차 군사정전위원회 본회의에서 한국인의 비무장지대 통과 허용 문제를 다시 거론했다. 북한은 양측 군정위가 정전협정에 따라 한국 문제의 평화적 해결을 도모할 명백한 책임이 있고, 정전협정 7, 8, 9항이 군정위 및 관련 측의 특정한 허가하에 쌍방의 군사 통제 지역을 왕래할 수 있음을 명확히 하고 있다고 주장했다. 또한 군사분계선은 단순히 한반도의 정전을 위한 경계선일 뿐 국경이 아니며, 어떤 한국인도 군사분계선을 국경으로 간주하지 않는데, 유엔사 측이 군사분계선을 국경으로 간주하고 있다고 비판했다.[9]

이어서 북한은 남북의 판문점 회담 개최를 위한 군정위의 행정적 합의를 요구했다. 북한은 1954년 12월 1일, 체신상 명의로 남한의 체신부 장관에게 1954년 12월 17일 10시에 판문점에서 예비회담을 개최하자고 제안했는데, 이것이 유엔사 측 군정위의 불합리한 태도 때문에 성사되지 않고 있다고 비판했다. 때문에, 남북의 판문점 회담 개최를 위해 군정위의 행정적 합의가 필요하다고 주장했다. 북한의 제안은 남북 대표들의 군사정전위원회 본부 구역 출입을 허가하고 본부 구역 내 비서처 건물을 회담 장소로 제공하자는 것이었다. 그리고 유엔군 측에 의견을

8   앞의 자료.
9   위의 자료.

요청했다.[10]

이번에도 유엔사 측은 즉답 대신 30분 휴회를 요청했다. 회의는 54분이 지나 재개되었다. 네 번의 반복된 질문과 답이 이어졌고, 양측의 상이한 견해가 드러났다.

> UNC: 우리 측은 쌍방의 주권 국가가 합의한 모든 회의를 위해 우리의 통제 시설을 제공할 것이다. 그러나 군사정전위원회에는 그 어떤 권한이 없으며, 우리 측은 주권 국가의 정치상의 특권을 침해할 의향이 전혀 없다는 점을 강조해야겠다.
>
> KPA/CPA: 당신의 말을 한 번 더 반복해주기 바란다.
>
> 〔카터(Carter) 소장이 마지막 진술을 반복함.〕
>
> 그러면, 쌍방의 대표가 군사정전위원회 본부구역에 출입하는 것을 특별히 허가하고 이들의 회의를 위해 군사정전위원회 본부구역 내 우리의 비서처 건물을 제공하는 데에 당신 측이 동의한 것으로 알겠다.
>
> UNC: 당신은 우리의 답변을 명백하게 이해하지 못했다. 원하면 다시 한번 반복하겠다.
>
> KPA/CPA: 우리 측은 남북 대표의 군사정전위원회 본부구역 출입을 특별히 허가하고 그들의 회의에 우리 측 비서처 건물을 제공하는 데 당신 측이 동의한 것으로 이해했다. 맞는가?
>
> UNC: 우리는 관련된 두 정부가 합의한 회의에 대해서만 건물을 이용하는 데 동의한다.
>
> KPA/CPA: 알겠다. 당신 측이 더 제시할 논의 안건이 없으면, 일방이 다시 회합할 필요가 있다고 볼 때까지 휴회를 제의한다.

---

10   "Fifty-Second Meeting of the MAC" (1954. 12. 14).

UNC: 동의한다.[11]

유엔사 군정위 카터(Leslie D. Carter) 수석대표는, 쌍방 주권 국가가 합의한 회의를 위해 시설을 제공할 것이라고 하면서도 군정위에는 이를 허가할 권한이 없으며, 유엔사는 주권 국가의 정치상 특권을 침해할 의향이 없다고 했다. 시설 제공 여부에 대한 답이 불분명하자 북한은 카터에게 발언을 반복할 것을 요청했다. 북한은 카터의 발언을 시설 제공에 동의하는 것으로 해석하고자 했다. 그러나 카터는 북한이 잘못 이해했다고 하면서, 두 정부가 합의한 회의에 대해서만 군정위 본부 구역 건물을 이용하는 데 동의한다고 요약했다.

두 차례의 군정위 본회의 중에 매우 중요한 논점들이 드러났다. 먼저 북한의 견해는 이러했다. 첫째, 정전협정 7, 8, 9항에 따라 양측 군정위가 군사분계선 및 비무장지대 통과를 허용할 수 있다. 둘째, 경제 교역이나 문화 교류는 한국인의 현실적인 문제이다. 셋째, 군정위는 정전협정에 따라 한국 문제의 평화적 해결을 도모할 명백한 책임이 있다.

반면 유엔사의 생각은 전혀 달랐다. 첫째, 정전협정 7, 8, 9항은 군사적인 문제에 국한된다. 둘째, 경제 교역이나 문화 교류와 같은 비군사적 목적의 통과 등은 정치적인 문제이므로 군정위가 논의할 수 없다. 셋째, 군정위가 정치적인 문제를 논의하거나 허가하는 것은 두 정부의 주권을 침해하는 것이다. 넷째, 남북한 두 정부가 합의한 회의에 대해서는 본부 구역 출입 및 건물 이용이 가능하다.

그렇다면 과연 정전협정 제7, 8, 9항이 군정위와 각방의 총사령관에게 부여한 권한은 무엇일까. 군사적 문제와 비군사적인 문제 중 어느 영역까지 해당하는 것으로 볼 수 있을까. 다음의 정전협정문을 참조하자.

11   앞의 자료.

7. 군사정전위원회의 특정한 허가 없이는 어떠한 군인이나 사민이나 군사분계선을 통과함을 허가하지 않는다.

8. 비무장지대 내의 어떠한 군인이나 사민이나 그가 들어가려고 요구하는 지역의 사령관의 특정한 허가 없이는 어느 일방의 군사통제 하에 있는 지역에도 들어감을 허가하지 않는다.

9. 민사행정 및 구제사업의 집행에 관계되는 인원과 군사정전위원회의 특별한 허가를 얻고 들어가는 인원을 제외하고는 어떠한 군인이나 사민이나 비무장지대에 들어감을 허가하지 않는다.

이 세 조항은 현재까지도 비무장지대 출입 통제에 있어서 핵심적인 규정으로 작동하고 있다. 특히 한국 정부의 비무장지대 출입과 군사분계선 통과 문제를 유엔사가 통제하는 데 대한 근거로 작동하고 있어서, 사회적 쟁점이 되곤 하였다. 그 때문에 이 조항을 어떻게 해석할 것인가는 중요한 문제가 아닐 수 없다.

이를 둘러싼 기존 연구는 두 견해로 나뉜다. 하나는 이 세 조항이 군정위와 양측 사령관에게 부여한 권한을 관할권(jurisdiction)으로 해석함으로써, 한국 정부의 비무장지대 출입 및 군사분계선 통과에 대해서는 유엔사의 허가가 불가피하다고 보는 경우이다. 다른 하나는 "모든 규정이 순전히 군사적인 성질의 것"이라고 명시된 정전협정 서문을 토대로, 이 세 조항은 군사적 영역에 국한된 것인데 유엔사가 비군사적 문제에 대한 한국 정부의 권한 행사에 대해서까지 허가권을 행사하고 있다고 비판하는 경우이다.[12] 과연 어느 쪽의 해석이 타당할까, 군정위에

---

12   전자를 대표하는 연구로는 이효원, 2006, 『남북교류협력의 규범체계』, 경인문화사; 이효원, 2014, 「DMZ 세계평화공원 조성을 위한 법적 기초」, 『서울대학교 법학』 170 등이 있고, 후자를 대표하는 연구로는 김태헌, 2019, 「유엔사의 DMZ와 MDL 통과 허가권에 대한 법적 검토」, 『통일과 법률』 39; 정태욱, 2022, 「비무장지대 출입과 군

서 이 세 조항을 해석하고 현실에 적용하려던 북측과 유엔사 측의 생각은 어떠했을까.

기존 연구와 1954년 군정위 본회의에서 있었던 양측의 논쟁을 비교해서 살펴보면, 기존 연구들이 그 의도와 관계없이 간과하고 있는 점들을 발견하게 된다. 미리 언급하면, 전자의 견해는 군정위에서 북측과 유엔사 측이 합의하고, 유엔사는 관할권을 행사하면 된다는 점에서 1954년에 북측이 했던 주장과 맞닿는 면이 있다. 후자의 견해는 자신의 권한 행사가 정치적인 사안에 대해서가 아니라 군사적인 사안에만 국한된다는 유엔사의 일관된 주장과 배치된다. 유엔사가 스스로 비군사적 권한까지 보유하고 있다고 보기 때문에 한국 정부의 출입을 통제하는 것이 아니라는 말이다. 오히려 유엔사는 정치적인 문제라고 생각되는 측면에 대해서는 개입하기를 꺼렸다.

먼저 조항의 문구만 보면, '통과와 출입' 문제는 군정위와 유엔사의 허가 사항으로 볼 수 있다. 제7항은 군사분계선 통과에 대한 사안이므로 군정위, 즉 양측의 합의 및 허가를 명시하고 있다. 제8항은 비무장지대 출입 허가에 대한 사안이다. 비무장지대는 군사분계선을 사이로 남측·북측으로 나뉘어 각 사령관의 군사통제하에 있으므로, 일방의 비무장지대 출입은 각 사령관의 허가 사항이라는 점을 밝히고 있다. 제9항은 제8항에서 언급된 각 사령관의 허가 외에 양측 군정위의 특정 허가를 규정한 항목이다. 북측은 이 조항의 문구를 토대로, 군정위의 합의만 있으면 그것이 군사적인 영역이든 비군사적인 영역이든 군사분계선 통과 및 비무장지대 출입이 가능하다고 본 것이다.

사분계선 통과를 위한 주한유엔군사령부(유엔사)의 허가권에 대한 해석론」, 『법학연구』 제25집 3호 등이 있다. 모두 비무장지대에 관한 규범 체계와 유엔사의 허가권을 법적인 측면에서 살핀 선구적인 연구들이다.

반면 유엔사 측은 비무장지대 출입 및 군사분계선 통과에 대한 허가는 군사적인 영역에 국한된다고 주장했다. 유엔사의 주장은 분명히 이 협정의 성격이 '군사 정전에 관한 협정'이라는 점과 서문의 '모든 규정은 군사적인 사안'이라고 명시된 부분을 근거로 한 것이다. 유엔사 측의 견해에서 더 주목할 점은 비군사적 사안과 관련해서 남북한 두 정부 사이의 합의가 있을 경우 군사분계선 통과 및 비무장지대 출입이 가능하다고 밝힌 부분이다. 이때 비군사적 사안이란 정치적인 것으로 경제, 사회, 문화적인 문제들을 의미한다. 유엔사 측은 북한이 제안했던 이 문제들을 정치적인 차원의 사안이며, 그것은 곧 비군사적인 문제라고 판단했다. 즉, 유엔사는 군사적인 사안과 비군사적인 사안을 분명히 구분했고, 이에 따라 사안을 다루고 처리했다.

그런데 문제는 현재 유엔사는 자체 규정(UNC Regs.)을 통해 비무장지대를 "작전지역" 또는 "지뢰지대"라고 규정하고, 이와 관련한 유엔사 규정을 "군사작전"이라고 명명하고 있다는 것이다.[13] 이에 따르면, 비무장지대에 관한 '모든'(군사적이든 비군사적이든) 사항은 원칙적으로 유엔사가 통제하는 군사적 영역에 해당할 수밖에 없게 된다. 이것이 비군사적 사안에 대한 한국 정부의 주권 행사를 원천적으로 제약하는 요소이다. 따라서 유엔사가 1954년 이래 일관되게 밝혔듯이, 군사적 사안과 비군사적 사안을 구분하고 주권 정부의 권한을 존중한다는 것을 실질적으로 드러내기 위해서는 유엔사 규정의 개정이 필요하다.

또한 유엔사 측이 "쌍방의 주권 국가가 합의한 모든 회의에 대한 군정위 본부 구역 출입 동의"라고 밝힌 부분도 곱씹을 필요가 있다. 이는 지금까지 거의 주목되지 않았지만, 비무장지대와 관련한 문제에 대

---

13   한모니까, 2020(a), 「'유엔사 규정'(UNC Reg.)과 유엔군사령부의 비무장지대 (DMZ) 관리」, 『사회와 역사』 125, 131~137쪽.

해 남북한 두 정부가 공동으로 논의하여 합의에 이를 수 있다면, 군정위도 그 합의에 동의하겠다는 말과 다름없다. 이는 비무장지대와 관련하여 남북한 공동의 논의와 합의가 얼마나 중요한지를 일깨운다. 또한 한국 정부가 비무장지대에 관한 정치적 주체로서 충분히 역할을 할 수 있음을 의미한다.

— 남북 교역지로서 개성과 철원

1950년대에 있었던 북한의 제안 중에서 흥미로운 것은 비무장지대 인근 지역에서의 교역 제안이다. 1957년 10월 7일, 북한의 대내외 상업상 진반수는 남한 상공부 장관 김일환에게 비무장지대 인근 지역 두 곳에 교역 장소를 설정하여 남북한이 서로 필요로 하는 물자를 교역하자고 제안했다.[14] 이때 북한은 교역 물자, 장소, 예비회담 개최 및 관련 기구 구성 등을 제시했다. 2000년대에 가동되었던 개성공단 사례가 떠오르는 장면이 아닐 수 없다. 1957년 제안의 세부적인 내용을 보면 다음과 같다.

첫째, 남한에서 소요될 북한의 공업용 물자, 예를 들어 시멘트, 판초자, 목재 등의 각종 건재와 석탄 공작기계, 어선, 카바이트를 비롯한 각종 화학제품 및 기타 상품과 원료 등을 북한이 필요로 하는 남한에서 생산되는 물자와 교환하자고 했다. 둘째, 북한과 남한 간의 통상 및 물자 교역을 위한 지역을 각각 지정하자고 했다. 북측의 장소로는 개성을 지정하고, 남측 지역으로는 남한 당국이 적절하다고 생각할 만한 지역으로 철원을 제시했다. 셋째, 남북 당국 대표 또는 민간 기업가들 간의 예비회담을 1957년 내로 개최하고, 넷째, 무엇보다도 남북 간 통상에 필요한 공동 시장 기관 및 경영진으로서 이러한 사업을 처리할 상임 위원

14   「조선민주주의 인민공화국 대내외 상업상이 남조선 당국에 보내는 편지」(1957. 10. 7), 『북한연구자료집』 제3권, 고려대학교 아세아문제연구소.

회 기관, 남북 물자 전시 기구 및 기타 통상 문제를 논의하자고 제안했다.[15]

북한은 이 제안을 군정위에서 재론했다. 북한은 제78차 군사정전위원회(1957. 10. 11) 회의를 소집하고, 남북의 통상 및 물자 교역을 군정위가 보장해야 한다고 주장했다. 이때가 비무장지대 인근 지역에서의 교역 방안 및 가능 여부가 처음 논의된 회의였다. 개성공단의 첫 아이디어라고 할 수 있었다.

이날 북한은 1945년 이후 12년 동안 남북이 분단되어 자유롭게 왕래하지 못했다고 하면서 평화통일이 한국인의 공통된 염원이자 오랜 숙원이라며 발언을 시작했다.[16]

> 남북 조선 간에는 전쟁 전에도 38선 부근의 일정한 지점을 정하고 필요 물자 교역을 한 전례가 있다. 그러므로, 일정한 지점을 정하고 통상과 교역을 하는 데는 아무런 곤란도 있을 수 없다. 여기서 문제로 되는 것은 제의된 통상과 교역의 실행이 비무장지대와 군사분계선과 관계되기 때문에 정전협정에 의하여 군사정전위원회가 필요한 협조적 조치를 취하는 것이다.
>
> 그러므로 우리측은 정전협정의 서언과 제7항 제8항 및 제9항의 규정에 의하여 통상 및 물자 교역을 위한 목적으로 쌍방 군사 통제 지역의 일정한 지점에 내왕할 것을 원하는 사람들에게 쌍방이 합의한 비무장지대 내의 통로를 내왕할 수 있도록 군사정전위원회 쌍방이 특정한 허가를 부여할 것을 당신측에 제의한다.[17]

---

15   앞의 자료.
16   "Seventy-Eighth Meeting of the MAC"(1957. 10. 11).
17   위의 자료.

이때 북한이 남북교역을 제안하면서, 그 선례로 제시한 것은 38선 교역이었다. 1947년 5월 22일 미군과 소련군의 합의에 의해 공식적으로 시작된 남북교역은 1949년 3월 31일 금지될 때까지 약 2년간 지속되었다. 남북 교역시장은 개성 경비대 초소 인근, 춘천 사북면, 강릉 주문진, 포천 영중면 양무리, 대원리, 인제 남면 관대리와 부평리 등에서 열렸다. 교역시장에서는 북한의 카바이트·함흥비누·고무신·인견사 등의 공업생산물, 오징어·북어·인삼 등의 농수산물 등과 남한의 철도용 신호등 같은 전기제품, 의약품, 생고무, 자동차부속품, 광목 등이 물물 교환되었다. 이곳에서는 남북한의 주요 생산물만이 아니라 소의 가격차를 이용한 거래도 이루어졌다.[18]

정부 수립 이후에는 상인들은 물론이고 두 정부도 남북교역에 관여했다. 북한에서는 조선무역상사가 개성에 나와 있었고, 남한에서는 교역 물자에 대해 상공부의 인가를 받았다. 북한의 38선 접경 시군도 재정 확보를 위해 교역시장에 나서기도 했고, 남한에서는 운수경찰, 역 직원, 상공부 직원, 헌병을 매수하여 물자를 통과시키는 경우도 많았다.[19] 기본적으로는 38선 월경과 이동이 제한되었지만, 특정 지역에서만은 38선을 넘나드는 교역이 허용되었던 것이다. 북한은 바로 이때의 경험을 선례로 제시한 것이다.

이어서 북한은 〈북한과 남한 간 통상 및 물자 교역을 위한 목적으로 내왕하는 사람들에게 비무장지대 남북 경계선과 군사분계선을 통과시킬 데 대한 제의〉를 했다.

조선문제의 평화적 해결이 아직 달성되지 않은 것과 조선인민의 절

---

18   한모니까, 2017, 『한국전쟁과 수복지구』, 푸른역사, 106쪽, 191~192쪽.
19   김인수 구술, 2010, 『비전향장기수구술』 8, 국사편찬위원회, 152~156쪽; 국방부 전사편찬위원회, 1967, 『한국전쟁사 1: 해방과 건군』, 425쪽.

실한 이익과 남북조선간의 통상 및 물자교역의 필요성을 고려하여 다음과 같은 잠정적 조치를 취한다.

(1) 조선인민군 및 중국인민지원군 측 군사통제지역 또는 연합군측 군사통제지역에 거주하는 자로서 통상 및 물자 교역을 위한 목적으로 상대방 군사통제지역 내의 남북 조선 당국이 지정한 일정한 지점을 내왕하려고 하는 사람들에게 비무장지대 남북 경계선과 군사분계선을 통과시킨다.

(2) 상기 제1항 해당한 사람들이 상대방 군사통제지역을 내왕하는 편리를 도모하기 위하여, 군사분계선상의 일정한 지점에 상기 제1항에 해당하는 사람들의 통과 지점을 설치하며 이에 도달하는 비무장지대 내 자기 측 부분의 통로를 각방은 책임지고 수축하며 유지한다.[20]

북한은 비무장지대 남북 경계와 군사분계선 통행 허가에 대한 군정위의 합의는 남북교역 실현에 필수적인 단계일 뿐 아니라, 남북 당국의 오래된 문제 해결에 긍정적인 영향을 미칠 것이라고 강조했다. 그리고 국문, 중문, 영문 각각의 부본 2부의 제안서를 유엔사 측에 전달했다.[21]

유엔사는 제안서를 받으면서 북한의 제안을 단번에 거절했다. 이유는 교역에 관한 제의는 군사정전위원회에서 논의하기에 적합한 주제가 아니라는 것이었다. 1954년 11월 북한의 제안을 거절했던 이유와 같았다. 1954년에는 며칠 혹은 50여 분 검토하는 시간이라도 있었지만, 이번에는 검토할 여지도 비치지 않았다.

북측도 유엔사 측이 이를 이유로 거절하리라는 것을 모를 리가 없었

---

20   "Seventy-Eighth Meeting of the MAC" (1957. 10. 11).
21   위의 자료.

다. 하지만 북한은 다시 정전협정 7, 8, 9항에 따라 군정위가 비무장지대 진입 허가 및 군사분계선 통과 허가를 할 수 있다고 주장했다. 1954년 11~12월의 경우와 달라진 것은, 이 제안을 거절하는 유엔사에 대해 "조선의 평화적 통일이 아직 실현되지 못한 것은 바로 시종일관하게 이를 방해하고 반대하여온 당신측 때문", "한국 분단을 영속시키려는 의도", "한국의 평화통일을 원치 않는 것이 본색"이라는 비난이 더해진 것이었다.

─ 북한의 통일론과 동서독의 연방 제안

북한의 남북교류 및 군사분계선 통과 제안은 1950년대 후반에도 계속되었다. 앞서 살펴보았던 1954년 11월 가족 방문, 통상, 문화교류를 위한 군사통제지역 왕래 허용, 12월 우편 교환과 통신 문제에 관한 남북 체신장관의 판문점 회담, 1957년 통상 및 물자 교환을 위한 군사분계선과 비무장지대 통과 제안에 이어서, 1958년 대남 구호물자 제공을 위한 남북협상의 판문점 개최, 1959년 5월 실향사민(失鄕私民)과 남한 실업자의 군사분계선 통과, 11월 통일 문제 협의 및 상설위원회 조직을 위한 관계자들의 비무장지대 및 군사분계선 통과 등의 제안이 있었다. 이상은 전후 복구 건설 및 체제에 대한 북한의 자신감을 바탕으로 한 제안들이었고, 북한은 이를 적극적으로 선전했다.

북한은 군정위 본회의를 평화공세의 장으로 활용했다. 군정위 본회의에서 유엔사의 정전협정 위반을 비난하고 이를 북한의 언론에 광범하게 보도하면서 선전의 효과를 얻거나,[22] 반대로 평양방송 등을 통해 남

---

22   V. 넴치노프, 「조선민주주의인민공화국 외무성 4국장 박기영 동지와의 대담록」
(1958. 7. 11), 『북한관계사료집 79: 조선민주주의인민공화국 주재 소련 대사관 직원들의 일지와 면담록 3』, 국사편찬위원회, 2016.

제의 일시	내용
1954. 11. 22 제50차 본회의	상대방 통제 지역 자유 왕래 제의 : 쌍방의 가족 방문, 통상, 문화교류 등 비군사 목적상의 상대방 군사통제지역 왕래 허용에 대한 임시조치 제의
1954. 12. 14 제52차 본회의	남북 체신장관 회의 주선 요구 : 남북 체신장관들이 우편교환과 통신에 관한 문제를 판문점에서 토의할 수 있도록 주선하라고 요구
1957. 10. 11* 제78차 본회의	남북통상과 물자교환을 위한 군사분계선 통과 방안 : 남북한의 통상과 물자교환을 목적으로 지정하는 일정 지역을 왕래하는 인원들에게 비무장지대 남북경계선과 군사분계선 통과를 허용하는 방안 제의
1958. 8. 26 제86차 본회의	대남 구호물자 제공 방안 : 남한의 실업자 및 고아들에 대한 구호를 위해 구제품을 보내기로 했다고 선전하고 남북협상을 위한 회담을 판문점에서 개최하자고 제의
1959. 5. 23 제102차 본회의	실향사민과 실업자에 대한 군사분계선 통과 방안 : 실향사민과 남한의 실업자 등이 비무장지대와 군사분계선을 통과하는 것을 허가할 때 대해 합의하자고 제의
1959. 11. 3 제112차 본회의	통일문제 토의를 위한 각계 인사 군사분계선 통과 방안 : 통일문제 토의를 위한 남북 국회, 정부 혹은 각 정당 사회단체 대표들로 구성되는 상설위 조직을 위해 각 대표의 군사분계선 통과와 남북 언론인연합회의 조직과 남북기자 상호 파견 제의

[표 3-1]   1950년대 중후반, 북측 군정위의 비무장지대 통과 및 판문점 접촉 제안
• 군정위 편람에는 제78차 본회의 날짜가 10월 7일로 되어 있으나, 군정위 회의록 원문에 의하면 10월 11일임.
출처: 국방정보본부 편, 1986, 『군사정전위원회편람』, 169~170쪽; "Seventy-Eighth Meeting of the MAC" (1957. 10. 11).

북교류를 제안하고, 며칠 뒤 군정위 본회의를 소집하는 식이었다. 본회의는 기자들이 지켜보고 있었다. 북한은 남북교류 제안을 반복하고 군정위가 이를 보장할 것을 주장했다. 유엔사의 반대는 예상 가능한 것이었다. 앞서 살펴보았듯이, 한국 정부가 북한과 공동 회담을 개최하겠다고 적극적으로 나서지 않는 이상, 유엔사가 북한의 제안을 수용할 가능성은 없었다. 유엔사는 북한의 제안이 군정위와 관계없는 문제들이라며 동의하지 않았다. 이렇게 회의가 끝나고 나면 『로동신문』은 군정위 본회의에서 내놓은 북한의 제안은 평화와 통일을 위한 것으로, 유엔사의

거절은 평화와 통일을 방해하는 것으로 보도했다.[23]

북한이 군정위 본회의를 이렇게 활용한 것에는 선전의 측면도 있었지만, 실질적인 이유도 있었다. 남북접촉 및 교류를 위해서는 비무장지대 남북 경계선 및 군사분계선 통과가 필수적이었기 때문이다. 만남의 장소도 판문점 공동경비구역이 될 수밖에 없었다. 남북의 두 정부 간에 비군사적 차원의 합의가 있다고 하더라도 군정위나 양측 군사령관의 '협조'가 필요했다.

1950년대 중후반, 북한이 이렇게 남북교류를 적극적으로 제안한 데에는 몇 가지 배경이 있었다. 첫째, 한국전쟁 이후 북한의 통일 방안 변화를 반영하고 있었다. 물론 한국전쟁 이전에도 북한은 '남북총선거'를 제안했지만, 한국전쟁 정전 직후 신속하게 평화통일을 표방했다. 북한은 정전협정 제4조 60항에 따라 개최된 1954년 제네바 회담을 "평화적 통일과업"을 실현하는 데 유리한 환경을 조성하기 위한 목적에 이용하고자 했다.[24] 북한은 제네바 회담에 대한 대책을 수립하면서 중국·소련과 의견을 교환했다. 특히 북·중은 "제네바회의의 완전한 파탄을 바라지 않았고" 몇 가지 문제들에 대한 실질적인 결정이 채택되어야 한다고 보았다. 예를 들어 외국 군대의 철수, 남과 북 사이의 문화 및 교역 관계 수립 등에 관한 결정이었다.[25] 소련도 북한이 "남북한이 다 같이 관심을 가지는 실천적인 문제들에 대한 제안을 하는 것이 합리적"이라고 보고, 경제, 사회, 문화, 체육 교류, 주민의 왕래와 우편, 서신 거래 등을 주목했다.[26] 제네바회의는 별 성과 없이 종료되었지만, 1950년 중반 계속되

---

23 『로동신문』 1959. 11. 4.
24 수즈달례프, 「조선민주주의인민공화국 주재 소련 대사 수즈달례프의 일지」 (1954. 3. 1~3. 31), 『북한관계사료집 73: 조선민주주의인민공화국 주재 소련 대사의 일지 1』, 국사편찬위원회, 2013.
25 위의 자료.
26 「V. M. 몰로토프 동지와 조선민주주의인민공화국 내각부수상 최용건과의 당면한 회

는 북한의 남북교류 제안은 이 연장선에 있었다.

1954년 10월 30일 최고인민회의 제1기 9차 회의 호소문에서 "남북조선 인민간의 접촉과 조국의 평화적 통일에 관한 문제를 토의하기 위하여서는 어떠한 형식의 협상이든지 환영한다."라는 입장을 표명하고 남북한 간의 경제 및 문화 교류와 남북 주민 간의 친선적 접촉을 위한 조건이 평화적 통일의 실제적 첫걸음이라고 강조했다.[27] 1956년 4월 조선로동당 제3차 대회에서도 평화적 통일을 위한 조치들로서 한반도의 긴장 완화와 다방면의 남북교류를 주장했다. 남한의 국회와 제 정당·사회단체 등에 교류 및 회담을 제안했다. 북한은 내부적으로는 경제 확립과 주민 생활수준의 향상을 중요한 목표로 내걸면서 북한과 남한의 접촉을 통한 통일을 주장하고 있었다. 동시에 외국군 철수와 외국의 한국 내부 문제에 대한 불간섭을 보장하기 위한 국제회의 소집을 주장했다. 북한은 이를 중국을 거쳐 영국 정부와 미국에 요청하기도 했다.[28]

둘째, 북한의 경제적 자신감과 남한 정세에 대한 낙관적 인식을 배경으로 했다. 북한은 전후 경제복구 3개년 계획(1954~1956)을 완수하고, 1957년부터 사회주의 개조를 위한 제1차 5개년 계획을 시작했다. 이후 5개년 계획을 2년 앞당긴 1959년에 달성하고 1960년을 경제의 균형과 발전 속도를 유지하기 위한 완충기로 설정하고 추진했다.[29] 북한은

견에 대하여」(1956. 2. 27),『북한관계사료집 80: 모스크바 주재 조선민주주의인민공화국 대사관 직원들과 소련 외무성 극동과 직원들의 면담록 1』, 국사편찬위원회, 2015.

27 정창현, 2001, 「4월민중항쟁 전후 북한의 통일노선과 통일정책」, 『4·19와 남북관계』, 민연, 178~179쪽; 홍용표, 2006, 앞의 논문; 김연철, 2011, 「1954년 제네바 회담과 동북아 냉전질서」, 『아세아연구』 제54권 1호.

28 「정치국이 북한 동지들과 수행한 회담 주요내용 기록」(1956. 6. 8), 『독일지역 북한 기밀문서집』, 17쪽.

29 고승효, 이태섭 옮김, 1993, 「사회주의 경제건설의 전개」, 『현대북한경제 입문』, 대동; 홍석률, 2000, 「4·19 시기 북한의 대남 제안과 남북경제협력」, 『통일시론』 봄호.

자신의 급속한 경제 발전이 평화통일을 위한 주요 요건이라고 인식하고 있었다.[30] 북한은 남한 정세에 대해서도 평화통일론을 제기하는 데 적절하다고 판단했다. 비록 이승만 정권이 "모든 것을 방해하고" 있지만, 1956년 남한의 정·부통령 선거에서 이승만이 57% 찬성표를 받은 것, 부통령에 장면이 당선된 것 등을 긍정적으로 인식했다.[31]

셋째, 1950년대 중후반, 북한은 독일의 통일 방안에 대한 경험을 수집했을 뿐 아니라 이를 남북한 통일의 한 방법으로 검토했다. 이는 1960년 8월 15일 '과도적 연방제' 제안의 중요한 배경이 되었다.[32] 북한은 다른 동유럽 국가와 달리 강대국들의 정치에 의해 동서독이 분단되었다는 점에서 동독을 각별하게 인식하고 있었다. 북한에게 동독은 전후 경제 복구를 지원하고 "민족 통일이라는 공동 염원"을 지닌 "형제국가"였다. 북한은 독일과 한반도의 분단 상황에 대한 동질성을 강조하면서, "냉전의 전선에서 평화의 초소"에 함께 선 동지로 인식하고 있었다.[33] 북한에게 동서독 관계의 변화는 초미의 관심사가 아닐 수 없었다.

독일민주공화국(동독)의 오토 그로테볼(Otto Grotewohl)이 1951년 1월 15일 아데나워(Konrad Adenauer)에게 독일민주공화국-독일연방공화국(서독) 회담을 제안한 이래 이와 유사한 제안이 이어졌다. 1953년 동독 지도자들은 두 독일이 "한 테이블 위에서" 만나 이야기를 나눌 것을 제안했다.[34] 1950년대 중반 동독은 이제 2개의 국가가 존재한다

30   「이송운 소련주재 조선대사와의 대담록」(1960. 4. 28), G. M. 푸시킨의 일지에서,
      극비, 사본 No. 8(1960. 4. 29), No. 1218/GS, 한국역사연구회 한국전쟁특별연구반,
      『소련 외무성 문서』.
31   「정치국이 북한 동지들과 수행한 회담 주요내용 기록」(1956. 6. 8), 『독일지역 북한
      기밀문서집』, 18쪽.
32   한모니까, 2001, 「4월민중항쟁 시기 북한의 남한정세 분석과 통일정책의 변화」,
      『4·19와 남북관계』, 민연, 221~222쪽.
33   유임하, 2022, 「전후 북한 지식인의 독일 방문과 국제교류 경험: 조령출의 〈독일기
      행〉」, 『동악어문학』 제88집, 223쪽.

는 데서 출발하여, 두 독일 국가의 연합을 통해 독일 분단이 해소될 수 있다고 보고 있었다.[35] 1956년 12월 30일, 독일사회주의통일당 신문인 『노이에스 도이칠란트』(Neues Deutschland)는 두 독일 국가 간 국가연합을 제의하기도 했다.[36]

특히 북한이 주목한 동독의 통일 방안은 1957년 7월 27일 재통일 방안으로 제안된 연방제의 형태였다. 『로동신문』은 동독의 이 제안이 "완전히 상이한 정치제도를 가진 두 독일 국가가 존재하는 조건에서 독일 재통일을 위한 유일하게 현실적인 길"이라고 지지를 표명했다. 나아가 남북한의 통일과도 비교하면서, 독일과 한반도 모두에서 미국의 간섭 배제를 주장했다.[37] 다만 당시 북한이 한반도에 두 국가가 병존하는 연방제를 구상한 것은 아니었고, 남북 간의 다양한 경제문화 교류를 제안하는 차원이었다.

동독도 북한의 남북교류 제안과 시도에 대해 긍정적으로 인식했다. 동독은 독일의 상황과는 달리 남북한 주민들 사이에는 그 어떤 교류 관계도 없다는 점, 특히 편지 왕래조차도 없다는 점을 주목했다. 그런 측면에서 북한이 남북한 주민들 사이에 경제적, 정치적, 문화적 교류를 이루려고 한다고 평가했다.[38]

한편 북한의 계속되는 교류 및 접촉 제안을 이승만 정부는 선전의 일환으로 치부했다. 유엔사 군정위 한국군 대표단이 '군사정전위원회를 통한 북한의 평화공세' 내역을 정리하여 외무부 장관에게 보내면서도

---

34 윌리엄 스마이저, 김남섭 옮김, 2019, 『얄타에서 베를린까지』, 동녘, 263~264쪽.
35 베르너 바이덴펠트·칼-루돌프 코르테 엮음, 임종헌 외 옮김, 1998, 「독일통일」, 『독일통일백서』, 한겨레신문사, 38쪽.
36 윌리엄 스마이저, 앞의 책, 263~264쪽.
37 『로동신문』1957. 8. 2; 『로동신문』1957. 8. 3.
38 「정치국이 북한 동지들과 수행한 회담 주요내용 기록」(1956. 6. 8), 『독일지역 북한 기밀문서집』, 17쪽.

"북한 괴뢰측은 판문점을 그들의 선전 도구화하기 위하여 평화공세를 취하여 왔는바"라고 평가한 것을 봐도 알 수 있다.[39]

남한에서 남북교류와 평화통일 방안 논의와 더불어 접촉 장소로서 판문점이 주목받은 것은 4·19민중항쟁 때였다. 1960~1961년 남한의 제 정당과 통일운동단체, 학생들은 다양한 통일 방안을 쏟아냈다. 1961년 4·19 1주년 기념식에서는 "오라 남으로, 가자 북으로, 만나자 판문점에서!"라는 구호가 등장했다. 이는 판문점과 비무장지대에 대한 인식이 남북 분리의 공간이 아니라 접촉과 통로의 공간으로 변화했음을 보여준 것이었다.

이처럼, 1950년대 북한의 남북교류 제안은 북한이 전후 복구 및 사회주의 체제로의 전환 과정에서 얻은 자신감을 바탕으로 한 것이었다. 여기에 더하여 동독과 서독 간의 교류와 동독의 연방제 제안을 현실적인 문제로 인식하고 남북관계의 측면에서 검토한 것도 중요한 배경이 되었다. 이때 남북의 접촉 장소는 판문점이 될 수밖에 없었고, 이곳에서의 접촉을 위해서는 군사분계선 및 북방·남방한계선 통과 문제를 제기하는 일은 필연적이었다. 북한이 처음부터 비무장지대의 성격 변화를 염두에 두고 남북교류와 접촉을 제안한 것은 아니지만, 당시 북한의 제안은 필연적으로 정전협정 제7, 8, 9항의 해석 및 적용 문제와 비무장지대의 성격 변화에 대한 논의로 이어질 수밖에 없는 문제였다.

유엔사는 북한의 제안이 군정위가 다룰 사안이 아니라고 보고 거절했다. 유엔사는 '군사정전에 관한 협정'과 협정문의 서문에 따라 7, 8, 9항에 명시된 군정위의 권한이 군사적 영역에 국한한다고 보았다. 유엔

---

39   「국련군총사령부 군사정전위원회 대한민국 군대표단이 외무부장관에게: 군사정전위원회를 통한 괴뢰의 평화 공세」(1958. 8. 28), 외무부 안보담당관실, 1961 『군사정전위원회를 통한 북한의 평화공세에 대한 건』, 국가기록원 CA0004566.

사 입장에서는 비군사적 문제를 군정위가 다루는 것은 주권 국가의 권한을 침해하는 것이었다. 이렇게 전제하면, 비무장지대의 비군사적 사안에 대해서는 남북한 공동의 논의와 합의가 중요하고, 이를 위한 정치적 주체로서 한국 정부의 역할이 충분히 가능하며, 군정위나 유엔사는 협조자가 된다.

2) 데탕트와 남·북·미의 비무장지대 평화적 이용 구상

― 1970년 판문점 사건과 변화의 조짐

1950년대 북한의 남북교류와 비무장지대 통과 제안이 '평화공세'로 끝나고, 1960년대 비무장지대는 군사충돌과 무장화의 장으로 치달았다. 원자전을 대비한 지하갱도(땅굴)가 구축되었고, 요새화된 GP(경계초소)와 철책이 들어섰으며, GP와 철책 인근에는 지뢰가 추가 매설되고, 사계청소 작전의 일환으로 고엽제가 뿌려졌다. 이와 같은 변화는 모두 상대의 침투를 대비하고 방어하기 위한 시설과 작전이라는 명분 아래 이루어졌다. 선제공격인지 보복인지 구분하기 어려운 군사충돌도 연이어 벌어졌다. 군정위의 분위기도 험악했다. 각종 군사충돌과 무장화의 책임을 서로에게 전가했고, 자기 측의 무장화를 정당화하기에 바빴다.

　이러한 분위기에 변화의 조짐이 생겼다. 군사충돌과 무장화로 질주하던 상태에 약간의 브레이크가 걸리기 시작한 것이다. 1970년부터는 비무장지대의 평화지대화와 관련한 논의가 재개되었다. 이번에는 북한이 아니라 유엔사가 제안자였다. 1950년대에 북한의 제안을 거절했던 유엔사가 입장을 바꾼 이유와 제안한 내용은 무엇이었을까. 유엔사의 제안에 북한과 남한은 어떻게 대응했을까. 1970년대 초 삼자의 제안이나 구상은 비무장지대 평화지대화의 큰 흐름 속에서 어떠한 의미를 가

질까.

1970년 10월 17일 제306차 군정위 본회의에서 유엔사는 판문점 공동경비구역의 안전 문제를 제기했다. 판문점 공동경비구역은 군사분계선 주변에 직경 약 800m쯤으로 구획된 공간으로, 이름 그대로 북측과 유엔사 측이 군정위 회의를 개최하고 이를 위해 공동 경비를 서는 곳이다. 그야말로 중립지대였다. 250km 길이와 4km 폭의 비무장지대가 물리적 충돌을 막기 위한 '거리두기' 공간이라면, 공동경비구역은 비무장지대 안에서 유일하게 상시적으로 '접촉'하면서 '소통'하는 공간으로 기획된 곳이었다.

그런데 공동경비구역도 1960년대 무장화와 군사충돌의 전개와 더불어 무장화되었고 이곳에서도 경비병 간에 충돌이 벌어졌다. 처음에 공동경비구역에는 유엔사 측의 군정위 회의실과 중감위 회의실, 공동일직장교 사무실 등 3동 건물, 북측의 중감위 사무실과 휴게실, 중립국송환위원회 사무실 등 3동이 전부였다. 여기에 쌍방이 회의장으로 들어가는 입구에 경비병을 한두 명 세우고, 그들이 비를 피할 수 있는 초소를 지은 것이 다였다.[40] 그런데, 1961년 북한이 사전에 아무 통지나 상의도 없이 규모가 비교적 큰 초소를 회의장이 내려다보이는 언덕에 구축했다. 이를 시작으로, 양측이 서로 경쟁적으로 초소 같은 건물을 사전 통보나 협의 없이 구축하기 시작했다. 한편 군정위 본회의에서 반미·반공의 선전과 욕설이 퍼부어질수록 회의장 밖의 쌍방 경비인원 간에도 말싸움과 패싸움이 벌어졌다.[41]

더구나 공동경비구역은 기자들이나 관광객에게 개방된 곳이기도 했다. 군정위 본회의가 열릴 때면, 본회의는 기자들과 관광객이 지켜보는

---

40   이문항, 2001, 『JSA-판문점(1953~1994)』, 소화, 156~157쪽.
41   이문항, 위의 책, 157~158쪽.

가운데 진행되었다. 양측의 설전을 지켜볼 수 있었던 이들은, 선전전의 대상이 되었다. 보도 인원을 가장한 선전원도 상당했는데, 한때 북한은 남 20명, 여 5명 등 25명의 선전원을 회의장 주변에 파견하여 유엔사 측 한국인 기자와 방문객에게 북한의 선전 잡지를 배포하거나 대화를 요구 하기도 했다.[42]

급기야 1970년 10월 12일, 북측 경비병과 노무자 40여 명이 유엔사 경비병들과 중감위 장교를 구타하는 사건이 벌어졌다. 북측 노무자 수 명이 본회의장 부근에서 배수로 공사와 페인트칠을 하고 있던 한국인 노무자들에게 시비를 걸었고, 유엔사 측 경비병이 이들의 시비를 제지 하자 북측 경비병과 노무자들이 유엔사 측 경비병의 완장을 뜯으며 폭 행이 시작되었다. 이를 발견한 중감위 소속 스위스 장교가 말리자 그에 게도 구타가 가해졌다. 거기에 이 모습을 본 공동경비구역 북쪽의 북측 건축 공사장에서 30여 명의 노무자가 삽과 몽둥이를 들고 몰려와 유엔 사 측 경비병을 구타하여 2명이 중상을 입었다.[43]

유엔사 측은 북측에 엄중 항의하고 13일 개최 예정이던 본회의 연기 를 통보했다.[44] 북측은 이 사건이 유엔사가 사전에 조작하여 발생한 것 이라 주장했다.[45] 이 사건을 다루기 위해 13일 스위스, 스웨덴, 폴란드, 체코 등 4개국 대표가 참석한 중감위 회의가 열렸는데, 중감위는 자신 의 감시 기능 마비 현상을 심각히 인식하고, 북한 측의 책임자 처벌과 중감위 인원의 신변 안전보장 요구 등을 논의했다.[46]

---

42 「국련군총사령부 군사정전위원회 대한민국 군대표단이 외무부장관에게: 공산측 선 전 책동 공박 재건의」(1961. 7. 4), 외무부 안보담당관실, 1961, 『군사정전위원회를 통한 북한의 평화공세에 대한 건』, 국가기록원 CA0004566.

43 『동아일보』1970. 10. 13.

44 『경향신문』1970. 10. 13.

45 "Three Hundred and Sixth Meeting of the MAC" (1970. 10. 17).

46 『경향신문』1970. 10. 13.

[도 3-1]   군사정전위원회가 열리고 있는 판문점 공동경비구역

1969년 9월 4일 군사정전위원회 본회담이 열리고 있는 가운데, 남북한의 군인이 섞여 있다.

출처: SP5 R. Widman USA Sp Photo Det, Pac, "Meeting of the Military Armistice Commission" (1969. 9. 4), RG 111: Records of the Chief Signal Officer, 1860-1985, General Subject Photographic Files, ca. 1964-ca. 1982 [111-CCS], NARA.

10월 17일의 제306차 군정위 본회의에서는 바로 이 사건을 다루었다. 수석대표 로저스 소장은 12일 사건을 항의하면서 양측 경비병끼리의 충돌을 방지하자고 제안했다. 구체적인 방지 방법으로 제시한 것은 다음의 여섯 가지였다.

> 첫째, 공동경비구역 내 경비병의 수를 장교 5명, 사병 30명으로 제한하자.
> 둘째, 공동경비구역 내 경비인원의 무장을 해제하자.
> 셋째, 양측의 불필요한 경계초소를 조사하고 제거하자.
> 넷째, 쌍방 경비인원 간의 대화 및 접촉을 금지하자.
> 다섯째, 군사정전위원회와 중립국감독위원회 회의와 각 하위 기관의 회의 시 관광객 및 작업인원에 대한 공동경비구역 출입을 금지시키자.
> 여섯째, 군사정전위원회 회의나 어떤 하부 기관의 회의 시 쌍방 경비병들은 공동경비구역 내의 군사분계선을 횡단하지 않고 각자의 구역에 남아 있도록 하자.[47]

경비인원을 총 35명으로 줄여 무장 해제시키고, 양측 경비병 간에 대화나 접촉을 금지하자는 의견이었다. 특히 회의가 있을 때는 경비병들이 공동경비구역 내 군사분계선을 넘지 않도록 하며, 관광객과 작업인원도 들여보내지 말자고 했다. 이 제안은 공동경비구역이 시설과 인원 면에서 얼마나 무장화되었는지, 본회의가 얼마나 치열한 설전의 장이었는지, 어떻게 회의장 밖의 충돌로 이어졌는지를 아주 잘 보여준다.

이 사건은 1976년 8월 18일 '판문점 도끼 사건'을 떠올리게 한다. 공

47   "Three Hundred and Sixth Meeting of the MAC" (1970. 10. 17).

동경비구역 내 무성한 미루나무의 가지를 치기 위해 출입한 유엔사 측의 한국인 노무자들을 북한의 경비병이 제지하다가 양측 장교와 사병 간에 폭행이 벌어지고, 유엔사 측 사상자가 발생한 사건이었다. 결국, 북한에 대한 대대적인 군사위협이라는 '폴 버니언(Paul Bunyan) 작전'과 병행하여 군정위 본회의와 비서장회의가 수차례 진행되었다. 이 회의들을 통해 양측은 공동경비구역 내 군사분계선 남쪽에 있는 북한 초소를 제거하고, 군사분계선을 가시적으로 표시하고 이를 쌍방 인원이 넘지 않기로 합의했다. 이와 더불어 정치적으로는 김일성의 유감 표명을 통해 사건이 일단락되었다.

1970년 판문점 사건은 1976년 '판문점 도끼 사건'의 6년 전 버전이었다. 두 판문점 사건 간에 차이가 있었다면, 1976년에는 군사위협과 같은 전쟁 발발의 위기 상황까지 치닫다가 군정위의 협상과 합의, 김일성의 유감 표명으로 사건이 처리되었다는 것이고, 1970년에는 유엔사 측의 제안만 있었을 뿐 합의에 이르지 못하고 흐지부지되었다는 것이다. 역사에는 가정이 무의미하다지만, 1970년 유엔사의 제안이 합의에 이르렀다면 1976년의 사건은 발생하지 않았을 수 있다는 생각을 하지 않을 수 없다.

— 1971년 유엔사, 비무장지대의 비무장화와 한국화 제안

1971년에 들어서는 비무장지대의 비무장화와 평화적 이용에 관한 논의가 본격화되기 시작했다. 1971년 6월 12일 제317차 군정위 본회의에서, 유엔사는 비무장지대와 한반도의 긴장 완화를 위한 제안을 했다. 로저스는 비무장지대가 적대행위의 재발을 막을 수 있는 평화적 완충지대 기능을 잃었다고 지적하면서, 비무장지대를 정전협정 본래의 규정에 맞게 비무장 완충지대로 환원하고, 이를 통해 한반도의 긴장 완화를 모색하자고 제안의 취지를 설명했다. 이어서 비무장화를 위한 구체적인 방법과 절차를 제시했다.

첫째, 공동감시소조 제3반과 제4반은 군사분계선 마커 0708과 0715에서 동시에 만난다. 이 미팅의 서곡으로 양측의 다른 모든 군인은 지정된 곳에서 철수한다. 공동감시소조는 비무장한다. 그들은 조사 대상 지역에 대해 잘 알고 있는 4명의 다른 비무장 요원에 의해 경호받는다. 제3반은 남대천 서쪽 군사분계선 0682지점까지 비무장지대 북쪽을 조사한다. 동시에 제4반은 남대천 동쪽 군사분계선 0725지역까지 비무장지대 남쪽을 조사한다. 조사가 끝나면 두 공동감시소조는 그들의 출발지점으로 돌아가서 남은 절반을 조사한다. 제3반은 남대천 서쪽 군사분계선 마커 0682까지 비무장지대 남쪽 절반을 조사하고, 제4반은 남대천 동쪽 군사분계선 마커 0725까지 비무장지대 북쪽을 맡는다. 두 공동감시소조는 조사를 끝낸 후 모든 요새화 지점들, 감시초소, 지뢰 매몰지, 철조망, 그리고 기타 사람의 자유로운 통행에 방해되는 장애물의 위치와 내용을 설명하는 보고서를 군사정전위원회에 제출한다.

둘째, 그런 다음 군사정전위원회는 그 보고서를 논의하고 한 달 내에 파괴되거나 제거되는 것으로 보고된 모든 항목을 정리하기 위해 만난다. 이후 상호 합의된 시간에 공동감시소조 제3반과 4반이 각 지역에서 두 번째 점검을 수행하여 해당 영역이 완전히 청소되었는지(completely cleared) 확인한다. 그들의 조사 결과에 대한 보고서가 군사정전위원회에 제출될 것이다.

셋째, 군사정전위원회는 이 보고를 토의하고 이미 청소된 지역에 인접한 새로운 지역으로 점검을 확대하는 문제를 조정하기 위해 회합한다. 첫 번째 지역을 청소하는 데 사용된 것과 유사한 절차에 따라 새로운 지역을 청소한다. 그 절차는 전 비무장지대를 청소할 때까지 반복된다.

넷째, 완전히 청소된 비무장지대에는 어떠한 군인도, 무기도 들어갈 수 없다는 원칙에 합의한다. 다만 쌍방은 민간 노무자들이 비무장지대에 들어가 평화적인 민간 목적으로(for peaceful civil pursuits) 땅을 복구하는 것을 허가한다. 통제 목적으로 민정 경찰이 이 지역에 들어가는 것을 허가하되, 그들은 민간 노무자들과 같이 비무장(unarmed)한다. 민정 경찰은 한쪽 비무장지대에 들어가는 모든 사람이 군사분계선을 준수하고 군사정전위원회의 승인 없이 군사분계선을 아무도 넘을 수 없다는 것을 보증한다. 이 제안을 실행하는 데 필요한 세부적인 준비는 비서장 수준에서 결정될 수 있다.[48]

그의 제안은 흥미로웠으며, 중요한 점들을 환기하게 했다. 우선, 그는 1967년 이후 기능이 상실되어 있던 공동감시소조를 되살려 비무장지대를 조사하자고 했다. 일단 두 개 소조가 활동을 시작하는데, 제3소조가 군사분계선 표식물 0708부터 0682지점까지를 조사하고, 제4소조가 표식물 0715부터 0725까지 조사하자고 했다.

조사 내용은 요새화된 지역을 파악하는 것이었다. 제3, 4소조는 조사 구역 내의 모든 요새화된 지역의 위치와 내용을 설명하는 보고서를 작성하여 군정위에 보고하는데, 이때 요새란 초소, 지뢰 매설지, 철조망, 기타 자유 통행에 방해되는 장애물 등을 의미했다. 즉 정전 이후 양측이 서로를 의심하고 비난하면서 상대방에 정전협정 준수를 요구하는 한편 각자 무장화를 진행해나갔던 사안들에 대한 조사라고 할 수 있었다.

이어지는 제안의 내용은 다음과 같다. 공동감시소조의 보고를 받은

---

48   "Three Hundred and Seventeenth Meeting of the MAC" (1971. 6. 12).

군정위는 이를 토의하기 위해 회합하여 1개월 이내에 장애물을 철거하는 문제를 협의한다. 그리고 철거된 장애물을 확인하기 위해 점검하며, 군정위는 다시 점검 내용과 결과를 확인하고, 공동감시소조의 조사 지역을 확대하는 문제를 논의한다.

즉, 쌍방 공동감시소조를 구성하여, 중부전선에 있는 김화·북방·남대천을 중심으로 동서 6km 지대 내의 군사시설을 조사·발견하고, 이를 제거한 다음 인접 지역으로 확대하는 방식이었다. 이러한 과정을 거쳐서 비무장지대가 완전히 청소되면, 여기에는 어떠한 군인도 무기도 들어갈 수 없도록 하자고 했다. 방법은 합리적이고 체계적이었다. 이렇게 진행된다면 비무장지대의 비무장화는 실현되는 것이었다.

로저스는 앞서와 같은 비무장화에 이어서 비무장지대를 평화적 목적으로 이용할 수 있도록 합의하자고 제안했다. 민간인이 비무장지대에 들어가서 평화적 목적을 위해 개간하는 것을 허용하자는 것이었다. 다만 양쪽의 민간인이 군사분계선을 월경하는 것까지 의미하지는 않았다. 따라서 그의 제안이 실현된다면, 군사분계선을 사이에 두고 곳곳에 남북의 농경지가 마주하게 되는 셈이었다.[49]

로저스는 민정 경찰의 비무장화도 언급했다. 질서 유지를 위해 민정 경찰의 출입은 허가하되, 이들은 비무장 상태여야 한다고 했다. 민간인이 평화적 목적으로 비무장지대를 이용한다면, 그들을 경호하는 인력도 무장 상태일 필요가 없었다.

유엔사는 이 제안의 진정성을 강조하면서 북측에 주의 깊은 검토

---

49   로저스의 제안 이후, 언론은 "'로저스' 제안이 실시만 된다면 우리같이 잘사는 마을이 수없이 생겨나고 수십만 실향민들이 살길을 찾게 될 테니 얼마나 좋겠소."라는 대성동 주민의 말을 전하면서 "로저스 제안대로 구백칠십여 평방km에 달하는 비무장지대가 하루빨리 대성동마을처럼 민간인의 생업에 이용되어 행복한 삶의 터전으로 바뀔 날이 와야겠다."라고 기대감을 보였다. 『동아일보』 1971. 7. 31.

를 요청했다. 이 제안은 비무장지대를 원래의 목적으로 회복하기 위한 유엔사의 진지한 노력의 일환으로 제시된 것이며, 정전협정 9항의 변경을 요구하지 않는다는 점도 밝혔다. "당신 측 총사령관"이 비무장지대 청소에 동의하고 민간 목적의 개발을 허용하면 된다고 강조했다. 이 합의가 이루어진다면 군사정전위원회는 한국인을 평화(peace)와 통일(unity)로 이끄는 데 중요한 역할을 할 것이라고도 강조했다.[50]

이는 유엔사가 생각한 비무장지대의 평화지대화 구상이었다. 정전협정 본래 취지대로 비무장지대를 비무장 상태로 환원하고, 유명무실했던 정전 관리 기구들의 기능을 활성화하는 한편, 민간인이 이 지대를 평화적 목적에 사용할 수 있게 하자는 내용이었다. 유엔사는 이렇게 비무장지대 내 군사시설을 철수한 후 평화 목적으로 민간인에게 개방하면, 이는 한국인 전체에 대한 혜택으로 이어질 것이라고 보았다. 이는 유엔사가 비무장지대의 비무장화와 평화적 이용을 통한 한반도의 긴장 완화를 상상하며 내놓은 첫 제안이었고, 지금도 곱씹을 제안이다.

그런데 이번에는 제안자와 반대자의 역할이 바뀌었다. 북한은 즉각적으로 반발했다. 유엔사의 제안을 "정치적 속임수", "선전", "허위"라 비난했다. 북측 군정위는 중립국감독위원회에 서한을 보내서, 유엔사가 신형 군용비행기, 전투폭격기 대대와 유도탄 부대를 비롯해 여러 신형 무기와 작전장비들을 불법적으로 남한에 들였다고 하면서, 정전협정 제13항 (ㄹ)목을 위반했다고 주장했다.[51] 북한은 "비무장지대 북쪽 반에 대한 공격을 위한 전투 준비로서 비무장지대를 강화시킨 것은 미제 침략자들"이라고 원색적인 비난을 쏟아내며, 비무장지대 북측 지역에 무기를 도입한 것은 유죄가 아니며, 자신들의 편에 있는 어떤 것도 제거되어

---

50   "Three Hundred and Seventeenth Meeting of the MAC" (1971. 6. 12).

51   『로동신문』 1971. 7. 10.

서는 안 된다는 태도를 보였다.[52] 비무장지대 무장화의 책임을 미국에 돌리면서 북측의 무장화를 정당화하고, 이로부터 물러설 생각이 없음을 드러낸 것이었다. 이는 한반도 차원의 군축(軍縮)이나 그에 대한 보장 없이 비무장지대만의 비무장화가 선행되는 것은 수용할 수 없다는 의미이기도 했다.

유엔사의 제안은 북한으로부터 긍정적인 호응을 얻지 못했지만, 미 국무부는 이 제안에 의미를 부여하고 있었다. 미 국무부는 "양측이 비무장지대로부터 모든 군대와 무기를 제거하고 이곳을 농사와 같은 평화적 목적으로 재확보하자"는 유엔사의 제안을 북한이 "거절"했지만, 로저스의 제안이 상당히 가치 있는 제스처였다고 평가했다. 한반도 긴장 지속의 책임 소재가 북측에 있다는 점이 분명해졌으며, 이 제안을 박정희 정부와도 논의하면서 남한의 신뢰가 높아졌다는 점을 그 이유로 들었다.[53] 즉 미국은 비무장화의 실질적 진전보다는 대외 선전 효과와 한미 관계의 개선 측면에서 의미를 두었다.

그렇다고 해서 로저스의 제안을 허울로만 볼 수는 없다. 비무장지대 비무장화와 한국인의 평화적 이용이라는 제안은 미국이 정전 관리 방식의 변화를 구상하는 과정에서 나온 것이었기 때문이다. 미 백악관 국가안보보좌관실은 1971년에 유엔사 해체를 목표로 유엔사 군정위 대표에 한국군 장교를 포함하는 절차를 진행했고, 이를 북한이 수용한다면 정전협정의 변화 없이 정전체제가 안정적으로 지속될 것으로 판단하고 있었다.[54] 1971년 7월 3일 로저스는 AP와의 인터뷰에서 군정위의 구성 및

---

52   From D. L. Ranard(EA/K) to Green(EA) "UNC Proposal to Restore the DMZ" (1971. 6. 22), RG 59, General Records of the Department of State, Subject Files of the Office of Korean Affairs, 1966–74, Lot Files 73D360, 74D209, Box 5 (5 of 5), NARA.

53   위의 자료.

54   남정호, 2021, 「미국의 유엔군사령부 정책: 해체 결정 및 번복 배경(1969~1978)」,

성격 변화의 가능성을 언급했다. 유엔사 군정위 수석대표를 한국인이 맡아 남북 한국인끼리 회담하도록 하고, 그 성격도 군사회담에서 정치회담의 성격으로 발전시킬 필요가 있다고 밝혔다. 이렇게 되면 군정위가 설전·선전장이 아닌 한국인의 평화와 통일로 나아가는 데 중요한 역할을 하게 될 것이라고 의미를 부여했다.[55] 즉, 정전을 유지하는 공간과 기구, 주체의 변화를 동시에 염두에 둔 것으로서, 비무장화와 한국인의 평화적 이용, 정전 관련 기구의 한국화는 하나의 세트로서 구상된 것이었다.

로저스의 이 같은 발언이 있자, 당장 한국 언론은 이를 분석하는 기사를 냈다. 언론은 한반도 문제를 우리 스스로 해결해나간다는 자주성 확인이라는 면에서 의의가 있다고 평가하면서도 다른 한편으로는 분단국의 현상 고착화가 될 것이라고 우려했다. 또한 옵서버(observer) 자격으로 군사정전위원회에 참석했던 한국군을 수석대표로 격상시키는 절차, 더 근본적으로는 정전협정의 수정 및 변화가 필요한 사안으로 분석했다.[56]

그러나 더 주목할 부분은 군정위의 역할과 권한에 대한 유엔사의 해석이 바뀌었다는 것이다. 1954년 이래 유엔사는, 군정위는 군사적 사안만을 다루며 비군사적 사안에 대한 논의는 불가하다는 입장에서 한 치도 나아가려 하지 않았다. 그런데, 1971년에는 수석대표를 한국인이 맡으면 정치회담까지도 가능하고, 또 이렇게 발전시킬 필요가 있다고 본 것이다. 즉, 유엔사는 군정위 수석대표를 한국인이 맡을 수 있으며 이를 통해 정치회담으로 확장시키는 변화가 필요하고, 이러한 변화가 정전협

『국제관계연구』 제26권 제1호, 56~58쪽.

55   『경향신문』 1971. 7. 6.

56   『동아일보』 1971. 7. 6.

정의 틀 내에서 가능하다고 해석한 것이다.

이때 제기되었던 수석대표의 한국인화는 20년 뒤에 실행되었지만, 군정위에서 남북이 대등하게 마주하게 되지는 못했다. 1991년 3월 25일 처음으로 한국 육군소장 황원탁이 유엔사 측 수석대표로 임명되었는데, 북한은 이를 거부하고 1994년 4월 28일 군정위에서 철수했다. 정전협정은 미국, 북한, 중국이 서명한 것이고 남한은 서명을 하지 않았기 때문에 당사자가 아니라는 이유였다. 때문에 군정위에서 군사회담이든 정치회담이든 남북이 논의할 기회는 없었다.

하지만 군정위 구성에 관한 정전협정 제4조 20항은 수석대표의 국적에 대해 아무런 조건을 제시하지 않았기 때문에, 한국군이 수석대표를 맡는 일이 애초에 불가능한 것은 아니었다.[57] 또한 이문항이 지적했듯이, 한국군 장성이 수석대표를 맡는다고 해도 "미국 장성인 유엔군 총사령관 밑에서 그의 대변인 노릇밖에 안 되는 상황에서 판문점의 한국화는 기대할 수 없는" 것이었다.[58] 따라서 중요한 문제는 한국인 수석대표의 위상을 어떻게 설정하느냐였다. 수석대표의 위상은 특히 유엔군사령관과의 관계가 어떻게 설정되느냐에 따라 달라지기 때문에, 정전체제상의 군사·정치적인 사안들을 폭넓게 논의하고 책임지는 역할을 할 수도, 대변인 노릇 정도로 그칠 수도 있다.

정리하면, 1970년대에 나온 유엔사 구상의 핵심 내용은 비무장지대의 비무장화와 한국인의 평화적 목적의 개간 이용, 유엔사 군정위 수석대표의 한국인화 등이었다. 이 구상과 제안은 획기적이었으나, 정전체제의 극복 차원에서 구상된 것은 아니었다. 정전협정 틀을 벗어나거나 깨려는 것이 아니라, 그 안에서의 안정을 추구한 것이었다. 즉, 이 세 가

---

57   이문항, 앞의 책, 222쪽.
58   이문항, 위의 책, 223~224쪽.

지 사항은 유엔사가 보기에 정전체제 내에서도 가능한 조치였다는 의미이다. 비무장지대와 한반도 정전을 1960년대처럼 군사충돌을 대비한 무장화를 통해 관리하기보다는 더 안정적으로 관리하려는 방안이었다.

비무장지대의 긴장 완화를 위한 이 제안들은 미국의 '닉슨 독트린'(Nixon Doctrine)으로 상징되는 아시아 정책과 한반도 정책의 변화 과정에서 나왔다. 이는 닉슨 독트린과 동서 화해 분위기, 주한미군 감축과 남북대화 종용, 분단의 한국화 정책 등과 연동되어 있었다.

닉슨(Richard Nixon)은 대통령 당선 후 1969년 7월 25일 소위 '닉슨 독트린'을 통해 미국이 아시아에서 새로운 전쟁에 개입하지 않도록 해야 하며, 아시아를 지원하되 지시해서는 안 된다는 점을 강조했다. 또 아시아 국가의 내적 안보는 각국이 책임지고 해결할 수 있게 하고 미군의 군사 원조 프로그램은 감축하겠다고 밝혔다.[59] 닉슨과 키신저(Henry Kissinger)는 비밀리에 중국과 메시지를 주고받았으며, 이에 따라 미·중 양국은 베트남에서 병력을 철수시켰고, 미국은 타이완해협에서 정찰 활동도 중단했다. 1971년 7월에는 키신저가 비밀리에 중국을 방문하여 저우언라이를 만났으며, 닉슨은 7월 15일 중국 방문 의사 표명에 이어서 1972년 2월 방중했다.

한국전쟁에 적대국으로서 참전하여 지원했던 미국과 중국은 이제 한반도의 분단 문제를 둘러싸고 양자가 대립하거나 갈등하는 소지를 줄이고 싶어 했다. 한반도 분단 문제를 남북한의 문제로 내재화하고, 이를 안정적으로 관리할 수 있도록 미·중 양자가 협조하면서 관계를 진전시키고자 했다.[60]

한편 한·미 간에는 주한미군 감축과 한국군 현대화 관련 논의가

---

59   배광복, 2018, 『남북대화 1971~1992』, 아연출판부, 108~109쪽.
60   홍석률, 2012, 『분단의 히스테리』, 창비, 95~99쪽, 186~188쪽.

진행되고 있었다. 1970년 5월 22일부터 포터 주한 미 대사와 박정희 대통령은 이와 관련해 이야기하고 있었다. 당시 박정희 정부는 어떠한 형태의 주한미군 감축도 거부하고자 했지만, 1971년 2월 6일 〈미군 철수와 한국군 현대화에 관한 대한민국 정부와의 합의〉(Agreement with the ROKG on U.S. Troop Withdrawal and Korean Military Modernization)에 관한 공동 성명이 발표되었다.[61] 1970년 10월 15일까지 미군 1만 2,000명이 철수한 데 이어, 1971년 3월 27일 미 제7사단이 철수했다. 미 제7사단을 주축으로 한 주한미군 2만 명 감축에 따라, 이를 보완하기 위해 1971년 7월 1일 한·미 제1군단을 창설했고, 1971년 4월 1일부로 주한미합동군사지원단(Joint U.S. Military Assistance Group-Korea, JUSMAG-K)을 발족했다.[62] 또한 서부전선의 휴전선 18mil(28.8.km)을 담당하던 미 제2사단이 휴전선 방어 임무를 1971년 3월까지 한국군에게 인계하고 동두천으로 이동했다.[63] 이렇게 진행된 주한미군 철수 및 군사력 상황을 점검하기 위해 1971년 7월 11~14일 레어드(Melvin R. Laird) 미 국방부 장관이 방한했다. 그는 비무장지대를 방문하고, 대한민국에는 충분한 군사적 억지력이 있으며, 한국군의 현대화 프로그램이 잘 진행되고 있다고 닉슨에게 보고했다.[64]

주한미군 감축을 위해서는 실제로 비무장지대와 한반도의 긴장 완

61   "Memorandum From John H. Holdridge of the National Security Council Staff to the President's Assistant for National Security Affairs (Kissinger)" (1971. 2. 5), *FRUS*, 1969-1976, Volume XIX, Part 1, Korea, 1969-1972, pp. 227-228; 신욱희, 2010, 『순응과 저항을 넘어서』, 서울대학교 출판문화원, 71~104쪽.

62   남정옥, 2002, 『한미 군사 관계사 1871~2002』, 국방부 군사편찬연구소, 525쪽.

63   서울신문사 편저, 1979(1969 초판), 『주한미군 30년』, 371~373쪽; 남정옥, 2002, 위의 책, 696~697쪽.

64   Mel Laird, "Memorandum From Secretary of Defense Laird to President Nixon" (1971. 7. 19), *FRUS*, 1969-1976, Volume XIX, Part 1, Korea, 1969-1972, pp. 254-263.

화가 담보되어야 했다. 미국은 이를 위해서 북한의 공세적 태도의 중지와 남북대화 추진 등이 필요하다고 보았다. 1971년 키신저는 저우언라이에게 북한이 공격적인 행동을 하지 않도록 중국이 영향력을 발휘해 달라고 요청했다.[65] 다른 한편으로는 한국 정부에 남북대화를 종용했다. 미국의 대한(對韓) 정책은 분명했다. "세계의 다른 곳에서 공산세력과 긴장을 완화하려는 방안을 추진하고 있는데", "한국이 (미국을) 한국과 함께 견고한 적대적 상태에 묶어놓게 할 수 없다"라는 것이었다.[66]

─ 북한의 제안

북한은 1971년 6월 12일 제317차 군정위 본회의에서 유엔사의 제안에 즉각적으로 원색적인 비난을 쏟아냈지만, 그에 그칠 수는 없었다. 북한은 유엔사의 제안에 대응하고 군정위에서 주도권을 쥐고자 했다. 1971년 7월 29일 제319차 군정위 본회의에서 북측 수석대표 한영옥 소장은 다음과 같이 일곱 가지의 제안을 했다. 하지만 대부분 미국에 우선 조치를 요구하는 것으로서, 기존 주장에서 크게 달라지지는 않았다.

첫째, 미국은 북한에 대한 침략전쟁 정책을 포기하고 정전협정의 요구에 따라 남한에서 즉시 철수한다.

둘째, 미국은 일본을 남한에 끌어들이는 것을 조속히 중단한다.

셋째, 미국은 정전협정 13항 (ㄹ)목 포기 발표 이후 불법적으로 들여온 각종 핵무기, 유도탄, 군용항공기, 해군함정 등 각종 무기와 전투 장비를 남한에서 지체하지 않고 반출한다.

넷째, 미국은 북한에 대한 공중, 해상, 지상에서의 무력 도발과 공

---

65   홍석률, 2012, 앞의 책, 108~109쪽.

66   「(주한미대사관 949) 포터 주한 미대사가 국무부장관에게」(1971. 2. 18), 배광복, 앞의 책, 122~123쪽에서 재인용.

격 행위를 완전히 종식한다.

다섯째, 미국은 비무장지대 내 각종 중화기, 중장비, 자동무기, 전투원들을 철거하고 군사시설들을 파괴한다.

여섯째, 미국은 판문점 공동경비구역에서 자행되는 도발과 군사정전위원회 및 예하 기관의 기능을 마비시키는 행위를 중단한다.

일곱째, 미국은 정전협정의 요구에 따라 남과 북의 사람들이 군사분계선을 오가는 것을 방해하지 않는다.[67]

한영옥은 위와 같이 주한미군 철수, 일본 개입 중단, 정전협정 13항 ㈜목 관련 무기류 반출, 무력 도발 행위 종식, 남측 비무장지대의 군사시설 제거, 판문점 공동경비구역에서 도발 행위 중단, 한국인의 군사분계선 통과 허용 등을 제시했다. 이는 1950~1960년대 북한이 군정위 등에서 계속 주장했던 것들이었다. 대부분 유엔사가 받아들이기 어려운 조건이었지만, 다섯째부터 일곱째 항목은 로저스의 제안에 대해 북한 나름대로 응답한 것이기도 했다.

유엔사 수석대표 폴리(F. D. Foley) 소장은 한영옥의 제안을 비현실적이라고 비판하면서 제317차 본회의에서 제안했던 기본 사항들을 다시 열거했다. 비무장지대 내 모든 군인과 무기 철수, 모든 요새화된 군사시설 파괴, 평화로운 민간인의 활동을 위한 비무장지대로 되돌리기 등을 촉구했다. 또 이 제안이 정전협정의 변경을 요구하지는 않는다고 덧붙였다. 그리고 이를 북한이 동의한다면 비무장지대에 들어가는 사람은 비무장 민정 경찰과 생산 활동에 종사하는 민간인뿐이게 된다고 강조했다. 폴리는 "비무장지대를 진정한 완충지대로 재창조하고자 하는 유엔군의 진심 어린 노력이 담긴" 것이라고 했다. 그리고 이것이 "한국

---

67   "Three Hundred and Nineteenth Meeting of the Meeting" (1971. 7. 29).

인 전체에게 이익이 될 것"이라고 거듭 강조하면서, 한국이 평화와 통일의 미래를 향한 첫걸음을 내딛는 데 북한이 동참할 것을 촉구했다.[68] 유엔사는 이렇게 군사정전위원회의 운용 개선, 공동경비구역의 긴장 해소, 비무장지대의 평화적 이용 등을 재차 촉구했다.

이로부터 약 한 달 만에 군정위 본회의가 다시 열렸다. 1971년 8월 25일 제320차 군정위 본회의에서 폴리는 비무장지대의 비무장화를 재론했다. 그는 한영옥의 제안 중 비무장지대와 관련한 다섯째부터 일곱째 항목에는 유엔사 제안과 일치하는 대목이 있다고 지적했다. '요새와 장비 철거', '공동경비구역 안에서의 도발 행위 중지' 등이 유엔사가 북에 제의했던 세 가지 제안과 비슷하므로 이를 합의, 실천하면 된다고 했다.[69]

반면, 북한은 비무장지대를 민간 목적으로 되돌리자는 유엔사의 제안이 기만이라며 비난하고 냉소했다.[70] 그러면서 미국에 의해 조성된 긴장 상태를 제거하고 비무장지대를 정전협정의 요구대로 관리·유지하기 위해서는 비무장지대 남쪽 부분에 요새화된 진지들을 파괴하고 불법 무기들을 비무장지대 밖으로 철거해야 한다는 주장을 반복했다.[71] 즉, 유엔사가 먼저 비무장화를 실행하라는 것이었다.

이렇듯 북한은 군정위에서 기존의 주장을 되풀이했지만, 미·중 간의 정세 변화에 촉각을 두고 미국의 의도를 파악하면서 대응하고자 했다. 당시 북한은 중국으로부터 미·중 간의 협의 결과에 대한 설명을 듣고 있었고, 중국을 통해 미국에 자신의 요구 사항을 전달하고 있었다.[72]

---

68   앞의 자료.
69   『동아일보』 1971. 8. 25.
70   "Three Hundred and Nineteenth Meeting of the Meeting" (1971. 7. 29).
71   『로동신문』 1971. 9. 12.
72   배광복, 앞의 책, 124~128쪽.

그뿐만 아니라, 김일성은 해외 언론사와의 인터뷰를 통해 북한이 긴장완화를 위한 방안들을 협의할 의사가 있음을 밝혔다. 1972년 1월 10일 일본 『요미우리』(読売新聞)와의 회견에서 김일성은 군사정전협정을 평화협정으로 바꿀 것, 미군 철수를 조건으로 남북의 군비를 감축할 것, 정당·사회단체들 간의 쌍무적·다무적 회담을 할 것 등을 제안했다.[73]

남한도 응답했다. 1972년 2월 12일 김용식 외무부 장관이 '평화통일을 위한 4개 선행조건'을 제시한 것이 그 예이다. 그는 제1조건으로 "비무장지대의 평화적 이용"을 제의하면서, 무장간첩 남파 중지와 납북된 KAL기 송환, 무력적화통일 정책의 포기 등을 요구했다.[74] 이것이 비무장지대의 평화적 이용에 관한 한국 정부의 첫 공식 표명이다. 박정희 대통령도 비무장지대의 비무장화를 언급했다. 1972년 3월 20일 육군사관학교 졸업식에서 박정희는 북한에게 비무장지대의 군사진지를 철거할 것을 촉구했다. 한국 정부는 북측 비무장지대의 비군사화를 북한의 무력행사 포기의 실증 및 효과적인 억제책, 남북접촉의 선행 단계로 보고 있었다.[75]

이는 1971년 유엔사가 제안했던 비무장화와 민간인의 비무장지대 평화적 이용에 관한 사항이 한국 외무부 장관과 대통령의 언설을 통해 다시 언급된 것으로 볼 수 있다. 그러나 여기에는 유엔사의 제안과 중요한 차이가 있었다. 유엔사가 비무장지대의 비무장화를 양측에서 동시에

---

73 「조선민주주의 인민공화국의 당면한 정치 경제정책들과 몇가지 국제문제에 대하여」, 『북한연구자료집』 제8집, 고려대학교 아세아문제연구소, 311쪽; 김정후, 1973, 『비무장지대의 공동개발방안』, 국토통일원, 38쪽.

74 김용식 외무부 장관이 표명한 '평화통일을 위한 4개 선행조건'은 다음과 같다. 첫째, 비무장지대의 평화적 이용을 제의, 둘째, 무장간첩 남파의 중지를 요구, 셋째, 납북된 KAL기의 승무원 및 기체의 송환을 요구, 넷째, 전 국토의 요새화 등 무력적화통일의 야욕을 포기할 것 등이었다. 김정후, 위의 책, 38~39쪽.

75 김정후, 위의 책, 39쪽.

추진하자고 했다면 한국 정부는 북측의 선결 조치로서 요구했다는 점이다. 북한이 대화의 가능성을 비치면서도 미국에게 남측 비무장지대의 비무장화를 선행 조치로 요구했듯이, 남한도 북한의 우선적인 변화를 요구했다.

1972년 6월 21일 김일성은 비무장지대의 비무장화에 관해 진전된 언급을 했다. 1972년 5월 이후락 중앙정보부장의 평양 방문과 비밀 회담이 있고 난 뒤였다. 김일성은 평양을 처음 방문한 『워싱턴 포스트』(The Washington Post)의 해리슨(Selig Harrison)과의 인터뷰에서 '양측 모두의' 비무장지대 비무장화에 관한 의견을 밝혔다.

> 남한 당국자들이 우리와 만나서 협의할 용의가 있다고 하면 우리는 여러 가지 새로운 제안들을 내놓으려고 합니다. 우리는 먼저 긴장 상태를 완화시키기 위하여 쌍방의 합의 밑에 비무장지대 안에 있는 쌍방의 군사인원들과 군사시설들을 철수할 수 있다고 생각합니다.[76]

김일성은 지금 남북한은 "방아쇠를 당기면 전쟁이 발발할 위험에 처한" 대치 상황임을 지적했고, 남북 간 합의에 따라 비무장지대에서 양측의 군인과 시설물을 철수할 수 있음을 시사했다.[77] 그동안 북한이 자기 측 비무장지대의 무장화를 정당방위에 의한 것으로 주장해왔던 점

---

76 「미국 『워싱턴 포스트』지 기자와 한 담화」(1972. 6. 21), 『김일성 저작집』 27권, 조선로동당출판사, 1984; Neutral Nations Supervisor Commission for Korea Swiss Delegation, "Statement by the Swiss Member to NNSC on the problem of the Demilitarization of the Demilitarized Zone" (1973. 6. 12), 외무부 미주국 북미2과, 『중립국 감시위원단 스위스 대표의 DMZ(비무장지대) 비무장화 제의, 1973』 1973-1973, 국가기록원 DZ0094590.
77 위의 자료.

을 상기하면, 김일성이 "비무장지대 양측의 비무장화"를 언급한 것은 상당히 진전된 것이었고, 유엔사의 제안에 긍정적으로 응답한 것이었다.

이때 김일성은 병력 감축안에 대해서도 태도의 변화를 보였다. 북한의 기본 입장은 양쪽이 10만 명 수준까지 병력을 감축하자는 것이었는데, 김일성은 이 주장을 바꾸어 1단계로 15만~20만 명 감축을 제안했다. 해리슨은 김일성이 인터뷰에서 중요한 양보 사항을 밝혔다고 주목했다.[78] 북한 입장에서도 비무장지대의 비무장화 구상은 남북의 병력 감축과 짝을 이루는 문제였다.

이를 통해 보면, 북한은 비무장지대의 비무장화를 독자적인 사안으로 다루거나 우선시한다기보다는 남북의 병력 감축에 수반되는 변화로서 접근했음을 알 수 있다. 병력 감축안에 대해서는 남측의 수용 가능성을 고려하면서 유연하게 접근하되, 비무장지대 비무장화는 병력 감축안이 수용될 때에야 가능하다고 본 것이었다.

— 한국의 대응: 국토통일원의 비무장지대 공동개발 연구

1972년 초 한국 정부는 비무장지대 비무장화와 평화적 이용을 북이 무력 행사를 포기한 데 대한 실증이자 남북접촉에 선행되는 조치라는 측면에서 제시했지만, 이미 1971년부터 이 문제에 더 다각적이고 현실적으로 접근하는 연구를 시작하고 있었다. 국토통일원이 주도하고 지원한 정책적 관심하의 연구들이었다. 이때의 구상은, 비록 실현되지는 않았지만 현재 비무장지대 평화지대화의 기본 구상들이 이때 탄생했다고 해도 과언이 아닐 정도로 중요한 의미를 갖고 있었다. 당시 한국 정부는 비무장지대의 평화적 이용을 전면적으로 제안하거나 추진하지는 않았

---

78   셀리그 해리슨, 이홍동 외 옮김, 2003, 『셀리그 해리슨의 코리안 엔드게임』, 삼인, 233~234쪽.

지만, 분명 유의미한 행위자로서 등장을 알리고 있었다.

1969년 설립된 국토통일원은 통일에 관한 정책기획, 조사연구, 교육홍보 등을 주도하고 있었다. 국토통일원은 이선근이 총장을 맡고 있던 영남대 통일문제연구소를 지원하여 공동 주최 학술회의 등을 활발하게 진행했다. 특히 1972년 5월 이후락의 평양 방문과 7·4남북공동성명 등의 남북접촉을 전후로 다양한 연구가 진행되었다. 남북접촉이 이루어지는 현실은 자연스럽게 남북경계선의 변화에 대한 고민을 낳았고, 비무장지대 평화지대화의 필요성을 제기했으며, 많은 아이디어를 탄생하게 했다.

첫 제안은 1971년 10월 18~23일 국토통일원과 영남대학교 통일문제연구소가 공동 주최한 학술회의에서 나왔다. '70년대의 세계정세와 한국의 통일문제'가 전체 주제로 다루어졌고, 그중에서 조지아대학의 이영호 박사가 비무장지대 평화 이용에 관한 윤곽을 발표했다. 그의 당시 발표 내용은 1972년 5월 영남대 통일문제연구소 주최 통일문제 세미나와 1972년 8월 국토통일원 『통일정책자료』(IX) 발간을 거쳐, 1973년 4월 「DMZ평화이용과 남북재결합」이라는 제목으로 『통일문제연구』(제3집)에 최종 게재되었다.[79] 여기서 그는 북한 정권 인정 문제, 비무장지대 평화 이용의 단계적 실천 방안, 한반도의 국제평화지대화 등과 같은 주목할 만한 제안을 했다.

먼저, 이영호는 북한 정권에 대한 인정 문제를 제기했다. "비무장지대의 평화 이용은 (중략) 남북한 쌍방의 합의에 의해서만 가능"하기 때문에 북한을 협상 상대자로 인정하는 것이 불가피하므로 북한 정권에

---

79 이영호, 1973, 「DMZ평화이용과 남북재결합」, 『통일문제연구』 제3집, 195, 200쪽; 국토통일원, 1984, 『국토통일원 15년 약사』, 국토통일원, 83~85쪽; 김정후, 앞의 책, 41쪽.

384   3장 1970년대 비무장지대의 화해와 체제 경쟁

대한 인정 문제를 현실화해야 한다고 주장했다.[80] 그런데 비무장지대의 평화 이용과 남북한의 평화공존 등의 문제는 분단의 영구화를 의미하는 것으로 인식되곤 한다. 그러나, 이영호는 이것이 "분단의 영구화를 의미하는 것"은 아니며, "통일을 위한 준비를 하는 경과적인 방안"이라고 보고, 북한 정권이 "38선 이북의 영토와 2천만 국민을 실질적으로 통치하고 있다는 사실만 인정하면 된다"라고 주장했다.[81]

다음으로, 그가 제시한 비무장지대 평화 이용의 단계적 실천 방안을 정리하면 다음과 같다.

> 첫째, 로저스 소장의 제안이 받아들여져서 비무장지대가 명실상부한 비군사화 지역으로 회복되어야 한다.
>
> 둘째, 비무장지대로부터 부분적으로 또는 전역에 걸쳐 일정한 지점까지 군대를 철수한다. 이를 위해서는 국제감시단의 활동이 요청될 것이고 중립국감시위원회가 활용될 것이다.
>
> 셋째, 위의 철군과 동시에 이루어져야 할 것은 국제평화군의 비무장지대 도입이다. 평화군의 기능은 실질적 군사적인 것보다 오히려 상징적인 것이기 때문에 그 규모가 반드시 클 필요는 없다.
>
> 넷째, 민족문화유산연구소, 국제평화연구소, 농림업연구소, 어업연구소, 자연생태연구소, 국제아동예술제·과학제·교육제·체육제를 위한 시설 등을 비무장지대 속에 단계적으로 도입한다.
>
> 다섯째, 비무장지대의 평화 이용이 성공적으로 끝나면 더욱 적극적인 안을 시도하고 어떤 단계에 가서는 비무장지대 안에 통일촌을 만들어 '제3의 한국'으로서 통일한국을 실험하거나, 비무장지대의

---

80   이영호, 1973, 위의 논문, 198~199쪽.
81   이영호, 위의 논문, 197~199쪽.

관광지대화를 시도할 수 있다.[82]

즉, 비무장지대의 비군사화 → 군대 철수 → 국제평화군 도입 → 각종 연구소와 문화시설 도입 → 통일촌 실험 및 관광지대화 등의 단계를 제시했다. 그리고 비무장지대 관리는 남북한의 합의에 의해 위임된 범위 내에서 독자적 결정권을 가진 남북한공동위원회를 구성하여 맡기고, 남북한의 이견 조정과 중재를 위하여 중감위와 비슷한 역할을 할 국제조정위원회를 둘 것도 제안했다. 그는 비무장지대 평화 이용에는 가급적이면 많은 국가들이 참여하는 것이 바람직하다고 보았다.[83] 즉, 이영호가 제시한 것은 비무장지대의 군사적 변화를 선행하고 이를 보장하기 위한 국제적 관여 등을 중시한 방안이다. 그는 이렇게 평화적 목적으로 전용되는 비무장지대를 '평화지대'라고 이름하였다.[84]

마지막으로, 그는 비무장지대에 국한된 조치만으로는 부족하며 남북한 간의 근본적인 관계 개선, 즉 확고한 평화공존적 관계가 필요하다고 주장했다. 이를 위해서는 남북한 간 무력불행사 조약과 군비 감축이 필요한데, 7·4남북공동성명 제2항을 적극적으로 해석하면 이 역시 가능하다고 보았다.[85] 또한 그는 "비무장지대의 진정한 평화지대화와 한반도의 참다운 국제평화지역화와 남북 간의 재결합 진전은 상호강화하는 관계가 있다"라고 강조하고, 이는 동시에 추진되어야 한다고 주장했다.[86]

---

82   이영호, 앞의 논문, 201~203쪽.
83   이영호, 위의 논문, 203~204쪽.
84   이영호, 위의 논문, 203쪽.
85   7·4남북공동성명 제2항은 다음과 같다. "쌍방은 남북사이의 긴장상태를 완화하고 신뢰의 분위기를 조성하기 위하여 서로 상대방을 중상 비방하지 않으며 크고 작은 것을 막론하고 무장도발을 하지 않으며 불의의 군사적 충돌사건을 방지하기 위한 적극적인 조치를 취하기로 합의하였다." 이영호, 위의 논문, 204~205쪽.

거의 같은 시점에 김정후의 연구『비무장지대의 공동개발방안』도 제출되었다. 김정후는 국경의 역할을 여러 유형으로 분류하고, 비무장지대의 역할이 변화되어야 한다고 주장했다. 그에 의하면, 세계의 국경 및 비무장지대는 장벽화된 군사시설과 병력을 집결한 '대립지대형', 외교 교섭 또는 평화조약에 의해 국교가 정상화되었을 때 국경이 연화(軟化)되고 안정된 '평화지대형', 경제교류 등이 빈번하게 이루어져 국경도시를 형성시키고 자연과학, 인문, 사회과학 등의 교류가 빈번해지는 '교류지대형', 교류국경이 장기화되고 더욱 연화되어 양국이 높은 융합의 수준에 이르렀을 때의 국경선인 '융합지대형' 등으로 구분된다. 그는 정전협정으로 설치된 비무장지대는 현재의 대립지대에서 평화지대화, 교류지대화, 융합지대화의 단계로 나아가야 한다고 제안했다.[87]

그리고 이러한 단계적 이행을 위해서는 첫째, 비무장지대의 군사적 변화를 선결 조건으로 삼아서는 안 된다고 주장했다. 군사시설이나 군대의 철수 등은 선결 조건이 아닌 결과가 되도록 해야 한다고 보았다. 둘째, 개발 방법도 처음부터 전체 비무장지대의 공동 개발을 계획할 것이 아니라 한정된 지역에, 한정된 목적을 위한 개발로 시작해, 점차 접촉면을 넓혀가야 한다고 주장했다. 휴전선 남북에서 이루어지는 '상응적 각자 개발 이용'에서 '부분적 공동 개발 이용'으로 그리고 '명실 공히 공동 개발 이용'으로 순차적으로 이행해야 한다고 보았다. 셋째, 7·4남북공동성명에서 통일의 원칙으로 자주, 평화, 민족의 3원칙에 합의했으므로 비무장지대의 개발 이용에 있어서도 이를 철저히 존중해야 한다고 보았다. 특히 외세의 간섭과 분단의 영구화에 대한 우려를 낳게 하지 말아야 하고, 공동 개발과 평화 이용을 주관할 공동 기구는 구성과 운영에

---

86   이영호, 앞의 논문, 207쪽.
87   김정후, 앞의 책, 48~55쪽.

있어서도 자주적이어야 하고 비정부기구여야 하며 남북 주민의 신뢰를 받을 수 있어야 한다고 강조했다.[88]

그는 공동 개발 이용의 단계와 내용도 구체적으로 제시했다. 두터운 장벽인 비무장지대를 관통하는 도로를 몇 개 뚫는 것(수 개의 남북통로 개설)부터 시작해서, 수 개의 마을 및 농장의 건설, 공동 학술조사사업, 공동 개발 이용 계획 수립, 공동 관리기구 설립, 공동 사업 실시 등의 단계를 밟을 것을 제안했다. 이 중에서 공동 관리기구가 성장하면 현재 쌍방 군사령관이 가지고 있는 비무장지대의 관할권을 이양받아 출입, 치안, 관리의 기능을 수행하도록 할 것도 제안했다.[89]

─ 동서독 정상회담의 영향

이영호와 김정후의 획기적인 구상과 제안은 국내외 정세의 변화와 국토통일원의 정책적 지원이 있었기에 가능했다. 국제 정세의 변화와 미국의 대한 정책 등은 한국 정부에게도 남북접촉 및 교류의 방법과 가능성을 살피는 계기가 되었다. 이 무렵 국제적으로는 닉슨의 베이징 방문과 모스크바 방문이 이루어졌고, 발트하임(Kurt Waldheim) 유엔사무총장의 공산국 방문이 있었다. 그야말로 "세계정세의 흐름이 한반도에 현존하는 긴장과 불신, 적대감정을 평화와 신뢰, 안전으로 대체할 필요가 있는 것으로 만들고" 있었다고 할 수 있다.[90] 이러한 흐름은 한국도 남북간의 대화와 접촉을 통해 긴장 완화와 관계 개선을 이루고 궁극적으로 통일의 기반을 조성해야 한다고 고무시켰고,[91] 이런 차원에서 비무장지대의 평화적 이용도 반드시 논의될 수밖에 없던 문제였다. 국제 정세의

---

88   김정후, 앞의 책, 55~57쪽.
89   김정후, 위의 책, 57~63쪽.
90   『경향신문』 1971. 7. 10.
91   이영호, 앞의 논문, 195쪽.

변화에 대한 이해와 남북접촉 문제는 한국 정부에도 실질적인 고민으로 다가왔고, 대응책 마련을 위한 다양한 조사 연구가 필요해졌다. 따라서 국토통일원이 중심이 되어 비무장지대 공동 개발, 남북교류 및 접촉 방안 등에 관한 연구가 진행되었다.

사실 1960년대 말부터 미국은 여러 경로를 통해 한국 정부가 남북관계를 개선할 수 있도록 유도하고 있었다. 1969년 12월 주한 미국 대사 포터는 중앙정보부장 임기를 마친 김형욱을 통해 남북한의 접촉 및 교류 가능성을 탐색했고, 1970년 2월 초에는 국무부 한국과장인 레너드(James F. Lenard)와 피터스(Richard B. Peters)가 주미 한국 대사관 부공관장 황호을에게 통일 문제에 대해 남한이 적극적으로 주도할 것을 권했다. 1971년 포터는 이산가족, 문화, 경제 교류 등을 북한과 직접 협상할 수 있도록 한국 정부에 '압력'을 넣어야 한다고 보고 있었다.[92]

1969년 12월 당시 김형욱은 포터에게 한국 정부가 북한과의 접촉을 감당할 수 없다고 했지만, 한국 정부에서는 동서독 관계의 변화에 따라 남북접촉 문제를 검토하고 있었다. 1963년 에곤 바르(Egon Bahr)의 "상호 화해를 통한 탈바꿈"(Wandel durch Annäherung) 개념이 발표되었고,[93] 1969년 빌리 브란트(Willy Brandt)가 수상으로 취임했으며, 1970년 3월 동독의 에어푸르트에서 서독의 브란트 수상과 동독의 슈토프(Willi Stoph) 수상 간에 첫 정상회담이 열렸다. 같은 해 5월에는 카셀

---

92   홍석률, 2012, 앞의 책, 123~125쪽.
93   일반적으로 "접근을 통한 변화"로 알려진 것으로, 1963년 7월 브란트가 바이에른 주 투칭의 독일 개신교 아카데미 정치 클럽에서 행한 연설문에 바르가 이 구절을 넣었다. 브란트의 연설 후 토론자로 나선 바르는 이를 연설 제목으로 뽑아서 그 개념을 명확히 설명했고, 이후 이것은 서독 동방정책의 핵심 개념이 되었다. 윌리엄 스마이저는 "Wandel durch Annäherung"의 의미는 화해에 참여한 정당이나 국가가 그 과정에서 부지불식간에 심오하게 변화할 수 있음을, 화해가 화해의 조건보다 더 중요할 수 있음을 암시한 것이었다고 강조했다. 윌리엄 스마이저, 김남섭 옮김, 2019, 『얄타에서 베를린까지』, 동녘, 418~421쪽.

에서 제2차 정상회담이 개최되었다.

이규학 국토통일원 차관은 1970년 8월 14일~9월 9일 서독을 방문했다. 그는 내독관계성과 독일경제문제연구소 등의 정부·연구기관은 물론 비무장지대와 베를린 장벽을 방문했다. 그러고 나서 첫째, 북한 수복 시 시행착오나 야기될 혼란의 예방 차원에서 월남 이북도민의 호적과 재산을 정리할 것, 둘째, 통일공보관을 설치하고 통일 관련 정책기획 업무 및 연구 업무를 분리할 것, 셋째, 월남 동포 신분보장 및 원호대책 강화를 위한 입법화를 추진할 것 등을 제안했다.[94] 1971년 국토통일원은 북한 수복에 대비한 연구를 시작했다.[95]

"독일의 경우와 마찬가지로 분단된 국가의 비극을 안고 있는 우리"라는[96] 분단에 대한 공감은 동서독의 논의와 경험을 주목하게 했다. 동서독 관계의 변화는 한국 정부의 대북 인식 및 정책에 영향을 주었다. 이는 한국 정부가 남북교류 및 통일 문제를 현실적으로 인식하는 중요한 계기가 되었으며, 국토통일원 등이 동독 승인 문제를 비롯한 동서독 관계의 변화를 살피는 연구를 진행하게 되는 데도 한몫했다.[97] 1950년대 후반, 북한이 동독의 연방 제안을 참고했다면, 1970년의 동서독 교류는 남한의 대북·통일 정책에 영향을 주었다. 분단국 독일이 보여준 일련의 접촉은 남북 간 '접촉'의 가능성과 비무장지대 평화적 활용의 주요 참조점이 되었다.

94   구주1, 1970~1970(공개년도 2001), 『동·서독(독일) 정상회담』, 외교사료원 분류번호 772, 롤번호 O-0028, 파일번호 14.

95   국토통일원 편, 1971, 『수복시 통치기구 구성방안』; 국토통일원 편, 1971, 『수복지구 행정기구 접수방안』; 국토통일원 편, 1971, 『수복지구 행정요원 문제연구』; 국토통일원 편, 1971, 『수복시 토지, 가옥 처리법안의 연구』 1·2.

96   Ernst Frenkel, 서병한 옮김, 1970, 『정치학적으로 본 동독승인에 관한 논쟁』의 머리말, 국회도서관 입법조사국.

97   Peter Bender, 1969, 『동독 승인의 열가지 이유』, 국토통일원; Ernst Frenkel, 위의 글.

한국 정부의 북한 접촉 방식에 관한 입장 또한, 미묘하지만 변화의 가능성을 보여주었다. 1970년 12월 이후 한국 정부는 남북교류 및 접촉에 대한 본격적인 정책 마련에 착수했다. 1971년 7월 14일 이후락 중앙정보부장은 미 국무부 아시아태평양 담당 부차관보 브라운에게 이산가족 재회를 북한에 제안할 것이며 국제적십자위원회 등을 활용할 것이라고 알렸다.[98] 1971년 당시에 한국은 남북 직접 접촉보다는 간접 접촉을 선호했지만,[99] 1972년 이후에는 직접 접촉 가능성도 열어두게 되었다.

국토통일원은 남북접촉과 교류 가능 분야를 탐색했다. 1972~1973년에는 관련 보고서들이 집중적으로 발간되었다.[100] 주로 비정치적 분야의 교류 가능성과 대북 접촉 우선순위 등을 검토한 결과였다. 구체적으로 민속예술, 학술, 경제인, 중공업, 종교인 접촉·교류 방안 등이 다루어졌다. 국토통일원은 남북의 접촉 및 7·4남북공동성명이 접경지역 주민에게 미칠 영향에 대해서도 촉각을 세우고, 주민 의식과 동향을 파악했다.[101]

— **약함과 두려움: 심리전단과 확성기, 장벽 강화**

유엔사와 남·북한의 비무장지대 평화 이용 구상과 제안은 확실히 비무장지대의 긴장을 완화했다. 군정위에서 서로 간에 책임 전가와 비난이

---

98   홍석률, 2012, 앞의 책, 150쪽.

99   홍석률, 위의 책, 149~151쪽; 국토통일원 편, 1971, 『비정치적 분야의 남북교류 가능성과 국제적 중계 및 보장방안』.

100   『남북학술교류기본방안(안)』(1972); 『남북한의 비정치적 접촉교류 제의 연혁』(1973); 『대북접촉 우선순위 연구』(1973); 『남북한민속예술교류 및 대외협력방안』(1973); 『학술교류방안(안)』(1973); 『남북한 경제인 상호접촉 및 확대방안에 관한 연구』(1973); 『동서독관계문헌집 1』(1973); 『남북한 중공업분야 협력에 따른 문제점 및 대책』(1973); 『남북한종교인접촉대화방안』(1973) 등의 보고서가 있다.

101   『접적지역 주민의 생활실태 및 통일에 관한 의식조사』(1971); 『남북 접합지역에 대한 정부의 통합 순화정책의 문제점과 그 대책: 현지여론조사를 중심으로』(1972); 『7·4 공동성명이 남북 집합지역 주민에게 미칠 영향』(1972) 등의 보고서가 있다.

오갔지만, 설전에 그치고 있었다. 1971년 9월부터 1973년 3월까지 비무장지대에서의 무력 충돌은 소강상태였다. 전후 남북한 당국자 간의 첫 '접촉'이 가진 힘이었다. 하지만 양측은 상대를 때로는 자신을 믿지 못했고, 접촉이 지속되리라 생각하지 않았다.

우선 한국 정부는 비무장지대 이용과 남북접촉 가능성에 대해 탐색하는 동시에 체제 선전과 대북 비난을 강화하고, 장벽을 공고히 했다. 비무장지대 공동 개발이나 남북접촉이 일종의 '자신감'의 반영이라면, 반대로 각종 선전과 비난, 장벽 강화와 같은 것은 '약함'과 '두려움'의 반증이라 할 수 있었다.

국제적으로 북한을 고발하고 고립시키기 위한 선전전도 전개되었다. 한·미는 유엔에서 북한의 비무장지대 요새화와 정전협정 위반에 대해 항의하는 방식으로 북한을 비난했다. 한편으로는 비무장지대의 비무장화 및 평화적 이용을 제안하면서, 다른 한편으로는 북한에 대한 항의와 선전전을 강화한 것이었다. '평화' 제안자로서의 위치를 선점하려 하면서도 상대에 대한 비난을 병행하는 방식이었다. 이는 이후 비무장지대를 통한 선전전의 전형이 되었다.

북한의 대응과 선전도 크게 다르지 않았다. 비무장지대의 무장화 및 정전협정 위반에 대한 유엔사의 책임을 묻는 맹렬한 비난은 일관되었다. 이에 더하여 평화공세와 남한 고립 정책을 병행했다. 북한은 7·4남북공동성명을 적극적인 평화공세의 하나로 활용했다. 특히 닉슨의 베이징 및 모스크바 방문을 닉슨이 사회주의에 백기투항한 것으로 평가하여 동맹국들에 선전했다. 또한 남북의 광범위한 협상을 위해서는 박정희 정권의 완전한 고립이 필수적이라고 보고, 동독에도 남한 정권의 방독(訪獨)을 허용해서는 안 된다고 주장했다.[102]

---

102   「정치국에 보내는 정보 94/72」(1972. 8. 4), 『독일지역 북한기밀문서집』, 248~253쪽.

양측의 치열한 선전전은 비무장지대 안에서 펼쳐졌고, 때로는 군사분계선을 넘나들며 전개되었다. 비무장지대의 군사시설 제거 방법과 절차를 제안했던 유엔사 또한 오히려 심리전을 위한 무장화를 진행하고 있었다. 대북 심리전과 관련한 시각·청각 장비들이 강화되었다.

비무장지대에서는 1971년에도 대북 심리전 지침에 따라 심리전 대대가 운영되었다. '시각 심리전'은 심리전 대대 전단 소대가, '청각 심리전'은 확성기 소대가 맡았다.[103] 전단 살포와 유엔기 게양, 크리스마스트리 및 십자가 설치 등이 시각 심리전의 대표적인 양상이었고, 확성기 설치 및 방송이 청각 심리전의 양상이었다.

1971년 3월, 전단 소대가 전단 작전을 위해 1사단, 7사단, 6사단 지역에 투입되었다.[104] 10월 30일에는 대북 전단 총 317만 9,000매가 살포되었으며, "89개 GP에 국기 및 유엔기를 게양하여 유엔의 합법적인 승인국임을 과시"했으며, 크리스마스를 맞이하여 전방 7개 GP 및 7개 OP에 대형 크리스마스트리 및 십자가를 설치하였다.[105] 심리전 대대 본부 중대 확성기 소대는 1사단에 배속되었고 그와 동시에 SE-6 확성기 9대가 9개 GP에 설치되었다.[106]

[표 3-2]에 의하면, 1971년 현재 공격용과 방어용의 크고 작은 고성능 확성기가 북측에 169개, 남측에 111개, 총 280개 설치되어 있었다. 또한 남측은 두 차례에 걸쳐(3. 15~3. 30, 9. 25~10. 30) "총 86대의 확성기로 1일 1대당 6시간 20분의 대북방송을 실시"했으며, "여군 아나운서 3명을 전방 사단에 상주시켜 일주일에 1개 GP에 1회 2시간씩 순회하면서 관측 사항에 의한 북괴 휴전 위반 사항을 규탄하는 생방송

103   제1군사령부, 1972, 『제1군 약사 1970. 1. 1~1971. 12. 31』, 제1군사령부, 164~165쪽.
104   제1군사령부, 1972, 위의 책, 165쪽.
105   제1군사령부, 1972, 위의 책, 207쪽
106   제1군사령부, 1972, 위의 책, 164쪽.

구분\형별	적			아		
	대남	방해	계	대북	방어	계
대형	41	2	43	81		81
중형	26	32	58	5	25	30
소형	5	63	68			
계	72	97	169	86	25	111

[표 3-2] 제1군사령부가 조사한 확성기 현황(1971년 현재)

출처: 제1군사령부, 1972, 『제1군약사 1970. 1. 1~1971. 12. 31』 제1군사령부, 209쪽.

을 실시"하였다.[107]

　비무장지대의 심리전은 미 육군부가 수집 분석한 자료를 바탕으로 진행되었다. 특히 미 육군부 제7심리작전단(7th PSYOP Group)이 아시아의 심리전 정보 수집·분석을 담당했고, 제24심리작전 분견대(Detachment)가 한국 정보를 수집하여 제15심리작전 분견대에 보냈다. 여기에는 한국에서 수집된 각종 정보 보고서, 북한 뉴스, 미 국무부와 주한 미 대사관과의 전보, 유엔사 군정위 회의록, 대외문제연구소가 제작한 공산권 총서 등이 포함되었다. 유엔사 군정위도 판문점에서 열린 군정위 회의록과 비서처 회의록을 미 육군부의 제7심리작전단에 정기적으로 보내고 있었다.[108] 또한 제24심리작전 분견대는 주기적으로 탈북자나 체포된 북한 공작원 등을 대상으로 심리전 인터뷰 프로그램을 진행하여 북한 상황과 사람들의 삶에 관한 정보를 수집하고 대북 심리

107　제1군사령부, 1972, 앞의 책, 209쪽

108　"No. 264. Intelligence/Information Acquisition"(1971. 11. 17), RG 550: Records of the U.S. Army, Pacific, 1945－1984, Communist Propaganda [Entry UDWN 62], 2-01: Psychological Operations Intelligence Note (1971).

전의 실효성을 판단했으며, 이를 다시 심리전에 활용했다.[109] 이렇게 수집 정리된 정보가 〈심리작전 정보 노트〉(PSYOP Intelligence Notes)에 담겼는데, 여기에는 전단과 확성기 등의 효과 및 보완 방법 등이 기록되었다.

심리전은 전단과 확성기라는 이중의 매체를 통해 선전을 반복하는 방식으로 전개되었다. 대북 심리 전단의 주 내용은 '자유 부재에 대한 북한의 실상'과 '남한 체제의 우월성'을 드러내는 것이었다. 특별히 비무장지대 북한 병사들을 대상으로 하는 전단도 배포되었다. 남한의 국군 휴가 제도, 여성의 사진 등이 담긴 전단이었다. 이는 북한의 젊은 병사들의 상황 및 심리적인 상태를 고려하여 겨냥된 것이었다.[110] 확성기 방송을 통해서도 군대 휴가 제도에 대한 비교와 체제 선전 및 비난 등이 전해졌다.[111] 남한의 대중가요와 찬송가, 명상곡이나 명곡 등도 울려퍼졌다. 남방한계선 언덕 위의 한국군 교회에서는 "전자 차임벨"이 비무장지대 확성기 방송을 통해 하루에도 수차례 북을 향했다.[112] 향수를 불러일으키는 한국 대중가요도 북한 병사들에게 효과적이었다.[113]

그런데 대북 확성기와 전단은 비무장지대 건너편의 인민군만 대상으로 한 것이 아니었다. 아래 전단은 선전 대상이 남한의 국군이기도 했음을 잘 보여준다.[도 3-2~3-5] 북한도 대남 확성기와 전단을 운영했

---

109   앞의 자료.

110   "No. 260. North Korea: Reaction to PSYOP" (1971. 8. 25), RG 550: Records of the U.S. Army, Pacific, 1945-1984, Communist Propaganda [Entry UDWN 62], 2-01: Psychological Operations Intelligence Note (1971).

111   위의 자료.

112   『조선일보』 1972. 7. 28.

113   "No. 254. North Korea: Socila-Leaflets Disseminated to the NK audience" (1971. 4. 12), RG 550: Records of the U.S. Army, Pacific, 1945-1984, Communist Propaganda [Entry UDWN 62], 2-01: Psychological Operations Intelligence Note (1971).

[도 3-2]　국군과 인민군의 생활을 비교하는 내용의 전단

출처: 국방부 국군심리전단, 1971, 『합참전단대장』, 국가기록원 DA0648557.

기 때문에, 국군은 북한의 심리전단과 확성기에 노출되어 있었다. 이미 1960년 현재, 북측 확성기의 수는 남측의 것보다 많았고, 성능도 유엔 사 측의 것을 능가해서, 남측 확성기의 볼륨을 방어하고 있었다.[114]

남측에서 하는 대북 선전전의 부수적 목표는 국군에게 북한의 체제 우월성 선전 및 평화공세가 허위임을 드러내는 것이기도 했다. 남북한 군대의 휴가 및 제대 제도를 비교하고 남한 병역 제도가 병사에게 유리 함을 알리는 일은 북한 병사만이 아니라 국군에게도 필요한 것이었다. 또한 북한의 선전이 "입으로만 '평화통일 운운'하는 저의"를 갖고 있으 며, 비무장지대를 요새화하여 전쟁 도발을 획책하고 있다고 하면서, 한 국 정부가 비무장지대 평화적 이용을 포함한 남북협상을 위해 4개 선행 조건을 제시하는 등 평화를 위한 노력을 하고 있다는 내용이 담겼다.

가종 물리적인 장애물들도 구축되었다. 1971년에는 기존의 하천 장 애물을 2열로 보강하거나, GOP 지역에 대전차 방벽을 구축했고, 전투 지역전단(戰鬪地域前端, Forward Edge of the Battle Area, FEBA)에 종심진지(縱深陣地)를 구축했다.[115] 1971년 7월에는 제12사단 지역의 16km에 특수경계용 전기철조망 공사를 완료했다.[116] 1971년 중에는 또 한 GP 13개 동을 신설했고 목재 관측소 34개 동을 콘크리트로 보강하여 경계지대 전투진지를 강화하였다.[117] 기존에 있던 GP와 GOP, 하천 장

114   "Enemy Loudspeaker Position" (1960. 4. 26), RG 550: Records of the U.S. Army, Pacific, 1945-1984, Korean War Armistice [Entry UD WW 169], 201-01: Free Movement in the DMZ(Para Il of AA), Upon disc of UNCMAC, Trf ORCEN, Ret FRC 2 years later; "KPA Propaganda Broadcasts from DMZ" (1960. 5. 13), RG 550: Records of the U.S. Army, Pacific, 1945-1984, Communist Propaganda [Entry UDWN 62], 201-01: Free Movement in the DMZ(Para Il of AA), Upon disc of UNCMAC, Trf ORCEN, Ret FRC 2 years later.
115   제1군사령부, 1972, 앞의 책, 234쪽.
116   제1군사령부, 1972, 위의 책, 190쪽.
117   제1군사령부, 1972, 위의 책, 232쪽.

왜 제대를 시키지 않는가 ?

— 또다시 동족상잔의 전쟁을
일으키기 위해서 ? —

북한 괴뢰 도당은 〈진장된 정세 하〉라는
구실을 붙여, 인민군들의 제대를 무작
정 연기하고 있다.
국군은 입대하는 그날, 제대하는 날짜
까지 알고 입대한다. 3년간의 병역 의
무 년한만 지나면 으레 제대하게 되어
있다.

휴가는 마냥 즐겁기만 하다!

국군은 1년에 규칙
적으로 25일간의 휴
가를 가진다. 휴가
중에는 가족들, 친구
들, 그리고 사랑하는
애인과 함께, 흥겨운
나날을 보낸다.

[도 3-3] 휴가와 제대 관련 제도를 대조한 전단

출처: 국방부 국군심리전단, 1972, 『합참전단대장』, 국가기록원 DA0648558.

사랑은 신성한 것, 그 누구도 침해할 수 없다 !

북한 피뢰 도당은 〈진장 정세 하〉란 이유로, 남자 32세, 여자 27세 이하는 결혼할 수 없도록 제도화해 놓았다. 이런 비인도적 만행이 또 어디 있는가 ?

◁ 휴가 중, 애인과 함께 사랑을 속삭이는 국군 용사.

국군은 진중 결혼도 한다 !

— 군 목사의 주례로 결혼식을 올리는 신혼 부부

결혼은 자유다 ! 진중에서 전우들의 축복 속에 결혼식을 올리는 장병들이 얼마든지 있다. 식을 마치면, 영내 식당에서 전우들과 함께, 푸짐한 피로연도 베풀고……

결혼 축하주를 드는 전우들과 그 가족들.

[도 3-4] 병영 생활을 대조한 전단

출처: 국방부 국군심리전단, 1972, 『합참전단대장』, 국가기록원 DA0648558.

이 붉은 발톱을 보라!

북한 괴뢰는 비무장 지대 안에 민경 초소를 대폭 증설하여, 현재 225개의 초소를 구축, 완전히 콩크리이트로 갱도화하여 요새거점을 형성하고 있다.
뿐만 아니라, 야포·박격포·방사포·비반충포·14.5mm고사포 등 각종 무기를 반입하여 전쟁 도발을 획책하고 있다.

비무장 지대의 평화적 이용 제의를 수락하라!

── 북한 괴뢰 집단의 지배 야욕을 충족시키기 위한 전쟁의 참화를 재현시켜서야 되겠는가? ──

1972년 2월 12일, 대한 민국 정부는 북괴에 대해 남북 협상을 위한 4 개 선행 조건을 제시한 바 있다.

①비무장 지대 내의 완전 비무장화와 비무장지대의 평화적 이용.
②륙상·해상·공중 등 어떠한 형태의 무장 공비 침투도 즉각 중지.

4 개 선행 조건

③납치한 대한 항공기 승객과 승무원, 그리고 비행기의 즉각 송환.
④소위 4대 군사노선 등 무력 적화 야욕의 포기.

[도 3-5] 평화공세 전단

출처: 국방부 국군심리전단, 1972, 『합참전단대장』 국가기록원 DA0648558.

애물은 신설되거나 콘크리트 등으로 보강되었고, 대전차 방호벽(anti-tank barricade)이 접경지역 주요 도로의 길목마다 세워졌으며, 대전차 방벽(anti-tank barriers)이 남방한계선을 따라 굵고 긴 띠 형태로 설치되어갔다.

특히 남방한계선을 따라 구축된 대전차 방벽에 대해 북한은 맹렬히 비난했다. 콘크리트 장벽이 자기 나라와 영토를 방위하는 성벽이 아니라 자기 나라와 민족을 분열하는 장벽이라는 것이었다.[118] 그리고 아래 자료에서 보이듯이, 북한 주민의 '증오'와 '분노'의 감정을 불러일으키는 근거로 삼았다.

우리를 안내하던 조선인민군 군관의 말에 의하면 적들이 쌓아놓은 철근콘크리트장벽의 높이는 5메터, 밑폭은 10메터, 웃폭은 3메터나 된다고 한다. 어떤 곳에서는 높이가 6~8메터가 되는 곳도 있고 웃부분의 너비가 4~6메터 되는 곳도 있다. 놈들이 쌓아놓은 이러한 콩크리트장벽은 군사분계선전역에 걸쳐 뻗어갔다. (중략) 이 모든 광경을 바라보는 우리의 가슴속에서는 분렬주의자들에 대한 증오와 분노의 감정이 활화산처럼 솟구쳐올랐다."[119]

북한은 1977~1979년에 남측이 군사분계선상에 철근콘크리트 장벽을 쌓았다고 주장했으나,[120] 대전차 방벽은 군사분계선이 아닌 남방한계선 일대에 세워진 것이었고, 시기적으로는 더 이른 시기에 만들어진 것이었다.

118   리정근, 1986, 『판문점』, 조선로동당출판사, 105~107쪽.
119   리정근·리병렬, 1990, 『원한의 군사분계선』, 조선로동당출판사, 54쪽.
120   위의 자료.

북한은 남측의 장벽 건설을 지켜보거나 비난만 하고 있지 않았다. 북한도 물리적 장벽을 건설했다. 울타리(fence) 장벽 공사 외에 대전차 장벽도 구축되었다. 북한은 기존의 방어진지(defensive positions)를 정비했다. 이는 겨우내 약화되었던 통신장비와 벙커, 펜스 등에 대한 일상적인 정비에서 나아가 기존 GP를 요새화하고, 새로운 대전차 장벽을 구축하는 것이었다.[121] 유엔사는 북한이 약 2만 6,500m의 추가 펜스를 불법적으로 건설한 것으로 파악하고, 이를 군정위에서 북측에 항의하기로 했다.[122] 1972년 1월 26일 제327차 군사정전위원회에서 유엔사 측은 북측에 철책 전초선 구축에 대해 항의했고 양측의 설전이 오갔다.[123]

이렇듯, 양측은 상대에게 비무장지대의 비무장화를 강조하고 평화 이용을 제안하는 동시에 자기 측의 비무장지대 군사화를 멈추지 않았다. 오히려 상대의 비무장지대 무장화를 강도 높게 비난하는 만큼 자기 측의 무장화를 추진했다. 1971년 유엔사의 비무장지대 비무장화 및 평화적 이용에 대한 제안, 북한의 군사분계선 자유 통행 제안, 1972년 6월 21일 김일성이 『워싱턴 포스트』와의 인터뷰에서 밝힌 비무장지대 비무장화, 그리고 정전협정 이후 남북이 처음으로 남북적십자회담과 남북조절위원회를 통해 직접 대화를 나누는 일이 있은 후에도, 비무장지대의 무장화는 심화하였다. 장벽은 여러 형태를 띠며 강화되었으며, 양측의 선전전도 확대되었다.

여러 형태로 구축된 장벽은 군사 장비는 물론 사람과 정보의 이동을 차단하는 물리적인 장치였다. 각종 콘크리트 대전차 방어 시설 구축, 요

---

121   "North Korean Barrier Fence Project in the DMZ", RG 59, General Records of the Department of State, Subject Files of the Office of Korean Affairs, 1966-74, Lot Files 75D222, 75D223, Box 6 (2 of 5).
122   위의 자료.
123   『경향신문』 1972. 1. 28; "Three Hundred and Twenty-Seventh Meeting of the MAC" (1972. 1. 26).

새진지 보강 등은 상대의 침투에 대한 방어용이면서 자기 측 인원의 접근과 월경을 방지하기 위한 것이기도 했다. 1963년 서독의 에곤 바르가 베를린 장벽을 "약함의 상징", "두려움의 표현", "자기보존을 위한 것"이라고 표현했듯이,[124] 비무장지대의 콘크리트 장벽과 펜스 장벽 또한 그러했다. 비무장지대 장벽은 이에 더하여 '분노'와 '증오', '불신'을 불러일으키며 심리적 장벽을 두텁게 만들었다. 전단과 확성기 소리만이 자기 체제의 우월함을 과시하고 상대의 심리를 무력화시키기 위해 경계를 넘어다녔다.

— 군사분계선 표식물 관리 중지

급기야 1973년 3월 7일 군사분계선 표식물 교체 작업 중이던 남측 인원 2명이 북측의 사격으로 사망하는 사건이 발생했다. 그런데 이 사건은 수많은 군사충돌 가운데 어느 하나의 사건으로 넘기기엔 발생 시점이 절묘했다. 먼저 이 사건은 1971년 9월 이후 처음 발생한 사건이었다.[125] 이는 남북접촉과 대화의 유지를 위한 그간의 절제가 이제는 계속되지 않음을, 화해 분위기가 막을 내리고 있음을 예고하는 것이었다. 더구나 7·4남북공동성명에 따라 가동된 남북조절위원회가 제2차 평양회의를 앞두고 있던 시점에 벌어졌다는 점에서 남북조절위원회의 난항을 예고했다.[126] 그리고 군사분계선과 비무장지대 관리의 측면에서 이 사건

124　"베를린 장벽은 약함의 상징이다. 베를린 장벽은 두려움의 표현이고, 동독 정권의 자기보존을 위한 것이었다."(Wir haben gesagt, daß die Mauer ein Zeichen der Schwäche ist. Man könnte auch sagen, sie war ein Zeichen der Angst und des Selbsterhaltungstriebes des kommunistischen Regimes. 1963년 7월 15일 에곤 바르의 "상호 화해를 통한 탈바꿈" 연설 중에서.)

125　『동아일보』, 1973. 3. 14.

126　남북조절위원회는 '7·4남북공동성명' 제6항에 따라 합의사항을 추진하고 남북 간의 제반 문제와 통일문제를 해결할 목적으로 가동되었다. 1972년 11월 30일~12월 1일, 1973년 3월 15일, 1973년 6월 12일~13일 서울과 평양을 번갈아가며 세 차례 전

이 미친 영향도 컸다. 결정적으로 군사분계선 표식물 보수 작업이 전면 중단되는 계기가 되었기 때문이다.[127] 이 사건은 당시 남북관계의 변곡점을 보여주는 사건이자, 군사분계선이라는 남북의 경계가 더이상 관리되지 않게 되는/방치되는 계기가 되었다.

철원으로부터 북쪽으로 15km 지점에 위치한 군사분계선 표식물 근처, 한국 제3사단(3rd Division) 황명복[128] 대위가 이끄는 약 60명의 군인이 군사분계선 푯말 정비 작업을 하고 있었다. 이때 북측 GP 560으로부터 휴대무기에 의한 총격을 받았다.[129] 이로 인해 황명복 대위와 서희수 병장이 사망했고, 김윤옥 중사가 부상했다.[130]

유엔군과 한국 외교부는 한국군이 남측(유엔사 측)이 담당하던 A 구역에서 일상적인 정비 업무를 수행하던 중이었고, 황 대위 일행의 임무를 사전에 북측에 서면 통보로 알렸다고 주장했다.[131] 하지만 북한은 유엔군 측 인원이 자동소총으로 무장하고 군사분계선을 월선하여 정탐 행

체회의를 진행했다. 그런데 비정치·비군사적 접근을 중시하는 남한과 군사적 대치 해소를 우선하는 북한의 견해 차이가 좁혀지지 않았다. 결국 1973년 8월 28일 북측 대표 김영주의 중지 선언으로 활동이 중단되었다.

127   국방정보본부 편, 앞의 책, 355쪽.

128   유엔사 군정위 한국군 대표단의 제337차 본회의 결과보고 자료에는 황명복이라 표기되어 있고, 한국 외무부가 국제연합한국부흥위원회(United Nations Commission for the Unification and Rehabilitation of Korea, UNCURK)에 보낸 자료에는 Hwang Young-bok으로 되어 있으며, 『동아일보』(1973. 3. 14) 기사에는 황정복으로 보도되었다.

129   UNCURK, "ROK Foreign Ministry, 'An Incident of Armed Agents Infiltration'" (1973. 3. 16), https://digitalarchive.wilsoncenter.org/document/rok-foreign-ministry-incident-armed-agents-infiltration

130   "Three Hundred and Thirty-Seventh Meeting of the Meeting" (1973. 3. 12); 『동아일보』 1973. 3. 12.

131   "Three Hundred and Thirty-Seventh Meeting of the Meeting" (1973. 3. 12); UNCURK, "ROK Foreign Ministry, 'An Incident of Armed Agents Infiltration'" (1973. 3. 16), https://digitalarchive.wilsoncenter.org/document/rok-foreign-ministry-incident-armed-agents-infiltration

위를 했고 자동무기와 곡사포 등으로 무력도발을 했을 뿐만 아니라 유엔사 측이 고의적으로 사태를 악화시켜서 전쟁도발을 획책하려 한다고 강변했다.[132]

이로부터 한 달 뒤인 4월, 군사분계선 표식물 근처에서 북한 인원 2명이 사망하고 1명이 부상당하는 사건이 발생했다. 북한군은 군사분계선을 넘어왔고, 유엔사 측은 이를 '비무장지대 내 북한 무장간첩 침투사건'으로 규정하고 총격했다.[133] 그리고 무장간첩 침투사건에 대한 공동조사를 제의했으나, 북한은 이에 응하지 않고 반대로 유엔군 측이 무장간첩을 침투시키고 있다고 주장했다.[134]

북한은 남북조절위원회 및 적십자회담을 앞두고 유엔사 측이 범죄행위를 감행한 것은 우연이 아니라고 주장했다.[135] 북한은 미국이 각종 신형무기와 작전장비 반입, 대규모 전쟁 연습 실시, 1972년 1~3월 중 중부전선 비무장지대 내 7차에 걸친 비행기 정탐 행위, 해상 유도탄 사격훈련 등을 감행했다고 주장하고, 이는 남북평화 협상에 대한 도전이고 자주평화통일을 방해하는 침략 행위라고 비난했다.[136] 또한 1971년 8월부터 12월 사이에 신형 전투단과 3개 대대의 F-4 전투비행기, 수륙양용차, 베트남에서 사용한 신형 중·자동무기를 남한에 투입했고, 총 7억 8천만USD의 경제원조 및 군사원조를 하고, 서해상과 비무장지대에서 각종 훈련과 총포 사격을 감행했다고 항의했다.[137] 반대로 유엔사는 북측이 비무장지대에 각종 화기를 반입했다고 주장했다. 1972년 3~4월 중에 군사분계선과 가깝게는 200m에서 멀게는 1,600m 지점에 82mm

132   "Three Hundred and Thirty-Seventh Meeting of the Meeting" (1973. 3. 12).

133   "Three Hundred and Thirty-Ninth Meeting of the Meeting" (1973. 4. 23).

134   위의 자료.

135   "Three Hundred and Thirty-Seventh Meeting of the Meeting" (1973. 3. 12).

136   위의 자료.

137   "Three Hundred and Thirty-Ninth Meeting of the Meeting" (1973. 4. 23).

와 52mm 무반동포와 82mm 박격포 등을 반입했다고 항의했다.[138]

제339차 군사정전위원회에서 유엔사 측 수석대표 헤인즈(Fred E. Haynes)는 군사분계선 표식물 관리를 위한 제안을 했다. 첫째, 쌍방 공동감시소조의 군사분계선 표식물 작업장 입회, 둘째, 중립국감독위원회에 협조 요청, 셋째, 작업 인원의 신변보호 요청 등이었다. 북측 수석대표 김풍섭은 헤인즈의 군사분계선 표식물 관리에 대한 제안을 거부했을 뿐만 아니라 비무장지대 관리·유지가 중감위와는 무관하다고 주장했다.[139]

이 사건은 표면적으로는 군사분계선 표식물 정비 및 월경, 이에 대한 총격에 이어진 사망 사건으로 볼 수 있지만, 사건의 배경에는 신형 무기류의 증강 문제와 정전 이후 처음으로 이루어지던 남북접촉에 대한 불신이 크게 자리잡고 있었다. 군사분계선 표식물 관리 인원의 총격 사망 사건은 남북대화의 종결이 바로 눈앞에 있음을 보여주었다. 결국, 1973년 8월 28일 남북조절위원회 북측 위원장 김영주는 남한의 6·23선언이 '두 개의 조선'을 추구한다면서 그것의 폐기를 요구하며 남북대화 종결을 선언했다. 이러한 일련의 사건은, 군축과 상시적인 남북접촉의 병행을 통한 상호 신뢰가 바탕이 되어야, 군사분계선 및 비무장지대 준수가 가능함을 시사하고 있었다.

— 중립국감독위원회의 비무장지대 비무장화 감독 제안

1973년 3~4월의 비무장지대 발포 사건과 유엔군 측의 군사분계선 표식물 관리 등에 대한 중립국감독위원회 협조 제안은 중감위에 즉각적인 영향을 주었다. 중감위의 스위스 대표 반무이덴(Claude van Muyden)

---

138   앞의 자료.
139   위의 자료.

장군은 자신의 제안이 헤인즈의 제안이나 김풍섭의 반대로 인해 "강요된 제안"이 아니며 중감위에서 자체적으로 나온 것이라고 밝혔지만,[140] 헤인즈의 제안과 상당히 유사했다.

1973년 6월 12일 중립국감독위원회 제1183차 회의에서 반무이덴은 비무장지대 비무장화를 위한 중감위의 감독을 제의했다. 반무이덴은 비무장지대 무장화가 한반도 긴장의 원인이 되고 있음을 명확히 지적했다. 비무장지대가 실제 비무장화와는 거리가 멀고, 비무장지대에서는 3월 7일의 발포 사건과 같이 일단 시작되면 통제하기가 매우 어려운 군사적 대결이 발생할 수 있다고 지적했다.

반무이덴은 중감위가 정전협정이 부여한 임무를 충분히 수행할 수 있는 위치에 있지 않아서 효율적인 정전 감시 및 평화에 기여하지 못하고 있다고 밝혔다. 그렇지만 양측 군사정전위원회가 비무장지대 비무장화를 결정하고 중감위에 감독 임무를 부여하는 데 찬성한다면, 중감위는 이 임무를 수행할 용의가 있다고 선언했다. 이는 중감위가 "한반도(Korea)의 평화를 유지하고 증진하기 위해 특별히 만들어졌으며" "'더 효과적인 정전을 보장하기 위해' 그런 제안을 할 수 있도록 정전협정에 의해 특별히 승인"되었기 때문에 가능한 일이라고 주장했다.[141]

6월 26일, 반무이덴의 제안을 논의하기 위해 중립국감독위원회가 열렸다. 스위스, 스웨덴, 체코, 폴란드 대표가 참석했다. 이들은 전반적으로 동의의 뜻을 표했지만, 진영 간의 미묘한 차이를 드러냈다. 제안자였던 반무이덴 스위스 대표는 말할 것도 없고, 스웨덴 대표는 찬성 의사

140   Neutral Nations Supervisor Commission for Korea Swiss Delegation, "Statement by the Swiss Member to NNSC on the problem of the Demilitarization of the Demilitarized Zone" (1973. 6. 12), 외무부 미주국 북미2과, 『중립국 감시위원단 스위스 대표의 DMZ(비무장지대) 비무장화 제의, 1973』 1973-1973, 국가기록원 관리번호 DZ0094590.
141   위의 자료.

를 밝혔다. 다만 체코와 폴란드 대표는 반무이덴의 제안이 지닌 의미는 인정하면서도 찬성을 확실히 표명하지는 않았다. 체코 대표는 "개인적으로 동의하나 본국 정부의 의향 타진"이 필요하며, "계속 연구 검토하자"고 제안했다. 폴란드 대표도 "흥미 있는 제안이라고 언급"하는 정도였다.[142]

그렇다면, 한국 정부는 무이덴의 제안을 어떻게 인식했을까. 한국은 "아국의 국익에 합치"된다고 평가했다. 외무부는 6월 21일 관련 보고서를 작성하면서, 추가 논의가 예정된 6월 26일 회의를 전후하여 스위스 대표의 제안을 적극 홍보할 것을 건의했다.[143] 6월 26일 중감위 회의 직후, 국방부 합참정보국도 중감위의 동향을 분석하고, 상황의 전개를 전망하는 보고서를 작성했다.

국방부는 비무장지대의 비무장화에 중감위가 개입하는 것이 한국에 유리하다고 평가했다. 그 이유가 흥미롭다. 첫째, 한국 방위의 유불리 관점에서 비무장화 문제를 보았을 때, 비무장지대 비무장화 실현이 한국 방위에 유리하다고 분석했다. 둘째, 북측의 요새화가 폭로되어 그간 북한이 해온 평화공세가 허구임이 모두 드러날 것이라고 보았다. 셋째, 한국 정부의 단계적 통일 방안에 부합되는, 합리적이고도 현실적인 방안이라고 보았다.[144]

국방부는 북한의 대응에 대해서도 전망했다. 북한의 기본 태도가 외

142   국방부 합참정보국, 「중립국감독위원회 동향」(1973. 6. 27), 외무부 미주국 북미2과, 『중립국 감시위원단 스위스 대표의 DMZ(비무장지대) 비무장화 제의, 1973』 1973-1973, 국가기록원 DA0094590.

143   외무부 미주국 북미2과, 「휴전감시위원단 스위스 대표의 DMZ 비무장화 제안」, 『중립국 감시위원단 스위스 대표의 DMZ(비무장지대) 비무장화 제의, 1973』 1973-1973, 국가기록원 DA0094590.

144   국방부 합참정보국, 「중립국감독위원회 동향」(1973. 6. 27), 외무부 미주국 북미2과, 『중립국 감시위원단 스위스 대표의 DMZ(비무장지대) 비무장화 제의, 1973』 1973-1973, 국가기록원 DA0094590.

세를 배격하고 민족 내부에서 해결하자는 방식이고, 그러한 명분으로 유엔을 무시하고 있으므로, 이런 태도가 변화되지 않는 한 반대할 것이라고 예상했다. 만약 북한이 스위스 대표의 제안을 받아들인다면, 남한은 "국제 관리 또는 중감위 관리" 및 "비무장화를 조속한 시일 내에 실현" 등을 주장해야 한다고 보았다. 국방부는 "정전협정을 전면 무시하며 비무장지대를 요새화했으면서도 언제나 협정을 준수해 왔다는 주장을 거듭해 온 북한 측 입장을 불리하게 만들기 위한 대책을 강구해야 할 것"이라고 결론지었다.[145] 1971년 남북적십자회담과 1972년 7·4남북공동성명 등을 거치면서 남북 간에 직접 접촉 경험이 있기는 했지만, 국방부는 비무장지대 비무장화 실현 문제에서는 남북 공동의 관리보다는 국제적 접근이 대북 우위에 서는 방안이라고 인식하고 있었다.

― 평화지대화 구상의 태동과 한계

1971년 6월 12일 유엔사 측의 비무장화와 평화 이용 제안부터 북측의 제안, 그리고 이에 대한 재논의(1971. 8. 25)가 진행되던 시기는 국제적인 차원에서도 그렇고 실제 남북 간에도 화해 국면이 조성되었던 때였다. 주한미군의 부분 철수(1971. 3. 27), 키신저의 중국 방문과 미·중 양국 교섭 및 정상회담 예정 발표(1971. 7. 15), 김일성의 남북접촉 용의 표명(1971. 8. 6), 한국의 남북적십자회담 제의(1971. 8. 12)와 북한의 동조(8. 14), 이산가족 문제를 논의하기 위한 남북적십자예비회담 개최(1971. 9), 유엔군사령부의 남북적십자회담을 위한 판문점 군사정전위원회 시설 사용 제의, 남북적십자회담(1차 본회담 1972. 8. 29~9. 2/2차 본회담 1972. 9. 12~16) 등이 매우 빠르게 진행되고 있었다. 그만큼 비무장지대의 비무장화와 평화적 이용에 대한 논의의 진전을 기대할 수

---

145   앞의 자료.

있었다.

그러나 당시 비무장지대 비무장화는 현실화하기 어려웠다. 3년간의 전쟁 경험은 기억과 현실 속에 뚜렷하게 남아 있었다. 그 자체만으로도 상대와 자신, 그리고 평화를 신뢰할 수 없었다. 1960년대에 있었던, 공격과 보복을 구분하기 어려울 정도의 수많은 군사충돌과 신형 무기의 도입, 무장화 과정 등은 그것을 증명하고도 남았다. 상대에 의한 재발이 우려되는 상황과 불신이 가득한 상태에서는, 어느 한쪽의 제안과 수용으로 비무장지대의 물리적 변화를 시도하거나 당장에 이를 현실화한다는 것은 사실 불가능했다. 안타깝게도, 불신은 자연스러웠고 너무 가까이 있었으며 신뢰는 부자연스럽고 멀리 있었다.

미국도 유엔사의 제안을 반드시 실현하겠다는 적극적인 의지가 있는 것은 아니었다. 북한도 비무장지대의 비무장화를 독자적인 사안이 아니라 남북 군축의 일환으로서 접근하고 있었다. 남한이 그나마 민족적 차원과 국제적 차원이 결합된 비교적 다양한 방안을 모색하기는 했지만, 결국 대북 경쟁과 우위의 관점을 버리지 못했다.

1970년대에 군사정전위원회에서나 남·북·미 간에 비무장지대의 비무장화와 평화적 이용에 대한 상호 논의는 더 이상 진전되지 않았다. 오히려 비무장지대의 '무장화'를 통해 현상을 유지하고 억제력을 발휘하는 쪽을 택하는 것이 안전하게 생각되었다. 철책은 요새의 전초선 역할을 하게 되어 군사분계선에 더욱 다가갔고, 철책 뒤로는 진지가 구축되어 사실상 군사분계선 양쪽에서 남북의 물리적 거리는 더욱 가까워졌다. 군정위에서는 이를 둘러싸고 양측의 설전이 오갔다. 상대를 향한 비난과 자기 과시가 과잉되게 담긴 전단 살포와 확성기 방송을 통한 심리전도 치열해졌다. 비무장지대의 비무장화와 평화적 이용에 대한 다양한 구상과 제안서는 어딘가의 책장에 들어가버렸다.

그럼에도 1970년대 초반에 나온 비무장지대 평화 이용 구상의 의미는 절대 작지 않다. 아무도 적극적인 실현 의지를 보여주지는 않았지만, 남·북·미 간에 비무장지대의 비무장화와 평화 이용에 관한 흥미로운 방안들이 제기되었다. 유엔사가 선구적으로 제시하고, 북한이 일부 호응했으며, 남한은 가장 다양한 교류 방안들을 찾아냈다. 모든 사안에 대한 합의가 이루어지지도 않았고, 당시 부딪혔던 문제와 한계는 여전히 풀어야 할 과제로 남아 있지만, 삼자 간에는 비무장지대 평화지대화를 둘러싼 제 문제에 대한 공감대가 있었다. 2000년대 이후 등장한 비무장지대 평화지대화 방안의 씨앗은 이때 심어진 것이라 할 수 있다.

[도 3-6] 대성동 자유의 마을 입구 모습

출처: 공보처 홍보국 사진담당관, 「대성동 자유의 마을 11」(1967), 국가기록원 CET0030995.

'자유'와 '평화'의 '쇼윈도' 경쟁

1) 대성동과 기정동의 탄생

─ 정전회담장의 옆 마을

비무장지대 안에는 단 두 개의 마을이 존재하고 있다. 군사분계선 남측의 대성동과 북측의 기정동이다. 대성동은 '자유의 마을'로, 기정동은 '평화의 마을'로 불린다. 서로의 거리를 측정하는 것이 무의미할 정도로 가까이, 군사분계선을 사이에 두고 마주한 두 마을은 자본주의와 사회주의 간, 남한과 북한 간 체제 대립의 상징이다. 냉전 시기 남한과 북한이 양 진영의 전시장 역할을 했다면, 두 마을은 그 축소판으로서 이를 재전시했다. 그뿐만 아니라, 대성동의 경우에는 대한민국 정부의 법체계 이전에 유엔군사령부 규정이 적용되는 곳이다. 두 마을은 한국전쟁의 유산 그 자체이자, 남북 분단의 실상과 모순이 주민의 삶과 직결된 곳이다.

그렇다면 두 마을이 비무장지대 마을로 탄생하게 된 경위는 무엇일까. 두 마을은 어떠한 방식으로 양 체제를 선전하고, 서로 경쟁했을

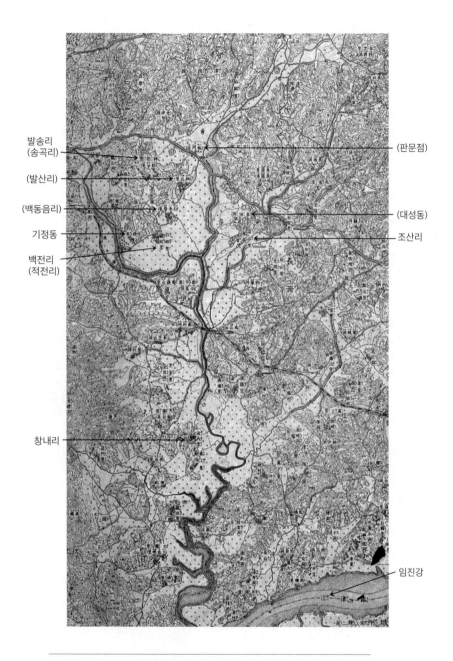

발송리
(송곡리)

(발산리)

(백동음리)

기정동

백전리
(적전리)

창내리

(판문점)

(대성동)

조산리

임진강

[도 3-7] 1910년대 지형도에 나타난 대성동과 사천강 건너편의 마을들

출처: 'DMZ 평화지도'(1910년대 지형도)를 저자가 추가로 편집함.

까. 남북한이 두 마을을 통해 과시하려던 '자유'와 '평화'의 실상은 어떠했을까. 마을의 탄생부터, '자유의 마을'과 '평화의 마을'로 재탄생하여 '이중의 전시장'으로서 역할하게 된 과정과 그 의미를 살펴보자.

대성동과 기정동은 사천강을 사이에 두고 동서로 인접한 마을이다. 대성동은 마을에 있는 臺城(봉화대 주위에 둘러 쌓은 성)에서 유래한 이름이었고, 기정동은 機井洞이라는 한자 표기에서 짐작할 수 있듯이, "옛날 기계(방아)로 물을 퍼 올린 마을"[146]이라는 뜻을 가진, 모두 오래된 마을이었다. 행정상으로 대성동은 경기도 장단군 군내면에 속했고, 기정동은 개성군 동면사무소가 있을 정도로 큰 마을이었다. 그러나 두 마을은 1914년 행정구역 개편 시 행정체계상으로는 사라졌는데, 대성동은 군내면 조산리에, 기정동은 동면 백전리에 포함되었기 때문이다. 두 마을 모두 사천강 줄기를 수원으로 이용한 논이 발달했고, 서울보다는 개성 권역에 가까운 경제와 문화를 공유하고 있었다.

1945년 해방 이후 두 마을을 포함하여 개성, 개풍, 장단은 38선 이남에 위치해 있었지만, 한국전쟁의 과정에서 큰 변화를 겪었다. 1950년 6월 25일 개전과 더불어 북한의 점령하에 놓였다가 10월 1일 유엔군의 38선 북진 이후 수복되었고, 1951년 초부터 북한의 재점령하에 놓였다. 특히 1951년 7월 개성에서 정전회담이 개최되다가 (구)판문점으로 회담장이 옮겨지자, 이 일대는 정전회담장 인근 마을이 되었다.

판문점 주변은 정전회담을 안정적으로 보장하기 위해 '중립지대'로 설정되었기 때문에, 중동부 지역의 전선들보다는 상대적으로 폭격이나 전투의 피해가 덜했다. 주민들도 제한적이었지만 마을에 남아 영농을 이어갈 수 있었다. 하지만 이곳에서도 포격과 게릴라전이 계속되었다. 장단 사천강 전투로 알려진 전투가 있었던 곳이 바로 이 일대이다. 1952

---

146   장영남, 2002, 『조선지명편람(개성시, 남포시)』, 사회과학출판사, 20쪽.

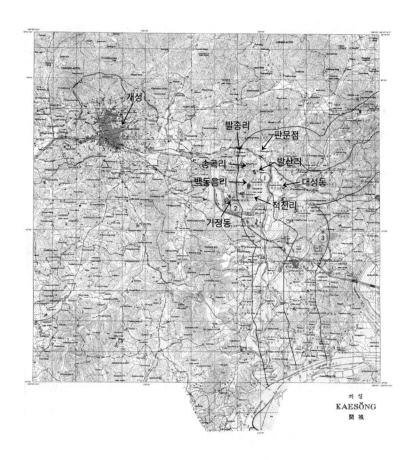

거성
KAESŎNG
開城

[도 3-8] 판문점과 대성동, 기정동 일대의 위치를 알 수 있는 정전협정 지도

이 일대의 이름이 미국이나 중국에 의해 붙었다는 견해가 있다. 대성동이 한자 台土의 미국식 표현이고, 인근의 판문점도 널문리의 중국식 표기라는 것이다. 그러나, 이를 미국식 혹은 중국식 표기로 보기는 어렵다. 정전협정 지도에는 '판문점 Panmunjom 板門店' '대성동 Taesong-dong 臺城洞'이 병기되어 있다. 북측 마을의 경우에도 적전리, 백동음리, 발송리가 비무장지대 내에 위치하고, 기정동의 중심 마을은 북방한계선 밖에 표시되어 있다. 마을명은 1910년대 지형도에도 같게 표기되어 있다.

출처: 첨부지도 1 개성, 『정전협정 제2권 지도』

년 3월 18일부터 1953년 7월 27일까지 사천강 일대에서 중공군 제65군 제195사단과 한미 해병대가 대치하고 있었다. 미 해병대가 회담장인 판문점을 중심으로 오른쪽을 맡았고, 한국 해병 제1연대가 왼쪽을 맡았다. 중국군과 한국 해병대 사이에 기습과 야간공격, 전초진지 전투, 정보 수집, 진지 및 시설물 파괴 등 치열한 공방전이 계속되었다.[147]

이렇듯, 판문점 서남쪽 마을 일대에서는 그야말로 회담과 전투의 이중주가 펼쳐지고 있었다. 대성동과 기정동을 포함한 인근 마을의 주민들은 영농과 전투 지원을 병행하고 있었다. 결국 판문점 서남쪽 사천강의 일부가 접촉선, 즉 군사분계선이 되었다. 그리고 이로부터 2km씩 양쪽으로 비무장지대가 설정되었다. 북·중 측은 사천 대부분을 점령했고, 한국 해병대는 사천 동쪽 너머의 '태성'부터 논과 마을을 확보했지만, 이 지역은 모두 비무장지대 안에 포함되었다.

― '평화리'에서 '기정동'으로

그런데 '기정동'의 이름과 위치에 대해서는 별도로 살펴볼 필요가 있다. 일반적으로 '기정동'은 대성동과 짝을 이루는 북측 비무장지대 마을로 알려져 있으나, 사실은 그렇지 않다. '기정동'으로 알려진, 비무장지대 안에 있는 마을의 1986년 현재 정확한 이름은 '판문점협동농장마을'이며,[148] 옛 기정동의 위치는 비무장지대 밖에 있다. 이는 북한의 행정구역 개편과 체제 선전, 이에 대한 남한의 불인정과 경쟁의식 등이 결합되어 발생한 문제이다. 행정구역 개편부터 살펴보자.

1952년 12월 북한은 대대적으로 행정구역을 개편했다. 정전회담에서 군사분계선을 38선이 아닌 접촉선으로 한다는 합의만 있었을 뿐, 정

---

147   조성훈 외, 2017, 『6·25전쟁 주요전투 2』, 국방부 군사편찬연구소, 408~411쪽.
148   리정근, 1986, 앞의 책, 101쪽.

확한 군사분계선이 확정되지 않은 시기였다. 북한은 당시 점령하고 있던 개성과 개풍, 장단 등 38선 이남 지역을 '해방지구'라고 부르고, 이 지역에 대한 행정구역 개편을 단행했다. 그리고 경기도 개풍군의 일부 지역과 장단군의 일부 지역을 합하여 판문군을 신설했다. 판문읍, 대룡리, 덕수리, 림한리, 월정리, 조강리, 후릉리, 신흥리, 화곡리, 대련리, 평화리, 봉동리, 홍왕리, 진봉리, 전재리, 동창리, 선적리 등 1개 읍 16개 리가 이에 속했다.[149] 판문군은 신설 당시 정전회담장 판문점이 있는 곳이라고 하여 붙여진 이름이었다.[150] 판문군은 1954년 10월 황해북도에 소속되었다가 1957년 황해북도 개풍군과 함께 개성시에 편입되었다.

판문군의 리 중에서 평화리가 비무장지대 내 북측 마을이다. 즉, 현재 '기정동'이라 불리는 마을이 원래 평화리였다. 평화리는 정전회담장이 있다고 해서 붙은 이름인데, 1952년 개풍군 봉동면의 백전리, 대조족리, 발송리를 합쳐서 신설되었다. 이 세 마을은 1910년대 이전에 기정동, 적전리, 백동음리, 발산리, 율동, 송곡리, 증산동 등의 옛 마을이 있던 곳을 포괄한다. 모두 구 판문점에서 서쪽으로 사천강에 접한 마을들이다. 이 중에서 기정동, 적전리, 백동음리, 발산리가 위치상으로 대성동에 대응하는 마을들이다. 1967년 10월 평화리의 일부가 판문점리로 개편되었는데,[151] 구 판문점이 있던 곳과 현재의 판문점이 있는 지역,

---

149 장영남, 앞의 책, 140쪽. 2002년 1월 현재, 개성시 판문군에는 판문읍(1953년 12월 봉동리를 판문읍으로, 판문읍을 상도리로 개편함), 진봉리, 대련리, 상동리, 화곡리, 령정리, 신흥리, 월정리, 조강리, 림한리, 덕수리, 대룡리, 동창리, 삼봉리, 평화리, 선적리, 전재리, 판문점리 등 1개 읍 17개 리가 속해 있었다. 장영남, 같은 책, 140~141쪽.

150 정전회담장 판문점은 정전 이후 만들어진 현재의 판문점과 다른 곳이다. 정전협정 조인도 구 판문점에서 이루어졌다. 구 판문점은 널문을 만들어놓고 운영한 객주점이 있다는 데서 유래했다고도 하며, 물맛 좋은 곳임을 표시해두기 위해 널문을 해두었다는 전설도 있었다. 장영남, 위의 책, 139쪽.

151 장영남, 위의 책, 142쪽.

기타 인근의 마을 등이 이에 해당되는 것으로 보인다. 그러니까 행정구역이 개편되면서, 그 이름도 평화리, 판문점리, 판문점협동농장마을 또는 분계선 마을 등으로 달라졌다.

또한 정전협정 지도를 자세히 보면, 기정동 중심 마을은 비무장지대 북방한계선 밖에 있다. 그보다 기정동의 동북에 인접한 적전리와 백동읍리, 발송리가 비무장지대 내에서 군사분계선과 사천강을 사이에 두고 대성동과 마주하고 있다. 1950년대 한국 언론에도 '기정동'이 아니라 '평화리', '평화촌' 또는 평화리의 일부로 편입된 '백전리'가 북측 비무장지대 마을로 보도되었다. 백전리는 적전리의 다른 이름이거나 1914년 행정구역 개편 때 기정동을 포함하게 된 마을이다. 우리가 흔히 말하는 기정동의 위치는 사실 백전리에 해당한다. 그러니까 본래 기정동은 평화리(판문점리)의 일부였으나, 엄밀하게 보면 비무장지대 마을은 아니다. 1910년대 지형도상으로는 적전리, 백동읍리, 발산리 일대이며, 정전협정 지도상으로는 적전리, 백동읍리, 송곡리 일대가 북측 비무장지대 마을이다.[도 3-7/3-8 참조]

이는 1959년 유엔사 군정위 한국 대표단이 그린 약도를 통해서도 확인이 된다.[도 3-9] 이 약도에 의하면, 판문점과 군사분계선을 사이에 두고 남쪽에는 대성동이 있으며, 북측에는 대성동보다 두 배 이상의 면적으로 보이는 세로로 긴 마을이 있다. 이곳이 약도에는 '판문리'(PANMUN-RI)라고 표기되어 있다.

> 판문점 부근에는 유일한 비무장지대 내 마을인 대성동이 있는데 이 대성동을 사이에 두고 남쪽 백련리에 최근 우리 측이 전략촌인 '통일촌'을 건설해 놓자 북괴 측도 이에 대항이라도 하려는 듯 기정동에 소위 '평화의 마을'을 세워놓았다. 이 '평화의 마을'은 '통일촌'에 비해 시설 규모가 훨씬 뒤떨어져 보였지만 그나마 사람조차 살

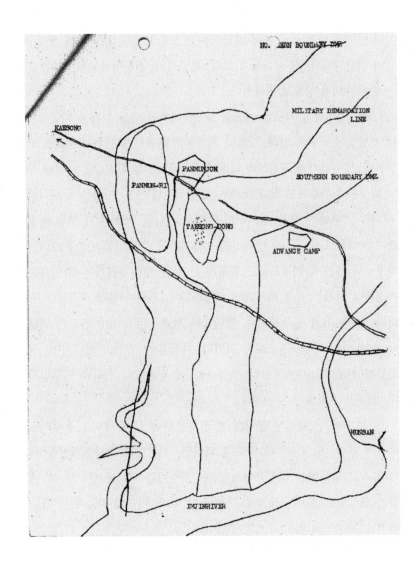

[도 3-9] 비무장지대 내 민간인 거주 마을의 위치(1959년 현재)

출처: "(25) Introduction on the Current Status of Civilians in the DMZ"(Republic of Korea Delegation to the United Nations Command Military Armistice Commission (1959. 12), RG 469, Unclassified Subject Files, ca. 1955-11/03/1961 [Entry P 319], Box 20.

지 않고 있어 순전히 선전용에 불과한 것 같았다.[152]

'기정동'은 지난 74년 우리 쪽에서 경기도 파주군 군내면 백연리 일대에 전략촌인 통일촌을 건설해 놓자 2년 뒤인 76년에 북괴가 비무장지대 안에 건설한 소위 '평화의 마을'로 휴전선에서 육안으로 볼 수 있는 북괴 최대의 위장선전 마을이다.[153]

그런데 언제부터인가 북측 비무장지대 마을이 '평화리'나 '판문점리'가 아니라 '기정동'으로 알려지기 시작했다.[154] 1950년대 후반만 해도 남한에서는 대성동과 짝을 이루는 북측 비무장지대 마을로 '평화리', '평화촌', '백전리', '판문리' 등의 이름을 인용했다. 그러다 "소위 '평화의 마을' '기정동'"이 언론에 등장하고 확산되기 시작한 것은 1970년대였다. 위의 신문기사에서 보이듯이, 사실관계도 정확하지 않았는데, 남한이 파주 백연리에 통일촌을 조성하자 북한이 경쟁적으로 기정동에 평화의 마을을 세운 것으로 보도되었다. 마치 '자유의 마을'이 대성동의 성격과 상징성을 드러내기 위해 사후에 명명된 것처럼, '평화리'는 기정동을 선전하기 위한 수식어인 것처럼 인식되기도 했다. 이는 후술하겠지만, '평화리'라는 이름을 의식하여 대성동을 '자유의 마을'로 호명했으면서도, 행정구역명 '평화리'라는 이름조차 그대로 부르지 못할 정도로 경쟁적인 분위기와 상대를 인정하지 않는 태도를 반영한다.

---

152   『동아일보』 1975. 6. 25.
153   『동아일보』 1983. 6. 16.
154   이 책에서는 이해를 원활히 하기 위해 대성동의 짝이 되는 마을을 의미할 때는 대체로 '기정동'이라고 하고, 해당 시기의 지명으로 표현할 때는 '평화리' 혹은 '판문점리' 등이라 하겠다.

— 비무장지대 마을의 존속과 주민의 출입 규정

비무장지대에는 민간인의 거주가 불가능한데, 어떻게 주민의 거주가 가능한 마을이 유지될 수 있었을까. 이는 앞서 살펴본 바와 같이, 정전회담이 진행되던 중에 마을에 머물던 주민들이 있었던 데서 연유한다. 물론 많은 주민들이 전황의 전개에 따라 피난과 귀촌을 반복했고, 인구도 많이 줄었다. 대성동의 경우 인구가 본래 약 500명이었으나, 정전 즈음 180여 명에 불과할 정도로 줄어 있었다.[155] 백전리 등의 북측 마을에는 총 2,586여 명의 주민이 거주하고 있었는데,[156] 그들은 밤낮으로 전투를 지원하면서, 정전회담이 진행되던 구 판문점 인근과 정전 직후 신설되는 판문점 인근까지의 땅에 농사를 지었다. 북한은 이를 '전선 원호 사업'이라고 불렀는데,[157] 대성동 주민들의 상황도 이와 다르지 않았다.

정전협정이 체결되고, 군사분계선과 4km 폭의 비무장지대가 설정되자, 비무장지대 안에 속한 마을은 모두 사라졌다. 대성동과 백전리 일대의 마을만이 유지될 수 있었지만, 이곳 주민들은 "나가지 못한다"는 명령하에 "갇히게" 되었다.[158] 적대행위 재발 가능성을 차단하기 위한 비무장지대 설정과 출입 통제가 가장 우선시되는 상황에서 주민의 삶과 마을 공동체의 유지는 고려 대상이 아니었다. 민간인의 출입을 불허하고 엄격한 출입 통제하에 마을을 유지한다는 발상 자체가 놀라울 따름이었다.

비무장지대 마을은 그 시작 단계부터 여러 문제가 예측되었다. 주민 수는 어떻게 유지할 것인지, 어디까지 출입하고 이동할 수 있게 할 것인

---

155 『조선일보』 1957. 12. 20; 『동아일보』 1958. 5. 4.

156 "Eleventh Meeting of the MAC" (1953. 8. 13).

157 비무장지대 접경 북측 마을의 '전선 원호 사업'에 대해서는 한모니까, 2021, 「DMZ 접경지역과 북한의 전후 복구」, 『통일과 평화』 vol.13, no.1을 참고.

158 『동아일보』 1958. 5. 4.

지, 농작물의 수확 지역은 어떻게 제한할 것인지, 결혼과 마을 밖 가족과의 왕래는 어떻게 할 것인지 등이었다. 마을의 유지가 애초 진지한 검토를 바탕으로 이루어진 것이 아니었던 데다가, 실제로는 예상하지 못한 더욱 다양한 문제들이 제기되었다. 대성동의 경우에는 유엔군사령관의 책임하에 있었기 때문에 한국 정부와의 관계 및 법적 지위의 문제가 더해졌다. 군사정전위원회는 일차적으로 마을의 유지와 주민의 출입 통제 및 허용 범위, 농경 등을 일일이 단속, 허가, 관리할 규정들을 만들어 갔다.

다시 말하면, 비무장지대 마을의 유지를 합의하고, 주민의 거주 및 출입 관련 규정을 정한 것은 군정위였다. 흔히 '1953년 7월 27일 정전협정에 따라' 혹은 "정전협정 중 '남북 비무장지대에 각각 1곳씩 마을을 둔다'는 규정에 따라" 비무장지대 마을이 조성되었다고 알려져왔지만,[159] 정전협정에는 이를 명시한 조항이 없다. 그렇다고 군정위가 기존에 없던 마을을 새로 조성한 것도 아니었다. 이미 1951년 7월 15일 이후 중립지대(neutral zone)로 설정되었던 정전회담장 주변에서는[160] 마을 주민들이 영농과 전투 지원을 병행하고 있었는데, 군정위는 이를 바탕

---

159   비교적 최근인 2014년, 경기도와 파주시가 의뢰하여 경기문화재단 경기문화재연구소에서 진행한 대성동 마을 민속 문화지원 조사보고서인 『경기도 DMZ 자유의 마을 대성동』(경기문화재단 경기학연구센터, 2014, 482쪽)에서도 같은 오류가 반복되고 있다.

160   1951년 7월 15일 정전회담에서 공산군 측과 유엔군 측은 정전회담을 위한 중립지대 관련 세부 사항을 합의했다. "정전회담장이 있는 개성의 중심부를 기점으로 한 5mile(약 8km) 반경의 원형 지역을 중립지대로 설정한다. 중립지대의 동쪽 경계는 판문점에서 유엔군의 접촉점으로 한다. 양측은 정전 협상 기간 동안 중립지대 내에서 무력 행위를 삼간다. 중립지대로부터 모든 주요 전투 부대를 철수하며, 헌병 기능을 수행하는 데 필요한 최소한의 병력만 유지한다. 판문점과 회담 지역 사이 합의된 도로는 낮 시간 동안 유엔군 차량이 제한 없이 사용할 수 있도록 개방한다."는 등의 내용이었다. 「한국 정전안에 관한 1951년 7월 15일 회담 전체 회의록(제3차 개성회담)」, 『6·25전쟁 정전회담회의록』 제1권, 전쟁기념관, 45쪽.

으로 논의를 이어간 것이다. 양측은 비무장지대 내 주민의 존재를 자연스럽게 인식하고 있었으며, 이들의 비무장지대 출입 및 이동 범위에 대한 조정 필요성을 논의했다.

제일 먼저 논의된 것이 이곳 주민의 비무장지대 출입 문제였다. 마을 주민의 자유로운 비무장지대 출입을 먼저 제안한 것은 북·중 측이었다. 1953년 8월 1일 제5차 군사정전위원회에서 나온 북·중 측의 제안은 두 가지 핵심 사항을 담고 있었다. 하나는 주민의 비무장지대 출입 허가에 관한 것이었고, 다른 하나는 이를 위한 정전협정 9항 규정의 해석 및 적용에 관한 것이었다.

> KPA/CPA: 정전협정 9항 규정에 따라 일반적으로 민간인은 군사정전위원회의 특정한 허가를 받고 들어가는 게 아니면 비무장지대 진입이 허용되지 않는다. 정확한 문구에 따라 그 조항을 엄격히 적용한다면, 비무장지대 내 거주민들은 비무장지대 밖에서 경제생활을 박탈당하거나 생계를 유지할 수 없을 것이다.
> 그러므로 생계 수단의 필요 때문에 비무장지대 내 거주민은 군사분계선은 넘지 않되, 그들이 거주하는 비무장지대의 북쪽 또는 남쪽 경계를 끊임없이 넘어야 한다. 우리 측은 거주민들이 자신이 속하는 쪽의 군사정전위원회에 신청하도록 할 것을 제안한다. 군사정전위원회는 완전한 허가를 내릴 수 있다. 그 허가 이후, 본 거주민은 일정 기간 비무장지대에 진입할 수 있으며 매번 특정한 허가를 받을 필요가 없다.
> 이 제안에 관한 당신의 견해를 듣고 싶다.
> UNC: 당신의 제안을 잘 알겠으며 검토를 마치는 대로 답하겠다.[161]

북·중 측은 비무장지대 내 거주 민간인이 매번 특정한 허가 없이도 비무장지대를 떠나고 또 그곳에 돌아갈 수 있는 권한을 가져야 한다고 제안했다. "그 조항(정전협정 9항의 출입 통제 제한 규정)을 엄격히 적용하면, 비무장지대 내 거주민들이 비무장지대 밖에서 경제생활을 박탈당하거나 생계를 유지할 수 없을 것"이라고 이유를 설명했다. 군사분계선은 넘지 않도록 하되, 생계를 위해서 비무장지대의 남쪽이나 북쪽 경계는 자유롭게 넘을 수 있도록 허가하자는 뜻이었다.[162]

여기서 정전협정 9항의 해석과 현실 적용 문제를 잠시 짚어보자. 9항은 "민사행정 및 구제사업의 집행에 관계되는 인원과 군사정전위원회의 특정한 허가를 얻고 들어가는 인원을 제외하고는 어떠한 군인이나 민간인이거나 비무장지대에 들어감을 허가하지 않는다."라고 되어 있다. 9항은 7항, 8항과 더불어 일반적으로 군사분계선 통과 및 비무장지대 출입을 양측 군사령관과 군사정전위원회가 제한할 수 있는 근거로 인식되고, 또 그렇게 작동해왔다.[163] 그런데 당시 북·중 측 군정위는 주민 출입 허가의 근거로 정전협정 9항을 제시했고, 이후 유엔사 군정위가 이에 동의함으로써 대성동과 평화리 마을 주민의 비무장지대 출입이 가능해졌다.

1953년 8월 3일 제6차 군사정전위원회에서 유엔사 측은 위의 제안에 원칙적으로 동의하면서, 몇 가지 제한사항을 추가했다. 첫째, 그 허가를 비서장이 기록할 것, 둘째, 그 허가는 정전협정 발효일에 비무장지대의 거주민이었던 민간인에 한정될 것, 셋째, 명확한 기한이 있을 것, 넷째, 군사분계선을 넘을 수 있다는 허가까지 포함해서는 안 될 것, 다

---

161   "Fifth Meeting of the MAC" (1953. 8. 1).
162   위의 자료.
163   정전협정 제1조 7, 8, 9항의 해석과 적용 문제에 대해서는 이 책 3장 1절을 참고하라.

섯째, 비무장지대 내 거주민들의 비무장지대 출입을 최종적으로 비준하는 데 대한 세부 사항을 쌍방 참모장교가 토의할 것 등이었다.[164] 아울러 유엔사 측은 자신들의 조사 결과, 정전협정 발효 당시 군사분계선 남쪽 비무장지대에 거주하던 민간인의 수가 약 260명이었다고 밝혔다.[165]

1953년 8월 13일 제11차 군사정전위원회에서 북·중 측은 유엔사 측의 8월 3일 제안에 동의했다. 아울러 "조사 결과 정전협정의 효력이 발생한 날, 군사분계선 북쪽 비무장지대에 거주하던 북측 민간인은 총 2,586명이다."라고 밝혔다.[166] 이는 유엔사 측이 밝혔던 남측 민간인 수의 10배가량 되었다. 북측이 남측 거주민의 수를 의식하여 부풀렸을 수는 있으나, 전쟁 당시 전선 지역 주민의 원호사업을 고려하면,[167] 남측 거주민의 수보다는 훨씬 많았을 수 있다.

정리하면, 1953년 8월 1일 북·중 측의 제안, 8월 3일 유엔사 측의 동의와 추가 제안, 8월 13일 북·중의 동의 등을 거쳐 마을 주민의 비무장지대 출입에 관한 규정이 만들어졌다. 이는 마을 조성에 대한 합의라기보다는 이미 존재하는 마을 주민들의 남방·북방한계선 통과 및 비무장지대 출입 허가에 관한 합의였다.

위의 논의에 이어서 두 마을 주민의 공동경비구역 내 수확 문제가 논의되었다. 1953년 10월 10일, 군사정전위원회 비서장회의에서 유엔사 측은 작물 수확을 목적으로 한 대성동 주민의 공동경비구역 진입 허가를 제안했다. 군사분계선 양쪽과 공동경비구역에 대성동 마을 농민의 작물이 있기 때문에, 수확을 위해서는 부득이 공동경비구역 진입이 필요하다고 했다.[168] 대성동 농민이 정전협정 조인일 이전에 심은 곡물을

---

164   "Sixth Meeting of the MAC" (1953. 8. 3).

165   위의 자료.

166   "Eleventh Meeting of the MAC" (1953. 8. 13).

167   한모니까, 2021, 앞의 논문.

수확하게 하기 위해서였다.[169]

　이어진 10월 13일 군사정전위원회 비서장회의에서 북·중 측은 공동경비구역에 관해 양측이 도달했던 합의사항을 얘기했다. 군사정전위원회 본부 구역에 대해 쌍방이 도달한 원칙적인 합의에 따라 공동경비구역에 민간인이 거주하거나 농사를 짓지 않아야 한다는 것이었다. 그러면서도 북·중은 앞선 유엔사 측의 제안에 동의했다.[170] 공동경비구역을 포함하는 군사정전위원회 본부 구역에서 이루어진 영농과 작물 수확은 북측에도 무관하지 않은 문제였기 때문이다. 양측의 비서장은 〈공동경비구역 민간인의 작물 수확에 관한 합의〉를 구두 승인했다.[171]

　농민들의 실제적인 필요를 충족시키기 위해 유엔군 측 공동경비구역 진입 수확에 동의한다.
　이는 일시적인 조치이다.
　1일 입장 인원은 20명을 초과하지 않아야 한다.
　수확 기간은 1주일을 초과할 수 없다.
　공동경비구역에 진입하여 수확하는 농민들은 주황색 완장을 차고, 매일 모두 한 번에 군사분계선 남쪽 공동경비구역에 들어가서 수확작업을 하고, 양측 경비 요원의 감독을 받아야 한다.

168　"Agreement on Harvesting of Crops by Civilians in the Joint Security Area"(as approved verbally by the Secretaries in the 69th Meeting on 13 Oct 53), RG 550, Korean War Armistice, 201-01, Administrative Understandings upon Disc of UNCMAC, Trf ORCEN, Ret FRC 2 years later.

169　『동아일보』 1953. 10. 12.

170　"Agreement on Harvesting of Crops by Civilians in the Joint Security Area"(as approved verbally by the Secretaries in the 69th Meeting on 13 Oct 53), RG 550, Korean War Armistice, 201-01, Administrative Understandings upon Disc of UNCMAC, Trf ORCEN, Ret FRC 2 years later.

171　위의 자료.

이러한 농민들은 매일 오전 8시부터 오후 17시까지 일할 수 있고, 그들의 작업이 완료되면 즉시 그리고 동시에 철수해야 한다.

농민의 공동경비구역 진입 허가는 1953년 10월 14일부터 시작되어 1953년 10월 21일에 종료된다.[172]

북·중 군정위는 위에서 보이듯이, 유엔사 군정위의 추가 제안, 즉 비무장지대에 거주하는 농민들이 공동경비구역에 진입해 작물을 수확하는 데 동의했다. 그 이유로 제시한 것은 농민들의 실제적인 필요를 충족시킨다는 것이었다. 하지만 여러 가지 제한 조건도 덧붙였다. 인원 1일 20명 이내, 수확 기간 일주일 이내, 인원의 주황색 완장 착용 및 경비요원의 감독, 1일 작업 시간 내 전 인원의 동시 진입 및 철수 등이었다.

1954년 2월 22일, 비무장지대 주민의 출입에 관한 명문화된 합의가 이루어졌다. 이후 결혼과 출산을 고려한 배우자와 자녀의 거주 및 출입에 관한 규정도 제정되었다.

〈사민의 비무장지대 출입에 관한 합의〉(1954년 2월 22일)

정전협정 제8항과 제9항의 규정과 1953년 8월 3일 군사정전위원회 제6차 회의에서 도달한 원칙상의 합의에 의하여 정전협정 발효일에 확실히 비무장지대에 거주하였거나 또는 비무장지대 내에서 농업에 종사한 사민이 생활을 유지하기 위하여 비무장지대의 북경계선 또는 남경계선을 왕복 통과할 필요가 있을 때 하기 각항에 의하여 그들에게 이러한 이동의 자유를 허여한다.

1. 정전협정 발효일에 확실히 비무장지대에 거주하였거나 또는 비무장지대 내에서 농업에 종사한 사민에게만 비무장지대 북경계

172   앞의 자료.

선 또는 남경계선을 통과함을 본 합의의 규정에 의하여 허가한다. (1955년 6월 20일 제133차 회의에서 배우자와 자녀들을 추가하기로 수정되었다.)

2. 이러한 허가에는 군사분계선을 통과하는 권한을 포함하지 않는다.

3. 어느 일방의 군사 통제 지역에 들어가며 다시 돌아오는 데 대한 허가는 정전협정 제8항의 규정에 의하여 부여하며 각방 사령관이 개별적으로 또 그들이 자기 원하는 대로 이를 처리한다.

4. 비무장지대에 들어가며 다시 돌아오는 데 대한 허가는 정전협정 제9항의 규정에 의하여 이를 부여하며 군사정전위원회의 비서처에 이를 등록한다.

5. 상기 제4항의 규정을 집행하기 위하여 상기 1항에 해당한 사민이 그가 거주하거나 농업에 종사하는 비무장지대 내의 부분에 들어가며 다시 돌아오는 데 대한 특정한 허가는 군사정전위원회가 이를 부여한다. 이러한 특정한 허가는 본 합의의 관계 규정의 제한을 받는다. 이러한 특정한 허가는 군사정전위원회가 본 합의를 비준한 날부터 효력을 발생하며 그후 6개월간 유효하다.

6. 상기 제5항에 부여된 특정한 허가를 등록하기 위하여 각방은 비무장지대 자기측 부분에서 거주하거나 농업에 종사하는 자격을 가지며 비무장지대의 경계선을 통과하는 이동의 자유를 허락받고 이를 행사하고 있는 사민의 명부 두 벌을 늦어도 1954년 3월 15일까지 군사정전위원회 비서처에 제출한다. 이러한 명부에는 본 합의의 발효일로부터 1954년 3월 1일까지의 사이에 최초의 신청을 제출하는 자격 있는 사민의 성명, 연령, 성별 및 주소를 포함한다. 1954년 3월 15일 이후 매월 같은 방식으로 보충 명부를 군사정전위원회 비서처에 제출하되 이에는 전번 명부 제출

후에 신청서를 제출하였거나 유효 기간이 지난 허가의 갱신 신청을 한 자격 있는 사민을 기입한다.

7. 각방은 자기측이 민사 행정과 구제 사업을 책임지고 있는 비무장지대 내의 부분에서 본 합의를 적절히 실시하는 데 필요한 절차를 제정한다.[173]

이 합의의 첫 번째 목적은 분명했다. 주민이 비무장지대 내에서 농업에 종사하면서 생활을 유지할 수 있도록 하기 위해 비무장지대의 북쪽·남쪽 경계선을 통과할 수 있도록 한다는 것이었다. 다만 출입자의 명단을 매월 군정위 비서처에 제출하는 등 양측 사령관 및 군정위가 허가를 처리하도록 했다.

이후 거주민의 범위는 배우자와 자녀로 확대되었다. 1954년 6월 20일 제133차 비서장회의에서 유엔군 측은 대성동 주민이 외부인과 결혼할 수 있게 하고, 외부에 있는 부모나 자식이 대성동에 들어갈 수 있게 하자고 제안했다.[174] 1955년 6월 22일 공동일직장교회의에서 북·중 측은 원칙에 동의했다. 양측은 수정된 본문에 대한 언어 검토 회의를 진행한 후, 1955년 6월 27일 공동일직장교회의에서 개정에 대한 합의를 완료했다.[175]

이로써 비무장지대에 원래 거주하였거나 정전협정 발효일에 비무장

---

173   "AGREEMENT ON ENTRY INTO AND DEPARTURE FROM THE DEMILITARIZED ZONE BY CIVILIANS", 외무부 미주국 안보과, 1972, 『휴전협정 관계 자료, 1972』, 국가기록원 DA0094630;「사민의 비무장지대 출입에 관한 합의」, 국방정보본부 편, 앞의 책, 86~87쪽.

174   『조선일보』 1955. 6. 23.

175   "AGREEMENT ON ENTRY INTO AND DEPARTURE FROM THE DEMILITARIZED ZONE BY CIVILIANS-REFERENCES", 외무부 미주국 안보과, 1972, 『휴전협정 관계 자료, 1972』, 국가기록원 DA0094630;「사민의 비무장지대 출입에 관한 합의-참고」, 국방정보본부 편, 앞의 책, 88쪽.

지대에서 농업에 종사하던 민간인은 배우자와 자녀를 포함하여 비무장지대의 각 부분에 거주할 수 있게 되었다. 그 결과 1950년대 말, 비무장지대에 거주하는 민간인의 수는 북측 1,939명(1958. 8. 25), 남측 32세대 181명(1959. 3. 25)이 되었다.[176]

2) 명명(命名)되는 '평화의 마을'과 '자유의 마을'

— '신해방지구 평화리'의 전후 복구와 선전

군사분계선을 사이에 두고 지척에 마주한 두 마을에는 '임무'가 부여되었다. 바로 각 체제의 우월성을 선전하는 임무였다. 그런데 대성동과 평화리가 체제 경쟁에 나선 것은 언제부터일까. 두 마을은 서로에게서 무엇을 보았으며, 서로 어떻게 자극하고 경쟁했을까.

선후를 따지면, 북측이 먼저 시작했다. 이는 '평화리'라는 행정구역명에서도 단적으로 드러난다. 그뿐 아니라, 북한의 빠른 전후 복구사업은 대남·대외 선전으로 이어졌다. 북한은 전후 복구사업을 전방위적으로 추진했는데, 비무장지대 내 마을과 농경지도 예외가 아니었다. 앞에서 살펴본 비무장지대 마을 조성 및 출입 허가 문제는 북한의 전후 복구과정과 밀접한 관계가 있었다. 북한은 비무장지대 내에 있는 과거의 농경지를 버려두지 않고 빠르게 복구해 활용함으로써 농업 생산량을 증가시키고자 했다.

전후 평화리의 복구 모습은 '신해방지구'의 지역 신문인 『개성신문』에서 그 단면이나마 확인할 수 있다.

---

176   국방부장관 김정렬, 1959, 「비무장지대 거주 민간인 원호에 관한 건」, 국가기록원 BA0084226.

판문군 평화리 전체 농민들은 전쟁승리와 함께 자기들 앞에 중요하게 제기되였던 파괴된 수많은 보뚝들을 수축하기에 적극 노력함으로써 농경지 복구사업에서 많은 성과를 거두고 있다. (중략)
지금 이 마을 농민들은 계속 비등된 열의 속에 나머지 6개의 보뚝을 12월 초순경까지 완전히 복구하기 위하여 일별로 구체적인 복구계획을 수립하고 각 인민반 단위로 준공 담당하고 있다. 머지않아 6개소의 보뚝이 복구되면 원쑤들의 만행으로 3년간이나 묵혀오던 1만여 평의 매몰된 논이 옥답으로 전변되여 많은 식량을 더 거둘 수 있게 될 것이다.[177] (밑줄은 저자가 강조한 부분)

정전협정이 체결된 지 6개월도 지나지 않은 1953년 12월, 북한은 평화리 일대의 농경지 복구를 추진했다. 평화리의 동쪽에 있는 사천강을 활용하는 제방 복구 사업이었다. 이는 평화리 민주청년동맹(민청)을 선두로 시작되었는데, 민청은 일주일 만에 마을 앞 보를 복구하여 3,000여 평의 농경지를 옥답으로 만들었다. 이어서 농민들도 비무장지대 내에 있는 제방을 복구했다. 농민동맹 단위로 역할 분담이 이루어졌는데, 나흘 동안 200여 명이 동원되었다. 북한은 이곳 농민들의 민심을 확보하고 농경지 복구를 촉구하기 위해 분계선 일대의 농경지를 무상으로 분배했다. 이로써 10여만 평의 몽리면적(蒙利面積)을 확보하게 되었다.[178] 당시 평화리에는 1만여 평의 논에 활용이 가능한 봇둑 6개가 남아있었는데, 이에 대한 복구 계획도 수립했다.
　북한은 평화리만이 아니라, 비무장지대 내의 '과거의 마을 농경지' 복구도 추진했다. 평화리 외에는 비무장지대 내에 주민이 거주할 수 없

177　『개성신문』 1953. 12. 3.
178　위의 자료.

었지만, 북한은 비무장지대 밖 인근으로 이주한 주민들에게 전쟁 전 자기 고향의 논밭 개간을 추진하도록 했다. 예를 들어, 비무장지대 내에 속한 창내리 사람들은 동창리로 이주했는데, 동창리 협동조합이 중심이 되어 창내리 논밭을 개간했다. 협동조합 관리위원장, 노동당원, 농장원, 인민군이 동원되어 논에 모를 내고 개간된 밭에 인삼포를 만들었다.[179] 이처럼 비무장지대 북방한계선 밖의 마을 사람들은 비무장지대 안팎을 오가며 토지를 경작했다.[180]

북한은 '경계선 인접 지대'의 전후 피해 상황을 심각하게 보고 있었다. 따라서 신속한 복구와 정책적 지원을 강조하며 내각결정 161호와 같은 물적 지원 및 세금 감면 등의 정책을 시행했다.[181]

개성지구 소비조합 조직위원회에서는 인민생활 안정을 위한 과동 물자를 원활히 공급하기 위해 노력하고 있다. 동 소비조합에서는 이미 지난 8월 중순에 조합 내 지도일군이 다수 참가한 가운데 농민들의 과동물자를 성과있게 보장하기 위한 집체 토의를 거듭하였으며 주밀한 계획을 수립하였다.

동 소비조합에서는 관계기관과의 긴밀한 련계 밑에 이미 지난 8월에 현지에 조합일꾼들을 파견하여 개풍 판문군 농민들의 수요를 충족시킬 수 있는 식염을 확보하였으며 그 확보한 식염을 현재 속속 운반하여 농민들에게 공급하고 있다. 먼저 평화리 봉동리 림한리 덕수리 등 전쟁의 피해를 많이 입은 경계선 린접지대 농민들에 김장용 식염을 공급하였으며 현재 연동리 해선리 등 개풍군 각 리 농

---

179   리정근·리병렬, 앞의 책, 12~15쪽.
180   이는 북한이 비무장지대 안의 농경지를 활용하기 위해 민간인이 북방한계선 안의 비무장지대를 출입할 수 있도록 허가했음을 잘 보여준다.
181   한모니까, 2021, 앞의 논문, 148~149쪽.

민들에게 각 상점을 통하여 식염을 공급하고 있다.

동 소비조합에서는 농민들의 과동용 면직물을 비롯하여 세탁비누 일용 생활필수품들을 다량으로 확보하고 있으며 이 지구에 미역 명태 등 수산물과 각종 식료품들을 동 기간에 원활히 공급하기 위한 만반의 대책을 강구하고 있다. 동 소비조합에서는 내각결정 제146호에 의한 로동자 사무원들의 과동물자 면포 및 포화를 확보하고 있으며 농민들의 등화용 카바이트를 인수하기 위해 현지에 조합일꾼들을 파견하고 있다. 동 소비조합에서는 <u>비무장지대 농민들에게는 물물교환의 편이를 도모하여 주고 있으며 조합원들에게는 식염 수산물 등을 우대 판매하고 있다</u>.[182] (밑줄은 저자가 강조한 것)

그뿐 아니라, 군사분계선과 임진강에 접한 그야말로 '최전방 판문군'은 전후 농촌경리(農村經理) 복구를 빠르게 추진했다. 덕수리와 림한리, 조강리, 신흥리, 동창리, 월정리, 홍왕리 등에서는 다음 해 영농 준비, 목축 증식, 협동조합 조직, 휴경지 복구, 현물세로 우량곡 납부 등이 전개되었다.[183] 북한은 가경지(可耕地)를 유휴방치하지 않았다. 비무장지대 안이라고 해도 예외가 되지 않았다. 농지 확대와 생산량 증가를 위해 전력했다. 북측이 군사정전위원회에서 민간인 출입 허용 문제를 적극적으로 제기했던 것도 전후 복구와 생산량 증대 정책 때문이었다.

북한의 이러한 적극적인 농지 개발은 비무장지대 자연생태에도 영향을 주었다. 북측 비무장지대는 우리가 흔히 생각하는 '자연생태의 보고'나 생물다양성과는 거리가 있다. 남측 비무장지대의 자연생태는 인

---

182   『개성신문』1953. 10. 10.

183   『개성신문』1953. 10. 7;『개성신문』1953. 10. 8;『개성신문』1953. 10. 9;『개성신문』1953. 12. 3.

간의 농경과 분리되어 다양한 동식물의 서식지가 되었지만, 북측 비무장지대는 농경지 면적이 상당하다. 이처럼 비무장지대의 자연생태는 군사분계선을 경계로 남북 간에 다른 양상을 보이게 되었고, 이는 정책적 작용의 결과였다.

북한은 전후 복구 사업과 성과를 체제 선전에 활용했다. 전쟁 이전 남한의 미군정과 '이승만 통치'와 비교하고 북한 체제의 우월성을 마을 주민들에게 선전했다. 덕수리에서는 무축농가(無畜農家) 퇴치사업을 진행하면서 "이승만 역도들의 폭압정치 하에 수다한 가축들을 략탈당하고 원쑤들의 악랄한 포격과 폭격 등 만행으로 20여두의 축우를 살해당하고 보니 마을에는 가축이 전혀 없다시피" 되었는데, 1953년 1월 현재 "205두의 축우와 돼지, 닭, 토끼 등 가축들이 있게 되었다."라고[184] 전후를 비교했다. 림한리에 대해서는 "3년째 묵어오던 5만여 평의 휴경지", "최전방지대의 광활한 논벌" 복구 과정을 보도하면서 "전체 농민들은 거듭되는 당과 정부의 배려에 대하여 감격한 환호를 울리면서 공사시간을 단축할 것을 맹세"했고, "휴식시간에는 민청 써클원들의 노래 무용들이 벌어졌으며 농민들의 흥겨운 풍년가는 강 건너 적진에까지 울려갈 듯 하늘 높이 울려 퍼졌다."고 하는 식이었다.[185] 마을 농민들은 집회와 회의마다 "김일성 원수에게 감사와 앞으로 농촌의 복구발전을 맹세하는 편지를 채택"하기도 했다.[186] 북한은 이러한 과정을 통해 전후 복구를 신속히 하고 남한의 국민이었던 이들의 민심을 수습해 북한 체제에 흡수하고자 했다.

정리하자면, 비무장지대 마을 평화리와 인근 지역에 대한 개발은 북

---

184 『개성신문』 1953. 10. 7.
185 위의 자료.
186 『개성신문』 1953. 10. 8.

한의 내적 필요에 의한 것이었다. 북한 전역에서 전개된 전후 복구 사업
은 접경지역에서도 예외가 아니었으며, 평화리와 접경지역의 전후 복구
사업은 주민의 민심 확보와 생산량 증가 등을 위해 매우 적극적으로 진
행되었다. 이러한 평화리 등의 변화는 전후 복구의 성과를 외부에 선전
하기에 적합했으며, 북한도 이를 적절히 활용했다.

— "실제로 더 좋아 보이는" 평화리

북측 '평화리'의 모습은 남측에 상당한 자극을 주었다. 아래의 〔자료
1〕은 1959년 김정렬 국방부 장관이 국무회의에 보고한 것이고 〔자료
2〕는 유엔사 군정위 한국 대표단이 제출한 보고서이다. 두 자료에는
1958~1959년 평화리의 개발 모습이 대성동 상황과 대조적으로 묘사되
고 있어서, 대성동을 바라보는 남측의 위기의식이 엿보인다. 이는 대성
동 개발의 필요성을 자극하고 의욕을 불러일으켰다.

〔자료 1〕
(다) 동부락 전면 약 2키로 지점인 괴뢰측 비무장지대에는 1939명
의 북한 민간인이 거주하고 있는 바 괴뢰측에서는 그들 민간인에
대하여 아래와 같은 적극적인 제반원호를 실시함으로서 심리전과
선전전을 맹렬히 전개하고 있음.
　　괴뢰측의 원호현황
　　1. 전기 가설
　　2. 인민학교 교사신축
　　3. 주택신축(호수 미상)
　　4. 수리, 관개공사 및 제방공사 양수기장치
　　5. 농번기에는 트랙타 및 기타 현대적인 농구를 동원하여 농
　　　 사를 지원하고 있음

6. 교량공사

(라) 이에 반하여 대성동 부락에 거주하는 아방측 민간인은 대한민국 정부로부터 하등의 원호대책이 강구되어 있지 않으며 대한민국의 행정적인 시책이 미치지 않는 치외법권적인 존재로 되어있어 상기한 바와 같은 괴뢰측의 맹렬한 선전전의 전개는 아방측 민간인의 사상적인 동향의 안정과 나아가서는 대한민국의 국민의 일원이라는 긍지를 상실케할 우려가 있다고 사료됨.[187] (밑줄은 저자가 강조한 것)

[자료 2]

자유의 마을에서 사천강 작은 개울을 건너면 공산 측의 광대한 경작지가 있다. 관개 시설, 주택, 공공 건물은 한국 재건 프로젝트 이전 유엔사 측의 것보다 실제로 더 좋아 보였다. 공산 당국은 자신들의 마을에 구호품을 제공하는 것을 탁월한 사례로 크게 강조, 선전한다. 공산 측의 모든 손님은 틀림없이 호위 장교에 의해 잘 세뇌되며 군사분계선 건너편에 있는 두 마을을 살펴보라는 제안을 받을 것이다. 그들은 농사철에 다양하고 많은 현대식 농기계를 도입한다. 군사분계선을 중심으로 둔 두 마을 사람의 파노라마 사진은 1958년 영문으로 인쇄된 북한 관광안내서에 실렸다. 이것은 공산주의자들이 얼마나 진지하게 마을 문제를 선전하고 싶어 하는지, 두 마을이 드라마틱하게 서로 가까이 있는지 나타낸다.[188] (밑줄은 저

---

187   국방부장관 김정렬. 1959, 「비무장지대 거주 민간인 원호에 관한 건」, 국가기록원 BA0084226.

188   "(25) Introduction on the Current Status of Civilians in the DMZ" (1959. 12), RG 469: Records of U.S. Foreign Assistance Agencies, 1942 – 1963, Unclassified Subject Files, ca. 1955~11/03/1961 [Entry P 319], Box 20.

자가 강조한 것)

정전협정 체결로부터 5년이 지난 1958년, 평화리에는 1,939명의 주
민이 거주하고 있었다. 북한은 "적극적인 제반 원호를 실시"했다. 전기
도 들어오고 있었고, 주택은 물론 학교도 신축되고, 교량 공사도 이루어
졌다. 트랙터와 다양한 현대식 농기계가 도입되어 농사에 도움이 되고
있었다. 관개 시설도 갖추어졌고 "광대한 경작지"가 펼쳐졌다. 반면 대
성동에는 어떤 정부의 원호 대책도 마련되어 있지 않았다. 관개 시설과
주택은 낙후했고, 공공건물이랄 것도 없었다.

유엔사 군정위 한국 대표단이 평화리의 모습을 "유엔사 측의 것보
다 실제로 더 좋아 보였다."라고 보고했듯이, 사천 너머의 평화리는 대
성동과 비교되지 않을 수 없었다. 북한은 평화리와 대성동의 차이를
"진지하게" 선전했다. 평화리 주민과 대성동 주민에게, 그리고 외국 방
문객들에게 군사분계선 건너편에 "드라마틱하게 서로 가까이" 있는 두
마을을 선전했다. 영문 관광안내서에도 두 마을 사람의 파노라마 사진
을 실었다.

김정렬 국방부 장관은 북한의 이러한 "맹렬한 선전전"으로 인해 대
성동 주민의 사상적인 동향이 안정되지 못하고 대한민국 국민으로서의
소속감이나 긍지를 상실할 것을 우려했다. 또한 북한을 실제로 방문한
사람들이 광대한 경작지와 현대식 농기계 등을 중심으로 두 마을을 비
교하게 될 것을 걱정했다. 유엔사와 한국 정부는 사천 너머로 보이는 평
화리의 모습과 선전을 의식했고, 대성동 개발과 선전의 필요성을 절감
하며 이를 언급하기 시작했다. 이것이 1959년 대성동 개발의 배경이 되
었으며, 이에 따라 개발의 주 내용이 주택 신축 등 북한에 가시적으로
보여주는 것을 목적으로 하게 된다.

그런데 대성동과 평화리에 대한 위와 같은 묘사나 위기의식은 아주

예외적이다. 통상 북한 사회에 대한 묘사는 북쪽이 얼마나 낙후되었고 주민을 착취하는가에 대한 내용으로 이루어지고, 남한 사회가 그와 달리 우월하고 발달되었으며, 삶이 윤택하다는 등 북쪽의 모습과 대비되는 것이 전형적인 서사이기 때문이다. 이러한 서사는 특히 1970년대 체제 경쟁이 본격화되면서 반복해서 강조되기 시작했다. 하지만 개발과 선전에서 평화리가 앞섰을 때는 다른 방식의 공식 서사가 필요했다. 그것은 개발에서 뒤처져 있던 대성동의 영농 모습을 '자유와 한가로움'으로 표현하는 것이었다.

- '판문점'에서 회담이 열린 23일 회담 장소 앞 완충지대 들판에서는 농민들이 모내기에 바빴다.
- 공산군 관리 아래의 소위 '평화촌' 농민들은 크나큰 인공기를 올린 두 대의 '추럭'이 감시하는 가운데 집단적으로 모내기에 혹사당하고 있었고
- '유엔'군이 관리하는 대성동 주민들은 하나씩 둘씩 자유롭게 한가로이 소를 몰아 논을 갈며 모내기를 하여 이에 좋은 대조를 이루었다.[189]

1959년 5월 24일자 『동아일보』 기사에 의하면, 평화리 주민은 큰 인공기를 단 트럭 두 대의 "감시" 아래 "집단적으로 모내기에 혹사당하고" 있었고, 대성동 주민은 유엔군의 "관리"하에 "하나씩 둘씩 자유롭게 한가로이" 모내기를 하였다. 트럭의 활용은 감시의 수단으로, 대규모 모내기는 집단적 혹사로 묘사되었다. 반면 대성동 주민의 소를 이용한 모내기는 '자유롭고 한가로운' 모습으로 표현되었다. 이러한 방식의

---

189   『동아일보』 1959. 5. 24.

묘사는 대성동의 영농기계화 이전까지는 반복될 수밖에 없었다.

평화리 개발은 분명 남측에 자극이 되었고 위기의식을 불러일으켰다. 1958년경부터 유엔군사령부와 한국 정부는 변화를 거듭하던 '평화리'를 의식하면서 대성동 원조 및 개발에 대한 문제의식을 갖게 되었다. 이는 대성동 개발 및 정책 방향에 영향을 주어, 주택 신축 및 전기 가설과 같은 마을 개발, 차량 비치 및 농기계 이용, 경작지 확대, 주민 위문과 구호품 전달 등이 시작되었다. '자유의 마을'이라는 이름은 분명 대성동에서 눈앞에 보이는 앞마을 '평화리'에 맞서는 이름이었다.[190] 이후 '자유의 마을' 개발이 본격적으로 시작되자 "이제 뻐길 수 있게 되었다"라는 기사들이 나오기 시작했다.

이렇듯, '자유의 마을'과 '평화의 마을' 간의 경쟁은 이미 1950년대 후반부터 시작되고 있었다. 남북한의 본격적인 체제 경쟁이 1970년대부터 진행되었던 것을 염두에 두면, 두 마을 사이의 경쟁은 그보다 훨씬 빨랐다. 군사분계선 양쪽 두 마을의 물리적 거리가 가까운 만큼 체제 선전과 경쟁도 일찍 시작되었다. 그리고 두 마을의 체제 선전은 상대 마을 주민만이 아니라, 실은 자기 마을 사람들과 자국민을 향하고 있기도 했다.

— "버림받은 무릉도원"

평화리의 '발전'과 '선전'에 남측도 대응에 나섰다. 유엔사가 대성동 개발에 관심을 가지면서 언론도 대성동을 보도하기 시작했다. 1957년 12월 이후에는 『경향신문』, 『동아일보』, 『조선일보』 등이 대성동의 특별함을 주목, 보도하기 시작했다. 『경향신문』은 1957년 3회, 1958년 12월 6회의 기획 연재 기사로 다루기도 했다. 이 기사들은 대성동 주민이 처한 상황을 본격적으로 알리는 신호탄이었다. 대성동 보도는 군사정전위원

---

190   『조선일보』 1959. 11. 13.

회 유엔군 측의 지원과 허가 없이는 불가능한 것이었다. 유엔군사령부
는 보도 지원을 통해 대성동에 대한 한국 정부와 사회의 관심 및 지원을
촉구했다.

대성동은 '한국의 별천지',[191] '외부세계와는 일체의 접촉이 없는 하
나의 육지의 섬나라'[192] 등으로 묘사되었다. 또한, 대성동은 '무릉도원'
으로도 비유되었는데, 이곳 주민의 생활이 '한 나라의 법률하에 있지 않
고 유엔의 보호하에 평화롭다'는 점, '경제적 수준이 한국 농촌의 상황
보다 더 낫다'는 점이 강조되었다.

> 총인구 32세대에 177명이 어느나라 법률하에 있지 않고 오직 유엔
> 보호하에 평화스런 생활을 하고 있다 하니 좀 과장하면 신판 무릉
> 도원. (중략) 매 세대가 초가집 한 채와 약간의 농토와 소 한 마리씩
> 가지고 있은즉 한국농촌의 수준으로 보면 무릉도원이란 말이 헛되
> 지 않은 듯.[193]

> 지금 이 '태성동' 주민들은 하루바삐 그 마을이 자유스럽게 되기를
> 바라고 있다.[194]

> "6년째 이렇게 살다보니 이젠 '나라'로부터 버림받은 것 같이 대단
> 히 언짢습니다…"고 말하는 농부의 얼굴엔 주름살이 깊었다. 농부
> 는 산더미 같은 벼나까리 밑에서 타작에 바빴다.

서쪽으로 잠시 시선을 주면, 오뚝솟은 '휴전선'의 말뚝 이곳에 잇달

---

191   『경향신문』 1957. 12. 24.
192   『동아일보』 1958. 11. 15.
193   『경향신문』 1958. 5. 22.
194   『동아일보』 1958. 5. 4.

아 휴전선을 알리는 표지가 흰선을 그려뻗었고 황무지의 벌판을 따라 눈을 옮기면 그 넘어에는 북녘의 가난한 농가가 보였다.

새삼 '아! 이곳이 D.M.Z.(비무장지대)로구나…' 하는 느낌을 주는 이곳은 남으로 약 5백미터 조산내(造山川)에서 막히고 동과 북은 판문점으로 가는 국도, 서쪽으로는 휴전선 라인에서 막히는 4방의 거리 2천5백 미터(북·동=1K, 남·서=1.5K)밖에 안 되는 영역을 가진 고장이다.[195]

대성동은 하나의 이상향처럼 묘사되곤 했지만, 한편에는 자유에 대한 갈망과 정부의 보호를 촉구하는 주민의 호소가 있었다. 대성동 주민은 소속(국적)이 없다는 의미에서 '보헤미안'에 비유되었다.[196] 대성동과 이곳 주민에 대해서는 한국 정부의 행정적 권한이 전혀 미치지 못했다. 도민증도 없었고, 초등교육을 하는 학교가 있었지만, 정식 인가 상태도 아니었다. 다만 마을 출입이나 금촌 시장 이용을 위한 유엔군사령부 발행 '패스'만 있을 뿐이었다.[197] 대성동 주민의 법적 지위는 대한민국 국민이 아니라, 유엔군사령관 통제하의 '주민'이었다. 하지만 한국 정부는 대성동 주민의 지위와 생활 개선 문제, 대성동 개발의 필요성을 인식하지 않고 있었다. 때문에 어느 대성동 주민은 "나라로부터 버림받은 것 같"아 "대단히 언짢"으며, 동서남북으로 막힌 작은 마을에 출입이 통제되는 생활에 대해 "하루바삐 자유스럽게 되기를" 바란다고 표현했다.

'평화스러운 생활'이라는 묘사와 달리, 대성동 주민들은 전쟁 재발에 대한 위기의식을 갖고 생활해야 했다. 언제 다시 전쟁이 나서 피난해

195   『경향신문』 1958. 12. 6.
196   『동아일보』 1958. 11. 15.
197   『경향신문』 1958. 12. 7.

야 할지 모른다고 인식했기 때문에, 불편한 상황을 감내하곤 했다. 예를 들어, 가축도 "소는 농사에 필요해서 부득이 키우지만 다른 가축은 피난 가게 되면 귀찮으니까" 키우지 않았다. 미군도 유사시에는 주민들을 부산까지 태워서 피난을 시키기로 약속하곤 했다.[198]

이런 상황이었으니, '자유의 마을'로의 재탄생은 대성동 주민의 민심 수습을 위해서도 필요했다. 유엔사 군정위가 인정할 수밖에 없었듯이 대성동 주민들이 보기에 평화리가 '실제로 더 좋아 보였고', 대성동 주민들은 나라로부터 버림받은 것 같다고 토로할 정도로 한국 정부의 관심 밖에 있었으며, 동서로 불과 2.5km 정도의 작은 마을에 갇혀 지내야 했기 때문이다. 마을 사람들은 휴전선 말뚝과 말뚝을 이은 흰 선에 둘러싸여 사방거리 2,500m 영역 안에서 맴도는 생활을 해야 했다.[199] 이처럼 비무장지대 마을에는 '소속감의 부재'와 '갇힌 일상'에서 나오는 '자유'에 대한 갈망이 있었기에 '자유의 마을'이라는 이름이 탄생하게 된 것은 외부를 염두에 두고 자유세계를 상징하는 것뿐만이 아니라, 주민에 대한 선전 및 민심 수습이라는 배경도 갖고 있었다.

— "이상촌" 만들기: 마을 자치와 주택, 전기

1958~1959년에는 대성동을 운영하는 방식과 마을 외관에 변화가 생기기 시작했다. 먼저 유엔군사령부는 지원과 조언, 원조를 제공하며 대성동 마을 자치를 이루고자 했다.[200] 1958년에는 동제(洞制)를 마련했다. 대성동은 기본적으로 군사정전위원회가 제정한 규칙에 따라 통제되고

---

198   『조선일보』 1957. 12. 20.
199   『경향신문』 1958. 12. 8.
200   "James Taylor, JR. Colonel, General Staff Assistant Chief of Staff, G5 to Miss Marilyn Lerch Executive Assistant to the Director USOM" (1963. 4. 10), RG 286, SOC 4.

있었으나, 미 제1기병사단(1st Cavalry Division) 민사처의 연락장교 오정호 소령의 협조와 조언으로 대한민국 법을 기초로 한 '자치법'을 제정하고,[201] "형식상 자치제"를 실시했다.[202]

자치 체계는 운영위원회(5명), 자치정부 격인 '동사무소', 입법기관에 해당하는 '부락회의', 사법기관에 해당하는 '유지회', '대성동은행' 등으로 구성되었다.[203] 동장은 입법기관인 부락회의의 장과 사법기관인 유지회 회장, 대성동은행장을 역임했다. 형식상 삼권분립의 형태를 채택하고 있으나, 한 사람이 모든 권한을 맡은 것이나 다름없었다.[204]

동장 선출은 임명에서 선거 방식으로 변화되었다. 첫 동장은 임명되었고, 제2대 동장은 동민들의 구두호천(口頭呼薦)에 의해 선출되었다. 제3대 동장은 동제에 따라 선거로 선출되었는데, 1958년 11월 13일 유권자 102명이 기입식 비밀투표를 실시했다.[205] 김남수와 박창수가 입후보했고, 당시 42세였던 박창수가 당선되었다.[206] 동장은 매주 화요일 '부락회의'를 소집했다. 이때 후방(금촌시장)에 나갈 주민과 구매할 물건을 논의하고, 후방에 나가는 사람에게 '패스'를 교부했다.[207] 또한 주민 간의 사소한 분쟁을 해결하고 복지를 향상하기 위해 미군 당국과 교섭하는 역할을 했다.[208]

사실 대성동 자치제는 한국 정부와 연결되지 않은 상태에서, 그리고

201   『동아일보』 1958. 11. 15.
202   국방부장관 김정렬, 1959, 「비무장지대 거주 민간인 원호에 관한 건」, 국가기록원 BA0084226.
203   위의 자료.
204   『동아일보』 1958. 5. 4; 『경향신문』 1958. 12. 6.
205   국방부장관 김정렬, 1959, 「비무장지대 거주 민간인 원호에 관한 건」, 국가기록원 BA0084226; 『경향신문』 1958. 10. 25; 『경향신문』 1958. 12. 9.
206   『동아일보』 1958. 11. 15; 『경향신문』 1958. 11. 15; 『조선일보』 1959. 6. 7.
207   『경향신문』 1958. 12. 9.
208   『경향신문』 1958. 10. 25.

유엔군사령관의 통제하에 있던 상태에서 나올 수밖에 없던 방식이었다. 대성동 자치제는 고립된 작은 마을에 대한 유엔군사령부의 군정이나 다름없었다. 자치제의 권한이나 방식은 극히 제한적이었다.

1958년 11월, 유엔사 군정위 한국 대표단이 대성동 마을 현황과 마을의 요구, 한국 정부에 대한 주민의 심리적 측면에 관한 보고서를 관계 기관에 제출했다. 보고를 받은 관계 기관은 구체적인 방안을 검토하기 시작했다. 요점은 정부가 필요한 지원을 대성동에 제공하고, 오랫동안 정부와의 접촉에서 분리된 마을 사람들에게 '소속감'을 주어야 한다는 것이었다.[209]

유엔사는 대성동 주민에 대한 한국 정부의 협조를 요청했다. 그에 따라 한국 내무부와 국방부, 문교부 등이 1958년 12월 24일~25일 이틀간 대성동을 방문하여 실태를 조사했다. 1953년 8월 이승만 대통령이 방문한 이래 한국 정부의 첫 방문 시찰이었다.[210] 비누와 수건을 위문품으로 가지고 간 한국 정부는 수년간 고립된 채 생계 및 교육 등에서 곤란을 겪는 주민들의 상황을 인식하게 되었다. 정부는 "수복지구에 적용하고 있는 임시행정조치법을 이곳에도 적용하여 국비로서 고아가 된 이들을 구조할 방침을 추진하겠다."라고 밝혔다.[211]

이처럼 1958년 11월에 파악한 대성동 현황을 바탕으로 1959년 대성동의 근대화와 이상촌 만들기 프로젝트가 시작되었다. 이 프로젝트는 유엔사 군사정전위원회, 주한 미 경제협조처, 한미합동경제위원회(Combined Economic Board, CEB), 한국 정부 등이 공동으로 추진했다.

209   "(25) Introduction on the Current Status of Civilians in the DMZ" (1959. 12), RG 469: Records of U.S. Foreign Assistance Agencies, 1942-1963, Unclassified Subject Files, ca. 1955-11/03/1961 [Entry P 319], Box 20.
210   『경향신문』 1959. 2. 25.
211   『조선일보』 1959. 2. 27.

1959년 1월 3일 '마을 원조'를 위한 한국 정부의 첫 번째 회의가 열렸다.[212] 1959년 3월 5일에는 대성동 주민 원조를 합의하고 이를 위해 헌병사령부에서 내무·국방·농림·문교부가 관계부처 실무자 회의를 개최하기로 했다. 내무부에서는 공회당 설립을, 문교부에서는 여교사 2명 파견과 교사(校舍) 수리·교재 제공을, 농림부에서는 수리사업과 제방 시설 공사를 하기로 하고, 이 합의 사항은 국무회의에 상정하여 예산을 확보하기로 하였다.[213] 국무회의에서 최종안이 발표되었고, 부흥부(1961년 건설부로 개편)가 주한 미 경제협조처의 현장 조사를 진행하고 회의를 개최하는 프로젝트 추진 기관으로 지정되었다.[214]

이제 본격적으로 원호 계획을 수립하기 위한 관계 부처의 회의와 현지답사가 실시되었다. 1959년 1월 26일과 3월 4일, 내무·보건사회·농림·문교·상공·국방의 각 부 및 3군 정보국장, 헌병사령부가 두 차례에 걸쳐 회의를 진행했고, 2월 24일 현지답사를 실시했다.[215] 부흥부, 보건사회부, 상공부, 재무부, 주한경제조정관실(Office of the Economic Coordinator, OEC) 지역사회개발과, 경기도 사회과 등이 대성동을 방문했다. 마을 지도자들과의 회의가 열렸고 현안과 자원에 대한 일반적인 추정이 이루어졌다.[216] 이 과정에서 관계자들 사이에서는 북측 평화

212   "(25) Introduction on the Current Status of Civilians in the DMZ" (1959. 12), RG 469: Records of U.S. Foreign Assistance Agencies, 1942−1963, Unclassified Subject Files, ca. 1955−11/03/1961 [Entry P 319], Box 20.
213   『조선일보』 1959. 3. 6; 『동아일보』 1959. 3. 6.
214   "(25) Introduction on the Current Status of Civilians in the DMZ" (1959. 12), RG 469: Records of U.S. Foreign Assistance Agencies, 1942−1963, Unclassified Subject Files, ca. 1955−11/03/1961 [Entry P 319], Box 20.
215   국방부장관 김정렬, 1959, 「비무장지대 거주 민간인 원호에 관한 건」, 국가기록원 BA0084226.
216   "Excerpts from Minutes of the CEB Meeting", RG 286: Records of the Agency for International Development, 1948−2003, Central Subject Files [Entry P 583], SOC 4(Housing and Urban Development), 1963.

리의 개발 상황과 대성동의 모습이 대조적으로 인식되었고, 대성동 개발 필요성에 대한 인식이 공유되었다.

한편 관계 부처 회의에 미국의 대한 경제 원조 기구들이 포함된 것이 주목된다. 당시 한미합동경제위원회는 주택 건설 프로젝트를 진행하고 있었는데, 대성동 개발도 이에 포함되었다. 특히 대성동에서는 북측 평화리 상황을 의식하여 전력 문제와 주택 및 공중목욕탕 건설이 핵심 사업이 되었다. 1959년 6월 19일 제158차 한미합동경제위원회 회의에서 한국 대표는 대성동 마을이 조명이 밝은 공산군 측과 가깝기 때문에 조속한 전력 공급이 필요하다고 강조했다.[217] 6월 24일 제160차 한미합동경제위원회 회의에서는 대성동 마을의 개선 계획이 '원조된 자조(自助)의 형태'(the form of aided self-help)가 되어야 하며, 최대한 '지역적 참여와 기여'가 있어야 한다고 제시되었다.[218]

당시 대성동 개발의 목표는 "근대화된 이상촌"을 건설하여 "쇼윈도" 역할을 하게 하는 것이었다. 유엔사 측 군정위는 "완전히 근대화"된 대성동의 '이상촌' 건설이라는 장기 구상하에, 공회당과 주택, 공중목욕탕 건설을 1959년 크리스마스 전까지 마무리하고자 했다.[219] 그리고 장기적으로는 동리(洞里)의 구조를 근대화하고, 동민의 자치조직을 만들어 '독립국' 역할을 하도록 하겠다고 계획했다. 동리의 행정을 맡아볼 자치운영회를 만들어 위원장, 부위원장, 내무위원, 농림위원, 문교위원, 보건위원, 후생위원, 사법위원, 고문 등 부서를 두려는 구상이었다. 유엔사 군정위 한국 대표 최덕빈 중령은 천주교회나 개신교회를 세우고, 4H클럽도 만들고, 중학교도 세우겠다며 이상촌 건설 구상을 밝혔다.[220]

---

217   앞의 자료.
218   위의 자료.
219   『동아일보』 1959. 11. 13.
220   위의 자료.

대성동 개발은 한미합동경제위원회와 주한경제조정관실 지역사회 개발과가 주도하던 지역사회 개발사업의 하나이기도 했다. 이들은 최소한의 '원조'와 지역사회의 '자조'를 통해 대성동 '자치'를 실현하고자 했다. 1958~1959년에 대성동에서 추진된 동제(洞制) 운영 및 주택과 공중목욕탕 등의 시설 건설은 미국의 원조 정책의 하나로서 구상되고 전개되었다. 주택 건설 프로젝트와 건강 및 위생 프로젝트가 동시에 추진된 결과였다.[221] 개발된 평화리와 대조적인 대성동의 낙후된 모습과 주민의 불만, 평화리에 대응하는 선전이라는 현실적인 문제에 대한 해결 방식은 결국 당시 미국의 원조 정책에 따라 이루어졌다.

당시 대성동 개발은 시설 건설을 중심으로 이루어졌다. 1959년 7월 24일, 한국 정부와 미국 구호 당국은 대성동에 32가구의 주택을 짓기로 합의했다.[222] 이 주택 프로젝트는 한국전쟁 난민 재정착 및 동화(assimilation), 지역사회 개발 프로젝트에 배정된 자금으로 조달하기로 했다.[223] 부흥부는 주한 미 경제협조처 측과 합의하여 지역사회개발위원회 예산으로 480만 환을 책정하여 송배전 시설을 갖추고, 난민 정착 사업비로 32호의 주택을 신축하고, 위생적인 공동 우물을 신설하기로 결정했다.[224] 유엔군사령부의 미 육군 부대는 5kW(킬로와트)짜리 발전기를 제공하여 마을에 전기를 공급하기로 했는데, 이는 "북쪽에서 분명히 볼 수 있는 전기 조명을 제공하는 데 중점"이 있었다.[225] 1959년 8월

---

221 "Guido Nadzo, PSD-H to Mr. Edcard G. Armagost, AD/P-P "Dae Song Dong (Socalled "Freedom Village")" (1963. 4. 15), RG 286, Central Subject Files [Entry P 583], SOC 4 (Housing and Urban Development).

222 "Excerpts from Minutes of the CEB Meeting", RG 286, SOC4, 1963.

223 위의 자료.

224 『조선일보』1959. 7. 24.

225 "Excerpts from Minutes of the CEB Meeting", RG 286, SOC4, 1963; "Guido Nadzo, PSD-H to Mr. Edcard G. Armagost, AD/P-P "Dae Song Dong (Socalled "Freedom Village")" (1963. 4. 15), RG 286, Central Subject Files [Entry P 583],

28일 부흥부에서 열린 합동경제위원회 기획분위에서는 대충자금으로 수복지구에 7개 수리사업 지구를 착공하고, 대성동에 32개 가옥을 10월 1일부터 건설하기로 계획하였다.[226]

이때 한국의 보건사회부가 주택 건설 프로젝트의 실행을 담당했는데, 공사 계약 및 작업 수행에 대한 책임을 대한주택영단에 위임했다. 공사는 서울에 있던 태일건설이 맡았다. 모든 업무와 인원은 유엔사의 승인과 통제, 총괄 감독을 받았다.[227]

대성동에 새로 건설된 주택은 1959년 10월 20일 착공하여 12월 23일 입주식이 거행되었다. 12평짜리 15동과 9평짜리 15동이 신축되고, 2동은 수리되어 총 32동이었으며 공중목욕탕도 지어졌다.[228] 1960년 1월 13일에는 공회당 '자유의 집' 준공식 및 개관식이 거행되었고, 1월 20일 선기시설 준공식도 거행되었다.[229]

대성동 개발이 완료되던 1959년 12월에 제출된 유엔사 군정위 대한민국 대표단의 실태보고서를 보면, "작은 마을을 뽐내기 위한 공산주의자들과의 유치한 전면 선전전을 벌이는 것이 목적이 아님을 분명히 밝힌다."라고 되어 있다.[230] 하지만 대성동이 개발된 계기와 목적은 평화리의 개발에 대응하기 위한 것이었으며, 이상촌을 만들어 '쇼윈도'로 삼기 위한 것이 분명했다. 언론 또한 체제 선전을 위한 경쟁 마을로서의 대성동의 특성을 지속적으로 보도했고, 노골적으로 체제 경쟁을 촉구했다.

SOC 4 (Housing and Urban Development).

226 『조선일보』 1959. 8. 28.

227 "Guido Nadzo, PSD-H to Mr. Edcard G. Armagost, AD/P-P "Dae Song Dong (Socalled "Freedom Village")" (1963. 4. 15), RG 286, Central Subject Files [Entry P 583], SOC 4 (Housing and Urban Development).

228 『조선일보』 1960. 3. 4.

229 『조선일보』 1960. 1. 14 ; 『동아일보』 1960. 1. 21.

230 "(25) Introduction on the Current Status of Civilians in the DMZ" (1959. 12), RG 469, Unclassified Subject Files, ca. 1955~11/03/1961 [Entry P 319], Box 20.

— 평화리 주민과 경쟁하는 대성동 주민: 심성의 동원

'자유의 마을' 개발 프로젝트는 대성동 주민에게도 경쟁을 촉구했다. 체제 경쟁과 선전전은 마을의 근대화된 외관만이 아니라, 주민의 일상과 심성(心性)의 차원에서도 전개되었다.

- 모내기가 시작된 것은 (중략) 10여일 전이였다 한다.
- (중략) 올해에는 작년보다도 50정보가 더 는 160정보의 모내기이니 시각을 다투고 일을 서두르게 되었다. (중략)
- 이렇게도 일을 서두르고 있는 또 하나의 원인은 군사경계선 북쪽 공산지역의 모내기가 벌써 10여일 전에 끝났는데 자극을 받고 있다는 것이다. 이 고을 사람들의 말—이쪽이 논갈이를 하고 있을 때 "그놈들"은 나팔소리도 요란히 웅성대며 모내기를 벌써 끝내었는데… 대성동 사람들을 보라는 듯이 큼직한 붉은 기를 세 개나 논 가운데에 세워놓고 있지 않은가?
- "저놈들이 미쳤나?" 대성동 사람들은 그놈의 붉은 깃발을 꽂고 일하는 옛 백전리(백전리는 건너편 괴뢰들이 평화촌이라고 부르고 있는 곳) 사람들이 미친 것만 같이 보인다. 하기야 '해방' 이전만 하더라도 장날이면 만나서 막걸리를 주거니 받거니 하던 그들이 '빨갱이' 천하를 만나더니 완전히 돌았을게다. '제도'의 변혁으로 저렇게까지 될 수가 있을까?[231]

공산측 관할하에 있는 북부 완충지대의 평화리(平和里)라는 마을을 지척에 두고 서로 "잘 살고 잘 먹는다"고 뻐겨대는 위치에 있으면서 기껏해야 허물어진 초가집을 흙으로 땜질해서 잠자리를 가리워

---

231   『조선일보』 1959. 6. 7.

오던 이곳 자유의 마을 대성동(臺城洞) 주민을 위하여 (중략) 도합 32동의 새집이 이 '자유의 마을' 뜰안에 오뚝히 서서 건너편 공산측 완충지대에 서 있는 초라한 집들에게 '우리의 힘'과 '평화'를 뻐겨대게 된 것이다. (중략) 이날로써 이들 별세계의 주민들은 앞강 '사천강' 건너에 사는 1천9백39명의 소위 공산측 민간인 앞에 멋들어진 우리집을 선보이며 그들을 '자유와 평화'의 길로 이끌려는 의욕을 더욱더 굳게 한 것인데 무과세지구이며 논 150정보, 밭 50정보의 이 적은 주민에게는 넓디넓은 땅에서 나는 풍족한 곡식과 남 부끄럽지 않은 집을 가지고 새해에는 '사천강' 너머 불쌍한 동포들도 구해주었으면 하고 여유있는 마음을 쓰고 있는 것이다.[232] (밑줄은 저자가 강조한 것)

기사의 내용을 보면, 대성동에서 논갈이를 하고 있을 때, 평화리에서는 10여 일이나 앞서서 모내기를 마쳤다. 붉은 깃발을 꽂고 나팔소리 요란하게 모내기를 했고, 밤에는 전깃불을 환히 밝혔다. 평화리에 "자극받은" 대성동 주민은 모내기를 서둘렀다. "억지풍년"을 맞은 평화리에 "화가 났고" 주택 건설을 위해 동분서주했다.[233] 이처럼 이제 평화리와 대성동은 영농 일정과 풍경, 소리, 감정 등에서 노골적으로 비교되었고, 서로 경쟁하게 되었다.

대성동은 새로운 이름도 갖게 되었다. 1959년에 붙은 '자유의 마을'이라는 이름은 앞마을 '평화리'에 맞서는 이름이었다.[234] 허물어진 초가집을 흙으로 땜질해서 생활하던 대성동에 새로운 주택이 건설되자 "망

---

232   『조선일보』 1959. 12. 24.
233   『동아일보』 1959. 11. 13.
234   『조선일보』 1959. 11. 13.

치소리가 울려" 나왔고, "날마다 설레"었다. "풍족한 곡식과 남부끄럽지 않은 집"이 완성된 후에는 "멋들어진" 집을 평화리에 보여주면서 "'우리의 힘'과 '평화'를 빼"기고, "불쌍한 동포들도 구해주었으면 하고 여유 있는 마음"마저 지녀야 했다.[235] '자유의 집' 공회당이 준공되자, "자유를 위해 총칼을 들고 싸울 용기"와 "더 피땀을 흘려서 생산을 더 하고 국민으로서의 의무를 존수"할 것까지 요구되었다.[236] 대성동 주민은 정전협정 체결 이후 대한민국 국민으로서의 법적 지위가 상실된 채로 회복되지 않고 있었지만, 마을 개발과 동시에 경쟁하는 마음까지 요구받았다. 대성동 마을 주민에게 요구된 경쟁하는 마음이란 설레고, 자랑스러워하고, 여유 있고, 국민으로서의 의무를 지키며 피땀 흘려 생산하려는 마음이었다.

— "효과적이지 않은" 쇼윈도

'자유의 집'의 언덕에서 북쪽을 보면 멀리 북한괴뢰의 소위 '평화의 마을'이 희미하게 보인다. 그러기에 '자유의 마을'은 어느 의미에서 대공(對共)선전의 표본이며 경쟁터이기도 하다.[237]

1963년 대성동의 첫 개발에 대한 평가가 이루어졌다. 주한 미 경제협조처의 수석 주택고문관 낫조(Guido Nadzo)가 「("자유의 마을"로 불리는) 대성동」이라는 보고서를 제출했다. 이 보고서에서 낫조는 '자유의 마을' 대성동이 "대공 선전의 표본이며 경쟁터"라고 선전마을로서의 특

---

235 앞의 자료.
236 최인규, 1960, 「자유를 수호하고 침략을 막자 - 대성동 '자유의 마을'에서 -」, 『지방행정』 9권 78호.
237 『조선일보』 1960. 1. 23.

성을 명확히 지적했다. 낫조는 대성동 마을은 휴전선 바로 남쪽의 비무장지대 내에 위치하고 있고 북한이 잘 보이는 위치에 있으므로, 대성동 마을을 "이상적인 민주주의의 창(Window Upon Democracy) 또는 쇼윈도(show window)"로 만들어야 한다고 보았다. 1959년에 대성동 주택 건설 프로젝트로 진행된 문화주택 건설과 공중목욕탕 건설, 전기 공급 등의 목적도 "가능한 한 좋은 쇼윈도를 만드는" 데 도움을 주는 것이라고 정리했다.[238]

1960년 1월 '자유의 집' 입주식에서 있었던 최인규 내무부 장관의 연설은 체제 선전과 경쟁터로서 대성동이 가진 특성을 잘 보여주었다. 그는 "자유와 민주주의"의 대성동과 대한민국 대(對) "허울 좋은 선전"의 북쪽 마을과 공산당으로 대비했다. 평화리의 건설에 대해서는 "허위와 선전"으로 치부하고, 자유의 마을 건설에 대해서는 "허위와 선전이 없는 자유의 상징 자유의 집"이라고 연설했다. 이때 말한 자유와 민주주의는 국민의 권리인 대통령 선거와 국회의원 선거, 그리고 "예배당을 마음대로 세우고 하느님을 마음대로 공경할 자유"였다. 최인규는 대성동 주민에게 이 자유를 향유하기 위해 "총칼을 들고 싸울 용기"를 가지고 증산하고 국민의 의무를 준수해야 한다고 강조했다.[239]

최인규는 '북으로 보이는 마을'의 건물들이 허울 좋은 선전에 불과하다고 했지만, 사실 대성동에 건설된 주택도 그와 다르지 않았다. 그뿐만 아니라, 선전이라는 목적에도 도달하지 못한 형편이었다. 입주식은 거행했으나, 주택은 입주가 불가능한 상태였기 때문이다. 외양간과 헛간도 없었고, 도배·장판이나 내부 수리에도 78만 환 등의 추가 비용이

---

238 Guido Nadzo, PSD-H to Mr. Edcard G. Armagost, AD/P-P "Dae Song Dong (Socalled "Freedom Village")" (1963. 4. 15), RG 286, Central Subject Files [Entry P 583], SOC 4 (Housing and Urban Development).

239 최인규, 앞의 글.

필요했다.[240] 대성동 주민은 이 주택들을 '보이콧'했다.[241]

대한주택영단이 수행한 건설은 대부분의 작업을 폐기하고 재시공하지 않고서는 안 될 정도의 수준이었다. 전기 시설과 공중목욕탕은 전혀 사용할 수 없었다. 발전기를 작동하는 데 필요한 연료를 구하고 비용을 지불하는 데 어려움을 겪었을 뿐 아니라, 마을과 주거지에 전기가 연결되어 있었지만 실제로 마을에는 발전기 설치 후에도 전기가 들어오지 않았다. 공중목욕탕의 경우에는, 연료비를 지불하지 못하는 문제도 있었지만 설치된 전기 펌프는 220V용이었는데 공급된 발전기는 110V 용량이었다. 건설이 열악하게 된 것은 물론이고, 펌프실이 침수되어 작동할 수 없었다.[242]

이처럼 민주주의의 쇼윈도 역할을 해야 할 '자유의 마을' 개발은 마을 안팎 모두에 효과가 없다는 것이 점점 드러나기 시작했다.

이들 주민과 대성동원조계획과는 서로 호흡이 안 맞는 것 같다. 어마어마한 공회당과 번지르르한 근대주택보다 우선 농구를, 좋은 씨앗을, 농우를 원하고 있는 이들이다. 전기불이 밝은 빛을 던져주고 있건만 이 사회를 뒤덮고 있는 불안과 고독, 열등감과 편협심 같은 암운은 가실 날이 아직도 먼 것 같다. 적어도 통일이 있기 전에는…[243]

240   『조선일보』 1960. 1. 23.
241   "DMZ villagers boycott homes built by Govt" (1960. 3. 3), RG 469, Unclassified Subject Files, ca. 1955-11/03/1961 [Entry P 319], Box 14, Housing etc. (731 DaesongDong 1960 thru).
242   Guido Nadzo, PSD-H to Mr. Edcard G. Armagost, AD/P-P "Dae Song Dong (Socalled "Freedom Village")" (1963. 4. 15), RG 286, Central Subject Files [Entry P 583], SOC 4 (Housing and Urban Development).
243   『조선일보』 1960. 1. 23.

주민들은 입주가 불가능하게 지어진 주택을 보이콧했다. 그뿐만 아니라, 주민에게 실제로 필요한 것은 건물들이 아니라 영농에 도움이 되는 농구(農具), 씨앗, 농우(農牛) 등이었다. 총칼을 들고 싸울 용기와 경쟁하는 마음에 대한 촉구가 아니라 불안과 고독, 열등감과 편협심 등에서 벗어날 수 있는, 그야말로 '자유'와 '평화'였다.

대외적으로도 대성동은 한국과 미국, 자유세계의 선전장 역할을 하지 못했다. 한국관광공사는 공동경비구역을 방문하는 일반 단체 관광객을 상대로 주 2회 마을로 가는 정기 버스 투어를 신설하기를 원했지만, 낫조는 이에 대해 "민주주의의 쇼윈도로서 마을의 현재 상황이 그다지 인상적이지 않다."라고 비판적으로 평가했다. 그는 "현재 한국, 미국, 자유세계의 노력에 대한 효과적인 시연이나 쇼윈도를 제공하지 않는다."라고 총평했다.[244]

낫조는 당시 대성동이 쇼윈도 역할을 하지 못한다고 평가했지만, 그역할을 버려야 한다고 본 것은 아니었다. 오히려 매우 적은 자금과 노력으로 효과적인 시연장 및 쇼윈도가 될 수 있다고 보았다. 그는 첫째, 이를 위해 한국 정부와 유엔사, 주한미군이 공동으로 자금과 노력을 제공해야 하며, 적절한 감독을 실시해야 하고, 둘째, 마을 주민에게는 세금이 면제되고 있으나, 어떤 형태의 과세 혹은 마을 방문객에게서 얻은 수익 등을 통해 쇼윈도 만들기를 위해 사용된 자금의 일부를 회수할 수 있는 규정이 만들어져야 한다고 권고했다.[245]

대성동 관광은 마을 소득의 원천이 될 수 있었고, 체제 선전에도 활용될 수 있었다. 이런 형태의 관광은 한국관광공사가 처음 제안했지만,

---

244   Guido Nadzo, PSD-H to Mr. Edcard G. Armagost, AD/P-P "Dae Song Dong (Socalled "Freedom Village")" (1963. 4. 15), RG 286, Central Subject Files [Entry P 583], SOC 4 (Housing and Urban Development).
245   위의 자료.

낮조 또한 대성동이 효과적인 쇼윈도 역할을 하게 될 때는 관광객의 마을 방문을 허용할 수 있고, 그 방문객들에게 대성동 생산물을 판매하고 수익을 거둘 수 있다고 보았다. 이러한 생각은 이후에도 간간이 제기되었다. 1971년 대성동 개발에 관한 부처 회의가 있었을 때, 한국관광공사가 대성동에 외국 관광객 방문을 허용하자고 제안한 것이다. 관광공사는 대성동에 "외국 관광객이 들어갈 수 있도록 하고, 토착물 판매 등을 한다면 외화 획득 및 소득 증대에 도움이 될 것"이라고 보았다. 이에 대해 중앙정보부가 관광객이 자유의 마을에 와서 "적의 선전을 볼 필요가 없다"라고 하자, 관광공사는 "(대성동 마을 주민이) 평화롭게 살고 있다는 것을 보여주고 휴게할 수 있도록 하면 되겠다"고 거듭 주장했다.[246] 하지만 대성동 관광은 실현되지 않았다. 1976년 「유엔사 규정 554-1」은 대성동을 "주민 거주 지역"이라고 규정함으로써, 관광을 불허했다.[247]

— **마을 자치의 현실과 이상**

주한미군 민사참모부는 행정과 민주주의 측면에서 대성동 자치를 평가하고 정책의 변화를 요구하고자 했다. 1963년 미 제1기병사단이 현황을 분석하고 행정과 통제를 위한 계획안 〈대성동 행정 및 통제를 위한 계획〉[Plan for the Administration and Control of TAE SONG DONG (Freedom Village)]을 수립했다. 민사참모부는 이 계획이 합리적이며 실행에 옮겨진다면 그 목적을 달성할 수 있다고 기대하면서, 주한 미 경제협조처와도 의논했다.[248]

---

246   내무부 주택개량관실, 「접적 및 수복지구 개발관계관 회의 속기록」 (1971. 11. 30),
       내무부 지역경제국, 『대성동개발관계(1) 1971~1972』, 국가기록원 DA0443869.
247   「유엔사 규정 554-1」 (1976).
248   "James Taylor, JR. Colonel, General Staff Assistant Chief of Staff, G5 to Miss

이때의 평가에 의하면, 먼저 주한미군은 대성동이 "자유의 마을로서 존재하는 객관적인 목적"을 달성하지 못했다고 보았다. 1953년 이후 대성동에 대한 정책은 유엔사의 지원과 조언, 원조로 마을 내 자치를 격려하는 것이었지만, 결과는 만족스럽지 못한 것으로 판명되었다고 평가했다. 그리고 이것은 주민들의 정치적 정교함과 공무원에 대한 교육이 거의 부족하기 때문에 나타난 결과라고 보았다. 또한 한국 농촌사회의 구조상 젊은 사람이 마을의 리더를 맡는 것을 반대하기 때문에 마을 자치를 이루지 못했다고 평가했다.[249]

주한미군은 이 계획안에서 세 가지 목표를 구상했다. 대성동을 첫째, 모범적인 농촌 공동체(model rural community)로 빠르게 발전시키고 둘째, 마을의 민사행정을 이양할 유능한 공무원을 교육하고 훈련시키는 임시 자치정부 시스템(interim system of municipal government)을 제공하고, 셋째, 자유의 마을 모든 주민들에게 민주 사회의 시민들에게 부과된 책임을 가르치는 것이었다.[250]

이 계획에 의해 대성동의 행정 조직 체계는 '자치정부'와 '군정팀'으로 구성되었다. 대성동 자치정부는 군정장관(military governor)과 네 명의 대표들로 구성된 공동마을운영위원회(a joint Community Council)에서 관리하되, 대표들은 성인 거주자에 의해 선출되었다. 운영위원회는 매월 한 번 이상 만나서 프로젝트나 문제, 향후 계획을 논의하며, 위원회에서 승인된 사항을 이행할 책임은 군정장관에게 있었다.

군정팀은 대성동 통제를 목적으로 하는 팀을 제1기병사단장의 작전 통제하에 두되, 대위급의 현역 한국 육군 장교를 군정장관으로 두고, 서

Marilyn Lerch Executive Assistant to the Director USOM" (1963. 4. 10), RG 286, SOC 4.
249   위의 자료.
250   위의 자료.

기장, 의료구조사, 군사 경찰, 트럭운전사, 요리사 등으로 구성하도록 했다. 군정장관은 마을 운영과 관련한 거의 전적인 책임을 부여받았다.[251]

이 계획안에는 마을 주민의 요건과 관련된 출생 및 결혼에 대한 사항도 권고되어 있었다. 아울러 마을의 미관을 최소한의 수준으로 끌어올리고 장기적인 개선 프로그램을 시행하기 위한 3개년 프로그램도 구상되어 있었다.

> 1963년: ① 전기 시스템 복구와 하루 20시간 작동, ② 목욕탕 복구 및 작동, ③ 초가 지붕을 금속 또는 기와 지붕으로 교체(집주인이 비용 부담), ④ 마을 곡물창고의 복구 및 사용, ⑤ 짚을 보관할 공간의 마련, ⑥ 마을 경계 설정 및 적절한 표지판 설치, ⑦ 군정장관이 사용할 마을 사무실 건물 복구 ⑧ 학교 운동장 설치
> 1964년: ① 마을 상수도 시스템 구축, 우물 폐쇄, 주택 및 공공건물에 배관 설치, ② 주택 및 공공건물의 실내 배관 설치, ③ 하수 처리 시스템 구축, 야외 화장실 폐쇄, ④ 쓰레기 처리를 위한 소각로 설치
> 1965년: ① 마을 진입로 및 내부 도로 포장, ② 마을 광장 포장[252]

대성동 마을의 외관이 실질적으로 변화하기 시작한 것은 이 계획안이 나온 다음부터라고 할 수 있다. 1959년의 대성동은 '자유의 마을'로 호명되고 역할이 부여되었을 뿐, 이곳에는 사실상 부실한 주택 30채, 사용 불가능한 공중목욕탕, 처음을 제외하고는 전기가 공급되지 않는 발

---

251   앞의 자료.
252   위의 자료.

전기, 높은 곳에 지어진 공회당이 전부였다. 1963년부터 전기 시스템이 복구되고, 목욕탕이 사용할 수 있게 되었으며 마을 경계와 외관을 꾸미는 다양한 작업이 진행되기 시작했다.

이 계획에서 더욱 흥미로운 것은 이러한 작업에 소요될 자금 조달 방법으로 마을의 수익 창출과 과세 체계를 수립하자고 제안한 것이다. 주한미군은 이를 민주적 공동체 시민으로서 정상적인 책임을 지는 것이라고 보았다. 구체적인 세금으로는 연간 총 소득의 7%를 개인 소득세로, 농지 또는 가옥 평당 연 2원의 재산세를 부과하자고 권했다. 신고된 개인 소득과 등록된 토지 보유량에 따라 군정장관이 세금을 부과하고 1964년 1월 1일부터 징수를 시행하면 된다고 했다. 그리고 예산 적자는 유엔군사령부가 가용 자금이나 주한 미 경제협조처의 지원을 받아서 부담하자고도 세안했다.[253]

〈대성동 사람들에 대한 선포〉(Headquarters United Nations Command APO 301)를 통해, "비무장지대 안에 있는 이 마을의 존재는 정전협정의 조건에 따라 승인된다. 동 협정은 비무장지대 내에서 민사 행정에 대한 전적인 책임을 나에게 부여한다. 그 책임을 수행하는 데 있어서 나의 권위가 최상이며, 여러분은 내가 발표하는 모든 명령, 선언, 지시에 따라야 한다. 현지 정부에 참여할 수 있는 최대한의 기회를 제공하기 위해 그리고 정부의 민주적 절차에 따라 지도자를 훈련하고 지도하기 위해, 나는 여기 첨부된 규약(constitution)이 대성동 마을의 기본법(basic law)이 될 것을 지시한다."[254]

253   앞의 자료.

254   Guy S. Meloy, JR. General, USA, Commander-in-Chief, "Proclamation to the People of Tae Song Dong"(Headquarters United Nations Command APO 301)(날

주한미군사령부 민사참모부의 계획안에 있던 제안 중에서 행정 및 통제에 관한 사안은 유엔군사령부의 〈대성동 사람들에 대한 선포〉(Proclamation to the People of Tae Song Dong)와 〈대성동 마을의 헌법〉으로 수용되었다. 멜로이(Guy S. Meloy)는 유엔군사령관으로서 대성동 마을의 기본법을 선포했으며, 1963년 10월 23일 미 제7사단 민사군정반이 설치되고, 미 2사단 3여단 민사군정반 10명이 배치되는 등[255] 결과적으로, 대성동 관련 계획에서 '마을 자치'를 지향했다고는 하나, 사실상 유엔군사령관에 의한 군정(軍政)이 이어졌다.

다만 마을의 수익과 과세 관련 제안은 수용되지 않았다. 과세는 단순히 마을 내 공공 비용 충당의 문제만이 아니었다. 사실 가장 기본적으로는 국가의 주권자라는 법적 지위와 관련된 문제였다. 대성동 주민의 법적 지위는 '유엔군정의 주민'이자 '대한민국 국민'이라는 경계에 놓여 있었다. 1963년 대한민국 국민으로 인정되었지만, 삶의 대부분이 유엔군정의 통제하에서 이루어지는 상태이니 군정이 과세를 할 수도, 한국 정부가 과세를 할 수도 없었다. 또한 '안보'의 관점에서 보면, 이미 대성동은 '완충지대' 안의 마을로서 그 자체로 적대행위의 재발을 막고 있었다. 주민들의 삶에는 늘 군사적 긴장감이 함께했다. 즉 대성동 주민은 북한과 남한의 경계, 유엔군정 주민과 대한민국 국민의 경계라는 '이중의 경계' 속에 놓여 있었다.

─ 1963년 행정구역 및 국민 편입

대성동이 한국 정부와 제도적으로 연결된 것은 1963년 1월 1일 행정구

짜 명기되지 않음), RG 286, SOC 4.

255 내무부, 「"자유의 마을"(대성동) 개발계획」(작성일 미상, 1972년 봄으로 추정), 내무부 지역경제국, 『대성동개발준공식관계 1972~1972』, 국가기록원 DA0443874.

역에 편입되면서부터다. 1962년 유엔사 군정위는 이를 한국 정부에 요청했고, 내무부는 1963년 행정구역변경안에 대성동을 포함하는 안을 마련하여 법제처에 회부했다. 〈수복지구와 동인접지구의 행정구역에 관한 임시조치법〉(법률 제1178호)이 1962년 11월 21일 제정되었고, 1963년 1월 1일 시행되었다.

이 법의 목적은 "북위 38도 이북의 수복지구와 이에 인접한 지역의 행정구역에 관하여 임시조치를 규정함"이다. 이 법의 1차 취지는 기존의 〈수복지구임시행정조치법〉(법률 제350호, 1954. 11. 17 시행)을 폐지하는 것이었다. 원래 〈수복지구임시행정조치법〉은 행정구역 획정 외에 세무행정과 일반행정에 관한 특례를 규정하고 있었다. 그런데 〈지방자치에관한임시조치법〉(법률 제1037호, 1962. 3. 21 시행)으로 행정에 관한 특례 규정이 그 실효성을 상실하게 되었다. 행정구역도 해방 전의 구역을 기준으로 제정되어 있어서 인구 규모 등이 반영되지 못한 채 소규모의 군 또는 면이 존재하고 있었는데, 〈수복지구와 동인접지구의 행정구역에 관한 임시조치법〉에서 이들이 폐합되었다.[257]

이 법은 제정 이유를 "휴전선에 인접되어 출입이 제한되어 있는 지역의 행정구역에 관한 임시조치를 법률로 정하려는 것"이라고 했는데,[257] 주된 배경은 대성동에 관한 행정구역 변경에 있었다. "경기도 파주군 임진면의 관할구역에 장단군 군내면을 편입한다"라고 규정되었기 때문에[258] 대성동이 명시되지는 않았지만, 경기도 장단군 군내면 조

256　이때 강원도 김화군이 철원군에 폐합되었다. 〈수복지구와동인접지구의행정구역에관한임시조치법〉(법률 제1178호, 1962. 11. 21 제정, 1963. 1. 1 시행), 법제처 국가법령정보센터.(https://law.go.kr/LSW/lsInfoP.do?lsiSeq=59799&ancYd=19621121&ancNo=01178&efYd=19630101&nwJoYnInfo=N&efGubun=Y&chrClsCd=010202&ancYnChk=0#0000)

257　위의 자료.

258　위의 자료.

산리에 속해 있던 대성동은 이로써 경기도 파주군 임진면에 편입되었다.[259] 이렇게 대성동이 포함된 장단군 군내면은 대한민국의 행정구역 관련 법률에 명시되었다.

대성동이 대한민국 행정구역으로 편입되자 언론은 이곳 주민의 국적 변화 문제에 주목했다. "203명의 주민도 출생, 사망, 혼인, 병역, 납세, 선거권 등 대한민국 국민으로서의 모든 권리와 의무를 다하게 될 것"이라고 보도되었다.[260] 실제로 1963년 대통령 선거에 투표권을 행사하는 등 '다시', '대한민국 국민'이 되었지만, 사실상 권리와 의무는 제한되었다.

대성동은 대한민국 법령으로 행정구역이 파주군 임진면에 속하게 되었지만, 정부의 행정권 행사는 불가능했다. 유엔군사령관이 공포한 〈대성동 마을의 헌법〉에 의해 통제받고 있었기 때문이다. 1964년 현재에도 경기도 도민증을 발급받지 못했고, 유엔사가 발급한 패스를 갖고 유엔사가 제공하는 차량으로 금촌과 문산 등을 다녔다.[261] 대성국민학교가 문교부에 의해 공립국민학교로 정식 발족한 것도 1968년 5월 1일이었다.[262] 대성동은 "작전상 유엔군사령관 관장하에 놓여" 있었기 때문에, 여전히 "실질적으로 대한민국의 행정권이 미치지 못하는 특수 이방촌"이었다.[263]

대성동 행정구역 편입은 38선 이북 수복지구의 행정권이 이양된 때를 떠올리게 한다. 두 사례는 어떻게 같고 다를까. 먼저, 수복지구는 38

---

259   이후에 파주군 임진면 조산리 대성동은 1973년 1월 1일자로 파주군 군내면 조산리로 바뀌었다.(『동아일보』 1973. 2. 17) 군내면이라는 이름은 이전에 대성동이 속해 있던 '장단군 군내면'을 살린 것이다.
260   『동아일보』 1962. 12. 11.
261   『동아일보』 1964. 6. 25.
262   『조선일보』 1968. 12. 22.
263   『경향신문』 1965. 7. 27.

선 이북에 위치하여 전쟁 전 북한 체제가 구축되었던 곳으로, 경기도 연천에서 강원도 고성에 이르는 지역이다. 한국전쟁 중 이곳 38선 이북 지역을 유엔군이 점령했을 때 한국 정부의 통치권이 제약되고, 유엔군이 군정을 실시했다. 유엔군과 미 8군의 지휘 아래 국군이 현지의 군정을 관리했지만, 한국 정부의 법적 영향력 행사는 불가능했다. 1954년 11월 15, 16일 현지에서 군단별로 행정권을 이양하고, 17일 이양 선언이 있었다. 한국 정부는 〈수복지구임시행정조치법〉(법률 제350호, 1954. 11. 17 시행)을 시행했다. 당시 군사적 관할권이 배제되고, 법적 이양이 명시되지 않은 채 행정권만 이양되었다.[264]

반면 대성동은 본래 38선 이남 지역으로 전쟁 전에도 대한민국 소속이었다. 그런데 정전협정에 따라 비무장지대 안에 속하게 되었고, 이어 군사정전위원회의 합의에 따라 주민이 거주하는 마을로 인정되었다. 다만 군사분계선 남측 비무장지대에 대해서는 유엔군사령관이 민사행정을 책임지도록 규정한 정전협정에 따라, 유엔군사령관의 책임하에 군정이 실시되었다. 본래 대한민국 영토였던 대성동에 살던 대한민국 국민 대성동 주민은 그 소속을 잃은 채 약 10년을 보낸 뒤에야 1963년 1월 1일을 기해 대성동이 대한민국 행정구역 안에 편입됨으로써 소속을 다시 찾은 것이다.

그러나 대성동에 한국 정부가 행사할 수 있는 행정권은 거의 없었다. 1963년의 조치는 행정구역을 획정하고 대성동 주민에 일부 기본권을 부여하는 정도에 그쳤기 때문이다. 이처럼 38선 이북 수복지구의 행정권 이양과 대성동 행정권 이양은 본질적으로 차이가 있었다. 수복지구의 경우, 유엔군은 한반도 중동부 점령 지역의 행정권을 대한민국에

---

264   한모니까, 2008, 「유엔군사령부의 '수복지구' 점령 정책과 행정권 이양(1950~54)」, 『역사비평』 85.

이양함으로써 이곳에서 발생하는 수많은 사회경제적인 문제들을 해결하고자 했으나, 대성동의 경우에는 행정권 이양을 통해 주민의 소속감과 일부 행정적 편의와 관련된 문제를 해결하는 것이 주된 목적이었다. 수복지구는 행정권 이양과 동시에 군정의 민정관 체제가 군수와 면리장 체제로 바뀌었지만, 대성동에서는 군정 체제가 유지되었다. 대성동에 대한 행정과 출입 통제는 아예 '기본적으로 군사지역에 대한 민사행정'이라는 관점에서 유엔군이 계속 관리했다. 이 점은 수복지구와 대성동 행정권 이양의 결정적인 차이이다.

3) 1971~1972년 대성동 개발과 '시범농촌 새마을'

― 1971년의 "낙후된 대성동"

1971~1972년에 들어서서는 대성동의 전면적인 개발이 이루어졌다. 그 과정을 살펴보면 다음과 같다. 한미 제1군단이 한국에 대성동 개발을 건의했고(1971. 6. 28), 그에 따라 경기도와 내무부가 개발 계획에 착수했다. 경기도는 1971년 7월 29일 세부 계획을 작성해서 한미 제1군단장과 내무부 장관에게 보냈다. 이를 토대로 부군단장 이재전 소장은 대성동 개발 세부 계획을 마련하여 국방부, 육군본부 일반참모부, 민사군정감실, 육군보안사령부, 중앙정보부, 내무부, 경기도에 배부했다.[265] 1971년 11월 30일과 12월 15일 두 차례의 관계부처 회의 이후 내무부는 〈자유의 마을 개발계획〉과 〈자유의 마을 개발사업 추진 요령〉을 확

---

265   「한미제1군단 부군단장 이재전이 내무부에: 대성동 개발 세부 계획」(1971. 11. 4);
         「경기도지사가 한미1군단장에게: 대성동 개발계획 송부」(1971. 7. 29); 「경기도지사가 내무부장관에게: 대성동 개발계획 송부」(1971. 7. 29); 이상의 자료 출처는 내무부 지역경제국, 『대성동개발관계(1) 1971~1972』, 국가기록원 DA0443869.

정(12. 25)하여, 관계부처에 발송(12. 27)하고 사업비 책정 등을 요청했다.[266] 12월 30일에는 대통령 비서실과 국무총리 비서실로 송부하면서, "수복 및 접적지역 개발사업의 일환으로 완충지대 내에 위치한 '자유의 마을'을 별첨과 같이 정책적 안목에서 전면 재개발코자 계획을 수립하였음을 보고"하였다.[267] 대성동 개발 계획은 내무부가 주관하고 경기도가 집행했으며, 지역적 특수성에 따라 한미 제1군단과 합동으로 추진되었다. 1972년 5월 1일 착공되었으며, 11월 15일 완공되어 12월 21일 준공식을 했다.

대성동 개발은 '수복 및 접적지역에 대한 특수지역종합개발계획안'의 일환으로 추진되었다. 이 계획안은 제1차 국토종합개발계획(1972~1981)에 포함되지 않은 접경지역을 대상으로 하고 있었다.[268] 1971년부터 내무·국방·농림·문교·보사부 합동으로 특수지역종합개발계획안을 마련했고, 1972년 2월 17일 '수복 및 접적지역'에 재건촌 건설, 전화사업 및 체신시설 확충, 교육시설 확충, 보건소 등 의료시설의 설치 등을 내용으로 하는 특수지역종합개발계획안에 따른 사업 추진을 발표했다. 이 계획안의 주요 골자는 파주군 동파리와 철원군 양지리의 재건촌 건립, 대성동 재개발 등이었다.[269] 이미 1967년 '전략촌' 조성 계획에 따라 강원도 접경지역에 재건촌이 세워지고 있었는데, '재건'할 마을이 추가된 것이었다.[270] 대성동은 전략촌이 아니라 비무장지대 마을이었지만,

---

266　「내무부장관이 경기도지사 등에게: "자유의 마을" 개발 사업 추진」(1971. 12. 27), 내무부 지역경제국, 『대성동개발관계(1) 1971~1972』, 국가기록원 DA0443869.

267　「"자유의 마을" 개발 계획 보고」(1971. 12. 30), 내무부 지역경제국, 『대성동개발관계(1) 1971~1972』, 국가기록원 DA0443869.

268　제1차 국토종합개발계획은 1968년 12월 확정된 국토계획 기본 구상 이후 1971년 국무회의 심의와 10월 대통령 공고를 거쳐, 1972년부터 본격 추진되었다.

269　『경향신문』 1972. 2. 17; 『조선일보』 1972. 2. 18.

270　전략촌은 국가의 주도로 1968년부터 민간인통제지역 내에 만들어진 8개의 '재건촌'과 1973년에 재건촌의 미비점을 보완하여 만들어진 2개의 '통일촌'을 일컫는다.

재개발 필요성이 제기됨에 따라 이 계획에 포함되었다.

그런데 언론의 보도만 보면 대성동은 평화 그 자체이자 풍요로운 농촌 마을이었기에, 대성동 개발은 대중에게 의외의 일처럼 느껴졌다. 1960년대 말에서 1971년 초, 대성동은 '자유의 마을'로서만이 아니라, '평화'의 상징처럼 알려졌기 때문이다. 대성국민학교에는 '평화'라는 두 글자가 걸려 있었고, "떡방아 소리도 평화롭다"고 표현되었다.[271] 가구당 경작지와 농업 생산량도 다른 농촌에 비해 훨씬 높은 것으로 보도되곤 했다. 1968년 대성동 전체의 경작 면적이 논 90정보, 밭 36정보에, 가구당 평균 7,000평의 논밭(논 16만 평, 밭 10만 평)을 경작하여, 평균 벼 200섬을 수확한다고 보도되고 있었다.[272] 신문기사는 이러한 사실을 열거하며, "이 마을 자체가 평화"를 뜻한다고 기술하기도 했다.[273]

마을북쪽을 동서로 흐르는 사천내를 건너 금방 북괴의 땅 '평화의 마을'이 보이고 마주치면 으레 욕지거리 잘하는 북괴앞잡이들이 언제 어떤 방법으로 도발해올지 모르는 그런 살얼음같은 긴장감속에서도 '자유의 마을' 사람들은 해마다 한가구당 평균 이백가마씩의 벼수확을 올려 번성하고 있는 것이다.[274]

1975년 현재, 재건촌과 통일촌의 현황은 다음과 같다. 재건촌은 경기도 연천군에 동중리(1969), 북삼리(1973) 2개, 강원도 철원군에 대마리(1968), 양지리(1972), 정연리(1971), 생창리(1970), 마현리(1968) 등 5개, 양구군에 만대리(1971) 1개가 있었고, 파주군 백연리와 철원군 유곡리가 통일촌으로 조성되었다(내무부, 1975, 「민통선북방개발연구종합보고서」, 국가기록원 DA0443865). 한편, 1972년 당시에는 파주군 동파리도 재건촌 건립 계획에 포함되었으나, 실행되지 않았다. 동파리는 2000년에야 '해마루촌'이라는 이름으로 마을로 재조성되었다.

271 『경향신문』 1968. 1. 6; 『동아일보』 1971. 1. 1.
272 『경향신문』 1968. 1. 6; 『조선일보』 1968. 12. 22.
273 『경향신문』 1968. 1. 6.
274 『동아일보』 1971. 1. 1.

이처럼 대성동은 "마을 자체가 평화" 또는 "긴장도 녹여내는 자유의 오아시스" 등으로 보도되었지만, 실상은 이와 크게 달랐다. 대성동 개발을 앞두고 파주군과 경기도 등이 파악한 현황에 의하면, 대성동은 "낙후" 그 자체였다. 당시 파악한 바에 따르면 "15kW 발전기로 31호 (戶)에 송전하고 있었지만, 전력이 약하여 관리가 불편하고 더욱이 인근 북괴 부락에 비하여 암흑 상태"에 있었다.[275] 외부와의 단절이나 고립도 매우 심각했다. 대성동 주민은 유엔사 민정팀에서 제공한 군용 트럭 한 대로 문산과 금촌 시장을 출입하는 정도였고, 민정팀이나 정부가 제공하는 순회 영사기나 라디오 등을 통해 외부 소식을 접할 수 있을 뿐이었다. 사천강 범람이 잦아서 농작물 피해도 컸는데, 매년 홍수로 피해를 입는 면적이 90ha(약 90정보)였으니,[276] 대성동 경작지 대부분이 해당되는 셈이었다. 또한 파주군은 퇴색된 주택이 북측에서 볼 때 "초라하게 보일 것"이라고 우려하고 있었다.[277] 〔표 3-3〕에서 보이듯이, 내무부, 보사부, 주한 미 경제협조처, 미군대한민간원조(Armed Forces Assistance to Korea, AFAK) 계획을 진행하던 미 8군 등이 부분적으로 시설 지원을 했으나, 1971년 현재 사용 가능한 시설이 거의 없었다. 일상적인 '적대행위 재발에 대한 긴장감'이 너무 컸던 나머지 대성동에 무언가를 대대적으로 건설한다거나 마을 정비를 한다거나 할 필요성조차 느끼지 못하고 있던 상황이었던 것이다.

275 　파주군, 1971, 「대성동(자유의 마을) 개발계획」, 내무부 지역경제국, 『대성동개발관계(1) 1971~1972』, 국가기록원 DA0443869.

276 　위의 자료; 「국방부장관이 내무부장관에게: 대성동 개발 협조」(1971. 12. 15), 내무부 지역경제국, 『대성동개발관계(1) 1971~1972』, 국가기록원 DA0443869.

277 　파주군, 1971, 「대성동(자유의 마을) 개발계획」, 내무부 지역경제국, 『대성동개발관계(1) 1971~1972』, 국가기록원 DA0443869; 「경기도지사가 내무부장관에게: 대성동(자유의마을)개발계획 수립 보고」(1971. 7. 29), 내무부 지역경제국, 『대성동개발관계(1) 1971~1972』, 국가기록원 DA0443869.

[도 3-10] 대성동의 떡방아 모습

출처: 『동아일보』 1971. 1. 1.

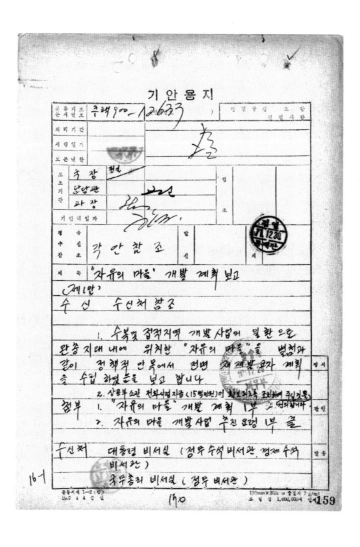

기 안 용 지

<table>
<tr><td>문서기호
한 서번호</td><td>주택900-12633</td><td></td><td colspan="2">전결규정 조 항
전결사항</td></tr>
<tr><td>처리기간</td><td></td><td colspan="3" rowspan="2"></td></tr>
<tr><td>시행일자
보존년한</td><td></td></tr>
<tr><td rowspan="3">보
조
기
관</td><td>국 장 전결</td><td></td><td>접</td><td></td></tr>
<tr><td>담당관</td><td></td><td></td><td></td></tr>
<tr><td>과 장</td><td></td><td>조</td><td></td></tr>
<tr><td>기안책임자</td><td></td><td></td><td></td><td></td></tr>
<tr><td>경 유
수 신
참 조</td><td>각 안 참 조</td><td></td><td>발
신
제</td><td></td></tr>
<tr><td>제 목</td><td colspan="4">"자유의 마을" 개발 계획 보고</td></tr>
</table>

제1안

수 신 수신처 참조

　　　　1. 수복및 점적지역 개발 사업의 일환으로
완충지대 내에 위치한 "자유의 마을"을 별첨과
같이 정책적 안목에서 전면 재 개발 요자 계획
을 수립 하였음을 보고 합니다

　　　　2. 상부소관 전화시설자금 <15백만원>이 확보되도록 조치하여 주시기를 요청합니다.

첨부 1. "자유의 마을" 개발 계획 1부

　　　2. 자유의 마을 개발 사업 추진 요령 1부 끝

수신처 대통령 비서실 (정무 수석 비서관, 경제 수석
비서관)
국무총리 비서실 (정무 비서관)

159

[도 3-11]　1971년 내무부가 '자유의 마을' 개발 계획을 대통령비서실 등에 보고한 문서

출처: 「"자유의 마을" 개발 계획 보고」(1971. 12. 30), 내무부 지역경제국, 『대성동개발관계(1)
1971~1972)』, 국가기록원 DA0443869.

사업명	수량	연도	지원기관	비고
公會堂(공회당)	1동	1959	내무부	노후
목욕탕	1동	1959	USOM(주한 미 경제협조처) 및 보사부	사용불능
기와	36동분	1966~68	USOM 및 보사부	
스레이트	29동분	1956	USOM 및 보사부	
상수도		1958	AFAK (미군대한민간원조)	사용불능
電柱·電線 (전주·전선)	20개	1958	AFAK	

[표 3-3]   1958~1968 대성동 지원 현황

출처: 「"자유의 마을" 개발 계획 보고」(1971. 12. 30), 내무부 지역경제국, 『대성동개발관계(1) 1971~1972』, 국가기록원 DA0443869.

하지만 "낙후된 대성동"의 상황은 "전방 800m 지점"의 평화리와 비교되었다. 평화리에는 늘 환하게 불이 켜져 있었다. 영농의 기계화는 이미 전후 복구 시기부터 이루어진 상태였다. 인공기 게양대는 50m 높이에서 평화리를 선전하고 있었다. 더구나 남북적십자회담으로 판문점과 대성동 인근을 오가는 사람들이 증가했으니, 대성동 마을의 미관은 물론 "자유교와 남방한계선 통과 시 30분 이상을 노상에서 대기하고 있는" 주민들의 모습은 "외래민에게 좋지 않은 인상을" 준다고 인식될 수밖에 없었다.[278]

— "국력을 과시"하는 "자유대한의 대표적인 부락"

대성동 개발의 방향과 목표는 "낙후된 대성동"이 아닌 "국력을 과시"하

278   「국방부장관이 내무부장관에게: 대성동 개발 협조」(1971. 12. 15), 내무부 지역경제국, 『대성동개발관계(1) 1971~1972』, 국가기록원 DA0443869.

는 "자유대한의 대표적인 부락"으로 설정되었다. 이는 대성동 개발계획에 관한 첫 구상부터 최종안까지 일관되게 이어졌다. 대성동 개발은 주민을 위한 것이라기보다 "국가적 안목"과 "정책적 안목"의 차원에서 논의되었다. 경기도가 처음 마련한 세부 계획(1971. 7. 29)의 첫째 개발목표는 "자유대한의 대표적인 부락으로 개발"이었고, 개발 사업의 책정원칙도 "반공의식을 고취할 수 있는 사업, 우리나라의 경제적 발전을 과시할 수 있는 사업, 부락에서 희망하는 사업" 등으로 세워졌다.[279] 이러한 목표와 원칙은 내무부가 작성한 최종계획안에도 그대로 이어졌다. 〈"자유의 마을" 개발계획〉 최종안의 개발 목표는 "자유대한의 국력을 대내외적 과시하는 이상적인 시범부락으로 개발"이었다.[280] 특히 〈"자유의 마을" 개발사업 추진 요령〉(이하 〈추진 요령〉)은 대성동 개발의 주된 목적이 어디까지나 "과시"에 있었음을 잘 보여준다.

〈추진 요령〉은 모든 시설물의 방향과 위치, 주택의 색깔과 국기 게양대 설치 등을 아래와 같이 구체적으로 지시하고 있다.

> 택지정리 취락구조는 지형을 참작하여 모든 건축물이 북괴의 가
> 시권내에 전시되도록 높은 지대에 질서 있게 미관을 살
> 려 배열하고 구획한다.
> 부락주변에는 경내 및 자체방어시설을 고려한다.
> 공동시설 마을회관은 측면이 북괴를 바라보도록 하고
> 마을회관 옥상에 '자유의 마을'을 상징하는 네온싸인
> 시설을 고려한다.

---

279 「경기도지사가 내부무장관에게: 대성동 개발계획 송부」(1971. 7. 29), 내무부 지역
     경제국, 『대성동개발관계(1) 1971~1972』, 국가기록원 DA0443869.
280 「내무부장관이 경기도지사 등에게: "자유의 마을" 개발 사업 추진」(1971. 12. 27),
     내무부 지역경제국, 『대성동개발관계(1) 1971~1972』, 국가기록원 DA0443869.

주택	주택마다 국기게양대를 설치한다.
	외부공사(벽)는 가급적 밝은색(백색, 황색 등)으로 도장하고 지붕은 색깔있는 기와(스레이트 및 씨멘트)로 조화를 이루도록 한다.
통일동산	마을회관 주변 부락중앙의 전망 좋은 장소에 자유대한의 통일을 상징하는 동산을 만든다.
	동산에는 통일과 자유평화를 상징하는 기념탑을 건립한다.
	동산은 록지로서 미화한다.[281]

대성동 개발은 북한을 향한 선전마을 만들기나 다름없었다. 위의 〈추진 요령〉은 북한에 '과시'하기 위해 마을의 외관을 얼마나 중요시했는지 잘 보여준다. 주택과 마을의 모든 시설이 북한의 가시권에 들도록, 북한을 바라보도록, 밝은색으로, 정돈하고 꾸민다고 명시하고 있었다. 특히 가급적 밝은색과 색깔 있는 기와 등을 써서 "자유스러운 농촌"의 분위기를 조성하는 것은 1971년 11월 30일 중앙정보부 대공과장의 주문이기도 했다.[282]

이 외에도 국기 게양대가 새로 설치되었다. 국력을 과시하는 수단은 국기 게양대의 높이였다. 이미 대형 태극기가 게양된 바 있었으나, 북측 인공기와 경쟁해야 했다. 1971년 3월 10일 문공부는 대성동에 대형 태극기를 전달, 게양했다. 태극기의 크기는 세로 5m, 가로 7.5m였는데, "봄철을 맞아 휴전선 북쪽 논밭에 일하러 나오는 북한동포들에게 자유

281   앞의 자료.
282   내무부 주택개량관실, 「점적 및 수복지구 개발관계관 회의 속기록」(1971. 11. 30), 내무부 지역경제국, 『대성동개발관계(1) 1971~1972』, 국가기록원 DA0443869.

대한의 기상을 보여주기 위해 문공부가 특별히 제작한" 것이었다.[283] 하지만 당시 게양대의 높이는 북측에 비해 훨씬 낮았기에 거의 모든 관계 부처가 국기 게양대의 높이를 높여야 한다고 주장했다. 한미 제1군단은 "철제국기게양대 1개소(현재 12m를 25m로)"가 필요하다고 보았고, 파주군은 현재 설치된 국기 게양대가 "북괴의 50m와는 비교되지 않는다"고 하면서, 50m 높이의 철탑 게양대 설치를 구상했다.[284] 그런데 게양대의 높이를 단순히 더 높이거나 더 큰 태극기를 게양하는 것만이 문제가 아니었다. 게양대는 바람에 견딜 수 있도록 견고해야 했고, 태극기는 찢어질 수 있어서 자주 교체가 필요했기 때문이었다. 이런 과정을 거쳐 최종적으로는 25m 높이의 국기 게양대가 세워졌다.

대북용 전광판도 설치되었다. 공회당 지붕에 길이 9m 폭 2m의 전광판을 설치하도록 했고,[285] 고성능 스피커도 설치되었다. 하지만 스피커 설치 계획은 애초에는 없었다. 1971년 12월 15일 국방부 장관이 내무부 장관에게 보낸 공문에 작성된 '대성동 개발계획'에도 스피커 설치 관련 사항은 없었다.[286] 고성능 스피커는 설치 이후 관리의 문제가 따랐기 때문이다. 하지만 최종적으로는 "부락 전방 적당한 위치에 고성능 스피커(500W)를 설치하여 북괴의 대남방송을 방해하고 부락 내 주민 공지사항 등을 방송"하기로 되었다. 방송자료 및 자재는 중앙정부가 제공하고, 방송 운영 및 관리는 대성동 학교에서 담당하기로 되었다.

대성동 개발은 계획에 따라 '국력 과시'를 목표로 일사천리로 진행

283   『조선일보』 1971. 3. 11.
284   파주군, 1971, 「대성동(자유의 마을) 개발계획」, 내무부 지역경제국, 『대성동개발관계(1) 1971~1972』, 국가기록원 DA00443869.
285   「한미제1군단 부군단장 이재전이 내무부에: 대성동 개발 세부 계획」(1971. 11. 4), 내무부 지역경제국, 『대성동개발관계(1) 1971~1972』, 국가기록원 DA00443869.
286   「국방부장관이 내무부장관에게: 대성동 개발 협조」(1971. 12. 15), 내무부 지역경제국, 『대성동개발관계(1) 1971~1972』, 국가기록원 DA00443869.

되었지만, 정작 현지 주민은 정부가 마련한 중점 사업 내용에 대해 반대 의견을 갖고 있었다. 실질적인 주민의 영농과 생활, 복지를 향상시키기 위한 방침은 부족했기 때문이었다. 이는 대성동 개발의 목표 및 성격을 좌우하는 사안이었다. 대성동 주민은 1972년 1월 5일 〈대성동 개발계획 주민동의서〉를 제출했지만,[287] 구체적인 사업에 대해서는 동의하지 않았다. 대성동 민정팀은 주민의 의견을 담아 〈대성동 종합 개발 수정 건의안〉(날짜 미상이나, 1972년 1월에 제출된 것으로 보임)을 작성해 제출했는데, 이 건의안은 "국가적 안목"의 개발계획에 대한 주민들의 생각을 잘 보여준다.

민정팀이 제출한 건의안을 보면, 개발계획의 목적에 두 가지가 추가되어 있다. "현지 주민에 대한 국가의 관심도를 과시하여 소외감 제거"와 "현지 주민의 생계 지원"이었다. 이는 주민들이 국가로부터 소외되어 있다고 생각하고 있었고, 실질적인 생계나 복지 수준이 낮다고 인식하고 있었음을 보여준다. 주민과 민정팀은 사업 내용이나 예산에 대해서도 현지 실정이 반영되지 않은 비현실적인 계획이라고 보았다. 택지 정리, 복지관, 기념탑, 고성능 스피커, 통일동산, 2층짜리 학교 건물 등은 그들이 보기에 모두 "불요불급의 예산"이 책정된 것이었다. 예를 들면, "적은 학생 수를 고려하면 2층짜리 학교는 필요하지 않고", "거대한 기념탑이나 거창한 통일동산보다는 아담하게 꾸미는 편이 낫다"라고 판단하고 있었다. "주민의 소원"은 "주택 이축이나 경작지 확대, 수리시설에 집중"하는 것이었다.[288] 또한 이미 설치했던 고성능 스피커 6개가 고

287   경기도 파주군 임진면 조산리, 「대성동개발계획주민동의서」(1971. 1. 5), 내무부 지역경제국, 『대성동개발관계(1) 1971~1972)』, 국가기록원 DA0443869.

288   자유의 마을 대성동 민정팀, 「대성동 종합 개발 수정 건의안」(1972년 1월 또는 2월로 추정), 내무부 지역경제국, 『대성동개발관계(1) 1971~1972)』, 국가기록원 DA0443869.

장 난 상태에다가 유지비를 감당하기 곤란하다는 문제가 있었는데,[289] 또다시 고성능 스피커를 설치하여 학교가 관리하도록 한 것은 현지 실정과 괴리될 수밖에 없었다.

1. 대성동 종합개발계획의 목적

　(1) 자유대한의 국력을 대내외적으로 과시

　(2) 현지 주민에 대한 국가의 관심도를 과시하여 소외감 제거

　(3) 현지 주민의 생계 지원

2. 대성동 종합 개발 계획 수정안 제출의 의의

　비현실적인 계획을 현지 실정에 맞도록 수정 건의하여

　(1) 예산 절약(최소의 노력으로 최대의 효과 기도)

　(2) 주민 복리 증진(지역사회개발 참여도 증진)

3. 종합 건의

　(1) 불요불급의 사업예산을 주민의 복지에 부응하는 우선적인 사업으로 전요

　　(택지정리, 복지관, 경운기, 제방보수, 고성능 스피카, 기념탑 등의 사업에 드는 사업비를 절감하여 주택 이축에 집중투자)

　(2) 훌륭한 주택, 경작지(수답) 확대 및 수리시설에 대한 집중투자로 주민의 소원 충족

　(3) 예산의 적절하고도 효율적인 운용을 위해 사업의 우선 순위를 결정하여 계획 시행 (하략)[290]

289　내무부 주택개량관실, 「접적 및 수복지구 개발관계관 회의 속기록」(1971. 11. 30), 내무부 지역경제국, 『대성동개발관계(1) 1971~1972』, 국가기록원 DA0443869.

290　자유의 마을 대성동 민정팀, 「대성동 종합 개발 수정 건의안」(1972년 1월 또는 2월로 추정), 내무부 지역경제국, 『대성동개발관계(1) 1971~1972』, 국가기록원 DA0443869.

이렇게 민정팀에서 위와 같은 내용이 담긴 수정 건의안을 제출하고서야 현지에서 주민의 목소리를 직접 듣는 자리가 마련되었다. 1972년 2월 25일 대성동 민정관 회의실에서는 주민 6명, 내무부, 경기도, 파주군, 민정관 등이 참석하여 회의가 진행되었다.[291] 하지만 이후 대성동 개발 결과를 보면, 개발계획안은 수정되지 않은 채 원안대로 진행된 것으로 보인다.

― 정신계몽: 승공과 자조

대성동 개발은 마을 겉모습 바꾸기 차원에서만 이루어지지 않았다. 주민의 "정신상태"를 "어떻게든지 바꾸겠다"는 것이 이 개발의 중요한 목표였다. 이는 관계부처에서 파악한 대성동의 낙후 원인에 대한 인식과 관련되었다.

〔자료 1〕

사. 주민들은 17년간 미군 및 정부로부터 무상지원만 받아 온 관계로 의타심이 조장되었으며 영농도 재래식으로 경영

아. 북괴는 대성동 전방 800m 지점에 선전촌을 설치하고 기계화로 영농 경영

자. 미군관계자는 낙후된 대성동 개발의 필요성을 인정하면서도 예산과 물자 부족으로 방관상태

차. 대성동에 대한 행정관할 책임이 유엔군사령부에 있음으로 직접적으로 행정기능이 미치지 못함.[292]

---

291 「특정 지역 개발 현지 회의」(1972 2. 24), 『대성동개발관계(1) 1971~1972)』, 국가기록원 DA0443869.

292 「경기도지사가 내무부장관에게: 대성동(자유의마을)개발계획 수립 보고」(1971. 7. 29), 내무부 지역경제국, 『대성동개발관계(1) 1971~1972』, 국가기록원

〔자료 2〕

개발을 저해하는 요인

가. 지역적인 관계로 주민들이 부락에 대한 애착심이 결여되고 있음.

나. 주민의 소득은 농촌 지역으로서는 전국에서 가장 높은 수준이나 부락에 대한 투자는 외면하고 있음.

다. 이곳의 통행을 미군 당국에서 관장하고 있어 행정력이 미치지 못하고 있음.[293]

〔자료 1〕은 경기도가 1971년 7월 29일자로 발송한 계획안 중 대성동 마을 현황의 일부이다. 〔자료 2〕는 파주군이 작성한 대성동 '개발을 저해하는 요인'이다. 이에 따르면, 경기도와 파주군은 대성동의 낙후 원인을 세 가지로 보고 있었다. 첫째, 주민의 의타심과, 그에 비해 결여된 마을에 대한 애착심이었다. "주민들이 17년간 미군 및 정부로부터 무상 지원만 받아 온 관계로 의타심이 조장"되었고 "부락에 대한 애착심이 결여"되었기에, "주민의 소득은 농촌 지역으로서는 전국에서 가장 높은 수준이나 부락에 대한 투자는 외면"하고 있다는 것이었다.[294] 둘째, 미군의 방관이었다. 주한미군이 "낙후된 대성동 개발의 필요성을 인정하면서도 예산과 물자 부족으로 방관상태"라고 지적했다.[295] 셋째, 행정 관할 책임 소재였다. "대성동에 대한 행정 관할 책임이 유엔군사령부에" 있고, "이곳의 통행을 미군 당국에서 관장하고" 있기 때문에 한국

DA0443869.

293   파주군, 1971, 「대성동(자유의 마을) 개발계획」, 내무부 지역경제국, 『대성동개발관계(1) 1971~1972』, 국가기록원 DA00443869.

294   위의 자료: 「경기도지사가 내부무장관에게: 대성동 개발계획 송부」(1971. 7. 29), 내무부 지역경제국, 『대성동개발관계(1) 1971~1972』, 국가기록원 DA0443869.

295   위의 자료.

정부가 직접 행정력을 미치지 못하고 있다는 점도 지적했다.[296] 이 세 가지 낙후 요인 중에서 가장 개선해야 한다고 중시된 것은 첫째로 지적된 주민의 의식 및 태도 문제였다.

1971년 11월 30일과 12월 15일 있었던 두 차례의 개발계획 회의에서 주민의 사상 및 태도 문제를 가장 강조한 것은 중앙정보부였다. 1971년 11월 30일 '접적 및 수복지구 개발관계관 회의'가 내무부 지방국장실에서 개최되었다. 이 회의에는 중앙정보부 대공과장, 문화공보부 대공과장, 한국전력 영업부 차장, 한미 제1군단사령부 민사참모, 경기도 지방과장, 파주군수, 국무총리 비서실, 내무부 지방 비서관, 치안국 정보과, 농림부 조성과 토목기사, 국제관광공사 자원개발부장, 문교부 건축기사 등 13명이 참석했다.[297]

중앙정보부 대공과장은 "이 마을 중농 이상이라면 자기 마을을 자신이 건설할 수 있는데 정신상태가 틀렸다."라고 지적했다. 그는 "적의 유인물이 밤중에 들어왔을 때 대비한 계몽 훈련이 안 되어 있다. 문화시설 잘해주어도 관리 안 된다. 정신계몽 선행해야 한다."라고 강하고 빠르게 말했다.[298]

그는 '자조'(自助)와 '반공' 태세의 결여를 지적하고 있었다. 스스로 마을을 건설하지 못하고 있고, 북의 선전에 대한 훈련도 되어 있지 않기 때문에, 여타의 문화시설을 세워줘도 관리가 안 될 것이라고 비판했다.

---

296   앞의 자료.
297   이날 회의 내용이 작성된 속기록에는 주민 계몽, 대성동 관광 및 선전, 택지 정리 및 경지 정리, 영농 및 생활 시설, 출입 시간 등의 내용이 기록되었다. 이 중에서 주민 계몽 관련 사항이 가장 많이 논의되었다. 내무부, 「접적 및 수복지구 개발관계관 회의 참석자 등록부」(1971. 11. 30), 내무부 지역경제국, 『대성동개발관계(1) 1971~1972』, 국가기록원 DA0443869.
298   내무부 주택개량관실, 「접적 및 수복지구 개발관계관 회의 속기록」(1971. 11. 30), 내무부 지역경제국, 『대성동개발관계(1) 1971~1972』, 국가기록원 DA0443869.

즉 문화시설 등 마을 건설 이전에 정신 계몽이 선행되어야 한다는 것이었다. 다만, 대북 선전의 차원에서 "국기 게양대는 강력히 추진했으면 좋겠다."라고 덧붙였다.[299]

이에 대해 문공부 대공과장은 "앞으로 반공계몽사상 문제"를 고려하겠다고 했다. 내무부 과장은 마을에 반공 게시물 및 광고물이 없다고 지적했다. 문공부는 공회당에 16mm 영사기가 있다고 했지만, 내무부는 "국민조직을 통한 반공계몽과 선전지 문제"와 관련하여 문공부 대공과에서 계획을 세울 것을 제안하면서, 타 부락과의 자매결연, 민간 캠페인 운동 등을 전개하는 방안도 제시했다. 이에 문공부는 "주민들의 정신사상을 어떤 방법으로든 고쳐주어야겠다"라고 하면서 "부락민에게 自活力(자활력)을 길러주는 것이 필요"하다고 했다.[300] 이러한 논의는 대성동 개발계획의 주된 초점이 주민이 반공·자조하는 태도를 가지도록 계몽하는 데 있었음을 보여준다.

대성동 주민들은 언제 다시 적대행위가 재발할지 모르는 상황에서 군사적 긴장감을 지니고 생활하고 있었다. "호미자루 끝에서 3백m 앞에" 있는 북한과의 대치 상태를 의식하며 살아야 했다.[301] 이렇게 전쟁 재개와 피난을 늘 염두에 두고 생활하던 상황에서 마을 및 주택에 대한 '투자'를 생각하기란 쉽지 않았다.

내무부의 대성동 개발계획과 더불어 문화공보부는 대외 선전 및 대성동 내부 반공 교육 계획을 수립했다.[302] 주민에 대한 반공계몽 교육은 즉각 전개되었다. 문공부 대공과에서 반공 영상을 순회 상영하는 등 이

---

299   앞의 자료.
300   위의 자료.
301   『조선일보』 1968. 12. 22.
302   문화공보부, 「"자유의 마을"(대성동)에 대한 특수활동계획(안)」(1971. 12), 내무부 지역경제국, 『대성동개발관계(1) 1971~1972』, 국가기록원 DA0443869.

미 정기적인 반공 교육을 연 3회 실시하고 있었지만,[303] 1971년 11월 30일 회의에서 있었던 중앙정보부와 내무부의 주문과 문공부의 '다짐' 등은 즉각적인 실천으로 이어졌다. 우선 내무부 치안국은 "11월 30일 회의에서 논의"되었던 바에 따라서, "동 지역 주민에 대한 승공사상 계몽의 시급성에 따라 (계몽) 실시" 계획을 세웠다. 12월 21일, 경기도 경찰국이 주관하여 '대성동 주민을 위한 승공사상 계몽 실시'를 했다. 이때 국제승공연합 소속의 강사가 '민주주의와 공산주의'(2시간), '승공의 길'(2시간)을 강의했다.[304]

내무부는 '접적주민 선무대책'으로 크리스마스트리 설치를 경기도에 지시하고, 문화공보부와 종교단체 등에 지원 협조를 요청하기도 했다. "닥아오는 연말연시에 접적주민의 승공사상을 더 한층 고취시키고 대북선전의 효과를 높이기 위한 선무대책으로 특정지역에서 성탄절 축하행사를 갖는 방안"이었다.[305] 이에 대해 문화공보부는 "그 시기가 이미 늦어진 것으로 판단"된다고 보고, 대신 1971년 12월 28일, 반공 및 계몽 강연, 반공 극영화 및 문학 영화 상영, 장관 선물 전달(일용품, 학용품), 홍보간행물 배포 등과 같은 연말 특수활동을 전개할 것이라고 통보했다.[306] 1971년의 연말 특수활동 계획은 1972년 정기활동 계획으로 이어졌다.

303 「내무부 주택개량관과 특수지역담당이 내무부장관에게: 출장복명서 첨부자료」 (1971. 11. 13), 내무부 지역경제국, 『대성동개발관계(1) 1971~1972』, 국가기록원 DA0443869.

304 「치안국장이 주택개량 관리실장에게: 자유의 마을(대성동) 승공 계몽 실시에 따른 소요 예산 지원 요청」(1971. 12. 13), 내무부 지역경제국, 『대성동개발관계(1) 1971~1972』, 국가기록원 DA0443869.

305 「내무부장관이 경기도지사 및 문화공보부장관에게: 접적주민 선무대책」(1971. 12. 18), 내무부 지역경제국, 『대성동개발관계(1) 1971~1972』, 국가기록원 DA00443869.

306 「문화공보부장관이 내무부장관에게: 접적지구 주민 선무대책」(1971. 12. 23), 내무부 지역경제국, 『대성동개발관계(1) 1971~1972』, 국가기록원 DA00443869.

1971년 12월에 문화공보부에서 수립한 대외 선전 및 대성동 내부 반공 교육을 위한 「"자유의 마을"(대성동)에 대한 특수활동계획(안)」의 내용을 좀 더 상세히 들여다보면 다음과 같다.[307]

1. 목적

휴전선 완충지대 내에 있는 "자유의마을" 대성동에 살고 있는 주민들은 동 마을 맞은편에 위치한 소위 북괴의 "평화촌"에서 주야로 감행하는 대남선전에 현혹될 우려가 있을뿐만 아니라 동 마을은 북괴가 자유대한을 들여다볼 수 있는 창구역할을 하는 지역이므로 동 마을에 대하여 특수활동을 전개, 반공사상 앙양은 물론 정부에 대한 신뢰감을 갖게하는 동시에 북괴보다 월등히 앞서가는 한국의 이미지를 부식하므로써 현지민의 애국관을 고취하는 반면 이들을 바라보는 북한주민들로 하여금 자유대한을 동경케 하고 공산주의 사회체제보다 자유민주주의 제도의 우월성을 과시하도록 한다.[308] (원문을 그대로 옮김)

이 특수활동계획안은 대성동 주민이 평화촌의 "대남선전에 현혹될 우려"가 있다는 점, 북한이 "자유대한을 들여다볼 수 있는 창구 역할을" 한다는 점을 지적했다. 따라서 대성동 주민에게는 반공사상 앙양(昂揚), 정부에 대한 신뢰감 및 애국관 고취 등을 하고, 북한 주민에게는 "자유대한을 동경케 하고 … 자유민주주의 제도의 우월성을 과시"함을 목적으로 했다.

---

307   문화공보부, 「"자유의 마을"(대성동)에 대한 특수활동계획(안)」(1971. 12), 내무부 지역경제국, 『대성동개발관계(1) 1971~1972)』, 국가기록원 DA0443869.

308   위의 자료.

특수활동계획안에 따르면 세부적인 활동계획은 〔표 3-4〕와 같다. 일단 지원 및 활동 횟수를 연 3회에서 4회로 늘렸다. 초등학교 졸업식, 6월 25일, 추석, 연말을 계기로 지원(선물)과 동시에 반공·계몽 관련 강연 및 좌담, 영화 상영, 매체물 지원 등 특수활동을 병행해 실시하기로 하였다. 영화 필름과 화보·사진·포스터·기타 간행물 배포 등은 수시로 진행하기로 했다. 출입은 중앙정보부 및 군사정전위원회의 협조를 얻기로 했다. 1972년 6월에는 마을문고의 형태로 도서도 기증되었는데, 당시 마을문고는 "새마을운동의 정신적 거점"으로 인식되고, 정책적으로 다루어지고 있었다.[309] 이는 자매결연, 민간 캠페인 등과 더불어 새마을운동의 한 유형이었다. 대성동의 낙후 원인을 주민의 정신 상태로 귀결시키고, 어떤 방법으로든 고치면 된다는 인식과 그에 따른 대책을 보면 박정희 정권이 추진한 새마을운동의 전형적인 모습이 드러난다.

— 시범농촌 새마을사업

대성동 개발은 주민의 자조·협동·반공계몽 교육과 더불어 새마을사업으로 추진되었다. 대성동이 "새마을 가꾸기 사업 대상 부락으로 지정"되었기 때문이다. 새마을 가꾸기 사업이란, '대성동 전면 개발계획'의 일환으로 진행되지만, 본 계획에 "미책정된 분야 및 사업비 부족분에 대한 보완사업을 대상으로 실시한다"라고 되어 있었다.[310] 즉 본 계획에서 다루지 못하는 사업과 그를 위한 예산은 모두 주민의 부담이 되었다.

309　「사단법인 마을문고본부 사무총장 엄대섭이 내무부장관에게: 마을문고 기증 협조의뢰」(1972. 6. 17), 내무부 지역경제국, 『대성동개발준공식관계 1972~1972』, 국가기록원 DA0443874.

310　「내무부가 대통령 비서실과 국무총리 비서실 등에게」(1971. 12. 29)의 첨부문서: 〈자유의 마을 개발사업 추진 요령〉, 내무부 지역경제국, 『대성동개발관계(1) 1971~1972』, 국가기록원 DA0443869.

차수	제1차 지원 및 활동	제2차 지원 및 활동	제3차 지원 및 활동	제4차 지원 및 활동
계기	대성동 국민학교 졸업식을 계기로 지원, 활동한다.	6·25동란 22돐을 기하여 지원, 활동한다.	추석을 맞이하여 지원, 활동한다.	연말을 기하여 지원, 활동한다.
일시	1972. 2(졸업식날) 11:00	1972. 6. 25. 11:00	1972년 추석 전후일 11:00	1972. 12. 29. 11:00
지원 내용	• 졸업생선물: 만년필, 학용품 • 재학생선물: 학용품 • 주민선물: 일용품	• 대형태극기(5미터 x7.5미터) 교체(1매) • 소형태극기(2미터x3 미터) 교체(1매) • 국민학생용 축구공, 배구공 각 5개	• 주민선물: 일용품 • 학생선물: 학용품	• 주민지원: 일용품 • 학생지원: 학용품
활동 계획	• 반공 및 계몽 영화 상영 • 계몽 좌담 전개 • 화보, 사진, 포스터, 기타 간행물 배포	• 반공 강연 • 계몽 좌담 전개 • 반공 및 계몽 영화 상영 • 화보, 사진, 포스터, 기타 간행물 배포	• 반공 강연 • 반공 및 계몽 영화 상영 • 계몽 좌담 전개 • 화보, 사진, 포스터, 기타 간행물 배포	• 반공 강연 • 반공 및 계몽 영화 상영 • 계몽 좌담 전개 • 화보, 사진, 포스터, 기타 간행물 배포

[표 3-4] 「"자유의 마을"(대성동)에 대한 특수활동계획(안)」 중 세부계획

출처: 문화공보부, 「"자유의 마을"(대성동)에 대한 특수활동계획(안)」(1971. 12), 내무부 지역경제국, 『대성동개발관계 (1) 1971~1972)』, 국가기록원 DA0443869.

〈추진 요령〉

13. 새마을 가꾸기 사업

　　가. 새마을 가꾸기 사업 대상 부락으로 지정한다.

　　나. 계획상 미책정된 분야 및 사업비 부족분에 대한 보완사업을 대상으로 실시한다.[311]

　　이러한 보완사업으로 진행된 대표적인 예가 '대성동 주택 부속 건물 신축'이었다. 대성동 개발 본 계획에는 주택 신축과 이전을 하도록 되어

311　앞의 자료.

있었는데, 이 주택에 딸린 건물, 예를 들어, 화장실, 창고, 욕실, 일꾼방, 우사(牛舍) 등은 본 계획에 포함되어 있지 않았다. 아래 자료에서 보이듯, 파주군이 제출한 「대성동주택부속건물신축계획서」(1972. 7. 19)에는 1972년 8월 30일까지 이 보완사업을 완료하도록 되어 있다. 무리한 일정이었다.

그런데 추진 방법과 예산에서 강조된 것이 바로 '주민 부담'이었다. 취지는 "새마을정신에 입각한 주민 부담으로 신축한다"는 것과 "자립협동의 기풍을 진작시킨다"는 것이었다. 주 자재 공급을 위해 국비 일부를 보조하고, 주한미군과 파주군이 자재 운반 차량을 지원하는 것 외에는 주민이 현금과 노동력을 부담하는 것을 방침으로 하고 있었다.

「대성동주택부속건물신축계획서」(1972. 7. 19)

- 목적: '대성동 전면 개발 계획'에 의거하여 주택이전사업에 따른 부속건물을 신축하여 명실공히 개량된 농촌환경을 조성하여 자유대한의 국력을 대내외적으로 과시하는 이상적 시범부락으로 개발코저 함.
- 시설: 화장실, 창고, 욕실, 일꾼방, 牛舍(우사) 등
- 신축 방침: 스레이트, 유리, 시멘트, 목재 등 자재는 국비로 지원한다. 자재 및 골재운반차량 및 장비는 주한미군 및 파주군에서 지원. 새마을정신에 입각한 주민부담으로 신축한다.
- 재원내역

구분	자재지원(국비)	주민부담(현금)	주민노력부담	계
세대당	200천원	250천원	90천원	540천원
합계	5,000천원	6,250천원	2,250천원	113,500천원

- 국비보조내역: 시멘트, 스레이트 및 유리, 목재(문틀)
- 주민노력부담내역: 모래자갈운반, 터파기 및 雜夫(잡부), 목재조달(기존건물철거 등)
- 주민현금부담내역: 부로크 제작, 부로크 쌓기, 미장, 목공, 전기, 도장, 타일 및 기타

- 추진 방향: 주택이전대상 세대호로 구성된 '부속건물신축추진위원회'를 구성하여 추진함으로써 자립협동의 기풍을 진작시킨다. 파주군 재무과장(파주군대성동개발담당관)과 대성동 민정관은 본 위원회를 전면 지도 감독한다.
- 공사기간: 본 공사는 1972년 8월 30일까지 완료하여야 한다.[312]

이 계획은 무리한 일정으로 진행되었을 뿐 아니라, 내무부가 국비로 보조하기로 한 자재도 제대로 공급되지 않았다. 영농기계화를 위해 주민이 융자를 내고 일부는 자비로 부담하여 동력경운기도 도입하게 되어 있었는데, 정작 공급이 계속 미루어져서 "조속한 공급"을 요청하는 공문이 여러 차례 발송되기도 했다.[313]

이런 상황이었으니, 사업 일정은 계속 미뤄질 수밖에 없었다. 결국 자재 미공급분은 주민이 자체적으로 조달했다. "시멘트, 스레트, 용마루, 유리 등 지원 자재 미공급으로" 대성동 주민은 "시멘트 3,000포를 긴급 차용하여 벽돌 등을 제작하여 사용"했다. 차용한 양마저 전부 사용해서 공사가 중단될 상황에 처했다. 더구나 주택 8동, 국기 게양대, 버스 구입비, 기타 사업비 등 사업비 부족액이 1200만 원에 달했다. 신설된 택지 내에 배수구와 하수도도 설치되지 않아 우기나 폭우 시에 택지가 유실되거나 매몰되는 등 피해도 막심했다. 이에 대한 사업비 예산

---

312   파주군, 「'자유의 마을' 대성동주택부속건물신축계획서」(1972. 7. 19), 내무부 지역경제국, 『대성동개발준공식관계 1972~1972』, 국가기록원 DA0443874.

313   대성동에서는 동력경운기 희망 농가에 대해 융자금 70%(5년 균등상환, 연리 9%), 자부담 30%으로 총 7대를 구입하기로 예정되어 있었다. 「농림부장관이 내무부장관에게: 대성동 개발 사업 추진」(1972. 8. 25); 「경기도지사가 내무부장관에게: 대성동 개발 사업 추진」(1972. 9. 5); 「농림부장관이 대동공업주식회사에게: 대성동 개발 사업 추진」(1972. 9. 2); 「농림부장관이 경기도지사에게: 대성동 개발 사업지구 경운기 공급」(1972. 9. 2). 이상의 자료 출처는 내무부 지역경제국, 『대성동개발준공식관계 1972~1972』, 국가기록원 DA0443874.

도 필요한 실정이었다.[314]

1972년 10월 2일 대성동 이장 김성렬은 아래의 내용으로 진정서를 제출했다. 자재 미공급으로 추수기 이전에 공사 완료가 어려움을 호소하는 내용이었다. 내무부는 진정서에 따라 처리될 것이라고 회신했지만, 이후의 자재 공급 및 공사의 진행 상황은 알 수 없다.

> 대성동 종합 개발 사업중 주택 신축에 따른 부속 건물 공사가 마을 자체에서 250,000원의 자부담과 노력동원으로, 세멘트, 스레트, 유리 등은 정부에서 보조하여 주기로 하고 착수 건립중인데, 관급자재(세멘트, 스레트, 유리)의 조달 미급으로, 현재 공사가 중단되어 있으며, 월여전부터 파주군청에 관급 자재의 시급한 조달을 수차례 요청하여 왔으나 아직까지 해결되지 못하였을 뿐만 아니라 마을 자체 경비로 세멘트 1,500포 구입 사용하기도 했으나 공사에 필요로 하는 세멘트의 중과부족으로 감당할 수도 없는 처지입니다. 뿐만 아니라 대성동은 벼농사가 주업이고 보니 조만간에 추수기가 도래 매년 추수기에 인력부족으로 곤란을 받고 있는 실정을 고려 동 부속건물 공사를 추수기 이전에 완료할 계획이었으나 현상태 하에서는 동 공사가 추수기와 중복될 우려가 없지 않으므로 장관님께서 저의 마을 사정을 깊이 참작하셔서 금명간에 곧 관급자재를 조달할 수 있도록 최대한의 선처를 바라는 바입니다.[315]

314 「내무부 소관 건의사항」(날짜 미상), 내무부 지역경제국, 『대성동개발준공식관계 1972~1972』, 국가기록원 DA0443874.

315 「자유의 마을(대성동)이 내무부장관에게」, 내무부 지역경제국, 『대성동개발준공식관계 1972~1972』, 국가기록원 DA0443874; 「경기도 파주군 임진면 조산리 김성렬에게: 진정처리 회신」(1972. 10), 내무부 지역경제국, 『대성동개발준공식관계 1972~1972』, 국가기록원 DA0443874.

내무부는 주민의 부담이 컸던 보완사업, 즉 부속건물 신축 사업을 처리하기 위한 세부 지침이 아니라, 대성동 개발을 마무리하기 위한 추가 사업에 대한 세세한 지침을 아래와 같이 내려보냈다.

준공을 앞두고 마무리 작업의 방향을 다음 원칙에 의거 세밀히 추진할 것.

가. 마무리 작업 원칙: 10년 전에 개발한 상태로 주변 환경과 분위기를 조성할 것

　(1) 부락 주변 주택지 내부 등의 환경을 미화하고 안락하고 윤택한 분위기를 조성할 것

　(2) 주민을 입주시킨 주택 내부 하나하나를 몇 년 살아온 집처럼 정돈되고 안정된 상태로 손질할 것

　(3) 관광지 이상의 조경을 조성할 것

　(4) 새마을 정신으로 충만된 자조 자립 협동의 주민 조직과 부락 운영 동태를 유지할 것

나. 마무리 손질을 하여야 할 사항

　(1) 주민의 입주: 조기 주택 배정, 입주 및 집안 정돈

　(2) 국기 게양대의 보완: 상단 연장(3m), 지상 게양, 국기 크기 확대 (하략)[316]

이처럼 1972년 10월 7일 내무부가 경기도에 지시한 대성동 개발 마무리를 위한 추가 사업 내용을 보면, 10월 중순경에 준공할 예정이라고 하면서, 마무리 작업 방향을 지시하고 있다. 작업의 원칙으로 제시된 것

316　「내무부가 경기도지사에게: 대성동 개발 사업 준공 계획」(1972. 10. 7), 내무부 지역경제국, 『대성동개발준공식관계 1972~1972』, 국가기록원 DA0443874.

은 마치 "10년 전에 개발"한 것처럼 환경과 분위기를 조성하는 것이었다. 또한 국기 게양대의 높이를 3m 연장하고 국기 크기도 확대하도록 지시했다.

이에 경기도는 추가 개발 계획을 수립하여 추가 사업비 지원을 요청했다.[317] 경기도가 수립한 추가 개발 계획은 도로 포장, 환경 정리 및 조경사업(주택 내 보도블럭 깔기, 택지 내 떼붙임, 택지 앞 녹지 조성, 택지 뒤 언덕 떼붙임), 공공시설 설치 및 보수(공동 탈곡장 설치, 주차장 설치, 자유의 집 전면 보수), 하수도 사업, 기타 사업(태극기 제작: 대형 2개, 국기 게양대 높이기: 3개 추가), 축산사업〔간이식 축사 신축, 사일로(silo) 설치〕, 새마을사업(장독대 설치: 25개, 화단 설치: 25개) 등이었다. 이중 환경 정리 및 조경사업, 공공시설 설치 및 보수(주민·지방 공동 부담), 새마을사업 등은 주민의 물적·노력 부담 사업으로 책정했다.[318] 며칠 후에 준공을 앞둔 사업의 내용이라고는 볼 수 없었다

1972년 11월 3일 내무부는 다시 경기도에 마무리 사업 추가 지시를 했고, 11월 10일까지 정비를 완료할 것을 지시했다. 공회당 주변에 자연석을 설치해서 운치를 살리도록 했고, 국기 게양대 주변에는 석축과 떼를 붙이고 회향목 또는 가시향나무를 식재하라는 구체적인 지시까지 했다. 주택에는 장독대와 생나무 울타리를 설치하되, 파주군에서 몇 개의 표준형 장독대를 시달하도록 했다.[319] 또한 대성동은 1973년에도 새마을사업 부락으로 선정되었고, 주민들은 "자조 자립 협동의 새마을정신으로 충만되어" 후속 사업을 이어가야 했다.

---

317   「경기도지사가 내무부장관에게: 대성동 개발 사업 추가 계획에 따른 사업비 지원」
       (1972. 10. 11), 내무부 지역경제국, 『대성동개발준공식관계 1972~1972』, 국가기록원 DA0443874.
318   위의 자료.
319   「내무부가 경기도지사 기획관리실장에게」(1972. 11. 3), 내무부 지역경제국, 『대성동개발준공식관계 1972~1972』, 국가기록원 DA0443874.

개발사업을 집행한 경기도지사는 "대성동 자유의 마을이 종합 개발되어 민주대한을 상징하는 시범적인 새마을로써 뜻있는 새출발을 다짐하는 자리를 마련하였읍니다."라고 시작하는 준공식 초대장을 배포했다.[320] 1972년 12월 21일, 손수익 경기도지사 주관으로 대성동 공회당에서 준공식이 열렸다. 김현옥 내무부 장관, 김창원 GM코리아 사장 등이 참석했다. 유엔군사령관, 한미 제1군단 군단장 및 부군단장, 미 제2사단장, 미 제3여단장, 군사정전위원회 유엔사 측 수석대표와 한국 대표 등도 초대되었다.[321]

내무부 장관의 치사(致辭)는 당시 대성동 개발의 성격을 잘 보여준다. 그는 치사에서 대성동이 국력을 과시하고 농촌을 대표할 수 있는 '새마을'로 출발하게 되었다고 평가했다. 이에 주민에게는 "조국에 충성스러운 애국의 주민"일 것, "긍지와 희망을" 가질 것, "새마을정신에 사는 새마을의 주민"일 것, "자유를 실증하는 민주의 주민"일 것을 강조했다. 아울러, '남북대화의 해'에 대성동이 개발되면서 남북의 대표들이 "이 부락의 높은 국기게양대에 힘차게 나부끼는 태극기를 보면서", "처음으로 서울과 평양을 왕래"했다고 역사적 의미를 부여했다.[322]

언론도 "자유의 마을 대성동 새마을사업 준공식"을 보도하고, 총 19개 사업으로 "시범농촌 새마을"이 되었다고 알렸다.[323] 정부가 9천만 원을 지원하고, 주민이 2천만 원을 노동력으로 부담했다고 알려졌지만,[324]

---

320   경기도, 「초청장(자유의마을 종합개발준공식)」, 내무부 지역경제국, 『대성동개발준
        공식관계 1972~1972』, 국가기록원 DA0443874.
321   기획관리실, 「대성동종합개발준공식행사계획」, 내무부 지역경제국, 『대성동개발준
        공식관계 1972~1972』, 국가기록원 DA0443874.
322   김현옥, 「자유의 마을 준공식 치사」(1972. 12. 21), 내무부 지역경제국, 『대성동개발
        준공식관계 1972~1972』, 국가기록원 DA0443874.
323   『경향신문』 1972. 12. 21; 『조선일보』 1972. 12. 22.
324   『조선일보』 1972. 12. 22.

주민의 물적·노동력 부담은 그 이상이었다. 주민은 정부의 원활하지 않은 '보조' 혹은 '지원'을 '자조'로 채웠다. 그리고 김창원 사장이 기증하면서 이름 붙인 '새마을' 신진마이크로버스 1대가 마을 안팎을 오가게 되었다.[325]

— 닮아가기

새마을로 재출발한 '자유의 마을' 대성동은 이제 체제 선전을 본격화하기 시작했다. 북한의 '평화의 마을' 판문점리(구 평화리) 선전도 대성동과 유사했다.

> 비무장지대 안에 있는 자유의 마을 대성동에도 봄소식과 함께 농번기를 맞았습니다. … 194명 주민들은 130ha의 논을 가꾸기에 일손이 바쁩니다. … 접경지역 어린이들의 반공교육과 나라를 사랑하는 길이 무엇인가 깨우치는 데 힘을 기울이고 있습니다. 구김살 없는 이 어린이들의 자유스러운 모습을 보십시오. 그러나 이 조용한 마을 바로 저 너머에서 북한군은 고성능 확성기를 통해 24시간 허위선전에 광분하고 있으며 휴전협정을 위반, 비무장지대 안에 붉은 요새를 짓고 호시탐탐 재침의 기회를 엿보고 있습니다.[326]

> 마을등성이에 펼쳐진 과수원에서 사과따는 처녀들, 인삼포전에서 예로부터 "불로장생"약재라 일러오는 고려인삼을 수확하는 농장원들, 풍년낟알 실어나르는 뜨락또르운전수도 흥에 겨워 이 노래를 부른다. (중략) 군사분계선너머에 있는 컴컴한 대성동마을을 바라

325   『경향신문』 1972. 12. 22.
326   국립영화제작소, 1972, 「[대한뉴스 877] 자유의 마을(비무장지대 자유의 마을)」, 국가기록원 CEN0000794.

보니 판문점리와는 완전히 대조적이다. 사람 하나 얼씬하지 않았고 빈 단층집 같은 감이 났다.[327]

위의 자료는 서로 다른 듯하지만, 매우 유사한 냉전 논리를 구사하고 있다. 대성동에 대한 묘사는 농번기의 활기참과 "어린이들의 자유스러운" 모습을 "허위선전에 광분하고 … 재침의 기회를 엿보고" 있는 북한 마을과 대조하고 있다. 북한의 판문점리에 대한 묘사도 유사하다. 수확의 기쁨으로 "흥에 겨워" 노래가 흘러나오는 풍경과 "컴컴한" 대성동 마을을 대조하고 있다. 또한 판문점리에 대한 묘사에서 "조용한 마을 바로 저 너머에서 … 고성능 확성기"라고 했지만, 대성동 마을에도 이미 고성능 확성기가 설치되어 북한의 확성기에 대응하고 있었다. 두 마을은 '조용'할 수 없었다.

대성동과 판문점리 모두 전혀 조용하지도 않았고, 고립되어 자유를 갈망하고 있었으며, 농번기에는 상대 마을과 경쟁적으로 농사를 지어야 했고, 조명도 밝게 켜두어야 했다. 두 마을 사람들은 이를 누구보다 잘 알고 있었다. 때문에, 두 마을 사람들에게 특별히 강조되어야 할 교육과 선전이 필요했다. 상대 체제에 대한 적개심과 상대가 언제 다시 도발해 올지 모른다는 긴장감, 자기 체제에 대한 만족과 애국심을 고취하기 위한 교육이었다.

대성동 주민은 '새마을사업'을 계속 이어갔고, 체제 선전의 일익(一翼)을 담당해야 했다. 물론 새마을사업과 국기 게양식은 1970년대에 전국적으로 시행되었지만, 대성동 주민의 새마을사업과 국기 게양식은 군사분계선과 '판문점리'를 마주하고 있는 곳에서 행해진다는 면에서 더욱 상징적인 의미가 있었다.

---

327   리정근, 앞의 책, 103~104쪽.

국기는 매일 일출시에 게양하고 일몰시에 하강하되 국기게양 및 하강시에는 청년층 주민으로 조를 편성하여 엄숙 경건하게 진행하고 스피카를 통하여 애국가를 연주케 함으로써 국기의 존엄성과 애국심을 함양하도록 할 것(조원은 6인으로 편성하여 2인은 국기게양 또는 하강을 담당하고 4인은 국기를 규격대로 접어서 보관함에 넣게 한다).[328]

대성동 주민은 매일 "엄숙 경건하게" 국기 게양 및 하강식을 진행하게 되었다. 청년층 주민 6인이 1조를 이루어서, 2인은 국기 게양 및 하강을 담당하고, 4인은 국기를 규격대로 접어서 보관함에 넣는 역할을 맡았다. "국기의 존엄성과 애국심을 함양"하기 위해 국기 게양 및 하강시 애국가가 연주되었다. 이런 국가 의례를 매일같이 거행해야 했다.

두 마을 주민들에게 또 하나 중요한 점은 경제적 만족을 통해 체제에 대한 만족감 또한 가질 수 있어야 한다는 것이었다. 높은 생산성과 소득은 체제 선전의 주 요소였다. 대성동의 경우, 1985년 현재, 연간 가구당 1600만 원의 소득을 올리고 벼 2만 6,349가마를 생산했으며, 자가용 승용차 15대·전화기 40대를 보유했고, 컬러TV·냉장고·전화 등은 가구당 1대 이상을 보유했으며, 영농기계화율도 높아져서 트랙터·경운기·콤바인·이양기 등을 거의 모든 가구가 보유했다고 한다.[329] 판문점리의 경우, 정보당 논벼 7.5t 이상을 수확했고, "탁아소와 유치원, 고등중학교가 마을의 한복판에 자리잡고 판문점리인민병원"이 있고, "리에는 뜨락또르 13대를 비롯하여 자동차, 뻐스, 방송차 등 갖가지 차들이

있으며 각종 농기계들이 농장원들의 일손을 대신"했다고 한다.[330]

　대성동과 '기정동' 두 마을을 통한 남북한의 체제 선전과 경쟁은 1950년대 후반, 더 이르게는 전쟁 중에 시작되었다. 북한은 전쟁 과정에서 점령한 38선 이남 지역에서 체제의 우월성을 입증하고자 했다. 정전회담장 인근 마을을 '평화리'라고 명명한 것이 단적인 예이다. 평화리가 속한 판문·연백·개풍·개성 일대를 '(신)해방지구'라고 명명한 것과 같다. 북한은 이곳에서 체제의 우월성을 입증하면서 민심을 확보하고자 했다. 이는 전후, 북한 전역에서 진행되던 복구사업 및 사회주의로의 전환과 연계되어 더 신속하게 추진되었다.

　대성동이 '자유의 마을'로 개발된 것은 분명 '평화리'의 영향이었다. 눈앞에 보이는 평화리의 복구 진척에 대비되는 "버림받은 무릉도원"의 상황은 '이상촌' 개발과 민심 안정을 위한 대책 마련을 촉구했다. 대성동을 관리하던 유엔사와 한국 정부는 대성동을 '자유의 마을'이라고 명명하고 공회당과 문화주택을 건립했다. 그러나 이 '쇼윈도'는 효과적이지 않았다.

　1970년대 초, 대성동 새마을사업이 진행되면서, 본격적으로 쇼윈도의 경쟁이 시작되었다. 대성동 주민이 북한의 "대남선전에 현혹되지 않도록" 반공사상 양양과 애국심 고취를 위한 특수활동이 실시되었고, 대성동에는 북한보다 월등히 앞서가는 남한을 보여주고 "공산주의 제도보다 자유민주주의 제도의 우월성을 과시"하는 경관이 조성되었다. 이렇게 '자유의 마을'과 '평화의 마을'을 통한 선전과 경쟁은 서로 닮아갔다. 두 마을은 각각 자기 체제의 우월성을 선전하는 전시장을 넘어, 대조를 통해 상대가 '어두운', '빈', '허위의' 것인 반면에, '사람들이 흥에 겨워' 하는 '진정한' 자유와 낙원은 자기에게 있음을 과시하게 되었다.

330　리정근, 앞의 책, 102쪽.

종장

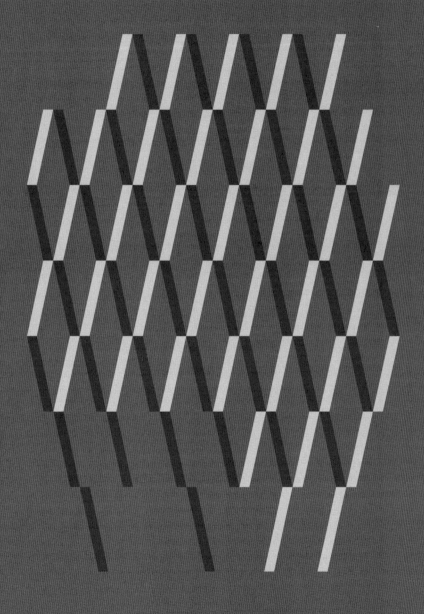

― 냉전과 탈냉전의 연쇄, 그리고 한반도

한반도 비무장지대는 냉전이 응축된 공간이자 냉전의 전형적인 양상이 담긴 공간이다. 이곳은 세계 냉전의 형성기에 벌어진 열전에 의해 만들어졌다. 그것도 중국의 참전으로 한국전쟁의 양상이 한·중 국경을 넘어 확전의 조짐을 보였을 때, 서방의 강대국들이 전쟁을 한반도에 국한시키기 위해 구상한 것이었다. 비무장지대는 정전의 전제 조건으로서, 정전을 유지하는 임무를 띠고 탄생하게 되었다.

한반도 비무장지대라는 아이디어를 처음으로 떠올린 것은 영국이고, 유엔의 열강들이 이 아이디어에 동의했다. 한국인에게 비무장지대는 분단의 다른 이름이자 상상조차 할 수 없었던 구상이었지만, 유엔에서는 이것이 영토 갈등을 봉합하는 아주 익숙한 방식이었다. 영국에게 미국과 중국이 이 제안을 받아들일 것이냐는 초미의 관심사였지만, 한국이 이를 어떻게 생각할 것인지는 고려의 대상이 되지 않았다. 영국의 제안 이후, 미국과 유럽의 열강 사이에서는 한반도 비무장지대 설치 여부, 설치 지역과 관리 방식 등이 논의되기 시작했다. 한반도의 비무장지대는 미국과 유럽을 오가며 그려지기 시작했다.

전황이 어느 한쪽에 유리하거나 불리하게 전개될 때는 미국도 중국도 비무장지대 설치를 통한 정전을 거부했다. 전선의 획기적인 변화가 불가능하다는 판단이 섰을 때에야 비로소 정전회담이 시작되었다. 유엔군과 북·중이 정전회담장에서 마주했을 때는 이미 양측의 사이에 비무장지대를 둘 준비가 되어 있었다. 다만 회담과 협정의 성격과 더불어, 군사분계선과 비무장지대의 구체적인 조건, 비무장지대와 정전을 관리할 기구에 대한 세부 협상 등에 관한 논의가 필요했다.

북한과 중국은 처음에는 38선을 기준으로 경계선을 확정하고 싶어 했고, 미국은 방어가 유리한 '38선 이북 북한 지역 어딘가'에 비무장지대를 설치하고자 했다. 결국, 전선(양측의 접촉선)을 기준으로 군사분계선을 설정하고 이로부터 2km씩 거리를 두는 방식으로 비무장지대 설치가 합의되었다. 유엔군과 북·중 모두, 전장에서는 유리한 고지를 점령하기 위해 치열한 전투를 벌였고, 회담장에서는 최대한 전선을 유리하게 반영하는 지도를 그리고자 했다. 1951년 11월 27일, 군사분계선과 비무장지대에 관한 문서와 지도에 관한 잠정 합의가 이루어졌다. 그러나 전쟁은 이로부터 20개월이나 더 계속되었고, 이 과정에서 전선의 변화가 생겼으며, 정전협정 지도의 경계선—군사분계선과 비무장지대의 북쪽 경계선과 남쪽 경계선—도 다시 그려졌다.

정전협정은 비무장지대의 임무와 성격이 '적대행위를 막는 완충지대'라고 분명히 밝혔다. 이를 위해 비무장지대를 명실상부한 비무장 상태로 되돌리고, 이를 유지하기 위한 조항들을 명시했다. 48일 내에 비무장지대를 청소하기, 민사행정 및 구제를 위해 민정 경찰을 두기, 민정 경찰의 무기 휴대를 제한하기, 군사정전위원회를 돕고 위반사건을 조사하기 위해 공동감시소조를 두기, 특별히 허가된 인원 외에는 비무장지대 출입을 금하기, 군사분계선 통과를 유엔사 군정위와 북·중 군정위가 합의하기 등은 모두 이러한 취지에서 나온 것이었다. 3년간의 전쟁을 치른 당시에는 어떻게 적대행위의 재발을 방지할 것인가가 가장 큰 목표가 되었다.

그러나 정전의 조건과 유지 방안을 밝힌 이 조항의 대부분은 사문화되었다. 먼저 군사정전위원회의 후속 합의들은 정전협정을 이행하는 과정에서 나왔지만, 제도상의 균열을 일으키고 있었다. 군사 경찰을 민정 경찰로 활용할 수 있게 했고, 종류에 제한을 두기는 했으나 이들의 무기 휴대를 허용했다. 또 위반사건을 조사할 공동감시소조를 축소했다.

급기야 1950년대 후반 원자전을 대비할 필요성이 커지고, 1960년대 한반도와 베트남에서 크고 작은 열전이 벌어지면서 '비무장'지대의 '무장화'가 빠르게 진행되었다. 정전 직후 비워졌던 진지는 중화기가 갖추어지고 무장한 군인이 경계 근무를 서는 경계초소(GP)가 되어 증설되었으며, 한국전쟁 때 '만리장성'이라 불릴 정도로 방대하게 구축된 북한의 갱도식 진지도 더욱 보강되었다. 여기에 더해 철책과 지뢰, 불모지화 등의 대침투체계도 구축되었다. 비무장지대의 무장화는 남북 모두에서 '방어체계 구축'을 명분으로 이루어졌다. 정전 관리 기구도 유명무실하게 되었다. 이러한 비무장지대 위반을 조사하고 군정위에 보고할 공동감시소조는 이미 1967년 이후로 작동하지 않았다. 이를 전반적으로 관리할 군정위가 1990년대 전반에 북한의 철수로 무력화되었음은 물론이다.

이런 중에도 여전히 강력하게 준수되고 있는 정전협정 조항이 있다. 바로 비무장지대 출입과 군사분계선 통과 제한을 명시한 7, 8, 9항이다. 그런데, 이 조항을 어떻게 해석하고 적용할 것인가의 문제는 정전협정이 체결된 지 얼마 지나지 않아서부터 군정위에서 논란이 되었다. 1950년대 중후반, 북한은 남북 간의 교류를 위한 비무장지대 출입과 통과를 군정위가 허용해야 한다고 주장했다. 유엔사는 이 사안이 비군사적인 영역의 문제이며, 군정위의 역할은 군사적인 영역에 국한된다고 주장하며 반대했다. 정치적인 문제는 남북한 두 정부가 알아서 할 문제라는 것이었다.

이는 일차적으로는 정전협정문이라는 법규범을 어떻게 해석하고 적용할 것인가의 문제였지만, 남북관계에 미국이 어떠한 입장과 정책을 취할 것인가의 문제이기도 했다. 미국이 한국(ROK)과 한반도(Korea)

에서 추구하는 목표가 무엇이며, 유엔사를 통해 어느 영역까지 어떤 방식으로 개입할 것이냐와 관련된 문제였던 것이다. 미국은 한반도에서 적대행위가 재개될 경우 미국이 즉각적이고 직접적으로 관여하게 될 수밖에 없음을 우려했다. 그리고 남한의 비무장지대 도발이 유엔에서 북한 등의 선전 소재로 이용되면서 유엔사의 존재 문제가 논란이 될 것도 우려했다. 미국은 한국 내의 정치적인 문제와 남북관계에 깊이 관여하고 북한을 직접 상대할 책임을 지고 싶어 하지 않았다. 미국의 이러한 인식과 정책은 유엔군사령부 규정들에도 잘 반영되어 있다. 정전협정 이행에 관한 대표적인 유엔사 규정인 554-1에 따르면, 정전협정 이행은 '군사작전'이고, 비무장지대는 '작전지역'이다. 이는 유엔사가 한국 정부의 비무장지대 출입을 원천적으로 통제할 수 있는 근거가 되며, 미국이 남북한의 정치적인 문제에 관여하지 않겠다는 표시이기도 하다.

냉전과 분단의 근본 원인이 공포와 불안이라고 보면,[1] 비무장지대는 언제 또다시 상대가 도발할지 모른다는 공포와 불신을 물리적 거리두기를 통해 잠재우고, 정전을 유지할 수 있으리라는 가정 속에서 탄생한 것이었다. 그것도 군사분계선 하나만으로는 그러한 공포와 불신을 잠재우기 부족해서, 각각 2km씩 총 4km 정도 거리는 필요하다는 생각에서 만들어진 구역이다.

그러나 상대는 언제나 도발의 의도와 준비를 갖추고 있다는 불신과 공격에 대한 불안, 여기에 더하여 자기 체제 및 군사력에 대해 결여된 자신감은 자기 측 비무장지대의 무장화를 가속화했다. 우발적인 사고는 사건화하기 쉬웠고, 사건들은 다시 무장화를 정당화했다. 방어체계라는 이름의 '땅굴'과 철책, 경계초소, 지뢰, 최첨단 과학장비 등이 비무장지대를 구성하기 시작했다. 양쪽은 이를 보며, '철통방비'의 체계가 완비

---

1   이동기, 2020, 『비밀과 역설』, 아카넷, 36쪽.

되었다며 자기 만족했다.

비무장지대는 체제 선전의 장이 되기도 했다. 남한과 북한, 서방과 동방의 이데올로기로서 '자유'와 '평화'가 호명되고 경쟁하는 곳이었다. 상대의 '자유'와 '평화'는 '허위'였고, 자기 측의 것만이 진정한 것이라 선전되었다. 그러나 '자유의 마을'과 '평화의 마을'에는 양측이 모두 주장했던 '무릉도원', '이상향'으로서의 자유와 평화는 존재하지 않았다. 비무장지대 안의 '자유'와 '평화'는 냉전에 갇혀 있었다.

비무장지대의 냉전은 압축적으로 쌓였을 뿐 아니라, 연쇄적으로 이어졌다. 비무장지대 무장화의 대표적인 결과물인 땅굴과 철책이 그렇다. 땅굴과 철책 모두 상대의 공격과 침투에 대한 방어 전략으로 표방되면서 구축된 군사시설이었다. 1960년대에 남북 사이에 오간 군사 대결과 충돌의 흔적이고, 공격성을 감춘 공포와 불안의 상징이다.

'땅굴'과 철책은 동아시아 열전의 연쇄 속에서 한반도와 베트남을 오갔다. 한국전쟁기에 진지전의 수행과 더불어 만들어진 북한의 갱도식 진지(땅굴)는 1950년대 후반~1960년대 초반 원자전의 대비 차원에서 비무장지대는 물론 북한 전역으로 확대되었으며, 베트남전쟁기에는 갱도를 구축·확장하던 북베트남으로도 전해졌다. 철책은 베트남전쟁기 미국이 남베트남의 17°선에 설치하던 것이 1967년부터 한반도 남방한 계선에 세워지기 시작했다. 이렇게 이른바 '땅굴'과 철책은 남북한과 남북베트남에서 연쇄되었다.

비무장지대가 냉전만 중개하거나 이전받기만 한 것은 아니었다. 비무장지대는 탈냉전의 연쇄 측면에서도 주목해볼 수 있다. 특히 동서독 관계의 변화는 남북한이 비무장지대와 남북교류 및 접촉의 변화를 구상하고 제안하는 데 결정적인 영향을 주었다. 1950년대 중후반, 북한이 군사분계선 통과와 판문점 회담을 제안하는 등 적극적인 남북교류를 제안한 것은 동독의 연방 제안에서 영향을 받은 것이었다. 동독도 북한의 이러한 제안에 대해 긍정적으로 평가했다.

반면 북한의 교류 및 접촉 제안에 대해 이승만 정부는 진지하게 받아들이지 않았으며, 선전의 일환으로만 치부했다. 하지만, 1960년 4·19 민중항쟁을 계기로 남한의 제 정당과 통일운동단체, 학생들은 다양한 통일 방안을 쏟아냈고, 이때 판문점이 남북교류와 접촉의 장으로 주목되었다. 1961년 4·19 1주년 기념식에서 학생들이 "오라 남으로, 가자 북으로, 만나자 판문점에서!"라고 외쳤던 것은 판문점과 비무장지대를 남북의 분리(거리두기) 공간이 아니라 접촉과 통로의 공간으로 인식했음을 보여주는 것이었다.

한국이 비무장지대의 탈냉전을 위한 행위자로서 등장한 것은 1970년대 초였다. 한국 정부는 이때야 비로소 비무장지대의 평화적 이용 및 남북접촉을 진지하게 생각하기 시작했다. 그 계기는 미·중 데탕트였지만, 동서독의 교류와 두 차례의 정상회담이 분단된 한국에 준 충격은 그에 못지않게 컸다. 박정희 정부는 서독을 방문해 동서독 교류의 경험을 참고하고, 서독의 동독 승인 문제를 한국의 문제로서 검토했다. 비무장지대의 비군사화, 북한 정권 승인 문제, 학술문화 교류 방안 등을 폭넓게 검토했고, 궁극적으로는 한반도의 국제평화지대화 방안까지 나왔다.

북한 정권을 인정할 수 있다는 상상, 비무장지대를 비군사화한다는 상상, 비무장지대에서 다양한 학술문화를 공동으로 연구하고 교류한다는 상상, 비무장지대만이 아니라 한반도의 통일과 평화를 이루고 국제평화지대화한다는 상상. 하나하나 매우 획기적이었다. 이런 상상은 당시 정전 20년 즈음을 맞은 한국 사회의 성장과 자신감을 반영한 것이었다.

하지만 비무장지대의 탈냉전은 더 진전되지 못했다. 유엔사도, 남한과 북한도 비무장지대의 비무장화와 평화적 이용을 반드시 실현해야 한다는 필요성을 절감하지도 않았고, 이를 추진할 의지도 없었다. 비무장지대의 평화를, 유엔사는 정전협정 틀 내에서 정전을 안정적으로 관리할 방안 정도로 생각했고, 북한은 여기에 군축 문제를 더했으며, 한국은 이를 자신이 주도하기보다는 국제기구에 의지함으로써 '안전'을 보장받고자 했다. 정전회담 당시 비무장지대 설치를 위해 회담장 안팎에서 치열하게 싸우고 논쟁을 벌였던 그 의지와 태도는 어디서도 찾아볼 수가 없었다. 3년간의 전쟁과 1960년대에 비무장지대에서 진행된 무장화와 군사충돌을 지나며, 다시는 이러한 일이 재발하게 해서는 안 된다는 교훈은 얻었으나, 그에 대한 실천은 자신을 과시하고 상대의 도발 의지를 무력화(無力化)시키는 것에 불과했다.

전단과 확성기를 활용한 비난과 선전만 경계를 넘어다녔을 뿐, 다른 한편으로 대전차 방벽 등이 구축한 장벽은 높아만 갔다. 각종 물리적 장벽을 구축하고 나아가 심리적 장벽을 두터이 하기는 쉬워도 상대에 대한 불신과 자신의 약함을 벗어나 신뢰와 자신감을 구축하기란 쉽지 않았다. 불신은 너무 자연스럽고 가까이에 있었으며, 신뢰는 부자연스럽고 너무 멀리 있었다. 더구나 2010년대 개성공단의 폐쇄나 금강산관광 중단처럼 획기적인 실험이 실패로 돌아가면, 눈앞에 보이고 들리는 냉전의 군사시설들과 선전은 더욱 부각되고 신뢰와 자신감은 더욱 위축된다. 새로운 시도에 대한 회의감과 무기력에 빠지기 쉽다.

— **평화의 길 만들기**

남북 경계선의 획정과 관리 문제에서 한반도는 대상이자 객체였다. 제2차 세계대전 후 일본군의 무장해제를 명분으로 미국과 소련이 한반도에 38선을 획정했다. 그것이 한국전쟁의 발발까지 이어졌다. 확전을 방지하기 위해 영국이 제안한 완충지대는 유엔군 측과 공산군 측의 합의에 따라 군사분계선과 비무장지대 설정으로 이어졌다. 북한은 북·중·소의 중층적 역학관계와 의사결정의 구조 속에서, 제한적이긴 했지만 적극적으로 논의와 합의에 참여했다. 반면 남한은 북진통일을 바란다는 명분으로 비무장지대 설정과 정전협정 관련 논의와 합의의 주체로서 참여하지 않았다. 이는 한국 정부가 유엔사의 관할권 주장과 해석을 바라만 보게 된 상황의 원인이 되었다. 안타깝게도 정전 70년 동안 한국은 비무장지대의 평화적 변화를 주도할 수 있다는 상상을 거의 해보지 못했다. 비무장지대와 정전을 관리하는 행위자로서 가진 불완전성이 만든 근본적인 한계이다.

그러나 이제는 정전된 지도 70년이 지났다. 과시나 명명으로서의 '자유'나 '평화'가 아니라 제도적이고 실질적인 비무장지대의 평화지대화를 적극적으로 기획할 수 있어야 한다. 국제적 역학관계와 한반도의 현실을 객관적으로 인식하고 지혜롭게 조율할 수 있어야 한다. 남북 분단의 경계에 틈을 만들고, 이를 통해 한반도에 가해지는 세계 냉전 경계의 압력을 완화할 수 있어야 한다. 철통 방비 태세의 긴장을 통해서가 아니라 소통을 통한 이완이 필요하다. 1954년 유엔사 군정위가 지적했듯이, 주권을 가진 정부로서 한국 정부는 비무장지대의 비군사적 영역에서 남북한 간에 합의를 이루고 이행하는 주체이다. 남북한 간의 경계를 우리가 설정하고 관리할 수 있다는 상상과 자신감, 정교한 추진력이 필요하다.

그렇다면 어떻게 비무장지대를 평화지대로 변화시킬 수 있을까. 우리는 이미 비무장지대가 어떻게 평화지대화할 수 있는지 알고 있다. 정전협정에 명시된 '비무장' 상태여야 하며, 판문점을 비롯해서 개성과 철원과 같은 남북의 접경지역에서 서로 접촉하면서 교류해야 하며, 상대 정권을 실체로서 인정하며, 다양한 학술문화 교류가 이루어져야 한다는 것을 말이다. 이것들은 모두 이미 1970년대 초반에 검토되었던 방안들이다. 최근에는 기후위기와 전염병에 대응하게 되면서 비무장지대와 남북 접경지역에 대한 공동 관리의 필요성도 더욱 높아지고 있다.

기능적으로 보았을 때, 정치·군사적인 합의와 사회·경제·문화·환경적인 협력 중에 무엇이 선행되어야 하느냐와 같은 우선순위를 정하는 문제는 크게 중요하지 않다. 역사적으로 볼 때, 비무장지대에서는 어느 한 영역이 독자적으로 추진되거나 추진되어 성공한 적이 거의 없었다. 이들은 동시에 병행될 수밖에 없다.

1953년에 할 수 있었던 상상이 정전을 합의하고 그 상태를 유지하기 위해 비무장지대를 만드는 거리두기 방식이었다면, 2023년에 우리가 하는 상상은 평화를 만들고 그 상태를 유지하기 위한 비무장지대의 모습이어야 한다. 거리두기 방식은 당장 전면적인 적대행위의 재발을 방지하는 데는 효과적이었으나, 언제까지 이런 상태를 유지할 수 있을까 하는 면에서는 불안정했다. 일촉즉발의 위기 상황에 달했을 때는 이런 소극적인 평화의 의미가 절대 작지 않음을 상기하게 되지만, 불안정한 상태에 머물지 말고 여기서 더 나아가야 한다. 1953년에 상상하지 못했고, 도달하지 못했던 항구적인 평화의 실현이 필요하다.

새로운 경계선을 상상해본다. 분단 경계선을 치우기도 전에 무슨 또 다른 경계선이냐고 반문할 수도 있다. 하지만, 이때의 새로운 경계선은 비무장지대의 다양한 가치를 조율하는 지혜의 경계선이다. 강고한 냉전 구도를 탈피하면서도 생태와 환경을 보존하고 역사와 문화를 기억할 수 있는 길이다. 국제적 역학관계에 의해 주어지는 경계선이 아니라, 한국인(Korean)의 관점에서 그릴 수 있는 다양한 평화의 길이다.

1953년 군정위가 군사분계선과 비무장지대 관리를 위해 서로가 소통하고 접촉하는 '안전 통로'(safe lane)를 만들었던 것을 떠올려보자. 적대행위를 막 중지한 양측의 군사정전위원회는 물리적 거리두기 공간으로서 비무장지대를 설치하면서도, 서로가 안전하게 만날 수 있는 길을 확보했다. 단절되고 폐쇄적일수록 소통과 접촉의 길이 중요하다는 점을 양측은 알고 있었다.

지금은 중단되었지만, 2000년과 2002년 군사분계선과 비무장지대의 일부 구역을 개방하여 '남북관리구역'이라는 이름의 '회랑'(corridor)을 만든 적도 있다. 남북이 왕래하는 길이었다. 서울-신의주간 철도와 문산-개성간 도로가 통과하는 서쪽 구역과 저진-온정리간 철도와 송현리-고성간 도로가 통과하는 동쪽 구역이 생겼다. 이 길을 통해 고려개성 발굴과 개성공단 출퇴근, 개성관광·금강산관광 등이 이루어졌다. 이를 위해 남북 양측에 총 네 개의 출입사무소가 개설되었는데, 이곳은 '출입경'을 기다리는 사람들로 북적였다. 당시에는 다시는 그 이전으로 돌아가리라 생각하지 못할 정도로 활기찼고, 이전으로 돌아가는 것은 역사의 퇴행이라 생각되었다.

남북관리구역의 조성과 '관리'는 이름만큼 간단하지 않았다. 회랑 조성에 관해 북한과 유엔사의 합의가 먼저 이루어졌고, 이후 남북 간 합의가 이루어졌다. 이 과정은 유엔사의 관리권이 이양되고 남북 간 자유 이동이 가능해지는 것으로 인식되었지만, 도리어 유엔사의 승인 절차는 더욱 복잡해졌다. 이렇듯, 분명히 한계가 있었지만, 남·북·유엔사 삼자 간에는 비무장지대를 종단하는 길을 회복하는 데 대한 문제의식이 공유되었고, 그 의미는 절대 작지 않다.

이 책에서 살펴본 비무장지대의 역사는 비무장지대와 한반도의 탈냉전이 어떤 하나의 완결된 제도만으로 이루어질 수 없으며, 다양한 행위자들의 역학관계와 지혜, 실천에 따라 이루어져야 함을 보여준다. 또한 비무장지대는 강고한 냉전과 분단에 갇혀 있음과 동시에 그곳에 탈냉전에 다다를 수 있는 다양한 길과 시도가 있었음을 보여준다. 기존의 제도와 합의를 이행하지 않았던 점을 성찰할 것을 역설하고 있기도 하다. 이 책에서 살펴보았듯, 1950년대에 시작된 정전협정과 후속 합의, 1970년대 초에 있었던 비무장지대의 평화적 이용 구상을 비롯하여, 2018년 9·19군사합의에 이르기까지 중요한 '합의'와 '선언', '약속'이 있었다. 정전협정이 만들어진 후에도 협정의 이행을 둘러싸고 수많은 변화가 있었듯, 평화협정은 체결도 어렵지만, 그것의 이행이 더 중요할 것이다. 이제는 우리의 자신감 회복과 실천, 서로를 향한 신뢰가 남았다.

70년 전에는 정전의 조건으로서, 정전을 유지하기 위해서 비무장지대의 역할이 필요했다. 이제는 평화의 조건이 되고 평화를 유지하는 길이 될 비무장지대의 모습을 구체적으로 상상해야 한다. 정전협정은 "비무장지대 내에서 또는 비무장지대로부터 또는 비무장지대를 향하여" 어떠한 적대행위도 감행해서는 안 된다고 규정했다. 70년이 지난 지금, 비무장지대 내에서, 비무장지대로부터, 비무장지대를 향하여 평화가 확산하기를 기대한다.

비무장지대의 평화지대화는 한반도 평화지대화의 다른 이름이 될 것이다.

참고문헌

I. 자료

1. 국문
1) 남한

(1) 일간지
『경향신문』 https://khan.co.kr
『동아일보』 https://www.donga.com
『연합뉴스』 http://yna.co.kr
『조선일보』 https://www.chosun.com
『통일뉴스』 http://www.tongilnews.com
『한겨레』 http://www.hani.co.kr
☞『경향신문』『동아일보』『조선일보』의 1920~1999년 기사: 네이버 뉴스 라이브러리
　　https://newslibrary.naver.com

(2) 보고서·자료집
강영선, 1973(a),『비무장지대 공동개발을 통한 남북한 상호협조상의 문제점 및 대책』,
　　국토통일원.
_____, 1973(b),『비무장지대의 천연자원에 관한 공동연구』, 국토통일원.
경기문화재단 경기학연구센터, 2014,『경기도 DMZ 자유의 마을 대성동』.
국방부 군사편찬연구소, 2017,『6·25전쟁 주요 전투』1·2.
국방정보본부 편, 1986,『군사정전위원회 편람』.
국토통일원, 1971,『접적지역 주민의 생활실태 및 통일에 관한 의식조사』.
_____, 1972 (a),『남북 접합지역에 대한 정부의 통합 순화정책의 문제점과 그 대
　　책: 현지 여론조사를 중심으로』.
_____, 1972 (b),『남북학술교류기본방안(안)』.

_____, 1972 (c), 『7·4 공동성명이 남북 접합지역 주민에게 미칠 영향』.

_____, 1973 (a), 『남북한 경제인 상호접촉 및 확대방안에 관한 연구』.

_____, 1973 (b), 『남북한 중공업분야 협력에 따른 문제점 및 대책』.

_____, 1973 (c), 『남북한민속예술교류 및 대외협력방안』.

_____, 1973 (d), 『남북한의 비정치적 접촉교류 제의 연혁』.

_____, 1973 (e), 『남북한종교인접촉대화방안』.

_____, 1973 (f), 『대북접촉 우선순위 연구』.

_____, 1973 (g), 『동서독관계문헌집』 1.

_____, 1973 (h), 『학술교류방안(안)』.

_____, 1984, 『국토통일원 15년 약사』.

국토통일원 편, 1971(a), 『비정치적 분야의 남북교류 가능성과 국제적 중계 및 보장방
　안』.

_____, 1971(b), 『수복시 토지, 가옥 처리법안의 연구』 1·2.

_____, 1971(c), 『수복시 통치기구 구성방안』.

_____, 1971(d), 『수복지구 행정기구 접수방안』.

_____, 1971(e), 『수복지구 행정요원 문제연구』.

국회도서관 입법조사국, 1971, 『전후 미국의 대한정책-사이밍턴위원회 청문록』.

군사용어대사전 편집위원회, 2016, 『군사용어대사전』, 청미디어.

김인수 구술, 2010, 『비전향장기수구술』 8, 국사편찬위원회.

김정후, 1973, 『비무장지대의 공동개발방안』, 국토통일원.

문화공보부 문화재관리국, 1974, 『비무장지대인접지역종합학술조사보고서』.

육군보안사령부, 1978, 『대공삼십년사』.

전쟁기념관, 2022, 『6·25전쟁 정전회담회의록』 1·2권.

정일형 편, 1954, 『韓國問題유엔決議文集』, 국제연합한국협회 출판부.

제1군사령부, 1970, 『제1군 약사 1968. 1. 1~1969. 12. 31』.

_____, 1972, 『제1군 약사 1970. 1. 1~1971. 12. 31』.

한국국방연구원, 1991, 『韓美安保關聯協定 要略集: 1948~1989. 9』.

한국역사연구회 한국전쟁특별연구반, 『소련 외무성 문서-한국전쟁 관련 만수로프 제
　공 문서』.

Bender, Peter, 1969, 『동독 승인의 열가지 이유』, 국토통일원.

국사편찬위원회, 2013, 『북한관계사료집 73: 조선민주주의인민공화국 주재 소련 대사

의 일지 1』.

_____, 2016, 『북한관계사료집 79: 조선민주주의인민공화국 주재 소련 대사 관 직원들의 일지와 면담록 3』.

_____, 2016, 『북한관계사료집 80: 모스크바 주재 조선민주주의인민공화국 대사관 직원들과 소련 외무성 극동과 직원들의 면담록 1』.

고려대학교 아세아문제연구소, 『북한연구자료집』 제3권, 제8권.

박종철·김보국·박성용·정은이, 2013, 『헝가리의 북조선 관련 기밀해제문건』, 선인.

이지순·박규현·김영 옮김, 2021, 『한국전쟁 관련 프랑스외무부 자료』 I·III, 선인.

중국 군사과학원 군사역사연구부, 국방부 군사편찬연구소 옮김, 2005, 『중국군의 한국 전쟁사』 3.

통일연구원 편, 2006, 『독일지역 북한기밀문서집』, 선인.

행정자치부 정부기록보존소 편, 2002, 『한국전쟁과 중국: 한국전쟁관련 중국자료선집』 II.

(3) 미간행자료
가. 국가기록원

공보처 홍보국 사진담당관, 「대성동 자유의 마을 11」(1967), 국가기록원 CET0030995.

국립영화제작소, 1972, 「[대한뉴스 877] 자유의 마을(비무장지대 자유의 마을)」, 국가기 록원 CEN0000794.

국방부장관 김정렬, 1959, 「비무장지대 거주 민간인 원호에 관한 건」, 국가기록원 BA0084226.

내무부, 1975, 「민통선북방개발연구종합보고서」, 국가기록원 DA0443865.

내무부 지역경제국, 『대성동개발관계(1) 1971~1972』, 국가기록원 DA0443869.

_____, 『대성동개발준공식관계 1972~1972』, 국가기록원 DA0443874.

외무부 미주국 북미2과, 『중립국 감시위원단 스위스 대표의 DMZ(비무장지대) 비무장 화 제의, 1973』 1973-1973, 국가기록원 DZ0094590.

외무부 미주국 안보과, 1972, 『휴전협정 관계 자료, 1972』, 국가기록원 DA0094630.

외무부 안보담당관실, 1961, 『군사정전위원회를 통한 북한의 평화공세에 대한 건』, 국 가기록원 CA0004566.

「유엔사 규정 554-1」(1976)

나. 외교사료원

구주1, 1970~1970(공개년도 2001), 『동·서독(독일) 정상회담』, 외교사료원 분류번호
772, 롤번호 O-0028, 파일번호 14.

2) 북한

『개성신문』
『로동신문』

김일성, 1966, 「웰남인민의 투쟁을 지원하는 것은 공산주의자들의 숭고한 국제주의적
　　의무로 된다」, 『김일성전집』, 조선로동당출판사.
_____, 1984, 『김일성 저작집』 27, 조선로동당출판사.
리정근, 1986, 『판문점』, 조선로동당출판사.
리정근·리병렬, 1990, 『원한의 군사분계선』, 조선로동당출판사.
리화선, 1989, 『조선건축사』 2, 평양: 과학백과사전종합출판사(『조선건축사』 II, 서울:
　　발언, 1993).
박태호, 1983, 『조선인민의 정의의 조국해방전쟁사』 3, 사회과학출판사.
_____, 1987, 『조선민주주의인민공화국대외관계사』 2, 사회과학출판사.
사회과학원 역사연구소, 1981, 『조선전사』 26권, 과학백과사전출판사.
장영남, 2002, 『조선지명편람(개성시, 남포시)』, 사회과학출판사.
최성길, 1962, 『금강산』, 군중문화출판사.

2. 외국문
1) 미국

(1) 미간행자료
가. 미국 국립문서보관소(U.S. National Archives and Records Administration)
Record Group 218: Records of the U.S. Joint Chiefs of Staff
 • Korean Armistice Agreement, 1953 – 1953
　　◦ Armistice Agreement Volume 1, Text of Agreement 〔Korean〕, 27 July, 1953

◦ Armistice Agreement Volume 1, Text of Agreement [English], 27 July, 1953

◦ Armistice Agreement Volume 1, Text of Agreement [Chinese], 27 July, 1953

◦ Armistice Agreement Volume 2, Maps [Korean]

Record Group 59: 미 국무부 일반문서(General Records of the Department of State, 1763 - 2002)

• Records of Korean Armistice Agencies, 1953 - 1974 [Entry A1 5420]

• Subject Files of the Office of Korean Affairs, 1966-74, Lot Files 73D360, 74D209, Box 5 (5 of 5), POL 27.4 UNC.

• Subject Files of the Office of Korean Affairs, 1966-74, Lot Files 75D222, 75D223, Box 6 (2 of 5).

• 1967-69 SNF, Central Foreign Policy Files, POL 23-7 KOR S 6/1/67.

Record Group 286: 미 국제개발처 문서(Records of the Agency for International Development, 1948 - 2003)

• Central Subject Files [Entry P 583], SOC 4 (Housing and Urban Development)

Record Group 469: 미 대외원조기관 문서(Records of U.S. Foreign Assistance Agencies, 1942 - 1963)

• Unclassified Subject Files, ca. 1955 - 11/03/1961 [Entry P 319], Box 14.

◦ Housing, etc. (731 Dae Song Dong 1960 thru)

• Unclassified Subject Files, ca. 1955 - 11/03/1961 [Entry P 319], Box 20.

◦ (25) Introduction on the Current Status of Civilians in the DMZ (Republic of Korea Delegation to the United Nations Command Military Armistice Commission, December 1959)

Record Group 550: 태평양 방면 미 육군문서(Records of the U.S. Army, Pacific, 1945 - 1984)

• Korean War Armistice [Entry UD WW 169], Box 46.

◦ 201-01, (Extracts), Civil Police upon Disc of UNCMAC, Trf ORCEN, Ret FRC 2 Years Later

◦ 201-01, Administrative Understandings upon Disc of UNCMAC, Trf ORCEN,

Ret FRC 2 years later

◦201-01, (Extracts) Hazards Removal from DMZ, Upon disc of UNCMAC, Trf ORCEN, Ret FRC 2 years later, 1954

◦201-01, Free Movement in the DMZ(Para Il of AA), Upon disc of UNCMAC, Trf ORCEN, Ret FRC 2 years later

• Korean War Armistice [Entry UD WW 169], Box 48.

◦Photo by SSG Clyde Delk, Jw. USA Sp Photo Det, Pac, "ROK Guard Posts along DMZ, April 1969"

• Communist Propaganda [Entry UDWN 62]

◦2-01 : Psychological Operations Intelligence Note (1971)

• Records of HQ, US Army, Pacific, Military History Office, Classified Organizational History Files, 1959-1974, Entry A1 2, Box 100

◦"The Korean Demilitarized Zone" G3, Eighth U.S. Army APO 96301(EAGO-MH) 19 Aug 67

Record Group 554 : 극동군사령부·연합군총사령부·유엔군사령부 문서(Records of General Headquarters, Far East Command, Supreme Commander Allied Powers, and United Nations Command, 1945 - 1960)

• Korean Armistice Implementation Records, 1951-1980

◦United Nations Command Military Armistice Commission, Office of the Secretariat, Significant JOT Investigations 1954

◦Team 2 : Minutes of Meetings of Joint Observer Teams, 1953 - 1967

• General Records, 1951 - 1957 [Entry 14F]

◦Staff Officers Meetings

◦Staff Officers Meetings, MAC-1953

◦Maps, Joint Security Area[MAC Headquarters Area, Organizational and Functional Chart MAC and Related Agencies, etc.]

◦Letter of An Armistice Agreement 1953

• Minutes of the Secretaries Meetings at Panmunjom, Korea, 17/27/1953-04/11/1980, Entry 14B, Box 2.

Record Group 111 : 미 육군 통신대 사령관실 문서(Records of the Chief Signal

Officer, 1860-1985)

• General Subject Photographic Files, ca. 1964-ca. 1982 [111-CCS]

나. 스미스소니언 아카이브(Smithsonian Institution Archives)

• Record Unit 271: 스미스소니언 환경과학실 생태프로그램 문서(Smithsonian Institution. Office of Environmental Sciences, Ecology Program Records, 1965-1973)

  ◦ Box 16, Folders 3-5 Korea. Ecological Studies, general, 1965-1967
  ◦ Box 17, Folder 1 Korea. Ecological Studies, general, 1968-1969
  ◦ Box 17, Folder 2 Korea. Ecological Studies, photographs
  ◦ Box 18, Folder 1 Korea. Ecological Studies, final report, 1968
  ◦ Box 18, Folder 3 Korea. Ecological Studies, maps

• Record Unit 99: 스미스소니언 협회 비서실 문서(Smithsonian Institution. Office of the Secretary Records, 1964-1971)

  ◦ Box 263, Folder Joseph Allen Patterson

• Accession 90-105, Science Service Records

  ◦ Image No. SIA2007-0306

(2) 간행자료

United States Department of State, *Foreign Relations of The United States*, 1950, Korea, Volume VII.

_____, *Foreign Relations of the United States*, 1950, WESTERN EUROPE, VOLUME III.

_____, *Foreign Relations of the United States*, 1952-1954. Korea, Volume XV, Part 2.

_____, *Foreign Relations of The United States*, 1964-68, Volume XXIX, Part 1, Korea.

_____, *Foreign Relations of the United States*, 1969-1976, Volume XIX, Part 1, Korea, 1969-1972.

Record Group 333: Records of International Military Agencies, United Nations

Command, Korean Armistice Negotiations, 1951-1953(국사편찬위원회, 『남북한관계사료집』1~10권으로 영인).

The US Department of State Relating to the Internal Affairs of Korea, XXIII(국방부 군사편찬연구소, 2001, 『한국전쟁 자료총서: 미 국무부 한국국내상황관련 문서』61로 영인).

2) 영국

(1) 영국 국립문서보관소(The National Archives)

외무부 정치국 일반문서(Foreign Office 371)

- FO 371/84113, Chinese intervention in Korea; Sino-Soviet relations and Korea; UN resolution calling for withdrawal of forces opposing UN forces in Korea (papers 81 to 99)
- FO 371/84114, Chinese intervention in Korea; Sino-Soviet relations and Korea; UN resolution calling for withdrawal of forces opposing UN forces in Korea (papers 100 to 109)
- FK 1023/115, FO 371/84115, Chinese intervention in Korea; Sino-Soviet relations and Korea; UN resolution calling for withdrawal of forces opposing UN forces in Korea (papers 110 to 130)
- FO 371/84116, Chinese intervention in Korea; Sino-Soviet relations and Korea; UN resolution calling for withdrawal of forces opposing UN forces in Korea (papers 131 to 144)

외무부 한국 관련 비밀문서(Foreign Office 483: Confidential Print Korea, 1947-1956)

- FO 483/4: Further Correspondence respecting Korea: part 4, January to December 1950.

3. 웹페이지 및 기타

국립중앙도서관 https://www.nl.go.kr

국사편찬위원회 전자사료관 http://archive.history.go.kr

국사편찬위원회 한국사데이터베이스 https://db.history.go.kr

네이버 뉴스라이브러리 https://newslibrary.naver.com

법제처 국가법령정보센터 https://law.go.kr/LSW

한국자연환경보전협회 http://www.kacn.org/about/welcome#tab3

DMZ평화지도 https://peacemap.universe.go.kr/main.html

"herbicide" https://www.britannica.com/science/herbicide

IUCN.org

- https://www.iucn.org/about/iucn-a-brief-history
- Lee M. Talbot & Martha Hayne Talbot, "Harold Jefferson Coolidge, Jr. (1904-1985)"

Photographs of the White House Photograph Office (Clinton Administration), Photographs Relating to the Clinton Administration, William J. Clinton Library, https://catalog.archives.gov/id/2790822

"Remarks to American Troops at Camp Liberty Bell, Republic of Korea" November 13, 1983, https://www.reaganlibrary.gov/archives/speech/remarks-american-troops-camp-liberty-bell-republic-korea

"Remarks by President Obama and President Lee Myung-bak in Joint Press Conference" March 25, 2012, https://obamawhitehouse.archives.gov/the-press-office/2012/03/25/remarks-president-obama-and-president-lee-myung-bak-joint-press-conferen

Smithsonian Institution Archives https://siarchives.si.edu

"The International Biological Program (IBP), 1964-1974", https://www.nasonline.org/about-nas/history/archives/collections/ibp-1964-1974-1.html

The Korea Times https://www.koreatimes.co.kr

The U.S. National Archives and Records Administration https://www.archives.gov

"Tyson, Edwin Louis (1920-1972)", https://plants.jstor.org/stable/10.5555/al.ap.person.bm000055462

UNC/CFC/USFK https://8tharmy.korea.army.mil/g1/unc-archives.asp

- 「유엔사 규정 551-4: 군사작전—한국 정전 협정 준수—」(2018. 7. 27).
- 「유엔사 규정 551-4: 군사작전—한국 정전 협정 준수—」(2019. 5. 13)

UNCURK, "ROK Foreign Ministry, 'An Incident of Armed Agents Infiltration'"

(1973. 3. 16). https://digitalarchive.wilsoncenter.org/document/rok-foreign-ministry-incident-armed-agents-infiltration

"2,4-D" https://www.epa.gov/ingredients-used-pesticide-products/24-d

II. 논저

1. 단행본

강평원, 2002, 『북파공작원』, 선영사.

고승효, 이태섭 옮김, 1993, 『현대북한경제 입문』, 대동.

국방부 전사편찬위원회, 1967, 『한국전쟁사 1: 해방과 건군』

김병로, 2016, 『북한, 조선으로 다시 읽다』, 서울대학교출판문화원.

김보영, 2016, 『전쟁과 휴전: 휴전회담 기록으로 읽는 한국전쟁』, 한양대학교출판부.

김영작 외, 1997, 『한국전쟁과 휴전체제』, 집문당.

김영표 외, 2008, 『상전벽해 국토 60년』, 국토연구원.

김용현 엮음, 2018, 『남북한 군사충돌로 본 분단 70년사』, 선인.

김인영·김재한 엮음, 1999, 『DMZ - 발전적 이용과 해체』, 소화.

김지형, 2008, 『데탕트와 남북관계』, 선인.

남정옥, 2002, 『한미 군사 관계사 1871~2002』, 국방부 군사편찬연구소.

도널드 스턴 맥도날드, 한국역사연구회 1950년대반 옮김, 2001, 『한미관계 20년사 (1945~1965년)』, 한울.

도미엔, 2022, 『붉은 혈맹』, 서울대학교출판문화원.

리펑(李峰), 이재연·정명기 옮김, 2021, 『항미원조』하, 다른생각.

박두복 편저, 2001, 『한국전쟁과 중국』, 백산서당.

박태균, 2015, 『베트남 전쟁』, 한겨레출판

배광복, 2018, 『남북대화 1971~1992』, 아연출판부.

베르너 바이덴펠트·칼-루돌프 코르테 엮음, 임종헌 외 옮김, 1998, 『독일통일백서』, 한겨레신문사.

베른트 슈퇴버, 최승완 옮김, 2008, 『냉전이란 무엇인가: 극단의 시대 1945~1991』, 역사비평사.

서울신문사 편저, 1979(1969 초판), 『주한미군 30년』.

셀리그 해리슨, 이홍동 외 옮김, 2003, 『셀리그 해리슨의 코리안 엔드게임』, 삼인.

손기웅, 2011, 『DMZ 총람: 개요, 정치·군사적 현황』, 통일연구원.

손기웅 외, 2009, 『접경지역의 평화지대 조성을 통한 남북교류 활성화 방안』 I·II, 통일
연구원.

신욱희, 2010, 『순응과 저항을 넘어서』, 서울대학교 출판문화원.

신욱희·권헌익 엮음, 2019, 『글로벌 냉전과 동아시아』, 서울대학교출판문화원.

안종환 외, 1995, 『비무장지대의 평화공원조성에 관한 시론』, 대한국토·도시계획학회.

알렉스 맥길리브레이, 이충호 옮김, 2005, 『세계를 뒤흔든 침묵의 봄』, 그린비.

역사문제연구소·포츠담현대사연구센터, 2010, 『한국전쟁에 대한 11가지 시선』, 역사
비평사.

역사문제연구소 한독비교사포럼 기획, 김귀옥 외, 2019, 『분단의 역사인식과 사유를
넘어』, 한울.

오드라 J. 울프, 김명진·이종민 옮김, 2017, 『냉전의 과학』, 궁리.

온창일·정토웅·김광수·나종남·양원호, 2021(1981년 초판), 『신판 한국전쟁사 부도』,
황금알.

원병오, 2002, 『새들이 사는 세상은 아름답다』, 다움.

윌리엄 스마이저, 김남섭 옮김, 2019, 『얄타에서 베를린까지』, 동녘.

윌리엄 스툭, 김형인 외 옮김, 2001, 『한국전쟁의 국제사』, 푸른역사.

육군본부, 1968, 『유엔군 전사: 휴전천막과 싸우는 전선』 제2집, 육군본부.

이동기, 2020, 『비밀과 역설』, 아카넷.

이문항, 2001, 『JSA-판문점(1953~1994)』, 소화.

이상철, 2012, 『한반도 정전체제』, KIDA PRESS.

이신재, 2017, 『북한의 베트남전쟁 참전』, 국방부 군사편찬연구소.

이종석, 2000, 『북한-중국관계 1945~2000』, 중심.

이호왕, 1999, 『한탄강의 기적』, 시공사.

이효원, 2006, 『남북교류협력의 규범체계』, 경인문화사.

전쟁기념사업회, 1992, 『한국전쟁사 제5권 중공군 개입과 새로운 전쟁』, 행림출판.

정규서 외, 2002, 『DMZ III』, 소화.

정병준, 2006, 『한국전쟁: 38선 충돌과 전쟁의 형성』, 돌베개.

정진위, 1987, 『북방삼각관계: 북한의 대중·소 관계를 중심으로』, 법문사.

제성호, 1977, 『한반도 비무장지대론-DMZ(비무장지대)를 평화지대로』, 서울프레스.

조너선 닐, 정병선 옮김, 2004, 『미국의 베트남전쟁』, 책갈피.

조성훈, 2011, 『군사분계선과 남북한 갈등』, 국방부 군사편찬연구소

조성훈 외, 2017, 『6·25전쟁 주요전투 2』, 국방부 군사편찬연구소.

주지안룽, 서각수 옮김, 2005, 『모택동은 왜 한국전쟁에 개입했을까』, 역사넷.

차이청원(柴成文)·자오융톈(趙勇田), 윤영무 옮김, 1991, 『중국인이 본 한국전쟁: 판문점 담판』, 한백사.

최명해, 2009, 『중국·북한 동맹관계: 불편한 동거의 역사』, 오름.

최용호, 2004, 『베트남전쟁과 한국군』, 국방부 군사편찬연구소

한국역사연구회 4월민중항쟁연구반, 2001, 『4·19와 남북관계』, 민연.

한국전쟁연구회 편, 2000, 『탈냉전시대 한국전쟁의 재조명』, 백산서당.

한모니까, 2017, 『한국전쟁과 수복지구』, 푸른역사.

허은, 2022, 『냉전과 새마을-동아시아 냉전의 연쇄와 분단국가체제』, 창비.

홍석률, 2012, 『분단의 히스테리』, 창비

E. M. 번즈·R. 러너·S. 미첨, 손세호 옮김, 1997, 『서양 문명의 역사』 IV, 소나무.

I. F. 스토운, 백외경 옮김, 1988, 『비사 한국전쟁』, 신학문사.

M. W. 크라크(Mark W. Clark), 심연섭 옮김, 1955, 『韓國戰爭秘史』(From the Danube to the Yalu), 성좌사.

Marshall-Cornwall, J. H., 1935, *Geographic Disarmament: A study of Regional Demilitarization*, Oxford University Press.

2. 논문

강영선, 1969, 「IBP 아시아 지역회의에 다녀와서」, 『생물교육』 3.

_____, 1975, 「비무장지대 인접지역의 생물자원」, 『북한』 39.

고승효, 이태섭 옮김, 1993, 「사회주의 경제건설의 전개」, 『현대북한경제 입문』, 대동.

김가영, 2016, 「한국 비무장지대(DMZ)의 유네스코 세계문화유산적 가치에 관한 연구: 전쟁·분단 관련 유산을 중심으로」, 한국전통문화대학교 석사학위논문.

김계동, 1995, 「한국전쟁 초기 인·영의 평화적 종전 모색」, 『군사』 30.

_____, 2000, 「한국전쟁 기간 영·미간의 갈등-유화론과 강경론의 대립」, 한국전쟁연구회 편, 『탈냉전시대 한국전쟁의 재조명』, 백산서당.

김근배, 1990, 「한국과학기술연구소(KIST) 설립과정에 관한 연구-미국의 원조와 그 영향을 중심으로」, 『한국과학사학회지』 12권 1호.

_____, 2005, 「네트워크에 걸려든 바이러스: 이호왕의 유행성출혈열 연구」, 『한국과학사학회지』 27-2.

_____, 2010, 「생태적 약자에 드리운 인간권력의 자취 - 박정희시대의 쥐잡기운동」, 『사회와 역사』 87.

김보영, 2003, 「1960년대 군사정전위원회와 '정전체제'」 『역사와 현실』 50.

김선표, 2005, 「한반도 평화체제 구축과 유엔사 문제에 대한 소고」, 『서울국제법연구』 제12권 2호.

김성보, 2014, 「1960년대 남북한 정부의 '인간개조' 경쟁」, 『역사와실학』 제53집.

김연철, 2011, 「1954년 제네바 회담과 동북아 냉전질서」, 『아세아연구』 제54권 1호.

김영봉, 2010, 「녹색평화의 시각에서 본 DMZ의 활용」, 『통일과 평화』 제2집 1호.

김영환, 2022, 「1950년대 후반 원자전에 대비한 한국군 전쟁 수행방안 연구 - 군사평론에 대한 고찰을 중심으로」, 『한국군사』 제12호.

김재철, 2011, 「DMZ 탄생과정의 재조명과 평화적 활용방안」, 『동북아연구』 26-2.

김재한, 2002, 「접경교류의 개념과 의미」, 정규서 외, 『DMZ III』, 소화.

_____, 2011, 「DMZ 연구의 오해와 논제」, 『통일문제연구』 Vol.23 No.2

김정수, 2017, 「DMZ에 관한 남북한 논의 변천과 향후 과제」, 『평화학연구』 제11권 1호.

김창환, 2007, 「DMZ의 공간적 범위에 관한 연구」, 『한국지역지리학회』 제13집 4호.

김태헌, 2019, 「유엔사의 DMZ와 MDL 통과 허가권에 대한 법적 검토」, 『통일과 법률』 39.

김홍배·김영봉, 2006, 「비무장지대의 평화적 이용을 위한 남북한 협력사업의 추진」, 『국토연구』 51.

남정호, 2021, 「미국의 유엔군사령부 정책: 해체 결정 및 번복 배경(1969~1978)」, 『국제관계연구』 제26권 제1호.

노동영, 2017, 「한국문제에서 유엔사의 지위와 역할」, 『국방연구』 제60권 4호.

라종일, 2000, 「북한통치의 반성-1950년 가을」, 『탈냉전시대 한국전쟁의 재조명』, 백산서당.

마카엘 렘케, 2010, 「일어나지 않은 전쟁 -지나간 전쟁경험과 분단독일에서의 한국전쟁」, 역사문제연구소·포츠담현대사연구센터, 『한국전쟁에 대한 11가지 시선』, 역사비평사.

문만용, 2019, 「비무장지대 생태조사의 의의와 전망」, 『대동문화연구』 106.

박두복, 2001, 「중국의 한국전쟁 개입원인」, 박두복 편저, 『한국전쟁과 중국』, 백산서당.

박명림, 2006, 「한반도 정전체제: 등장, 구조, 특성, 변환」, 『한국과 국제정치』 52호.

박영실, 2014, 「정전협정 체결 후 비무장지대 반공포로수용소 발생사건」, 『아세아연구』 57-4.

박은진 외, 2012, 「분단·대립 접경지역의 해외사례와 한반도 DMZ의 시사점」, 경기연구원, 『이슈&진단』 No. 44.

박은진·여인애, 2018, 「한반도 비무장지대 일원 정책과 연구의 변화 및 시사점」, 『환경정책』 Vol. 26, No. 2.

朴治正, 1975, 「중소분쟁과 북한의 반응」, 『북방연구논총』 제1권 제1호.

박태균, 2003, 「1950년대 미국의 정전협정 일부조항 무효선언과 그 의미」, 『역사비평』 63.

배재식, 1975, 「한국휴전의 법적 제문제」, 『서울대학교 법학』 16-1.

백진현, 2000, 「정전체제의 평화체제 전환문제」, 『서울대학교 법학』 41-2.

베르너 바이덴펠트·칼-루돌프 코르테 엮음, 임종헌 외 옮김, 1998, 「독일통일」, 『독일통일백서』, 한겨레신문사.

서주석, 2001, 「한반도 정전체제와 유엔군사령부」, 『통일시론』 9호..

설인효, 2018, 「유엔사의 어제와 오늘」, 『군사』 108.

성한아, 2021, 「한국 자연생태계의 일원이 된 야성동물: 자연환경보전정책의 등장과 보전 조류학 연구, 1956-1999」, 『한국과학사학회지』 43-3.

신욱희, 2005, 「기회에서 교착상태로: 데탕트 시기 한미관계와 한반도의 국제정치」, 『한국외교사논총』 제26집 2호.

아르파드 폰 크리모·얀 C. 베렌즈, 2010, 「'평화투쟁'과 전쟁공포 - 폴란드와 헝가리에 미친 한국전쟁의 영향」, 역사문제연구소·포츠담현대사연구센터, 『한국전쟁에 대한 11가지 시선』, 역사비평사.

楊奎松, 2001, 「중국의 한국전 출병 시말」, 박두복 편저, 『한국전쟁과 중국』, 백산서당.

양영조, 2012, 「남한과 유엔의 북한지역 점령정책 구상과 통치 - 타협과 현실의 괴리」, 『한국근현대사연구』 62.

오영수, 「새」, 『현대문학』 1971년 8월호.

오홍국, 2011, 「한국군의 베트남전쟁 참전과 국방현대화 과정 분석」, 『군사논단』 67호.

유승봉·김상준·김동학·신현탁·박기쁨, 2021, 「비무장지대 남방한계선 불모지 초본식생구조 특성」,『한국환경생태학회지』35-2.

유임하, 2022,「전후 북한 지식인의 독일 방문과 국제교류 경험: 조령출의 〈독일기행〉」,『동악어문학』제88집.

이기범, 2019,「유엔군사령부의 법적 지위와 존속 및 해체 문제에 관한 소고」,『서울국제법연구』제26권 2호.

이기환, 2008,「비무장지대 일원 유산의 보전방안 연구: 유네스코 세계복합유산으로서의 타당성 검토」, 한양대학교 석사학위논문.

이동원, 2020,「1950년대 한국의 '평화를 위한 원자력' 기술 도입과 냉전적 변용」,『역사문제연구』43.

이미경, 2003,「국제환경의 변화와 북한의 자주노선 정립: 1960년대 시기를 중심으로」,『국제정치논총』제43권 2호.

이상준, 1997,「통독후 서독 접경지역의 변화」,『국토연구』186.

이상훈, 2010,「DMZ에 대한 인문·사회적 연구의 지평을 열자」,『철학과현실』87.

이영호, 1973,「DMZ평화이용과 남북재결합」,『통일문제연구』제3집.

이완범, 2001,「중국인민지원군의 한국전쟁 참전 결정과정」, 박두복 편저,『한국전쟁과 중국』, 백산서당.

이일걸,「한국사의 전개과정과 영토」,『한국사론』34, 국사편찬위원회.

이재광, 2004,「신증후 출혈열의 질병사적 고찰」,『의사학』제13권 1호.

이정훈·구자룡·조진현, 2019,「한국인과 외국인이 본 DMZ의 이미지와 가치」, 경기연구원,『이슈&진단』No. 385.

이종원, 2023,「냉전의 변용과 정전체제의 지속: 통일과 공존의 갈등 구조」,『한국과 국제정치』120호.

이창호, 1968,「간첩침투 분쇄를 위한 전략촌 설립」, 국방대학원학위논문.

이효원, 2012,「한반도 통일과 DMZ의 효율적 관리를 위한 법제도화」,『통일전략』12-1.

_____, 2014,「DMZ 세계평화공원 조성을 위한 법적 기초」,『서울대학교 법학』170.

장국진, 1996,「비무장지대(DMZ) 43년의 회고」,『군사논단』8.

章百家, 2001,「위기처리 시각에서 본 항미원조 출병결정」, 박두복 편저,『한국전쟁과 중국』, 백산서당.

전재성, 2005,「1960년대와 1970년대 세계적 데땅뜨의 내부 구조: 지역적 주도권의 변화과정 분석」,『국제정치논총』Vol 54 No. 3.

_____, 2023,「한반도 정전체제와 북핵체제를 넘어: 불완전 주권성의 전개와 극복」,『한국과 국제정치』120호.

정규석·신현탁·김상준·안종빈·윤정원·권영한·허태임, 2015, 「DMZ의 축소된 공간 범위에 대한 연구」, 『한국지역지리학회지』, 제21집 2호.

정근식, 2018, 「분단·냉전 경관과 평화-군사분계선 표지판과 철책을 중심으로」, 『황해문화』 100.

정창현, 2001, 「4월민중항쟁 전후 북한의 통일노선과 통일정책」, 『4·19와 남북관계』, 민연.

정태욱, 2007, 「주한 '유엔군사령부'(UNC)의 법적 성격」, 『민주법학』 제34권.

_____, 2022, 「비무장지대 출입과 군사분계선 통과를 위한 주한유엔군사령부(유엔사)의 허가권에 대한 해석론」, 『법학연구』 제25집 3호.

제성호, 1997, 「한국휴전협정의 이행실태」, 김영작 외, 『한국전쟁과 휴전체제』, 집문당.

_____, 2004, 「정전협정체제에 관한 연구」, 『전략연구』 제11권 1호.

조도순, 2019, 「비무장지대(DMZ)의 생태적 가치와 국제자연보호지역」, 『문화재』 제52권 제1호.

차용구, 2008, 「독일과 폴란드의 역사대화—접경지역 역사서술을 중심으로—」, 『전북사학』 33.

최인규, 1960, 「자유를 수호하고 침략을 막자-대성동 '자유의 마을'에서」, 『지방행정』 9권 78호.

최진수·신현탁·정수영·김상준·안종빈·이아영·박기쁨, 2020, 「DMZ 불모지의 지속가능한 관리를 위한 자생식물 선정」, 『한국군사학논집』 76-2.

최철영, 2003, 「변화하는 남북관계와 정전협정의 대안」, 『역사비평』 63호.

_____, 2010, 「전후법(jus post bellum)으로서 정전협정의 역할과 한계」, 『민주법학』 43호.

沈志華, 2001, 「중국의 한국전쟁 참전결정에 대한 평가」, 박두복 편저, 『한국전쟁과 중국』, 백산서당.

한모니까, 2001, 「4월민중항쟁 시기 북한의 남한정세 분석과 통일정책의 변화」, 『4·19와 남북관계』, 민연.

_____, 2003, 「1960년대 북한의 경제·국방병진노선의 채택과 대남정책」, 『역사와 현실』 제50호.

_____, 2008, 「유엔군사령부의 '수복지구' 점령 정책과 행정권 이양(1950~54)」, 『역사비평』 85.

_____, 2010, 「한국전쟁기 미국의 북한 점령정책과 통치권 문제-평양과 양양 지역

의 행정조직 구성 비교」, 『역사와 현실』 78.

_____, 2013, 「1948년 대한민국 정부 수립과 주한미군의 정권 이양 과정 및 의미」, 『동방학지』164호.

_____, 2019, 「1960년대 비무장지대(DMZ)의 무장화 과정과 배경」, 『사학연구』 135.

_____, 2020(a), 「'유엔사 규정'(UNC Reg.)과 유엔군사령부의 비무장지대(DMZ) 관리」, 『사회와 역사』 125.

_____, 2020(b), 「1950년대~1960년대 민간인통제선(CCL)의 변화와 '민북(民北) 마을'의 형성」, 『북한연구학회보』 24-1.

_____, 2021, 「DMZ 접경지역과 북한의 전후 복구」, 『통일과 평화』 vol.13, no.1.

홍석률, 2000, 「4·19 시기 북한의 대남 제안과 남북경제협력」, 『통일시론』 봄호.

_____, 2001(a), 「1968년 푸에블로 사건과 남한·북한·미국의 삼각 관계」, 『한국사연구』 113.

_____, 2001(b), 「1970년대 전반 동북아 데탕트와 한국 통일문제: 미중 간의 한국문제에 대한 비밀협상을 중심으로」, 『역사와 현실』42.

_____, 2003, 「위기 속의 정전협정-푸에블로 사건과 '판문점 도끼살해' 사건」, 『역사비평』 63.

_____, 2004, 「1970년대 전반 북미관계: 남북대화, 미중관계 개선과의 관련 하에서」, 『국제정치논총』 제44권 2호.

홍용표, 2006, 「1954년 제네바회의와 한국전쟁의 정치적 종결 모색」, 『한국정치외교사논총』 제28권 1호.

Brady, Lisa, 2021, "From War Zone to Biosphere Reserve: The Korean DMZ as a Scientific Landscape," *Notes and Records* 75.

Frenkel, Ernst, 서병한 옮김, 1970, 『정치학적으로 본 동독승인에 관한 논쟁』, 국회도서관 입법조사국.

Hahn Monica, 2022(a), ""The Frontlines of Freedom": The 1967 Incident at Guard Post Ouellette and the Military Armistice Commission", *Korea Journal* Vol. 62 No. 1.

_____, 2022(b), "Division, the Formation of Cold War Borders, and Border-Crossing" *Korea Journal* Vol. 62 No. 1, 2022.

Haley, Heather M., 2017, "Defoliating Fence and Foxhole: An Unconventional

Response to an Irregular Threat Along the Korean DMZ, 1967-1969," *Federal History* 9.

Hyun, Jaehwan, 2020, "Ecologizing the Korean Demilitarized Zone: Fields, Animals, and Science during the Cold War," *MPIWG Feature Story* 68.

_____, 2021, "Brokering science, blaming culture: The US-South Korea ecological survey in the Demilitarized Zone, 1963-8," *History of Science* 59.

Kim, Eleana, 2020, "Cold War's Nature: The Korean Demilitarized Zone and Mid-Century American Science", Center for East Asian Studies, Stanford University (2020. 4. 28, online).

Tyson, Edwin L., 1967, 「Small Mammals in Relation to Korean Hemorrhagic Fever a preliminary report」, 『한국동물학회지』 제10권 제1호.

_____, 1968, 「An Evaluation of Rat Control Methods」, 『한국동물학회지』 제11권 제3호.